ジブリ文庫

GHIBLIOTHEK

DER INOFFIZIELLE GUIDE ZU DEN FILMEN VON STUDIO GHIBLI

DANKSAGUNGEN DER AUTOREN

Die Ghibliothek und dieses Buch sind das Ergebnis viel harter Arbeit nicht nur von Michael und Jake. Wie bei Studio Ghibli selbst gibt es hinter den Kulissen viele Akteure, die Anerkennung verdienen.

Bei Little Dot Studios waren Steph Watts und Harold McShiel die perfekten Produktionspartner, während Dan Jones, Annie Hughes und Catherine Bray uns immer unterstützend und inspirierend zur Seite gestanden haben, genauso wie unser Chef Andy Taylor, der uns sehr fehlt.

Künstlerin Sophie Mo und Komponist Anthony Ing haben dem Podcast ein visuelles und akustisches Gesicht verliehen, wofür wir ihnen ewig dankbar sein werden. Auch danken wir den Audiomagiern Lister Rossel und Jamie Maisner dafür, dass sie unsere Unterhaltungen zusammengeschnitten haben.

Dafür, dass sie uns auf unserer Podcast-Reise begleitet haben, geht unser Dank an Robbie Collin, Beth Webb, Iana Murray, Alex Dudok de Wit und Paul Williams. Für ihre Unterstützung bei diesem Buch danken wir Sam Clements und Jason Wood. John Harris und dem Team von Acast danken wir, dass sie unserem Podcast auf die Füße geholfen haben.

Außerdem geht unser Dank an Evan Ma, Yoshiaki Nishimura, Jeff Wexler, Steve Alpert, Michaël Dudok de Wit, Helen McCarthy und Andrew Osmond, die uns geholfen haben, uns in der riesigen Welt von Studio Ghibli zurechtzufinden.

Als westliche Ghibli-Fans sind wir den Verantwortlichen bei StudioCanal, GKIDS und der Elysian Film Group, die überhaupt erst möglich gemacht haben, dass wir diese wundervollen Filme sehen konnten, zu Dank verpflichtet. Danke an Carys Gaskin, Thom Leaman, Dave Jesteadt, Lucy Rubin, Zoe Flower und Nick McCay.

Danke an Julia Wrigley und David Cox von Film4, die uns den Podcast überhaupt erst machen ließen, und an Roland Hall und Ross Hamilton von Welbeck Publishing, die uns die Möglichkeit gegeben haben, aus diesem Podcast ein Buch zu machen.

Außerdem danken wir noch Mim, Ivo und Louisa, die erstaunlicherweise zwei erwachsene Männer unterstützen, die nichts weiter machen wollen, als über Zeichentrickfilme zu reden.

Michael Leader ist Filmautor, Kurator und Mitbegründer der Podcast-Serie *Ghibliotheque*. Seine Texte sind in Magazinen wie *Sight & Sound* und *Little White Lies* erschienen. Von 2019 bis 2022 war er Serienproduzent und Commissioning Redakteur der BBC iPlayer Serien *Inside Cinema* und *Inside Games*. Er ist Co-Autor von *The Ghibliotheque Anime Movie Guide* und *Film Korea* Books.

Jake Cunningham ist Autor, Produzent und Mitbegründer des Podcasts *Ghibliotheque* und arbeitet in den Bereichen Film, Audio, Digital- und Printmedien. Er hat Analysen über das Kino in Videoessays für die BBC, Prime Video und *Little White Lies* veröffentlicht und über Filme für u.a. *Empire* und *The I* geschrieben. Er ist Co-Autor der Bücher *The Ghibliotheque Anime Movie Guide* und *Film Korea* Bücher.

PANINI BOOKS

www.paninishop.de

DIE GHIBLIOTHEK

Deutsche Ausgabe erschienen bei Panini Verlags GmbH, Schlossstr. 76, 70176 Stuttgart, alle Rechte vorbehalten.

Geschäftsführer: Hermann Paul, Head of Editorial: Jo Löffler, Head of Marketing: Holger Wiest, Übersetzung: Katrin Aust, Redaktion: Lena Asleh, Maja Baldes, Deborah Woweries, Satz und Layout: Michael Beck, LetterFactory, Presse und PR: Steffen Volkmer, Hergestellt in China

YDGHIB001
ISBN 978-3-8332-4500-8
2. Auflage, April 2024

Englische Originalausgabe erschienen 2021 bei Welbeck, an Imprint of Welbeck Non-Fiction Limited, part of Welbeck Publishing Group, 20 Mortimer Street London W1T 3JW

First published in 2021 by Welbeck
An imprint of HEADLINE PUBLISHING GROUP

ジブリ文庫

GHIBLIOTHEK

DER INOFFIZIELLE GUIDE ZU DEN FILMEN VON STUDIO GHIBLI

MICHAEL LEADER & JAKE CUNNINGHAM

VOM LITTLE DOTS STUDIOS PODCAST

PANINI BOOKS

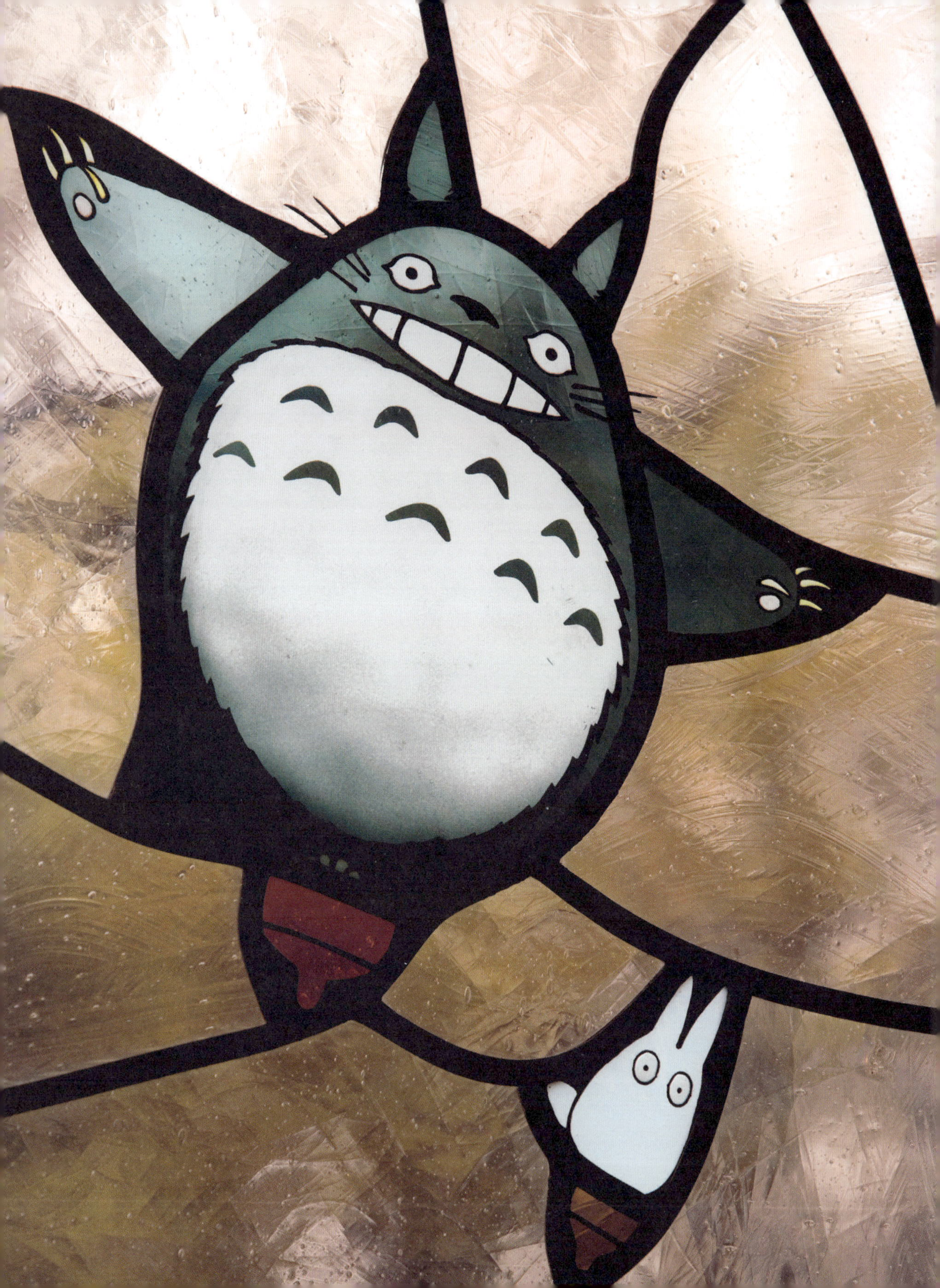

INHALT

EINLEITUNG ... 6

NAUSICAÄ AUS DEM TAL DER WINDE ... 14
DAS SCHLOSS IM HIMMEL ... 22
MEIN NACHBAR TOTORO ... 30
DIE LETZTEN GLÜHWÜRMCHEN ... 40
KIKIS KLEINER LIEFERSERVICE ... 50
TRÄNEN DER ERINNERUNG ... 58
PORCO ROSSO ... 64
FLÜSTERN DES MEERES ... 72
POM POKO ... 76
STIMME DES HERZENS ... 82
PRINZESSIN MONONOKE ... 92
MEINE NACHBARN DIE YAMADAS ... 102
CHIHIROS REISE INS ZAUBERLAND ... 108
DAS KÖNIGREICH DER KATZEN ... 118
DAS WANDELNDE SCHLOSS ... 122
DIE CHRONIKEN VON ERDSEE ... 130
PONYO ... 136
ARRIETTY – DIE WUNDERSAME WELT DER BORGER ... 144
DER MOHNBLUMENBERG ... 150
WIE DER WIND SICH HEBT ... 156
DIE LEGENDE DER PRINZESSIN KAGUYA ... 166
ERINNERUNGEN AN MARNIE ... 176
DIE ROTE SCHILDKRÖTE ... 182
AYA UND DIE HEXE ... 186
DER JUNGE UND DER REIHER ... 190

NACHWORT ... 202

WEITERFÜHRENDE LEKTÜRE UND DOKUMENTATIONEN ... 206
BILDNACHWEISE ... 207
INDEX ... 208

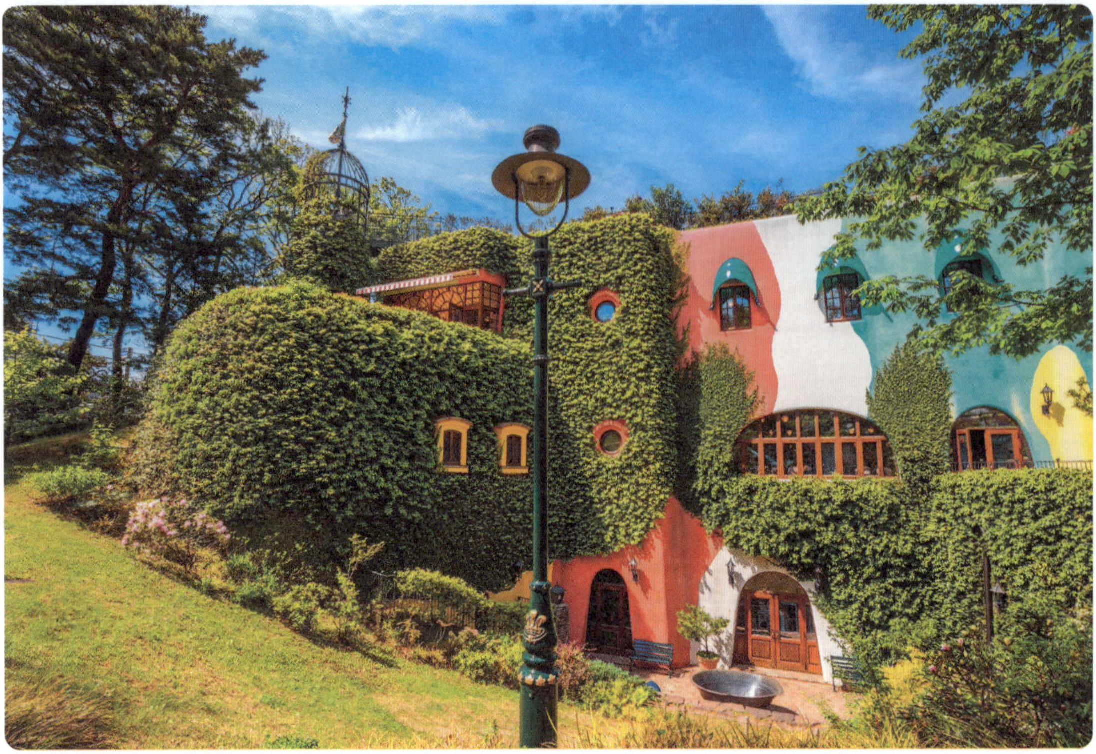

EINLEITUNG

WENN MAN DAS HAUPTBÜRO DER JAPANISCHEN ANIMATIONSLEGENDE STUDIO GHIBLI AUF GOOGLE MAPS SUCHT, IST DAS ERSTE BILD EIN AUSGEDRUCKTES A4-SCHILD, DAS IN EINEM FENSTER HÄNGT: „DIES IST NICHT DAS GHIBLI-MUSEUM. ES IST DAS BÜRO VON STUDIO GHIBLI UND NICHT FÜR DIE ÖFFENTLICHKEIT ZUGÄNGLICH." NICHT, DASS UNS DAS GESCHERT HÄTTE, WIR WUSSTEN GENAU, WO WIR WAREN UND WARUM WIR DORT WAREN.

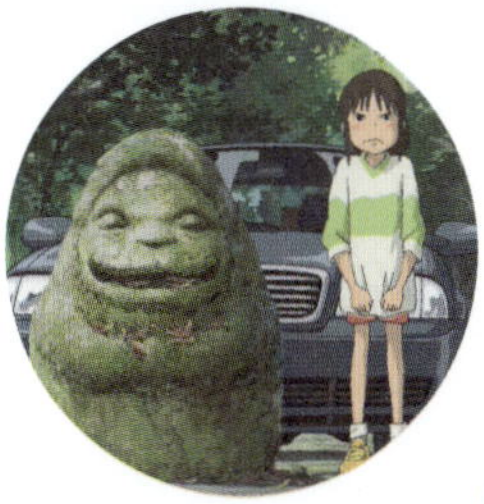

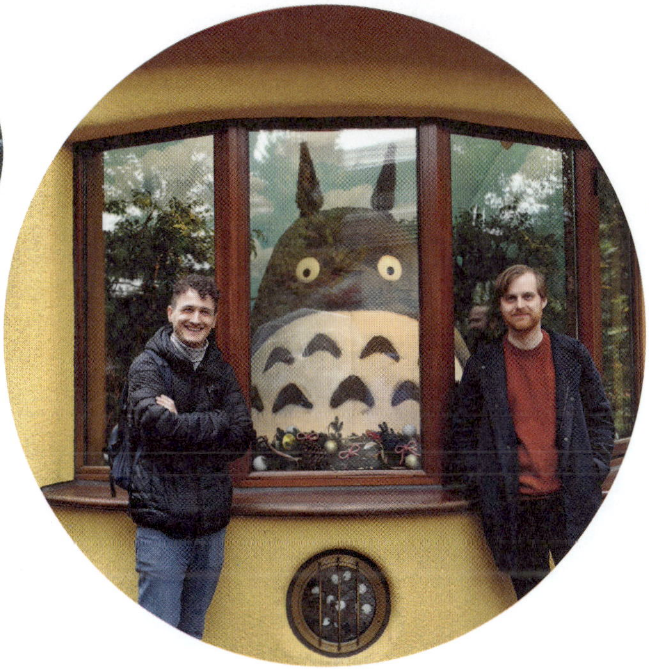

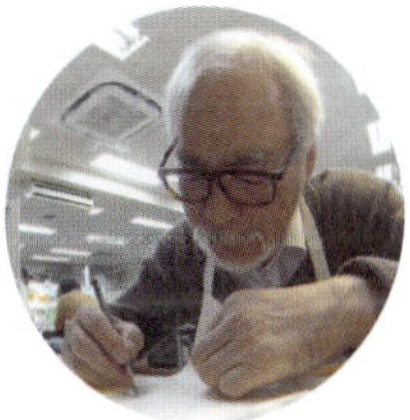

Aber wer sind wir eigentlich? Wir sind Michael Leader und Jake Cunningham. 2018 fingen wir im selben Büro an. Da wir beide besessen waren von Filmen, Podcasts und Filmpodcasts, schien eine Zusammenarbeit unausweichlich, es fehlte nur noch die perfekte Gelegenheit. Dann enthüllte eine Unterhaltung über unsere Schreibtische hinweg eine unfassbare, gewaltige Lücke in Jakes kulturellem Wissen: Er hatte kaum einen Studio Ghibli-Film gesehen. Das ging gar nicht – zumindest nicht aus Michaels Sicht.

Als bekennender Ghibli-Fanatiker erstellte Michael einen strengen und straffen Lehrplan für Jake, eine Führung durch die gesamte Filmografie des Studios, darunter seine größten Erfolge (*Chihiros Reise ins Zauberland*, *Mein Nachbar Totoro*, *Prinzessin Mononoke*), Fanlieblinge (*Kikis kleiner Lieferservice*, *Die letzten Glühwürmchen*, *Pom Poko*) und die Rohrkrepierer (*Flüstern des Meeres*, *Meine Nachbarn die Yamadas* und *Die Rote Schildkröte*).

Und warum das alles nicht auf Band festhalten? Der daraus resultierende Podcast bildete eine Balance zwischen Michaels frenetischer Erforschung der Produktionsgeschichte, der Branchenzusammenhänge und der Leute und Persönlichkeiten hinter den Filmen und Jakes frischer und unvoreingenommener Sicht, der diese Klassiker des Weltkinos zum ersten Mal sah. Alles, was noch fehlte, war ein wenn auch etwas erzwungener, aber definitiv eingängiger (und überraschend schwierig zu schreibender) Titel – ein Wortspiel mit dem Französischen *bibliothèque* – für diesen regelmäßigen Filmclub, der eine heimelige, einladende Umgebung suggerieren sollte.

Gegenüber: Eine Außenansicht des Ghibli-Museums in Mitaka, Tokio.

Oben, von links nach rechts: Chihiro, die ihrem Abenteuer in *Chihiros Reise ins Zauberland* entgegenblickt. Jake und Michael mitten in ihrem Abenteuer im Ghibli-Museum. Hayao Miyazaki in die Arbeit zur Dokumentation *Never-Ending Man: Hayao Miyazaki* vertieft.

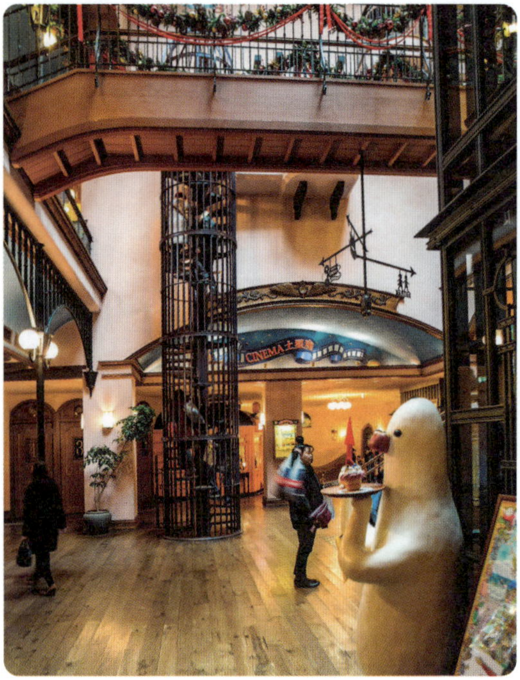

Oben: Im Inneren des Ghibli-Museums. Rechts steht Mr. Dough, der Star aus Miyazakis Kurzfilm *Mr. Dough and the Egg Princess*, der nur im Museum gezeigt wird.

Gegenüber: Fans aus der ganzen Welt pilgern ins Ghibli-Museum, um in die Welt von Ghibli einzutauchen.

Auf den Folgeseiten: Eine der Attraktionen des Ghibli-Museums ist ein begehbares Diorama des Arbeitsplatzes eines Animators.

Gut zwanzig Filme und sechstausend Meilen später war Jake auf dem Laufenden und wir beiden waren zusammen mit den Co-Produzenten Steph Watts und Harold McShiel auf der ultimativen Ghibli-Pilgerreise in Tokio angekommen. Auf dieser Reise schlugen wir unsere Zähne in fein ausgearbeitete Backwaren in Form von Ghiblis weltberühmtem, auf den ersten Blick erkennbarem Maskottchen Totoro, folgten den Spuren der jungen Liebenden aus Ghiblis Perle (und Michaels Lieblingsfilm) *Stimme des Herzens*, trafen Ghibli-Veteranen und suchten jeden Zentimeter von Tokio nach einem Poster des an Erwachsene gerichteten animierten Dramas *Tränen der Erinnerung* von Regisseur Isao Takahata ab. (Das wir, sehr zu Jakes Freude, schließlich in einem vollgestopften Posterladen im Nerdhimmel Nakano Broadway fanden). Außerdem waren wir im magischen Ghibli-Museum, ein Denkmal für die zauberhaften Fantasiewelten eines der größten Animationsstudios der Welt sowie für die Kunst der Animation im Allgemeinen.

Doch wie Google uns fröhlich mitteilte, war das Gebäude, vor dem wir standen, eindeutig *nicht* das Ghibli-Museum. Es war ein Bürogebäude in einer unscheinbaren Straße in einem ruhigen Teil der Stadt und an diesem Morgen im November 2019 wurde sogar das unverkennbare Firmenlogo vor der Tür von einer Hecke überwuchert. Aber wir wussten, dass hinter diesen Türen Magie erschaffen wurde. Während wir beobachteten, wie die Angestellten hineingingen – und einige uns in zögerlichem Englisch fragten, ob wir uns verlaufen hätten („Danke, aber ehrlich gesagt sind wir genau richtig!") –, wussten wir, dass dort das nächste Miyazaki-Meisterwerk – *Der Junge und der Reiher* – in aufwendiger Handarbeit und mit der quälend langsamen Geschwindigkeit von einer Minute Animation pro Monat entstand. Einige Leute klettern auf den Kilimandscharo, spazieren über die Große Mauer oder besuchen den Vatikan, wir kamen hierher.

Dieses Buch ist die Essenz von über drei Jahren, in denen wir in die verzauberte und verzaubernde Welt von Studio Ghibli abgetaucht sind und über unseren tief gehenden, zweiseitigen Zugang zu jedem Film reflektiert haben sowie über die übergreifende Geschichte, die diese Filme über die beiden Gründer, die Regisseure Hayao Miyazaki und Isao Takahata, ihren unerschütterlichen Produzenten Toshio Suzuki und ihre einzigartige, einflussreiche Arbeit, mit der sie die Welt erobert haben, erzählen.

Von *Nausicaä aus dem Tal der Winde* von 1984 bis hin zu *Aya und die Hexe* von 2020 bietet die *Ghibliothek* einen umfassenden Überblick über die Werke von Studio Ghibli. Wie schon der Podcast zuvor beginnt jedes Kapitel dieses Buchs mit einer ordentlichen Portion Hintergrundinformationen von Michael, bevor Jake seine ausführlichen Reaktionen als Filmfan liefert. Wir hoffen, dass jedes dieser Kapitel für sich euch einen tiefen Einblick in einige der beliebtesten Animationsfilme gibt, die je gemacht wurden, und euch vielleicht sogar dazu anregt, weiter in der Filmografie des Studios zurückzugehen, wenn ihr das noch nicht getan habt, oder wenn doch, eure alten Lieblinge mal wieder anzusehen.

Insgesamt betrachtet jedoch setzt die *Ghibliothek* das narrative und thematische Puzzle von Studio Ghibli zusammen – die überlebensgroßen Persönlichkeiten hinter den Filmen und wie sie sich sowohl direkt als auch indirekt in ihren Arbeiten widerspiegeln.

HAYAO MIYAZAKI SCHRIEB IN SEINER PRÄSENTATION, DAS GHIBLI-MUSEUM SOLLTE „EIN MUSEUM WERDEN, DAS INTERESSANT IST UND DIE SEELE BERUHIGT. EIN MUSEUM, IN DEM ES VIEL ZU ENTDECKEN GIBT. EIN MUSEUM, DAS AUF EINER KLAREN UND BESTÄNDIGEN PHILOSOPHIE BASIERT. EIN MUSEUM, IN DEM DIE, DIE SICH AMÜSIEREN WOLLEN, SICH AMÜSIEREN KÖNNEN, DIE, DIE NACHDENKEN WOLLEN, NACHDENKEN KÖNNEN, UND DIE DIE FÜHLEN WOLLEN, FÜHLEN KÖNNEN. EIN MUSEUM, DAS EINEM DAS GEFÜHL GIBT, ES BEREICHERT ZU VERLASSEN!"

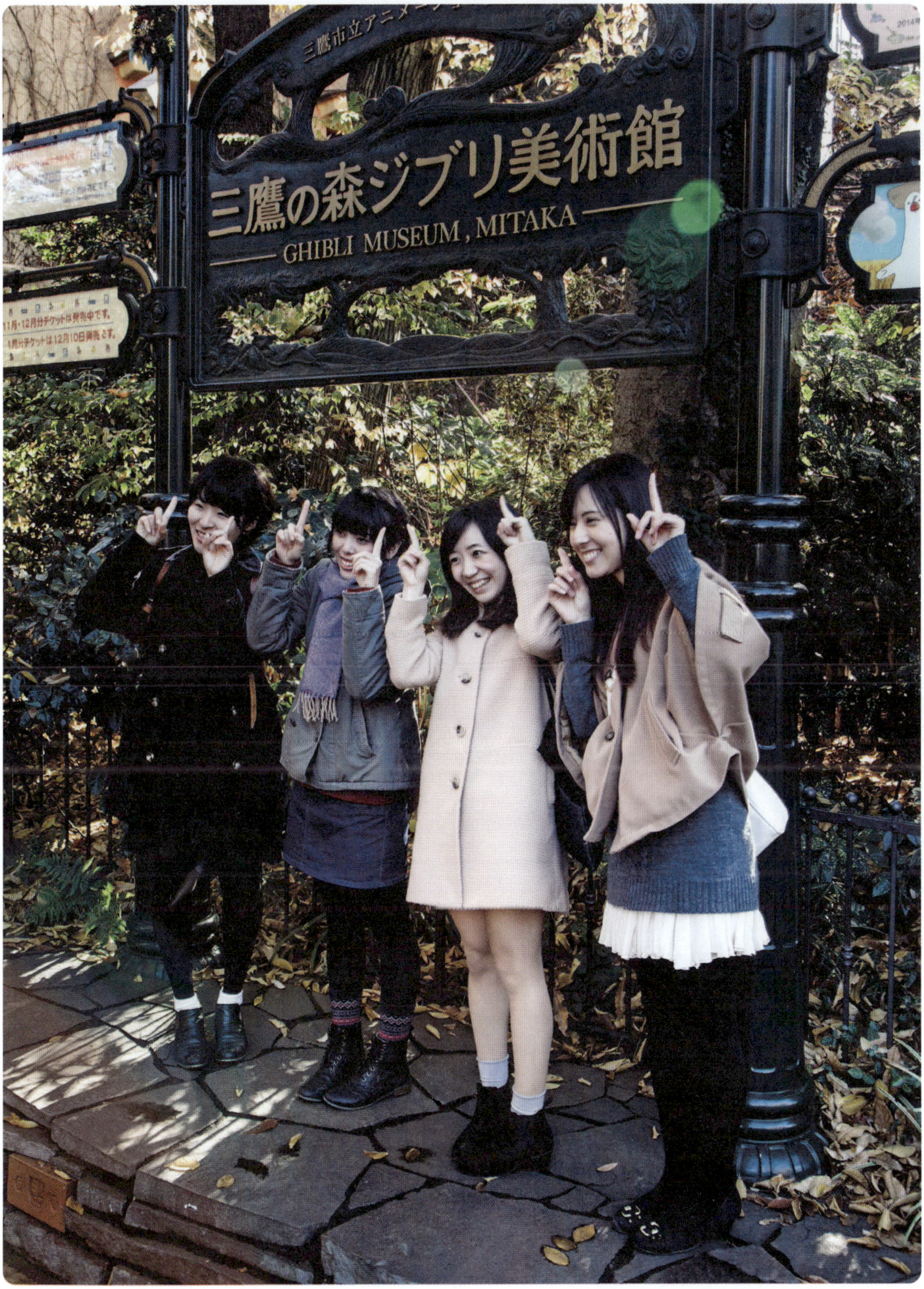
三鷹の森ジブリ美術館
GHIBLI MUSEUM, MITAKA

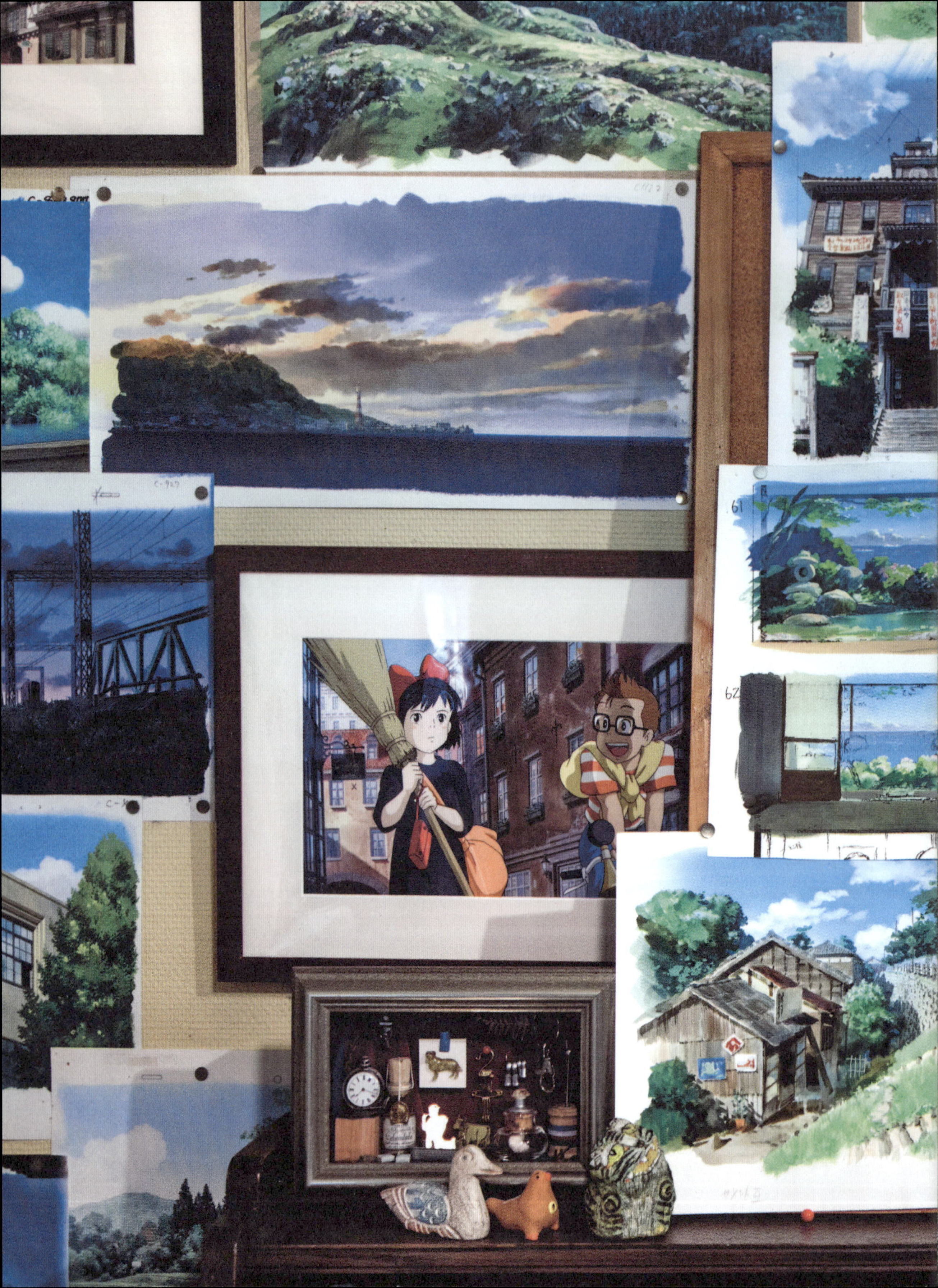

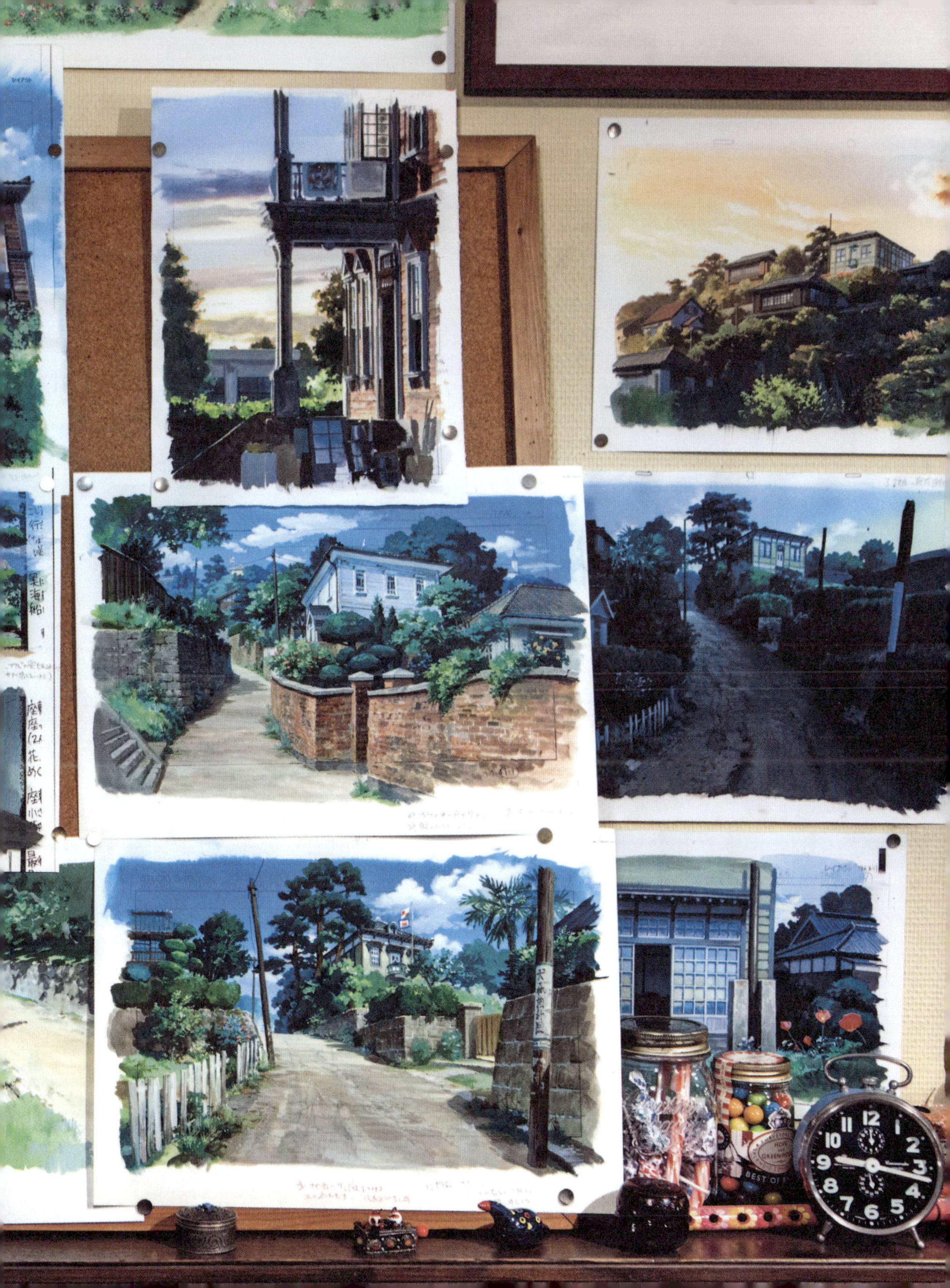

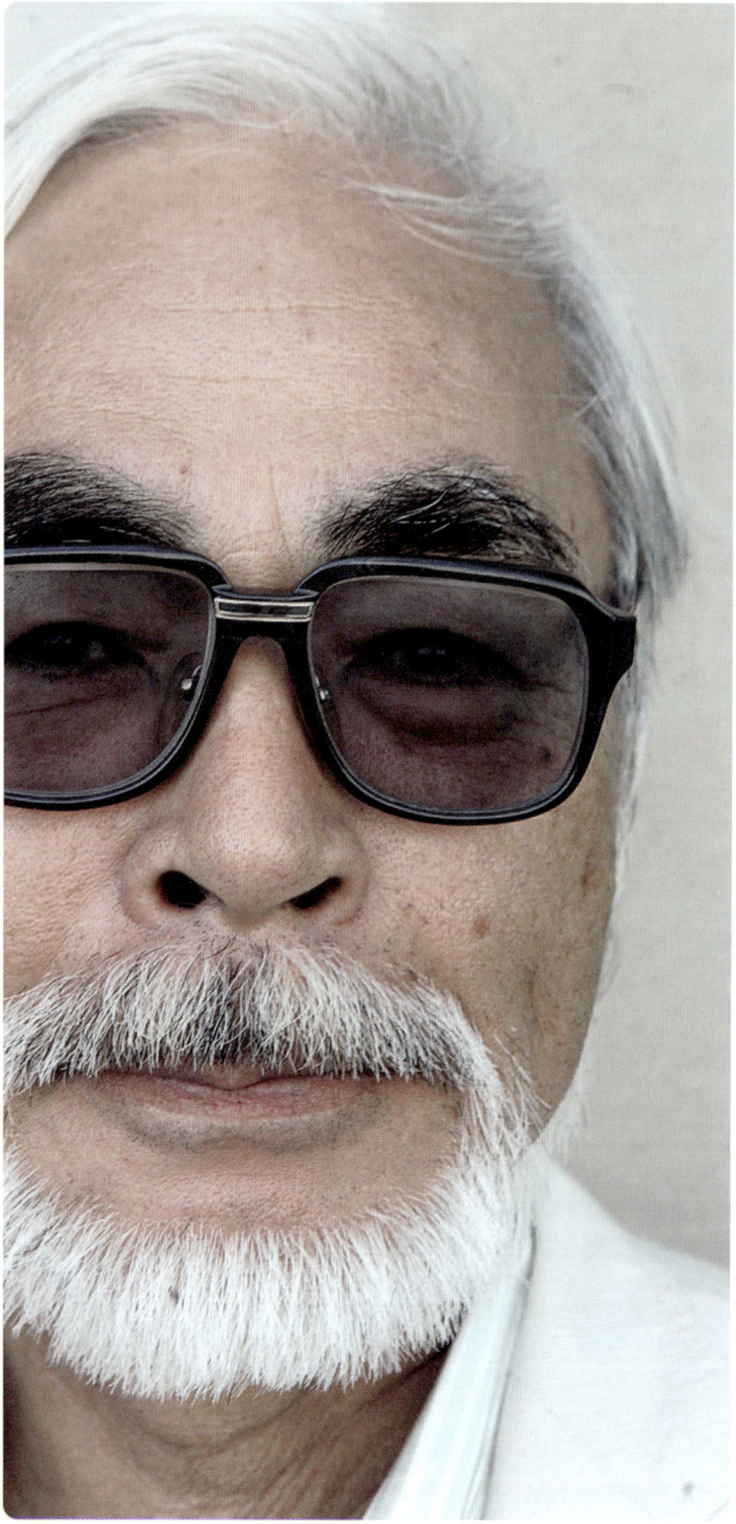
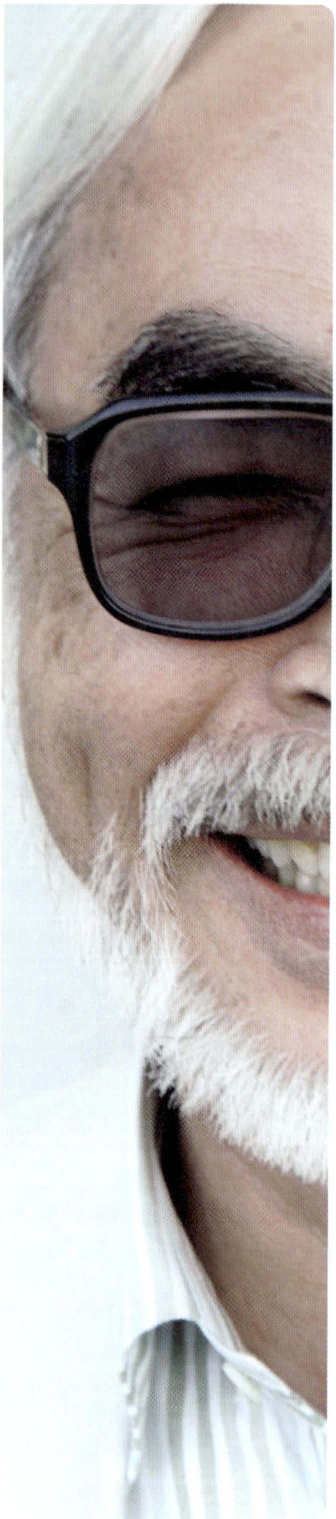

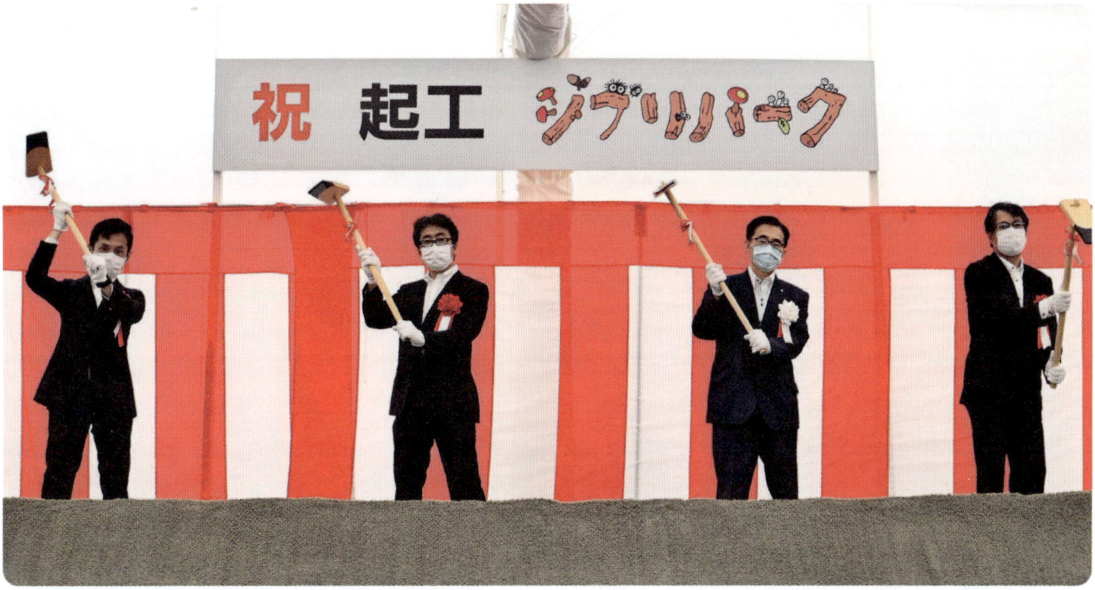

Die ersten fünfunddreißig Jahre von Studio Ghibli beschreiben den Aufstieg einer Produktionsfirma, den Reifeprozess zweier sehr charismatischer Genies, die Spannungen zwischen ihnen und ihren jüngeren Kollegen und das Entstehen eines Animationsgiganten sowohl in Japan als langsam, aber sicher auch im Ausland.

Als Michael sich in Ghibli verliebte, waren in Großbritannien nur wenige der Filme erhältlich und es gab noch weniger seriöse Artikel, die ein aufstrebender Fan lesen konnte. Vor diesem Hintergedanken müssen wir uns vor den Ghibli-Kritikern, -Historikern und -Mitreisenden verneigen, die uns geholfen haben, uns eine Meinung über das Studio und seine Arbeit zu bilden: Helen McCarthy, Jonathan Clements, Susan Napier, Andrew Osmond, Roger Ebert, Jonathan Ross, Robbie Collin, Nick Bradshaw, David Jenkins, Alex Dedok de Wit und Ranya Denison.

Inzwischen ist dank der Bemühungen von Firmen wie StudioCanal und GKIDS und des bahnbrechenden Aufkaufs des Ghibli-Katalogs durch Netflix und HBO Max fast jeder Film auf Knopfdruck verfügbar, sei es nun im Stream oder auf Silberscheibe. International sind die Filme von Studio Ghibli so zugänglich wie nie zuvor, aber es gibt immer noch so viel zu lernen. Wenn man in einem Buchladen in Großbritannien oder den USA nach Studio Ghibli sucht, findet man, wenn man Glück hat, ein halbes Regalfach. In Japan findet man ein ganzes deckenhohes Regal. Entsprechend können auch wir, während wir dieses erste so umfassende Buch über Ghibli auf Englisch schreiben, nur an der Oberfläche kratzen.

Es gibt immer noch so viel zu erkunden, das wir hier nicht einmal angerissen haben – Kurzfilme, Werbespots, Spin-offs, nicht umgesetzte Projekte und Zusammenarbeiten und sogar ein Videospiel, *Ni No Kuni*. Es gibt das Ghibli-Museum und ein Ghibli-Themenpark ist im Entstehen, ganz zu schweigen von so vielen Schlüsselfiguren, Einblicken, Anekdoten und Bergen von Merchandise, die ein andermal abgehandelt werden müssen. Und was ist mit den Karrieren der Filmemacher vor und nach ihrer Zeit bei Ghibli – vom bahnbrechenden Frühwerk von Isao Takahata und Hayao Miyazaki bis zur weiterführenden Arbeit von Hiromasa Yonebayashi und Studio Ponoc?

Aus Platz- und Zeitgründen und um unsere Gesundheit zu schonen, haben wir uns auf das Hauptwerk von Studio Ghibli konzentriert und sind dem Credo treu geblieben, das unseren Podcast von Anfang an geprägt hat: Hier ist unsere Sicht auf das, was momentan legal verfügbar ist. Wenn ihr tiefer einsteigen wollt, kommt wieder und wir tun das.

Aber, ob ihr nun ein Jake oder ein Michael seid, ob ihr *Ponyo* von *Porco Rosso* unterscheiden könnt, ob ihr all diese Filme oder nur einen oder auch gar keinen gesehen habt, lasst euch jetzt erst mal von der *Ghibliothek* leiten.

HAYAO MIYAZAKI WURDE EINST VON SEINEM FREUND, KOLLEGEN UND MENTOR ISAO TAKAHATA ALS „EIN MENSCH MIT TIEFEN GEFÜHLEN BESCHRIEBEN. UND DAS SPÜRT MAN DEUTLICH IN SEINEN ARBEITEN."

Oben: Hayao Miyazakis Sohn Goro Miyazaki (links) bei der Grundsteinlegung des Ghibli-Themenparks in Nagakute in der Aichi-Präfektur. Goro, der inzwischen ein erfahrender Regisseur ist, hat als Landschaftsarchitekt angefangen und sich Ghibli angeschlossen, um das Ghibli-Museum zu errichten und zu leiten.

Gegenüber: Der ewige Mann selbst, Hayao Miyazaki.

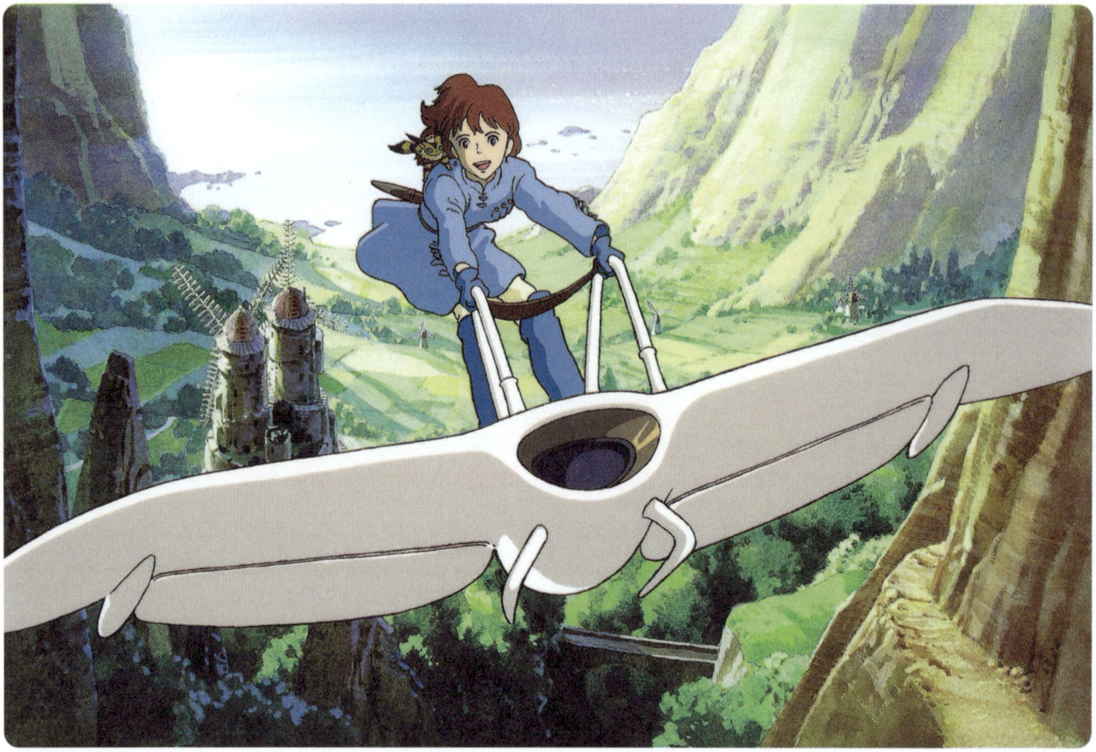

NAUSICAÄ AUS DEM TAL DER WINDE (KAZE NO TANI NO NAUSHIKA, 1984)

DER ERSTE WIND HEBT SICH

REGIE: HAYAO MIYAZAKI
DREHBUCH: HAYAO MIYAZAKI
LAUFZEIT: 117 MINUTEN
VERÖFFENTLICHUNGSDATUM (JAPAN): 11. MÄRZ 1984

ES IST GAR NICHT SO EINFACH, EINEN HISTORISCHEN ANFANG FÜR DIE GESCHICHTE VON STUDIO GHIBLI FESTZULEGEN, ABER WENN ES UM DIE FILME GEHT, GIBT ES EINEN KLAREN STARTPUNKT. *NAUSICAÄ AUS DEM TAL DER WINDE* VON 1984 WAR ZWAR DEM NAMEN NACH NOCH KEIN GHIBLI-FILM, DOCH DIE KONZEPTION, DIE PRODUKTION UND SCHLIESSLICH DER ERFOLG FÜHRTEN DIREKT ZUR GRÜNDUNG DES STUDIOS IM FOLGEJAHR. DER FILM WURDE DANN NACHTRÄGLICH IN DEN STUDIO-GHIBLI-KANON AUFGENOMMEN, SOWOHL IN JAPAN ALS AUCH INTERNATIONAL.

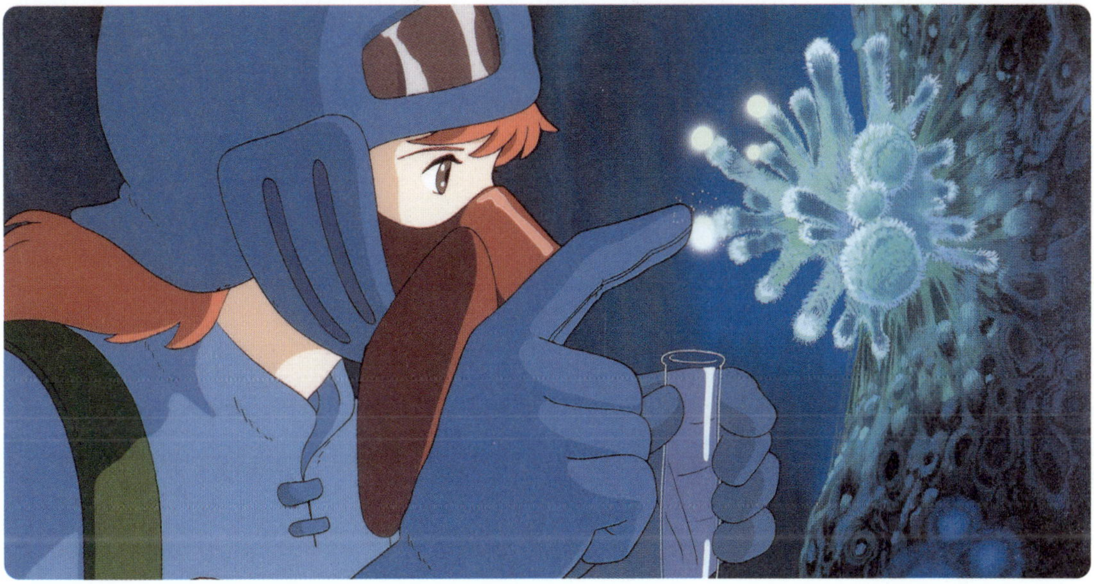

Gegenüber: Nausicaä fliegt in Ghiblis erstem Film durch das Tal der Winde und auf die Leinwand.

Oben: Die Umweltthemen, die zu einem zentralen Motiv in Miyazakis Arbeit bei Ghibli wurden, haben ihren Ursprung in der postapokalyptischen Landschaft von *Nausicaä aus dem Tal der Winde*.

Aber beginnen wir 1979. Damals war Hayao Miyazaki bereits ein Veteran der japanischen Animationsindustrie, dessen Arbeiten bis in die frühen 1960er zurückreichten, darunter so beliebte Serien wie *Future Boy Conan*, *Marco* und *Heidi*. Außerdem war Miyazaki auch beteiligt an der Anime-Adaption von Monkey Punchs Manga über den beliebten Meisterdieb Lupin III und beim *Lupin*-Spin-off *Lupin III – Das Schloss des Cagliostro* führte er das erste Mal Regie. Der Film kam bei den Kritikern gut an und hatte großen Einfluss auf junge Animatoren, doch an den japanischen Kinokassen fiel er durch.

Im *Animage*-Magazin jedoch hinterließ *Das Schloss des Cagliostro* Eindruck. Seit ihrem Start im Mai 1978 hatte die *Animage* Anime und Manga gefördert und Toshio Suzuki, einer der Redakteure des Magazins, war ein großer Befürworter von Miyazaki und seiner Arbeit.

In den frühen 1980ern stellte Yasuyoshi Tokuma, der Präsident von Tokuma Shoten, dem Verlag der *Animage*, einen Plan vor, Projekte zu schaffen, die Film, Musik und Printmedien verbanden. Suzuki sah seine Chance und wurde, wie er heute gesteht, „ein bisschen gierig und überambitioniert", indem er Miyazaki zu Tokuma Shoten brachte, mit der Idee, seinen zweiten Film zu finanzieren. Doch wie Suzuki sich erinnert: „Sie sagten, man kann keinen Hit landen mit einem Film, der nicht auf einem Originaldrehbuch basiert. Als ich Miyazaki davon erzählte, hatte er eine gute Antwort parat: ‚Dann schreiben wir eben ein Originaldrehbuch.'"

Der Aha-Moment kam, als Suzuki und Miyazaki beschlossen, auf den Seiten der *Animage* einen Manga zu veröffentlichen, aus dem sie dann einen Film machen wollten. Im Februar 1982 startete *Nausicaä aus dem Tal der Winde* und wurde schnell zu einer der beliebtesten Rubriken des Magazins. Das bemerkte auch die

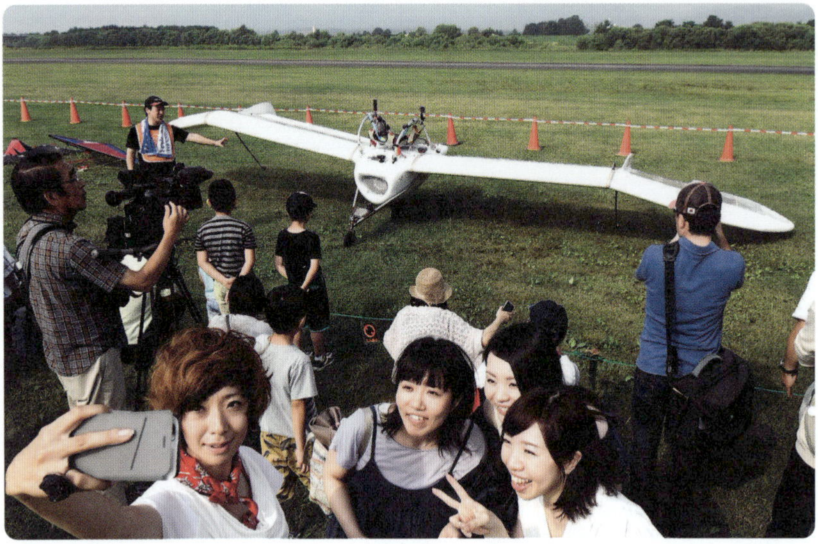

Links: *Nausicaäs* Einfluss auf die japanische Popkultur hält bis heute an. Hier macht ein düsengetriebener Gleiter, der Nausicaäs Möwe (**unten**) nachempfunden ist, einen öffentlichen Testflug.

Gegenüber: Das japanische Poster zu *Nausicaä aus dem Tal der Winde*.

Führungsebene von Tokuma Shoten und ermutigte Miyazaki, den Manga als Film zu adaptieren.

Toshio Suzuki sollte zum Produktionsteam des *Nausicaä*-Films gehören, doch Hayao Miyazaki hatte schon einen anderen Mann als Produzenten im Sinn: seinen Mentor Isao Takahata. Miyazakis und Takahatas Beziehung ging bis in die 1960er zurück, nachdem sie sich bei Toei Animation bei einem Gewerkschaftstreffen kennengelernt hatten.

Takahata, der von Natur aus ein Rebell war, verstand seine erste Spielfilmproduktion, im englischsprachigen Raum bekannt als *Horus, Prince of the Sun* oder *Little Norse Prince*, als Gemeinschaftsprojekt und gestattete seinen Mitarbeitern, Plot-Ideen und Charakterdesigns einzubringen. Hayao Miyazaki bekam sogar die Gelegenheit, in das Entwerfen von Szenen und ihrer Animation hineinzuschnuppern. Diese Erfahrung war prägend für Miyazaki: „Ich habe während der Entstehung des Films gelernt, wie der Produktionsprozess funktioniert ... Ich konnte nicht anwenden, was ich bereits wusste, ich probierte mich aus, während ich an dem Projekt arbeitete."

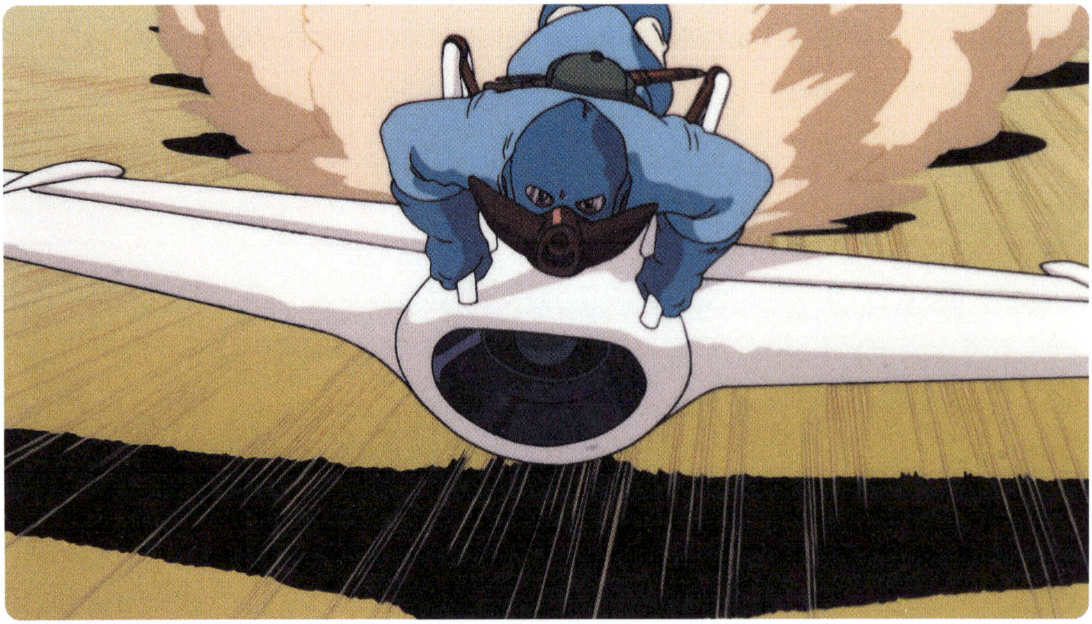

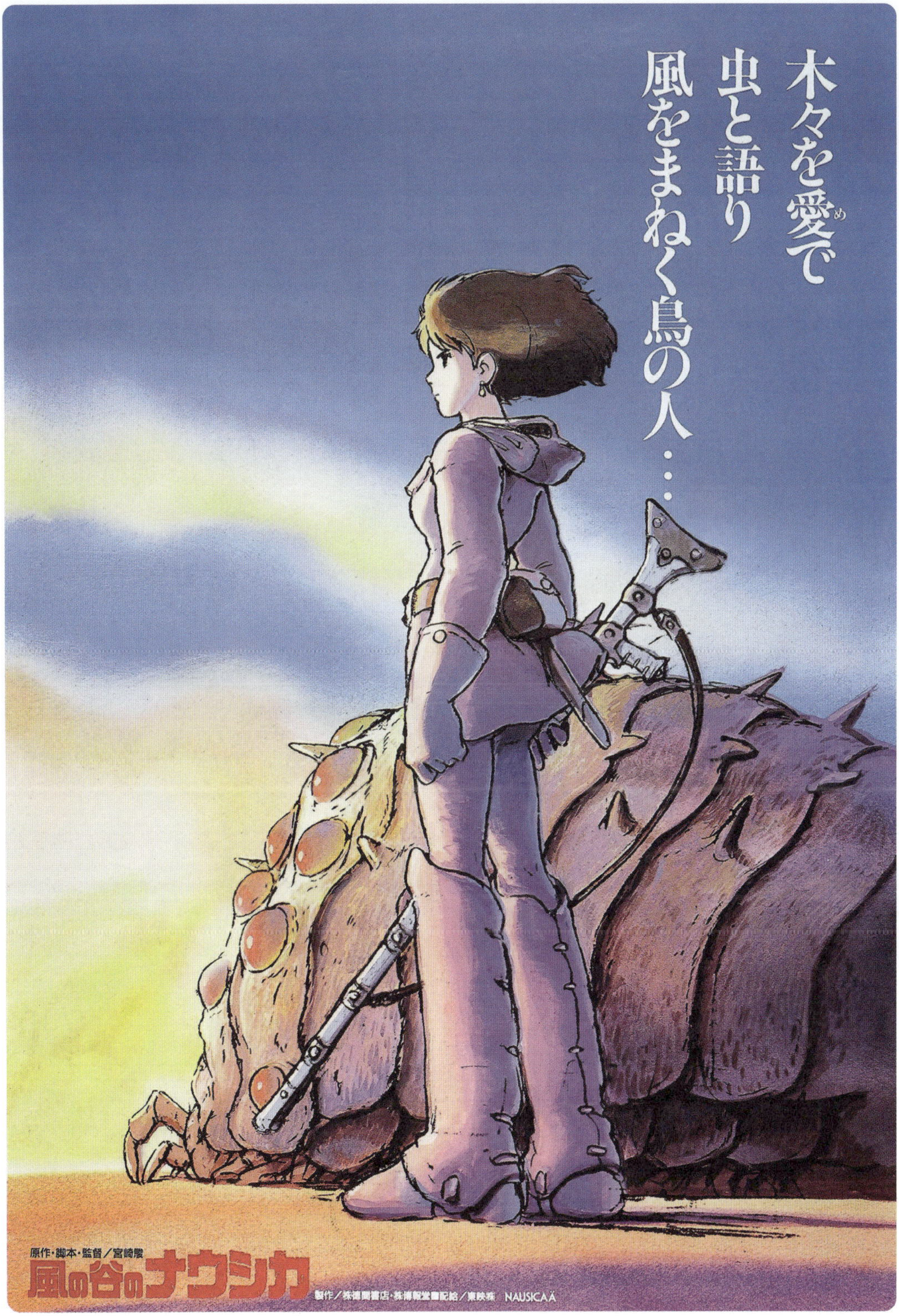
木々を愛で
虫と語り
風をまねく鳥の人…
原作・脚本・監督／宮崎駿
風の谷のナウシカ
NAUSICAÄ

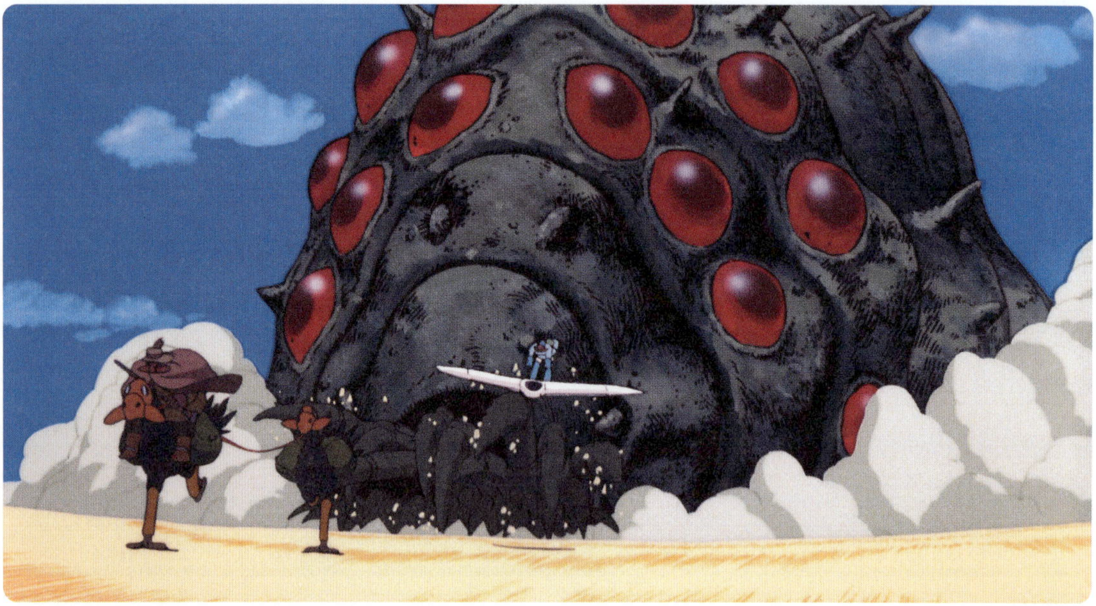

DIE RIESIGEN INSEKTOIDEN OHMU (OBEN) SIND DIE ERSTEN IN EINER LANGEN REIHE VON SCHEINBAR BÖSEN, FANTASTISCHEN, WILDEN UND WUNDERSCHÖN DESIGNTEN KREATUREN, WÄHREND NAUSICAÄ DIE ERSTE PROTAGONISTIN IST, DIE ZUM MARKENZEICHEN DES STUDIOS WURDE. DIE GESCHICHTE UM DIE OHMU UND NAUSICAÄ WURDE IM MANGA *NAUSICAÄ AUS DEM TAL DER WINDE* BIS 1994 VON MIYAZAKI FORTGESETZT.

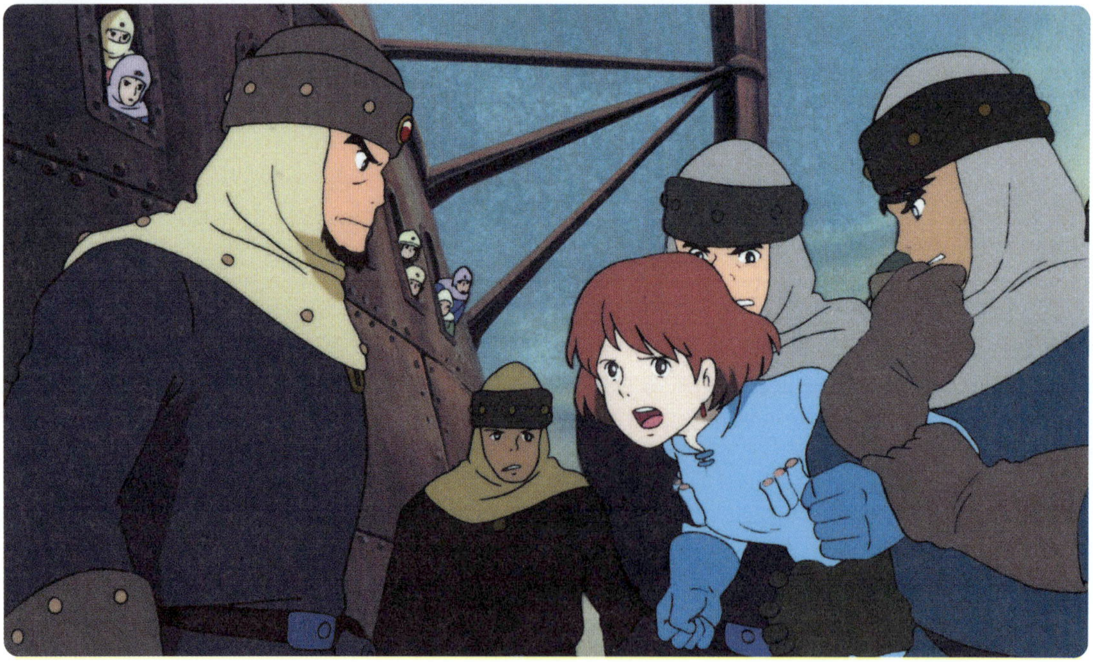

Danach setzte sich ihre kreative Partnerschaft fort und prägte Generationen mit Serien von *Lupin III* bis *Future Boy Conan*. Miyazaki betrachtete es als Bereicherung, seinen alten Partner an Bord zu holen, um *Nausicaä* auf die große Leinwand zu bringen. Das einzige Problem war, dass Takahata kein Interesse hatte.

Toshio Suzuki erinnert sich, dass er von Miyazaki zu einer Sake-Sauftour eingeladen wurde, nachdem er die Nachricht bekommen hatte, was sehr untypisch für ihn war. „Diese Seite von Miyazaki hatte ich noch nie gesehen. Natürlich hat er sich betrunken und ehe ich mich versah, weinte er. Die Tränen wollten nicht versiegen ... Er sagte: ‚Ich habe Takahata meine Jugend geopfert, aber er hat nie was für mich getan.'"

Suzuki behauptet, es sei ihm schließlich gelungen, Takahata zu überzeugen, *Nausicaä* zu produzieren. Damit waren drei Eckpfeiler für das spätere Studio Ghibli vereint. Ein weiterer kam durch Takahata hinzu, der einen wichtigen Beitrag zum Projekt leistete, indem er half, den experimentellen Komponisten Joe Hisaishi für den Soundtrack auszuwählen. Seither hat Hisaishi den Soundtrack zu jedem Miyazaki-Film komponiert.

1983 schrieb Hayao Miyazaki seinen Regieleitfaden für *Nausicaä*, in dem Themen hervorgehoben wurden, die sich durch Ghiblis gesamtes Werk ziehen: „In den vergangenen Jahren habe ich Ideen für Filmprojekte vorgestellt, die folgendes Ziel haben sollten: Der heutigen Jugend, die in dieser erdrückenden, überbehütenden und reglementierten Gesellschaft keine Möglichkeit hat, sich ein unabhängiges Leben aufzubauen, und neurotisch geworden ist, ein Gefühl der Befreiung zu geben ... Kann es in dieser düsteren Zeit überhaupt noch Hoffnung geben?"

Doch obwohl alle Schlüsselpositionen besetzt waren, lief die Produktion alles andere als glatt. Isao Takahatas bald schon legendärer Ruf, er würde „von einem Riesenfaultier abstammen", zeigte seine volle Wirkung und sie hatten Schwierigkeiten, ihre Deadlines einzuhalten.

Irgendwann wurde in der *Animage* eine Stellenanzeige aufgegeben. Man suchte zusätzliche Leute, um den Animationsprozess zu beschleunigen. Darauf reagierte unter anderem ein gewisser junger Hideaki Anno, der, wie die Legende besagt, im Studio auftauchte, an Miyazakis Bürotür klopfte und ihm ein paar Storyboards reichte, die den Regisseur dermaßen begeisterten, dass der den Newcomer damit beauftragte, die vielleicht wichtigste (und visuell eindrucksvolle) Sequenz des Films zu animieren, in der der instabile „Titan" zerfällt. Anno arbeitete später wieder für Ghibli und galt als einer der vielen Protegés Miyazakis, bevor er selbst zur Anime-Legende wurde, als er die Hitserie *Neon Genesis Evangelion* schuf.

Als *Nausicaä aus dem Tal der Winde* im März 1984 in Japan veröffentlicht wurde, war er ein sofortiger Hit mit fast einer Million verkaufter Kinotickets. Das war ein Meilenstein für japanische Animationsfilme in Spielfilmlänge und bewies, dass Suzuki recht gehabt hatte: Die fantastischen Geschichten von Hayao Miyazaki hatten eine Zukunft.

KRIEGER DES WINDES?

Nausicaä war auch der erste Miyazaki-Film, der in den USA veröffentlicht wurde, und löste eine Kontroverse aus. Roger Cormans New World Pictures hatte die Rechte erworben, schnitt den Film um und machte ein familienfreundlicheres Fantasy-Abenteuer nach dem Vorbild von *Star Wars* daraus, das 1985 unter dem Titel *Warriors of the Wind* in den Kinos lief. Diese Erfahrung sollte Ghiblis Einstellung zu internationalen Veröffentlichungen für Jahre prägen.

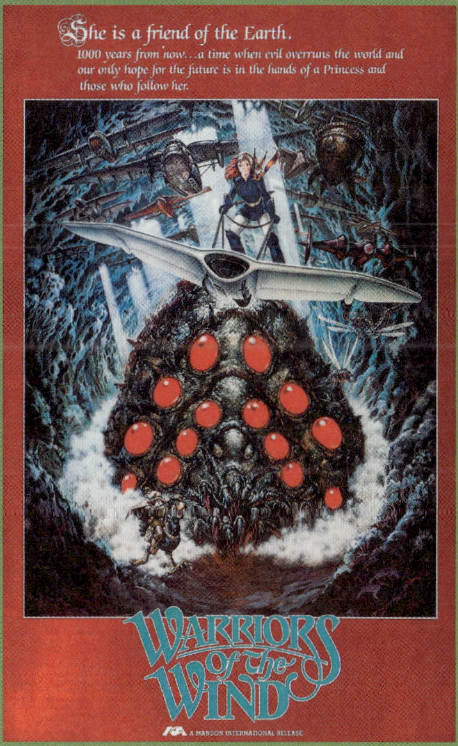

KOMMENTAR: NAUSICAÄ AUS DEM TAL DER WINDE

Am Anfang sieht man zwar nicht das Studio-Logo, doch es besteht kein Zweifel daran, wer diesen Film gemacht hat. Von der willensstarken, jungen Protagonistin über die satten grünen Wiesen bis hin zur moralischen Hinterfragung des Militarismus und der Botschaft vom Einklang mit der Umwelt ist *Nausicaä aus dem Tal der Winde* eindeutig ein Ghibli-Film, der gemacht wurde, bevor es Ghibli überhaupt gab. Er bildet das Fundament. Sowohl in seiner Kreativität als auch in seiner Erzählweise ambitioniert, ist der Film wunderschön komponiert und hat eine große Tragweite und wichtige Botschaft, doch es gelingt ihm nicht so wie späteren Filmen des Studios, Geschichte und Stil miteinander zu verschmelzen. Als erstes Kapitel jedoch ist er ein herausragender Start.

Nausicaä ist diffuser als viele andere Ghibli-Werke. In dieser postapokalyptischen Landschaft überlagern sich Himmel, Meer und Land in Blautönen, als wäre die natürliche Welt hier so sehr geschunden worden, dass ihre Grenzen zerstört wurden. Auch die Konturen der Figuren sind etwas dünner als in anderen Ghibli-Produktionen. Sie sind in den Hintergrund gebettet, statt daraus hervorzustechen, als würden auch sie in ihre verfallende Umwelt hineingezogen. Nachdem sie über Jahre hinweg von Hayao Miyazaki im *Animage*-Magazin etabliert worden war, existiert in *Nausicaä* eine vollständige Welt mit einer umfangreichen fiktiven Geschichte, die jedoch nie sperrig wird. Es ist, als wäre der uralte Wandteppich dieser Welt ausgerollt worden und während wir klar erkennen können, was direkt vor uns liegt, können wir auch bis zu den jeweiligen Enden blicken und uns die Fäden vorstellen, die uns zeigen, wie wir an diesen Punkt gekommen sind und wie es weitergehen könnte.

Diese Welt, deren Landschaften von riesigen Schädeln unterbrochen wird, in der es giftigen Schnee, mutierte Insekten und toxische Meere gibt, scheint auf den ersten Blick fremd zu wirken, aber es ist eine fremde Welt, die sich nachvollziehbar anfühlt. Unter dem Meer der Fäulnis, das angeblich der Vergiftung anheimgefallen ist, gibt es einen Wald aus Stämmen, die wie ein Nervensystem miteinander verwoben sind, sodass der Planet selbst schon fast anthropomorph wirkt. Das titelgebende Tal der Winde fühlt sich wie ein Patchwork verschiedener ländlicher Gegenden Europas an (ähnlich wie die Städte, die Ghibli später für *Kikis kleiner Lieferservice* und *Das wandelnde Schloss* schuf), bestehend aus holländischen Windmühlen und Häusern im nordischen Stil, umgeben von den französischen Alpen. Den Kontrast bilden die Soldaten, die in das friedliche Tal einfallen. Sie tragen mittelalterliche Rüstungen und ihre Flugzeuge scheinen dem Skizzenbuch eines Ingenieurs aus dem Zweiten Weltkrieg entsprungen zu sein (Miyazakis Liebe für einen talentierten Piloten in einem schnittigen roten Flugzeug hat seinen Ursprung hier, nicht in *Porco Rosso*). Durch dieses wohlüberlegte Gleichgewicht zwischen Fantasie und Normalität profitiert *Nausicaä* sowohl von der Empathie, die das Vertraute in den Zuschauern weckt, als auch von der Aufregung, die das Imaginäre mit sich bringt.

Nausicaä selbst ist pragmatisch, geduldig, mitfühlend und verfügt über eine ausgeprägte Verbundenheit mit der Natur. Sie ist somit die Urmutter einer langen Reihe von Ghibli-Protagonistinnen wie Kiki, Chihiro und vielen anderen. In einem der vielen stillen, meditativen Momenten des Films benutzt sie die dicke, durchsichtige Augenhornhaut eines riesigen Insekts namens Ohmu, um sich vor

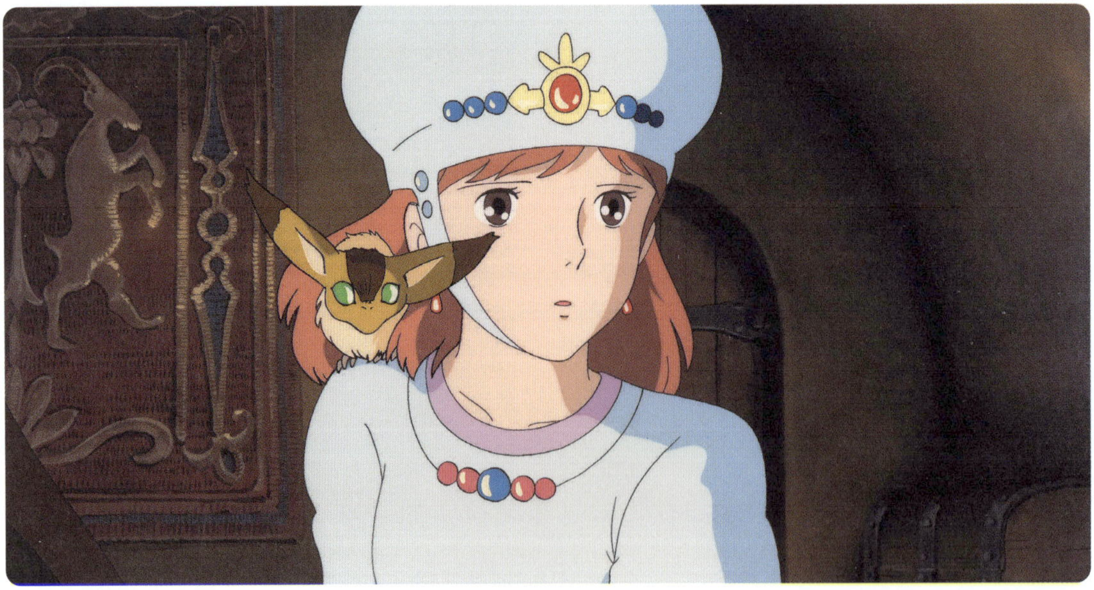

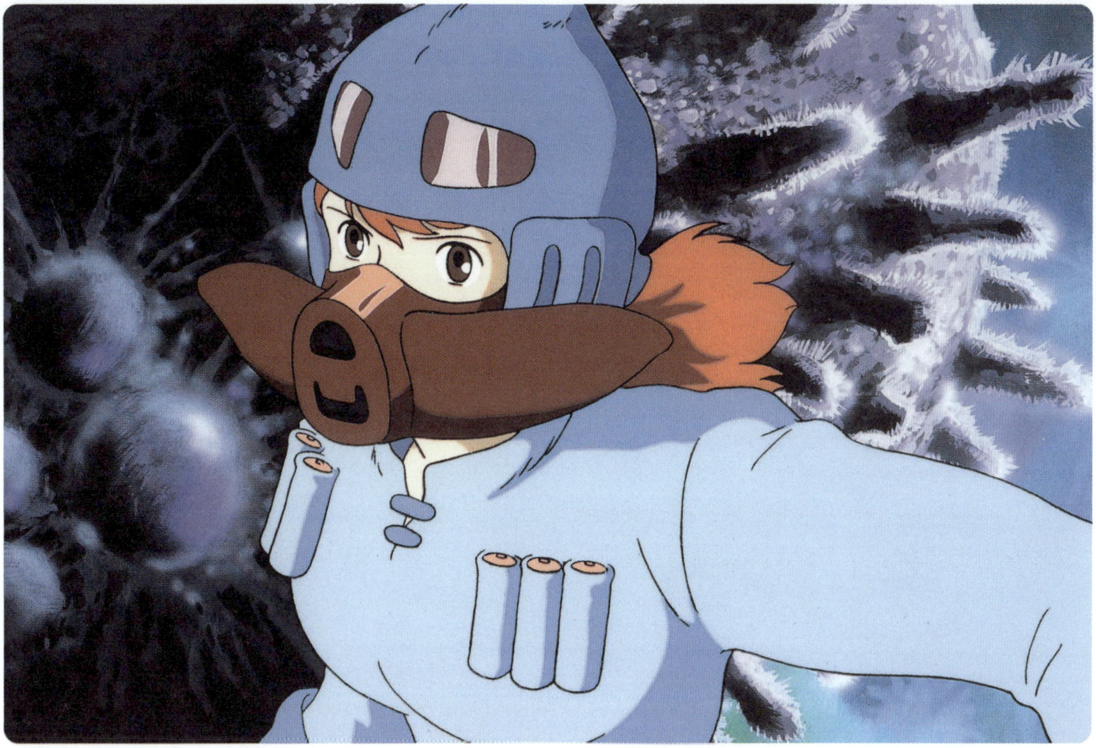

dem Schneefall der giftigen Sporen zu schützen, während sie ihn gleichzeitig beobachten kann. Trotz der Gefahr, die von der Natur ausgeht, weiß sie ihre Schönheit zu schätzen. Und auch als ein Fuchshörnchen sie beißt – das aussieht wie ein Elektro-Pokémon mit den Streifen des Katzenbusses aus *Mein Nachbar Totoro* –, weiß sie, dass es einfach nur verängstigt ist, und bietet ihm Schutz, sodass sie die Kreatur schließlich zähmen kann. In dieser Welt sehen die meisten Leute die Natur und ihre potenziellen Gefahren als einen Angriff auf die Menschheit, aber Nausicaä versteht, dass die Natur sich vor den Menschen *schützt*.

Zusätzlich zu ihrem Mitgefühl besitzt Nausicaä einen furchtlosen Kampfgeist. Einmal stellt sie sich ganz allein den mörderischen königlichen Wachen. Außerdem führt sie Truppen durch einen spektakulären, von Kugelhagel und Explosionen geprägten Luftkampf, der eine der besten Action-Sequenzen von Ghibli ist (inklusive eines Flugzeugs, das aus dem Bauch eines anderen startet, während dieses in Flammen steht – auch wenn das eher nach *Fast and Furious* klingt als nach Studio Ghibli). Auf dem Boden ist Hideaki Annos Animation des Titanen – eine biomechanische Massenvernichtungswaffe, die zuvor einen Großteil des Planeten vernichtet hat und deren Existenz eher zu einer Spaltung als zu einer Vereinigung geführt hat – eine glitschige, verstörende und groteske

Oben: Masken sind Pflicht, wenn man über das Meer der Fäulnis fliegt.

Gegenüber: Nausicaäs Gefährte, ein Fuchshörnchen namens Teto, verweist auf Miyazakis Vorliebe für pelzige Begleiter, mit denen Ghibli in den Folgejahren sein Merchandise-Imperium aufbauen sollte.

Schöpfung, ein triefender Godzilla, der sowohl beängstigend als auch mitleiderregend ist.

Perfekt untermalt werden die mediativen wie auch die bombastischeren Momente vom ersten Soundtrack von Ghiblis legendärem Komponisten Joe Hisaishi. Dieser wechselt dabei zwischen experimentellen Klängen, pulsierendem Synthie-Jazz und einem tosenden Orchester mit Anklängen von Georg Friedrich Händel. Das Ergebnis ist eine überraschende, epische Fusion, die sich ebenso nach *Der Herr der Ringe* anfühlt wie nach Donna Summers Disco-Version von „MacArthur Park". Der Soundtrack ist ambitioniert und erreicht Höhepunkte, die mit den besten mithalten können, doch die gewagteren Synthie-Momente sind eher störend als untermalend und auch wenn die Komposition beeindruckend ist, wirkt sie manchmal richtungslos.

Dasselbe lässt sich auch über den Film insgesamt sagen. Der Antagonistin Kushana fehlt es an Komplexität und man kann sie sofort als „Schurken" ausmachen – eine Rolle, die in späteren Ghibli-Filmen weniger leicht zu bestimmen ist. Ihre Armprothese ist ein enttäuschender und offensichtlicher Hinweis für die Zuschauer. Zudem versucht man in den letzten Minuten, mit einer Erlöser-Auflösung ein angenehm formloses Moralpaket mit einer Schleife zusammenzuschnüren, die nicht so recht passen will. Ein mutigeres, offeneres und befriedigenderes Ende findet sich da in *Prinzessin Mononoke*, in dem eine vereinheitlichte Betrachtung der Beziehung zwischen Krieg, Umweltschutz, Menschheit und Fantasie perfektioniert, was *Nausicaä* begonnen hat. Nichtsdestotrotz, was für ein Eröffnungskapitel!

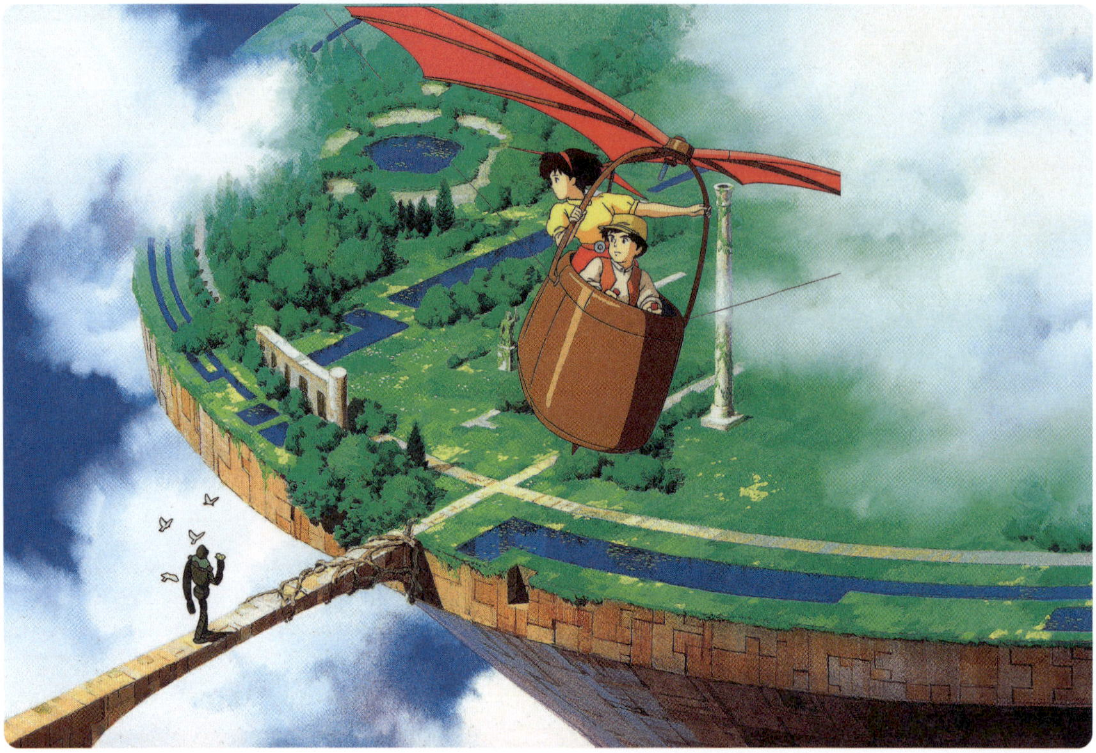

DAS SCHLOSS IM HIMMEL (TENKŪ NO SHIRO RAPYUTA, 1986)

STUDIO GHIBLI HEBT AB

REGIE: HAYAO MIYAZAKI
DREHBUCH: HAYAO MIYAZAKI
LAUFZEIT: 125 MINUTEN
VERÖFFENTLICHUNGSDATUM (JAPAN): 2. AUGUST 1986

AM 15. JUNI 1985 WURDE STUDIO GHIBLI GEBOREN. DOCH DIE FIRMA ENTSTAND EBENSO AUS NOTWENDIGKEIT HERAUS WIE AUS DEM EHRGEIZ IHRER GRÜNDER. NACH DEM BLOCKBUSTER-ERFOLG VON *NAUSICAÄ AUS DEM TAL DER WINDE* HATTEN HAYAO MIYAZAKI UND ISAO TAKAHATA SCHWIERIGKEITEN, SICH DIE NÖTIGE FINANZIERUNG ZU SICHERN UND EINEN PRODUKTIONSPARTNER ZU FINDEN, UM NOCH HOCHWERTIGERE ANIMATIONSFILME IN SPIELFILMLÄNGE ZU PRODUZIEREN, ALSO MACHTEN SIE SICH SELBSTSTÄNDIG.

Der Name stammt von Miyazaki und ist eine Hommage des Flugzeugfans an eine italienische Aufklärungsmaschine aus dem Zweiten Weltkrieg, die wiederum nach einem warmen Saharawind benannt ist, der über das Mittelmeer weht. Auch Studio Ghibli sollte ein frischer, kreativer Wind sein, der durch die japanische Aminationsindustrie fegte.

Tokuma Shoten, der Verlag der *Animage* und Geldgeber für *Nausicaä aus dem Tal der Winde*, gab dem jungen Unternehmen Starthilfe, während *Animage*-Redakteur Toshio Suzuki nebenher in einer inoffiziellen Funktion beim neu gegründeten Ghibli arbeitete – er hatte sogar seine eigenen Visitenkarten.

Statt auf das sichere Pferd einer Fortsetzung von *Nausicaä* zu setzen, war Studio Ghiblis erstes Filmprojekt eine Rückkehr zum Fantasy Genre, das auf ein jüngeres Publikum abzielte, in dem Miyazaki schon 1978 mit der Serie *Future Boy Conan* brilliert hatte. Miyazakis Original-Pitch, aus dem später *Das Schloss am Himmel* werden sollte, beinhaltete Arbeitstitel, die auf seine Inspiration durch *Gullivers Reisen* und die Werke von Jules Verne hinwiesen: „Der junge Pazu und das Rätsel des Schwebekristalls", „Die Fliegende Schatzinsel" und „Das Fliegende Königreich". Der Film, schrieb Miyazaki, sollte ein „absolut packender, klassischer Action-Film" werden, der „zu den Ursprüngen der Animation zurückkehren" sollte.

Da der Film eine retro-futuristische Anlehnung an die Science-Fiction-Literatur des neunzehnten Jahrhunderts mit einer Steampunk-Ästhetik werden sollte, schlug Produzent Isao Takahata Miyazaki vor, eine Inspirationsreise nach Großbritannien zu machen und einen der Geburtsorte der Industriellen Revolution zu besuchen. Dort machte Miyazaki einen Trip nach Wales, um sowohl die weiten Hügellandschaften als auch die Kohlebergwerke mit eigenen Augen zu sehen, doch es war letztlich der Gemeinschaftssinn, der ihn am meisten beeinflusste. Sein Besuch fiel zusammen mit dem Konflikt zwischen den Bergarbeitergewerkschaften und Margaret Thatchers konservativer Regierung. Nachdem das Parlament einen lang anhaltenden Streik niedergeschlagen hatte, war die Region von Arbeitslosigkeit und Armut gebeutelt. Miyazaki erinnerte sich in einem

Gegenüber: Die jungen Protagonisten Sheeta und Pazu aus *Das Schloss im Himmel* fliegen über die schwebende Insel Laputa.

Unten: Sheeta und Pazu liegen im Gras, eine entspannte Atmosphäre, die viele Ghibli-Szenen prägt.

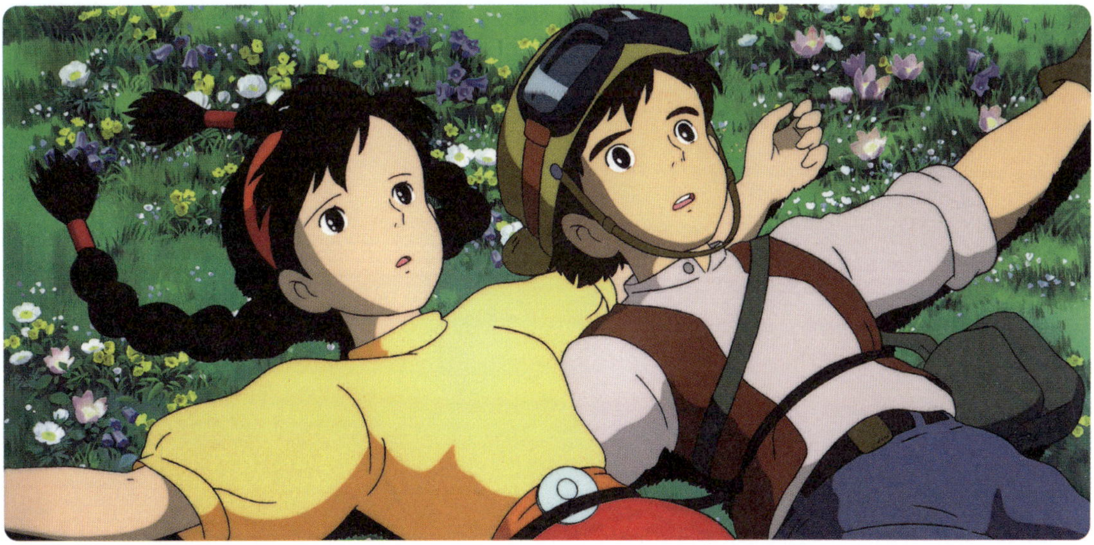

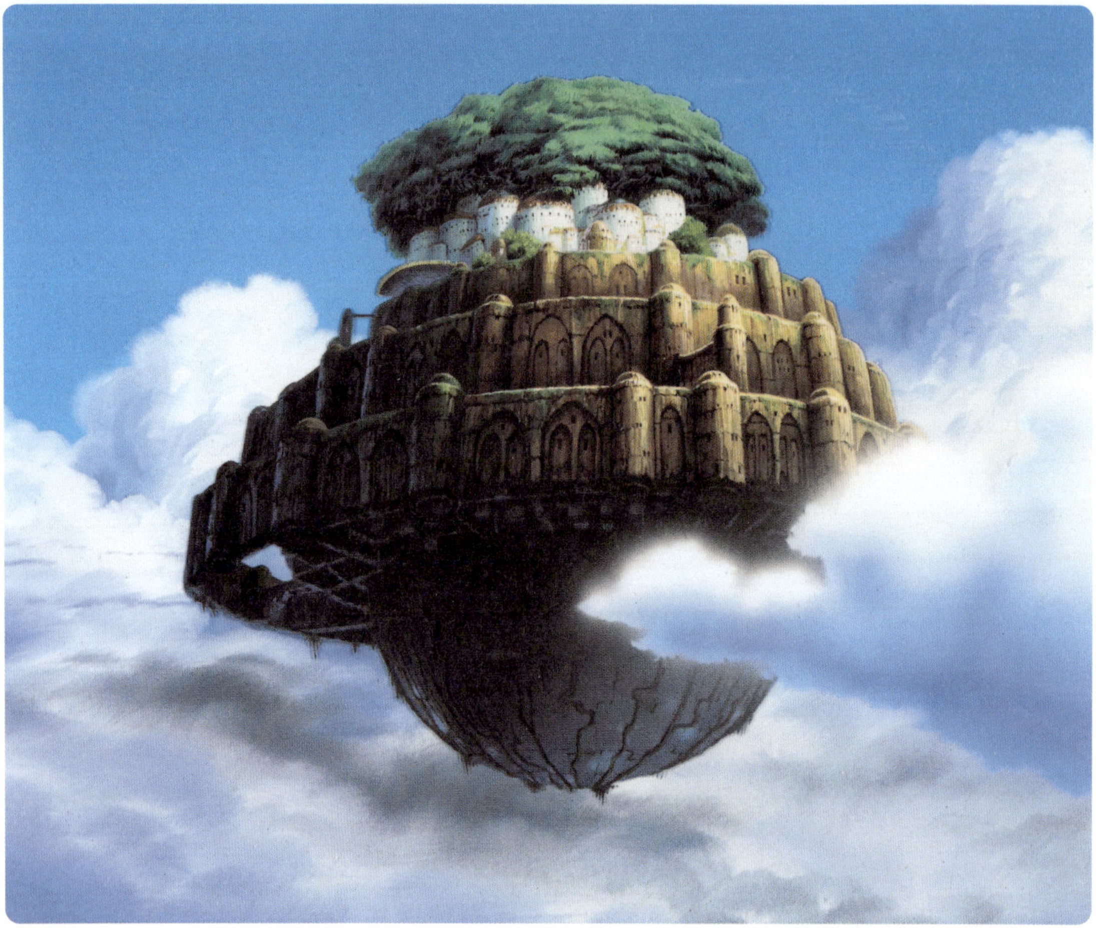

Interview mit Helen McCarthy für das *Manga Max*-Magazin 1999: „Ich habe wirklich bewundert, wie die Bergarbeitergewerkschaften bis zum bitteren Ende für ihre Jobs und ihre Gemeinschaft gekämpft haben, und die Stärke dieser Gemeinschaften wollte ich auch in meinem Film zeigen. Ich sah so viele verlassene Maschinen und Minen – die Bausteine der Industrie waren vorhanden, aber keine Menschen. Das hinterließ bei mir einen bleibenden Eindruck. Eine ganze Industrie ohne Menschen."

Das Schloss im Himmel erschien im August 1986, konnte aber nicht an den Erfolg von *Nausicaä aus dem Tal der Winde* anknüpfen und beim ersten Kinostart wurden nur zwei Drittel der Tickets seines Vorgängers verkauft. Doch mit der Zeit erwarb sich der Film einen Ruf und seine kulturellen Auswirkungen waren in der gesamten Animations- und Videospielbranche zu spüren, darunter auch in der langlebigen japanischen RPG-Reihe *Final Fantasy*. Die Soundtrack-Alben zu *Das Schloss im Himmel*, komponiert von Ghibli-Urgestein Joe Hisaishi, wurden Bestseller und der Film erlangte dank der VHS-Veröffentlichung und regelmäßiger Ausstrahlungen im TV eine treue Anhängerschaft.

Der Erfolg von *Das Schloss im Himmel* auf dem kleinen Bildschirm bescherte Ghibli seine wohl interessanteste und wiedererkennbarste Tradition. Wenn der Film im japanischen Fernsehen läuft, gehen die Zuschauer auf Twitter und posten das Wort „balse", wenn dieser magische Begriff gegen Ende des Films fällt. Der Film ist so beliebt, dass die Fans im August 2013 den Rekord der meisten in einer einzigen Sekunde gesendeten Tweets geknackt haben. Während dieser Ausstrahlung gab es einen Ausschlag von über 140.000 Tweets, als diese schicksalshafte Zeile gesprochen wurde. Zum Vergleich: In dieser Zeit lag der Durchschnitt bei 5.700 Tweets pro Sekunde.

Studio Ghiblis erster Film mag kein sofortiger Erfolg gewesen sein, doch der frische Wind, der durch die Branche wehte, wurde kräftiger.

Oben: Die sagenumwobene Insel Laputa.

Gegenüber: Das japanische Poster zu *Das Schloss im Himmel*.

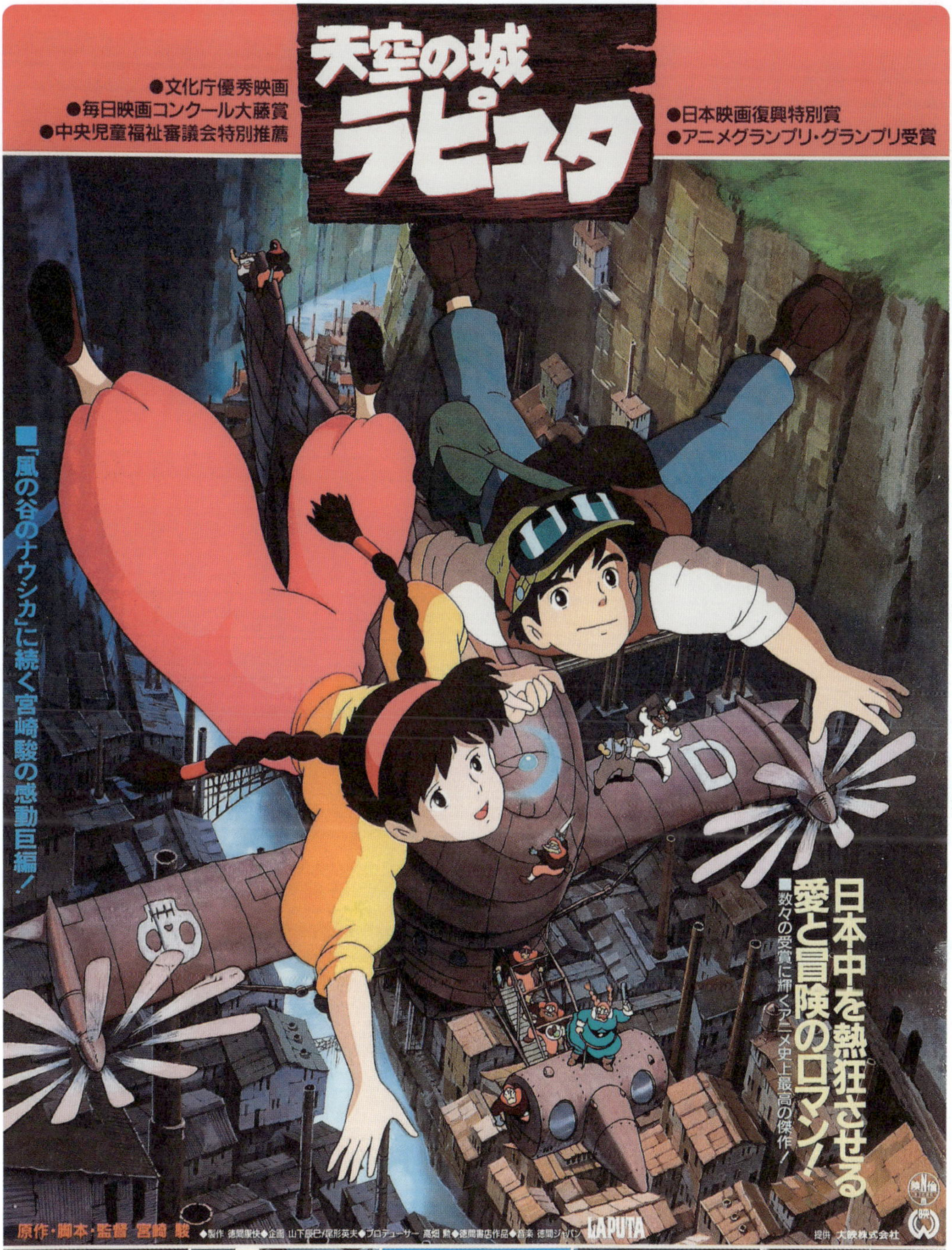
天空の城
ラピュタ
●文化庁優秀映画
●毎日映画コンクール大藤賞
●中央児童福祉審議会特別推薦
●日本映画復興特別賞
●アニメグランプリ・グランプリ受賞
■「風の谷のナウシカ」に続く宮崎駿の感動巨編！
日本中を熱狂させる
愛と冒険のロマン！
■数々の受賞に輝くアニメ史上最高の傑作！
原作・脚本・監督 宮崎 駿
◆製作 徳間康快◆企画 山下辰巳/尾形英夫◆プロデューサー 高畑 勲◆徳間書店作品◆音楽 徳間ジャパン
LAPUTA
提供 大映株式会社

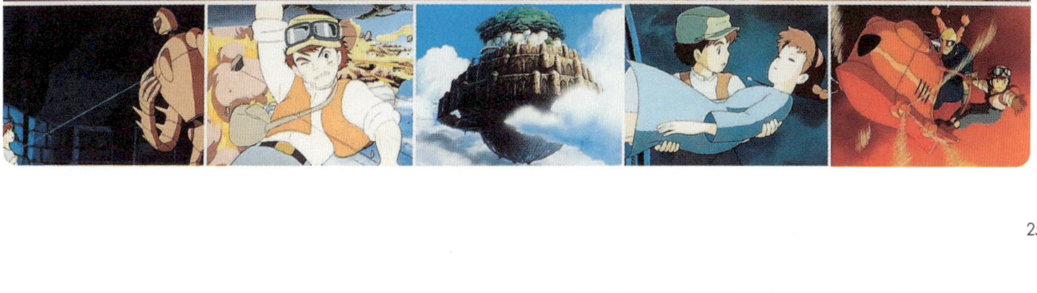

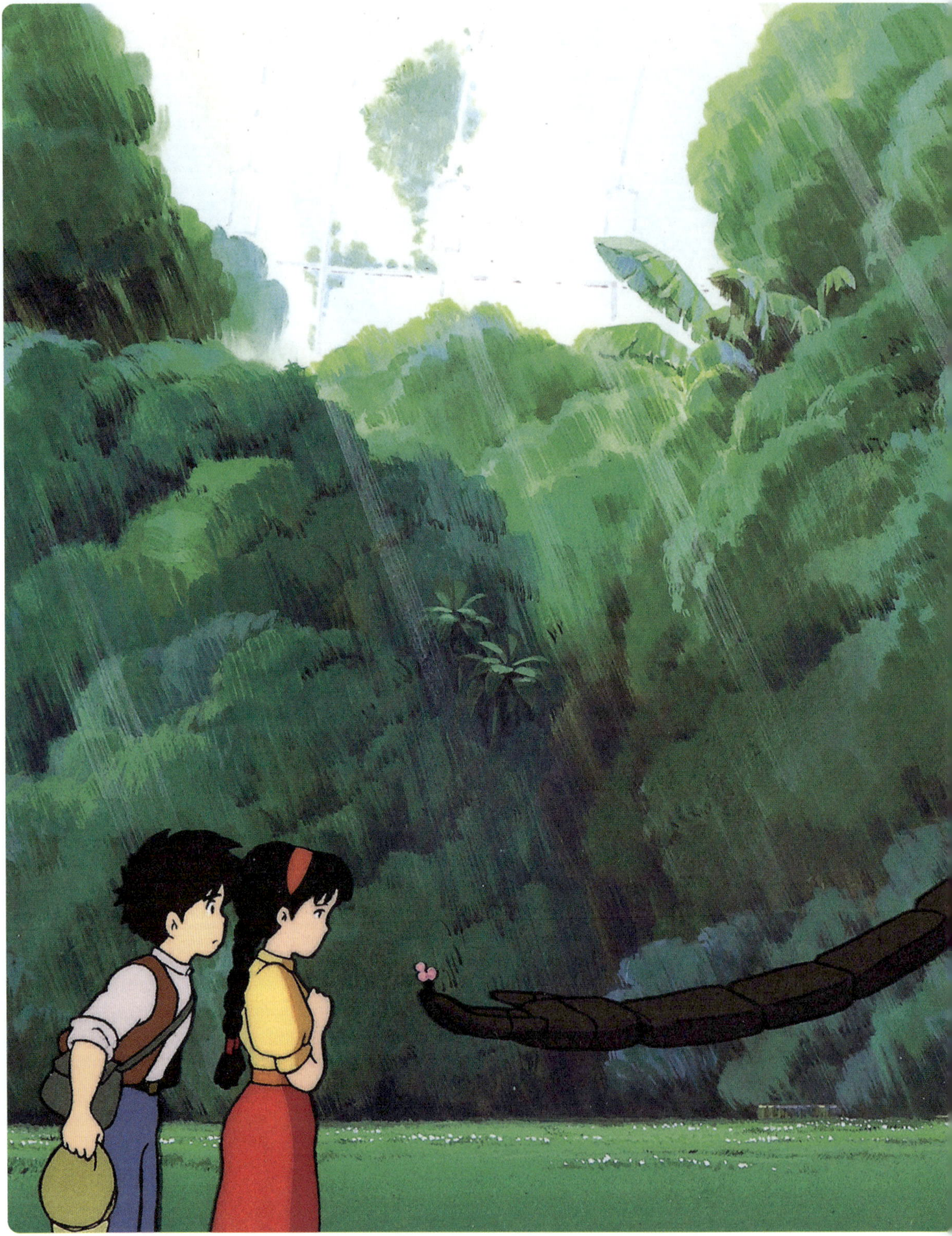

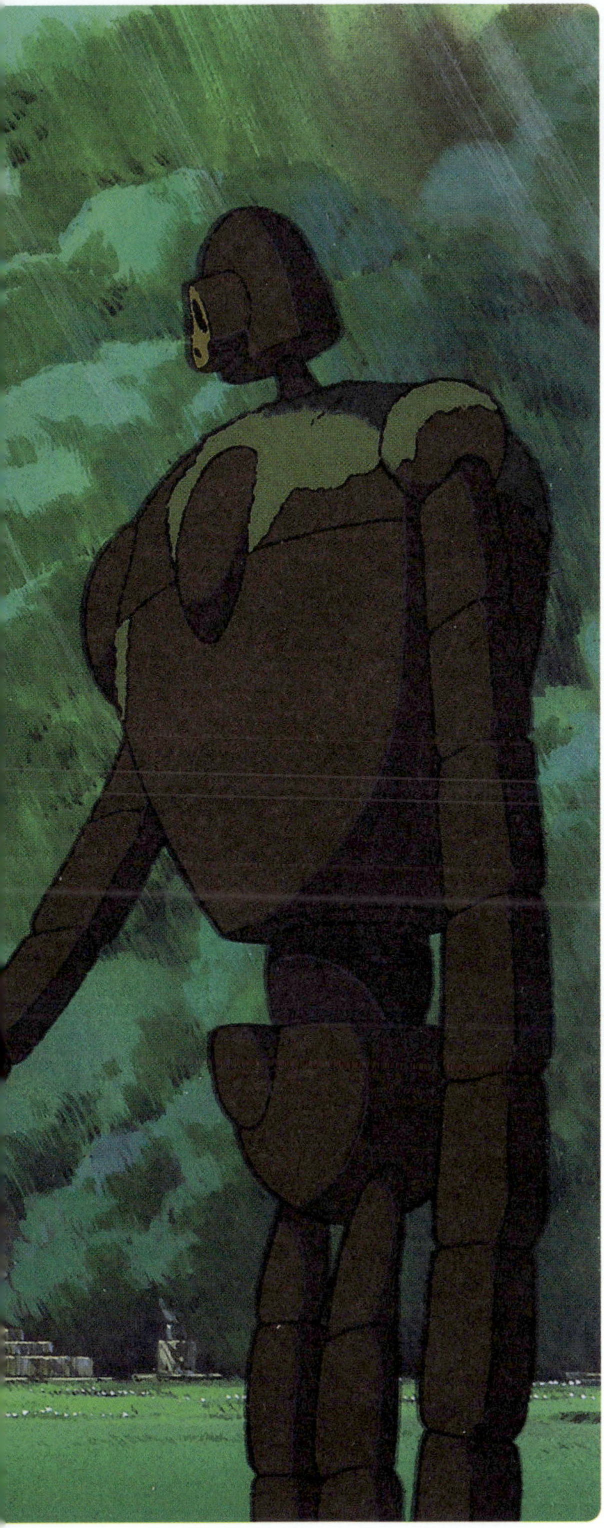

GHIBLI ODER JIBLI?

Die ewige Frage. Die ewige Debatte. Das Thema, bei dem jede Unterhaltung über Ghibli kippt. Wie spricht man „Ghibli" – ein italienisches Wort, von Japanern entliehen und dann ins Englische übersetzt – eigentlich aus? Ist es „Gibli" ... oder „Jibli"? In seinen Memoiren *Mixing Work with Pleasure* stellt Toshio Suzuki ein für alle Mal klar: „Die japanische Aussprache des ursprünglich italienischen Worts ‚Ghibli' ist phonetisch falsch. Es hätte ‚*giburi*' sein müssen, nicht ‚*jiburi*', aber es ist wohl zu spät, das jetzt noch zu korrigieren."

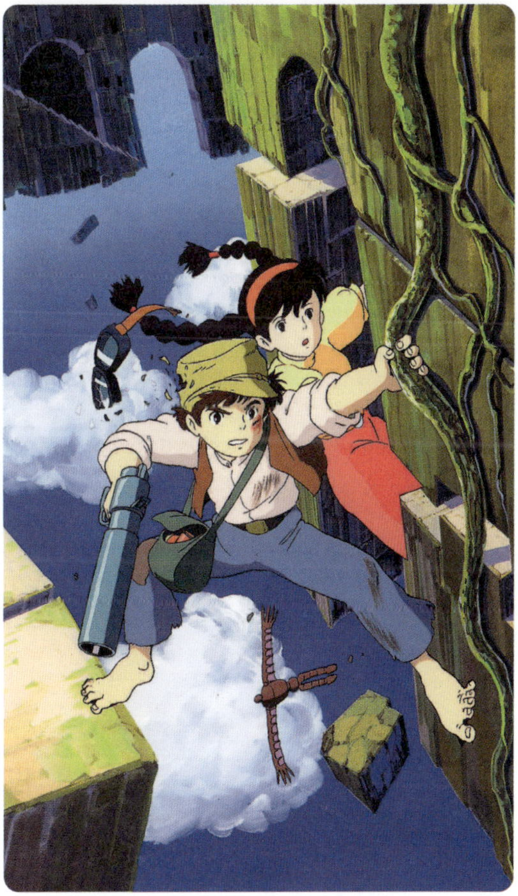

Links: Miyazakis Design des riesigen laputanischen Roboters hat seinen Ursprung in seiner Arbeit an der *Lupin III*-Anime-Serie und wurde angeblich inspiriert von einem Superman-Kurzfilm der Fleischer Studios von 1941 mit dem Titel *The Mechanical Monsters*.

Oben: Pazu und Sheeta klammern sich verzweifelt an die fliegende Insel.

KOMMENTAR: DAS SCHLOSS IM HIMMEL

Wenn man im Studio Ghibli-Museum ins Saturn-Kino geht, kann man, wenn man Glück hat, den Kurzfilm *Imaginary Flying Machines* von 2002 sehen, geschrieben, inszeniert und gesprochen von Hayao Miyazaki. Ursprünglich entstanden ist er als Ergänzung einer Ausstellung zu *Das Schloss im Himmel*. Er ist ein rasanter Überblick über mechanische Fluggeräte in unendlichen Formen und der größte Flugzeugfan der Animationsbranche, Miyazaki (dargestellt wie Porco Rosso), führt durch die flugfähigen Kreationen, die seinem eigenen Geist und dem anderer Künstler entsprungen sind. Der Kurzfilm fühlt sich an wie eine Diashow des Vorspanns von *Das Schloss im Himmel*, der Jahre zuvor in einem Stil, der wie Kupferstiche aus alten Büchern anmutete, Miyazakis tiefe Liebe für Fluggeräte zeigte. Indem er Jahre später auf den Stil dieser Vorspannsequenz zurückgriff, erinnert uns Miyazaki nicht nur an seine Leidenschaft für Flugzeuge, sondern auch für *Das Schloss im Himmel*. Es war der erste offizielle Film von Ghibli und zeigt, was noch aus dem Studio werden sollte.

Im Vergleich zu *Nausicaä* schlägt *Das Schloss im Himmel* einen deutlich fröhlicheren Ton an als sein die Welt auf den Schultern tragender Vorgänger. Die bescheidenen Helden Pazu und Sheeta sind jung und lebhaft und besitzen das reine Herz, das zu jeder wahren Abenteuergeschichte für Kinder gehört. Pazu ist ein junger Minenarbeiter, der sich für das Innenleben eines Minenschachts ebenso begeistern kann wie für einen Vogelschwarm oder das Trompetespielen. Sheeta ist ein unverblümtes Bauernmädchen, das aber eigentlich eine Prinzessin ist. Der Film beginnt damit, dass sie durch den Himmel stürzt, bevor sie – mithilfe ihrer glühenden Halskette – zu Boden schwebt und von Pazu gerettet wird. Nachdem diese magische Zufallsbegegnung erledigt ist, flüchten sie gemeinsam zur mystischen schwebenden Stadt Laputa, während sie vom bösen Kommandanten Muska und dem nicht ganz so bösen Piraten Dora gejagt werden.

Stürze, dumme Sprüche und eine Szene mit schwellenden Muskeln sind cartoonhaft, witzig und zeigen, dass Miyazaki seine Karriere mit den urkomischen Figuren der beliebten Film- und TV-Reihe *Lupin III* begonnen hat. Auch die Darstellung der Stadt Laputa erinnert an diese Arbeiten. Vor allem die romanesken Säulen und Wasserläufe aus dem spektakulären Finale von *Lupin III – Das Schloss des Cagliostro* werden auf dieses Schloss am Himmel versetzt. Auch wenn das Auftreten eines Fuchshörnchens aus *Nausicaä* den Eindruck erwecken könnte, dass der Film nur ein Abklatsch der Vergangenheit ist, liefert *Das Schloss im Himmel* neue Ideen in Bezug auf Animationsstil, Charakterdarstellung und Themenentwicklung, die das Studio auch später beibehielt.

Kiki hatte ihren ersten Auftritt später, doch als es so weit war, war sie ganz klar dem Styleguide von Sheeta entsprungen. Das rote Haarband und das weite, dunkle Kleid sehen wir hier schon, drei Jahre bevor *Kikis kleiner Lieferservice* veröffentlicht wurde. Motro, ein Ingenieur der Piraten mit seinem buschigen Schnurrbart und der runden Brille, bedient hier grummelnd die Maschinen und ähnelt stark Kamaji, der Jahre später in *Chihiros Reise ins Zauberland* den Boiler bedient. Der Kampferbaum, der über Totoros magischem Wald erblüht, lag zwar noch zwei Jahre in der Zukunft, doch in dem großen Baum im Zentrum von Laputa sieht man eindeutig seinen Vorfahren. Ebenso ist ein einfaches Spiegelei, perfekt gebraten, auf

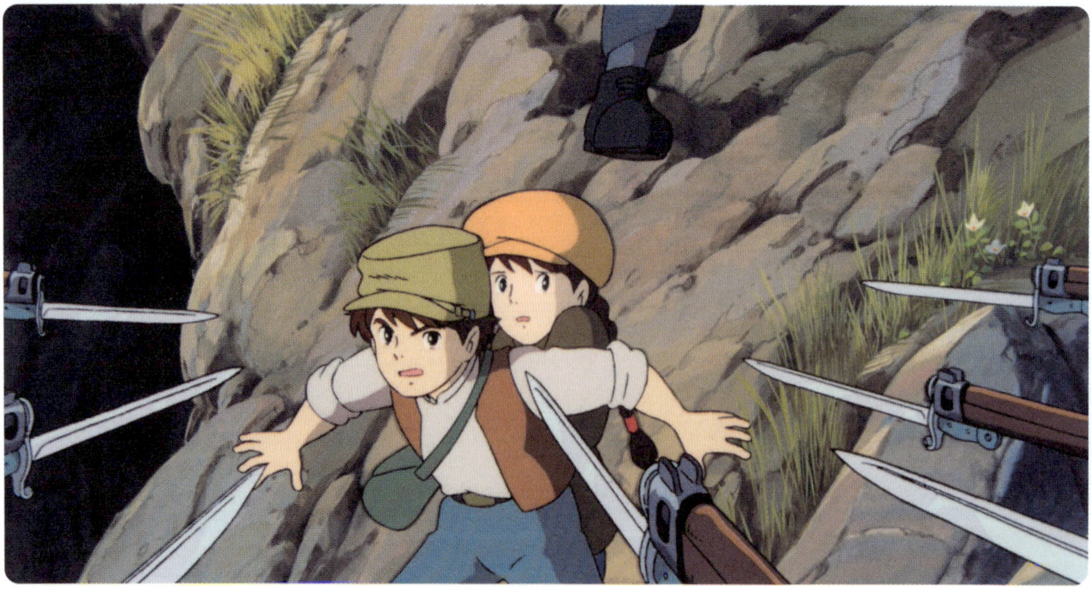

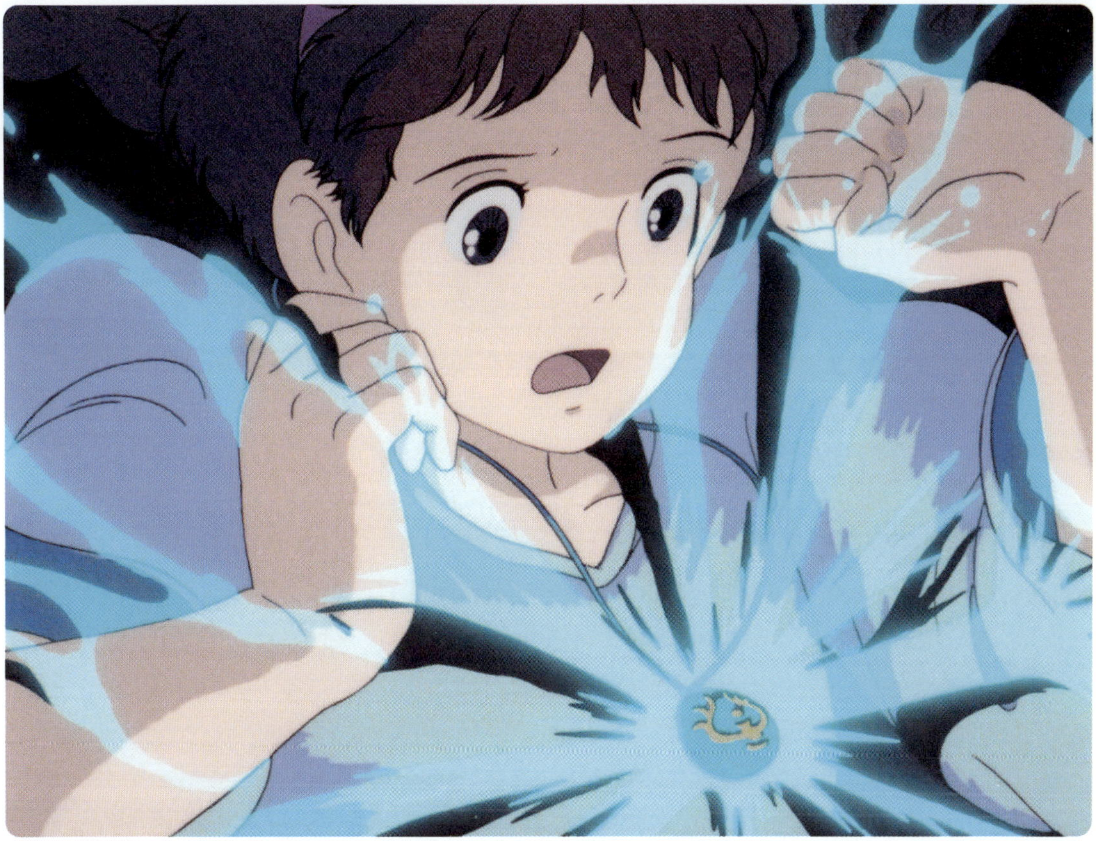

einer dicken Scheibe Brot und brüderlich zwischen Freunden geteilt, ein früher Gang des herrlichen Ghibli-Menüs. Es wurde liebevoll zubereitet, ist aber nicht zu aufwendig und wie bei vielen der besten Essensmomente, die noch folgen sollten, wird es in Gemeinschaft verzehrt. Man kann den Geschmack, das Vertrauen und den friedlichen Moment gleichermaßen nachempfinden.

Der Film mag verspielter sein als *Nausicaä*, doch thematisch setzt *Das Schloss im Himmel* die Erforschung von Umweltschutz und Krieg fort – eine Thematik, die Miyazaki durch seine gesamte Karriere begleitete. In einem großartigen Moment wird gezeigt, wie eine Höhle unter Pazus Bergbaudorf mit der gleichen Herrlichkeit wie der Nachthimmel erstrahlt. Miyazaki lässt der Erde unter unseren Füßen dieselbe Bewunderung zukommen, wie wir sie sonst für die Sterne über uns empfinden. Während Laputa selbst zum Schlachtfeld wird und die Industrie der Stadt zerbricht, sind es die natürlichen Wurzeln – die der Schurke Muska als Virus betrachtet –, die unsere Helden retten.

Es ist ein seltener Fehltritt in der Charakterentwicklung, dass Kommandant Muska ein eingefleischter Militarist und für einen Ghibli-Antagonisten enttäuschend einseitig ist. Die Roboter dagegen, herzerweichende Metallkreationen, die zerstörerische Macht und unschuldigen Beschützerinstinkt vereinen (ähnlich der Hauptfigur aus *Der Gigant aus dem All*), sind sehr viel interessanter. Sie können als Waffen kontrolliert werden, aber wenn sie frei sind, sind sie von Natur aus friedfertige Versorger. Trotz der Gewalt, die sie verüben, wirken die Roboter doch wie ein Symbol des Friedens, eine Dichotomie, die Miyazaki auch in den kommenden Jahren weiter beleuchtete, am deutlichsten in dem Kriegsdrama *Wie der Wind sich hebt*. Eine weitere antimilitärische Botschaft ist das Fluggerät von Pazu und Sheeta, ein wendiger Gleiter, der hoch über der Armee und den Piraten schwebt und als Erstes auf Laputa landet, was zeigt, dass das Schiff, das keine Waffen an Bord hat, am Ende die Belohnung erhalten kann. Der Film mag sich mit düsteren Themen auseinandersetzen, doch die Spannung steht immer im Vordergrund, zusätzlich unterstützt von Joe Hisaishis außergewöhnlichem Balanceakt zwischen Synthesizern und Orchester, der perfekt das drei Worte umfassende Briefing erfüllt: „Träume, Romantik, Abenteuer".

Miyazaki sagte, dass er seine „Kindheitsträume" mit dem Film zum Leben erwecken wollte, und in den besten Szenen fühlt es sich tatsächlich so an, als wären es nicht länger nur fliegende Maschinen, sondern Miyazakis Träume, die zum Leben erwacht sind.

Oben: Studio Ghibli-Magie, getragen von Sheeta.

Gegenüber: Die jungen Helden Sheeta und Pazu finden sich mitten in einem Abenteuer wieder – und in der Schusslinie.

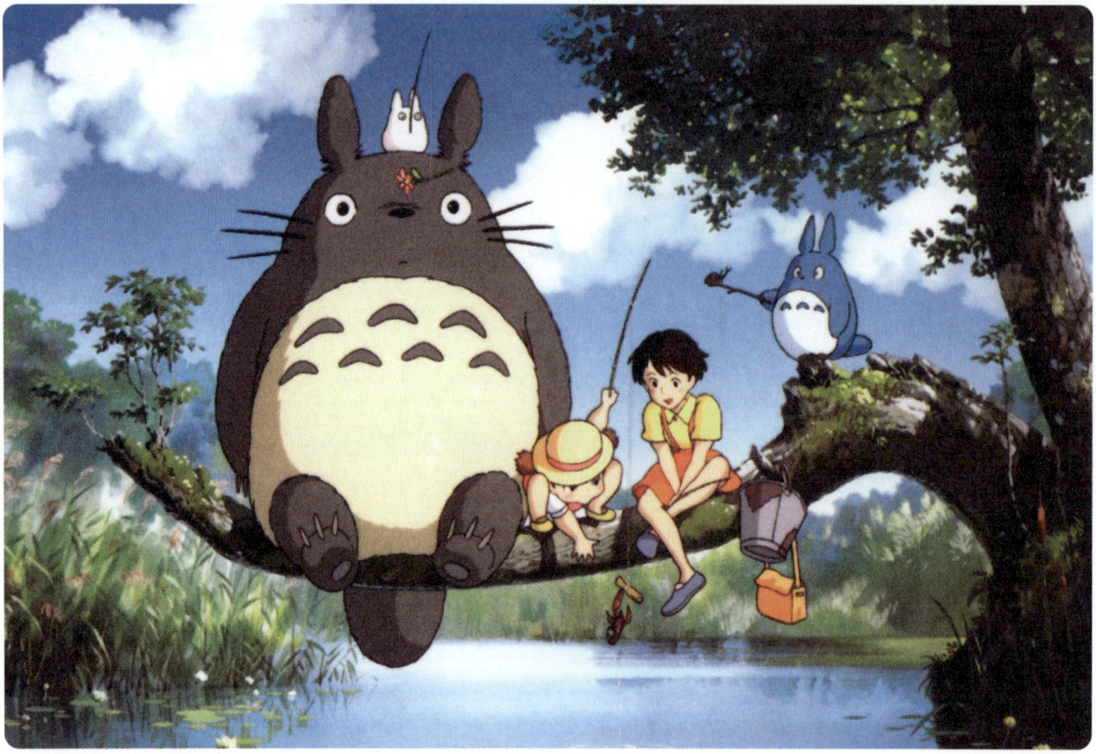

MEIN NACHBAR TOTORO (TONARI NO TOTORO, 1988)

DIE GEBURT EINER IKONE

REGIE: HAYAO MIYAZAKI
DREHBUCH: HAYAO MIYAZAKI
LAUFZEIT: 88 MINUTEN
VERÖFFENTLICHUNGSDATUM (JAPAN): 2. AUGUST 1986

WENN MAN NACH DER ETWAS EINGESCHRÄNKTEN AUFFASSUNG GEHT, DASS HAYAO MIYAZAKI JAPANS ANTWORT AUF WALT DISNEY ODER STEVEN SPIELBERG IST, DANN IST DER PELZIGE WALDTROLL TOTORO ZWEIFELLOS SEINE MICKEY MAUS, SEIN E.T. DER AUSSERIRDISCHE. TOTORO IST EINE IKONE FÜR GENERATIONEN VON KINDERN – UND ER IST ALS MERCHANDISE EINE ECHTE GOLDGRUBE. SEINE KUGELRUNDE, KNUDDELIGE FORM LÄSST SICH MÜHELOS AUF PLÜSCHTIERE, NACHTLICHTER ODER ÜBERGROSSE, UNGLAUBLICH BEQUEME HAUSSCHUHE ÜBERTRAGEN.

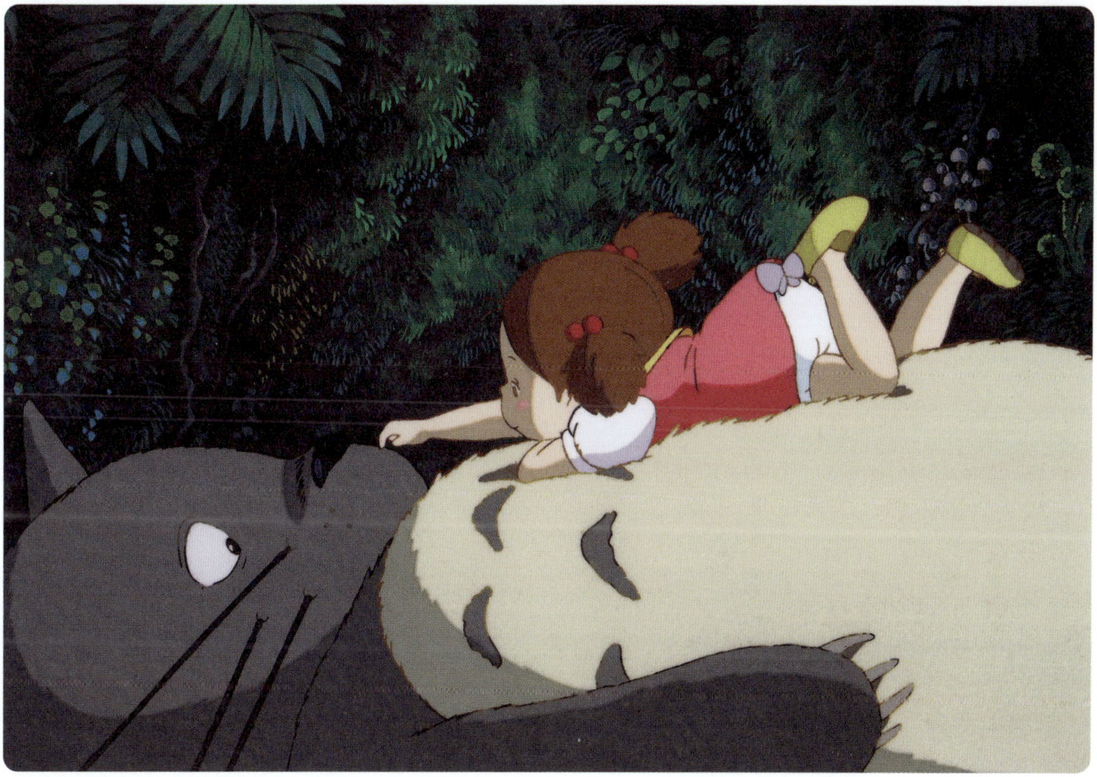

Totoro prangt auf dem Logo von Studio Ghibli und wurde auch in Übersee der Markenbotschafter. Er tritt in Cameos in westlichen Medien von *Toy Story 3* bis zu den *Simpsons* und in Comics von *X-Men* bis *The Sandman* auf. Doch in den späten 1980ern war Totoro noch nur eine Eichel, aus der das Studio Ghibli-Imperium erwachsen sollte.

Nach zwei epischen Anime-Filmen, die Fantasy-Welten und spektakuläre Szene oftmals durch Gewalt geprägter Heldentaten boten, stellte sich Hayao Miyazaki für sein nächstes Projekt etwas Ruhigeres, Kinderfreundlicheres vor. „*Mein Nachbar Totoro* soll ein fröhlicher, herzerwärmender Film sein", schrieb Miyazaki in seinem Regieleitfaden, „ein Film, aus dem das Publikum mit einem guten Gefühl nach Hause geht."

Interessanterweise wandte sich Miyazaki nach zwei Filmen, deren fiktionale Welten von verschiedenen westlichen Geschichten beeinflusst gewesen waren, mit *Mein Nachbar Totoro* einer sehr japanischen Szenerie und Geschichte zu. „Obwohl wir in

Oben: Mei trifft ihren neuen Nachbarn.

Gegenüber: Eine Geschichte über zwei Familien: Die Schwestern Mei und Satsuki verbringen Zeit mit dem Totoro-Clan.

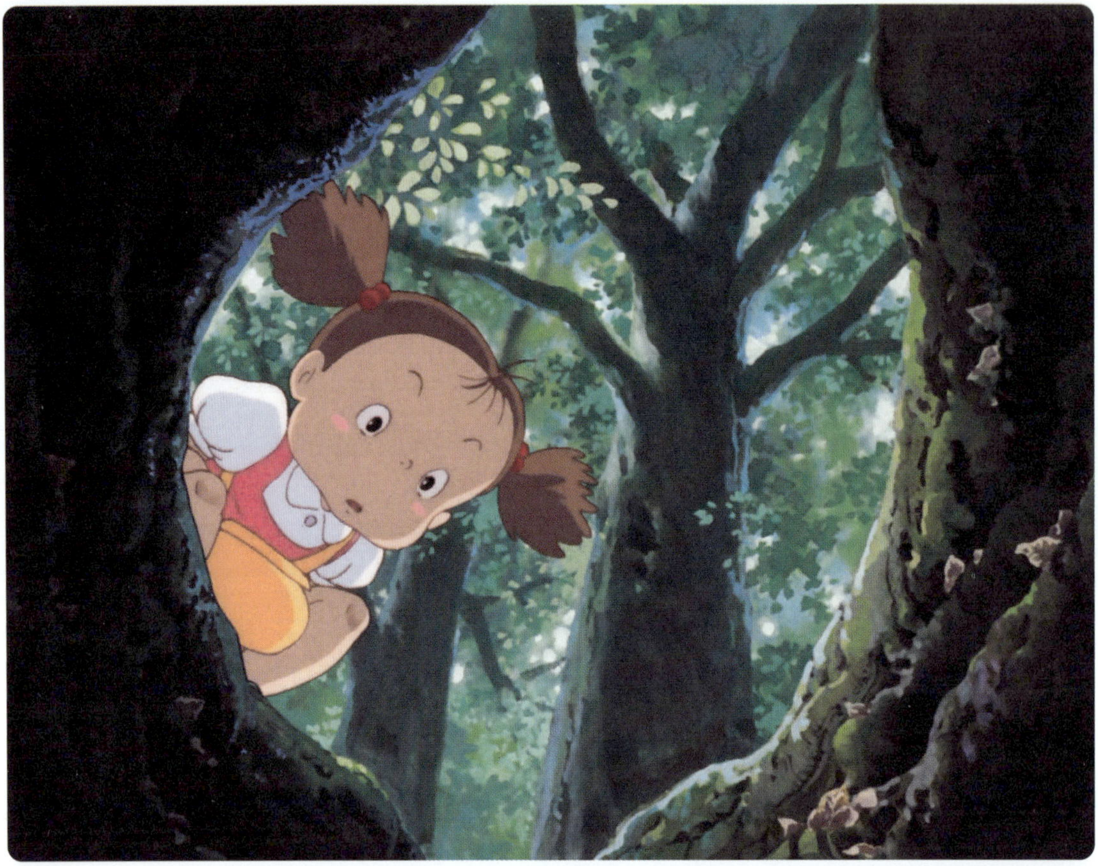

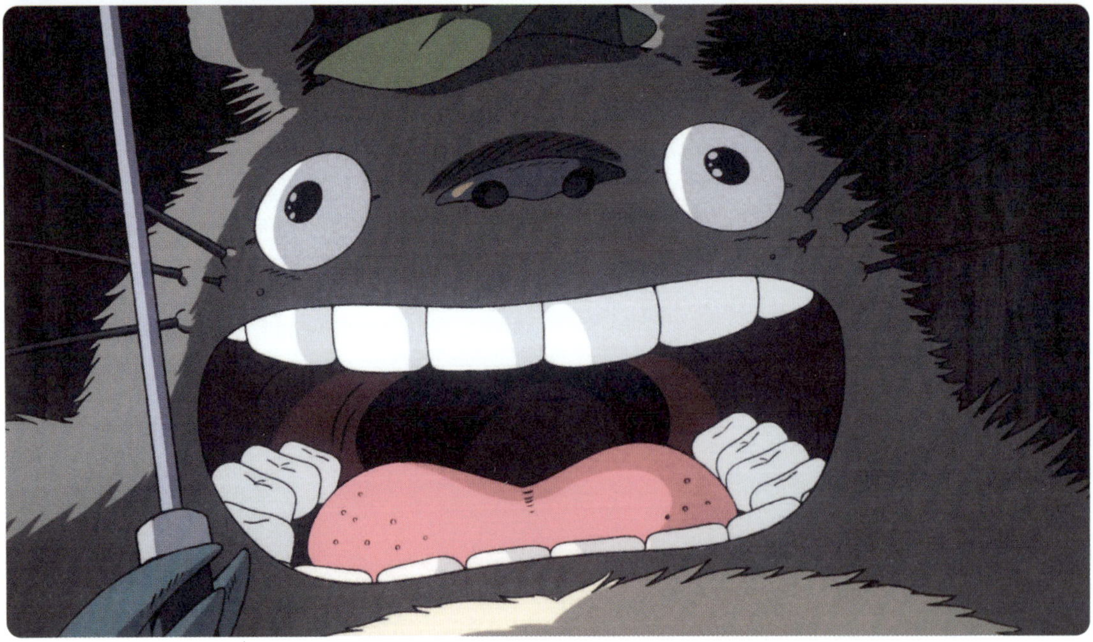

Japan leben und zweifellos Japaner sind, schaffen wir immer wieder Animationsfilme, die einen Bogen um Japan machen." Entsprechend wollte Miyazaki mit seiner Nachkriegsgeschichte über die Freundschaft zwischen zwei jungen Mädchen und den Waldgeistern, die in der Nähe ihres neuen Zuhauses auf dem Land leben, einfangen, „was wir vergessen haben, was wir nicht bemerken, was wir glauben, verloren zu haben."

Anfangs waren Studio Ghiblis Geldgeber bei ihrem Mutterkonzern Tokuma Shoten nicht interessiert an einem niedlichen Abenteuer mit einem freundlichen Waldtroll – sie wollten ein weiteres Fantasy-Abenteuer mit einem exotisch klingenden Namen wie *Laputa – Das Schloss im Himmel* oder *Nausicaä aus dem Tal der Winde*.

Daher sah es anfangs so aus, als würde *Mein Nachbar Totoro* direkt auf VHS erscheinen. Doch als Toshio Suzuki die Finanzierung für *Die letzten Glühwürmchen*, den ersten Ghibli-Film von Mitbegründer Isao Takahata, von Shinchosha, dem Verlag des Originalromans, gesichert hatte, witterte der clevere Produzent eine Gelegenheit, die patriarchalen, streng hierarchischen Geschäftspraktiken Japans zum Vorteil des Studios zu nutzen. Suzuki ersann folgende Strategie: „Der Plan sah vor, dass Shinchosha und Tokuma sich zusammentun würden und jeder einen Film produzieren würde, die dann als Double Feature gezeigt werden würden. Shinchosha hatte eine längere Tradition als Tokuma und da diese Dinge den Präsidenten von Verlagen sehr wichtig sind, musste Präsident Tokuma zustimmen, als der Präsident von Shinchosha diesen Vorschlag an ihn herantrug."

Ein Deal wurde gemacht und das junge Studio hatte plötzlich zwei Filme zu produzieren: *Die letzten Glühwürmchen* von Takahata und den jetzt spielfilmlangen *Mein Nachbar Totoro* von Miyazaki, die zusammen im April 1988 in den Kinos anlaufen sollten. „Der Rest", bemerkt Suzuki, „war eigentlich ganz einfach."

Nun ja, zumindest bis die Filme dann tatsächlich veröffentlicht wurden ...

Auch wenn der gewagte Schachzug mit der Doppelveröffentlichung dafür gesorgt hatte, dass beide Filme ihre Finanzierung bekamen, waren die Filme selbst eher ein Hit bei den Kritikern als Blockbuster. Gemeinsam heimsten sie bei den Blue Ribbon Awards einen Spezialpreis ein und *Totoro* wurde vom

Gegenüber, oben: Miyazakis Magie entspringt oft unserer alltäglichen Umgebung.

Gegenüber, unten: Totoro freut sich über die Regentropfen, die auf seinem Schirm landen.

Unten: Joe Hisaishis Stücke aus *Totoro* haben inzwischen selbst Kultstatus erreicht und werden auf der ganzen Welt vor ausverkauftem Haus gespielt. Hier wird der Soundtrack 2011 in Paris aufgeführt.

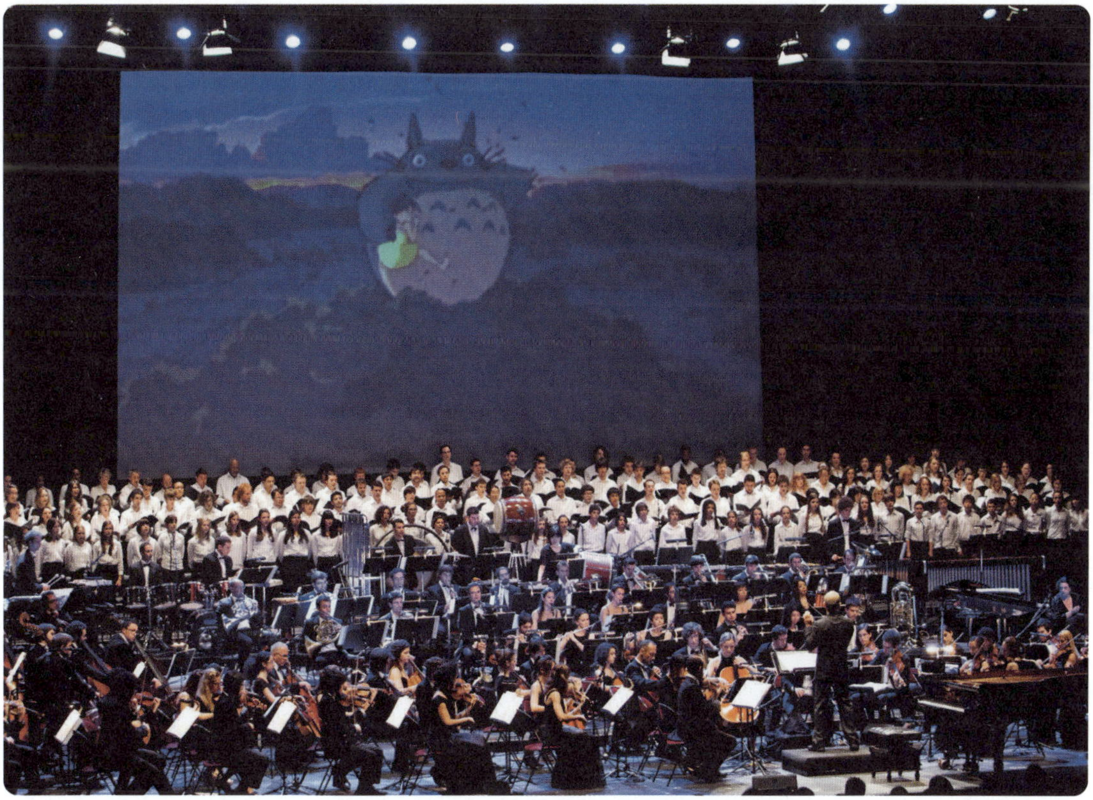

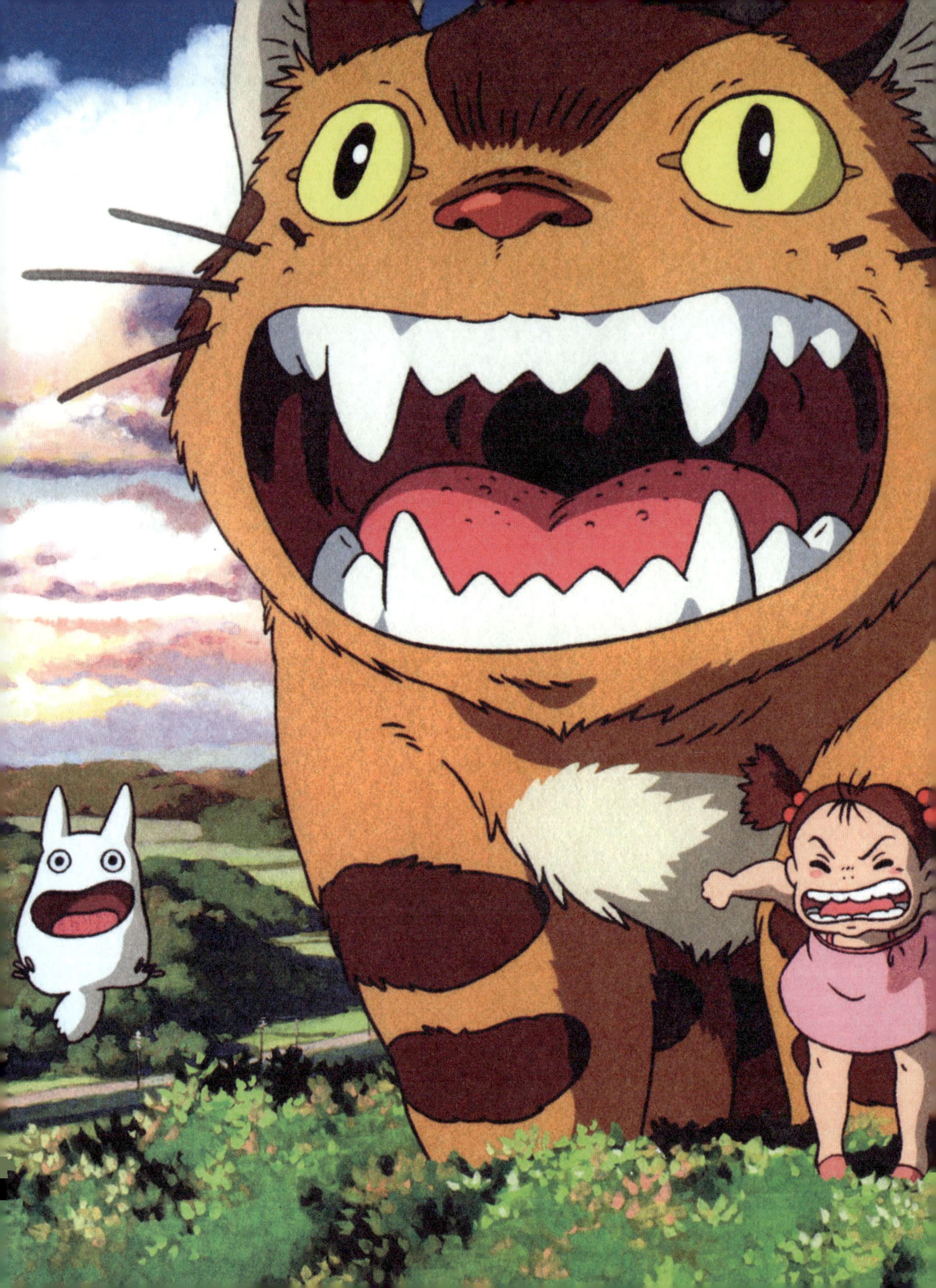

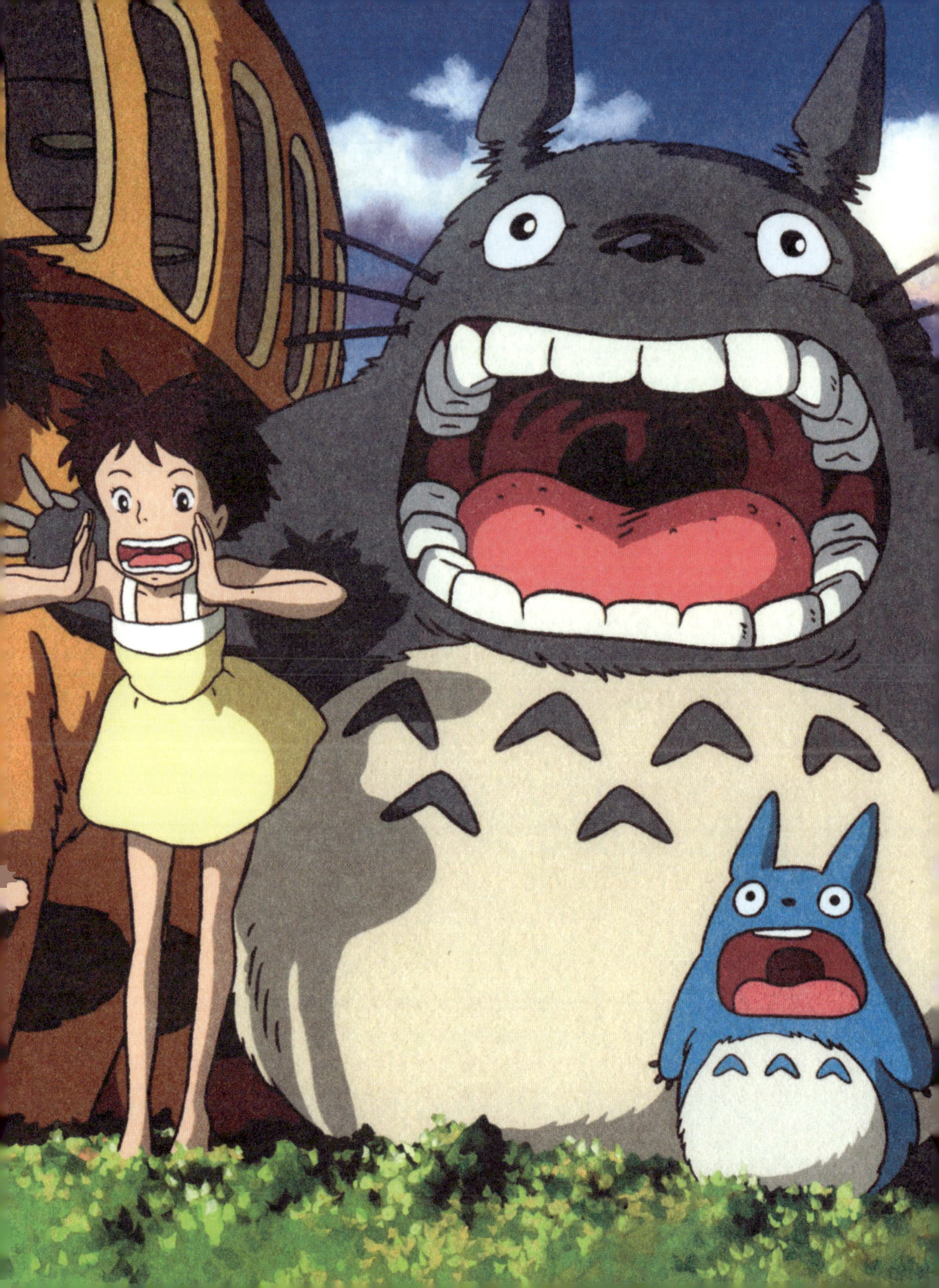

angesehenen japanischen Filmmagazin *Kinema Junpo* als bester Film ausgezeichnet.

Doch die wenn auch nicht spektakulären, so zumindest ordentlichen Einspielergebnisse von *Mein Nachbar Totoro* wurden schnell von den Einnahmen durch die VHS-Veröffentlichung und vor allem durch das Merchandise in den Schatten gestellt. Erst 1990 erkannte das Studio den Wert in der Lizenzierung der Figur, doch letztlich wurden Milliarden mit Totoro-Spielzeugen und anderen Produkten erzielt, als aus der niedlichen Kreatur eine nationale Ikone wurde.

International brauchte Totoro eine Weile, um Bekanntheit zu erlangen. Eine Vorführung im Barbican Center in London 1991 ging der Veröffentlichung in ausgewählten Kinos in den USA 1993 voraus. Den Verleih übernahm 50th Street Films, ein Tochterunternehmen des für seine billig produzierten Horrorkomödien berüchtigten Studios Troma Entertainment, das auf internationale und Indie-Filme spezialisiert war. Fox Video veröffentlichte *Mein Nachbar Totoro* im Folgejahr auf VHS mit einem subtil amerikanisierten Cover und einer englischen Synchro von Streamline Entertainment.

Es heißt, dass Fox Video mehr als 500.000 Exemplare verkaufte, doch wie bei vielen frühen Ghibli-Filmen bescherten erst der Erfolg von *Chihiros Reise ins Zauberland* und die DVD-Veröffentlichung 2006 von Walt Disney Home Entertainment in den USA und Optimum Releasing (später StudioCanal) in Großbritannien dem Film große Beliebtheit in der englischsprachigen Welt.

Ein tapferer Verfechter in dieser Zeit war Roger Ebert, der einflussreiche amerikanische Filmjournalist, der mit seiner Arbeit für die *Chicago Sun-Times* und für die TV-Sendung *Siskel & Ebert & the Movies* sowohl Film- als auch Fernsehkritiken verfasste. *Mein Nachbar Totoro* war nur einer der Ghibli-Filme, die es auf seine persönliche Liste der besten Filme geschafft hatten, doch er rief die aufrichtigste Reaktion von ihm hervor: „Wann immer ich ihn sehe, muss ich lächeln, lächeln, lächeln."

Der unwahrscheinlichste Fan war aber wohl der legendäre Filmemacher Akira Kurosawa, dessen unvergleichliche Werke wie *Rashomon, Die sieben Samurai, Yojimbo* oder *Ran* das japanische Kino international bekannt machten. Es heißt, *Mein Nachbar Totoro* sei auf Kurosawas Liste seiner hundert Lieblingsfilme gewesen, und in einem Interview am Kamin, das 1993 aufgenommen wurde, machte der damals Achtzigjähre Miyazaki sprachlos, indem er einwarf: „Wissen Sie, ich mochte diesen Bus in *Totoro* ... Solche Sachen können Leute wie ich in dieser Branche nicht machen und ich bin sehr neidisch darauf."

Es heißt auch, Kurosawa hätte gesagt, dass Miyazaki ein guter Regisseur für Realfilme gewesen wäre. Doch zu unserem Glück ließ sich Miyazaki nicht von seinem Weg abbringen. Tatsächlich fasste er die Bemerkung sogar als versteckte Beleidigung auf, als wäre Animation etwas Zweitklassiges oder nur ein Sprungbrett zum Realfilm. Es dauerte allerdings nicht mehr lange, bis Miyazakis Name international genauso bekannt war wie Kurosawas.

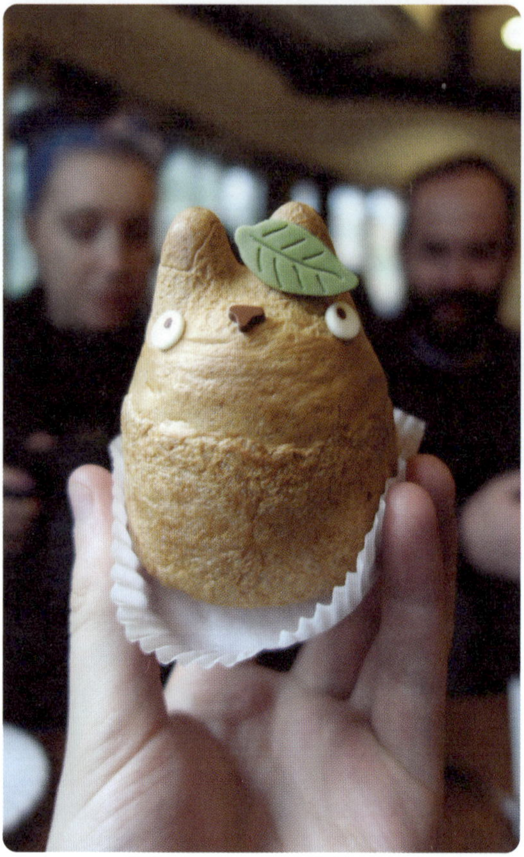

Oben: Merchandise-Liebling. Totoro wurde in zahllosen Produkten umgesetzt, von Pantoffeln bis hin zu opulenten Süßspeisen (wie hier zu sehen, mit den Ghibliothek-Produzenten Steph und Harold unscharf im Hintergrund).

Vorherige Doppelseite: Schon viele Ghibli-Fans haben ihre Liebe für *Mein Nachbar Totoro* von den Baumwipfeln geschrien.

Wer ist das mysteriöse Mädchen neben Totoro an der Bushaltestelle? Nach Miyazakis ursprünglicher Idee sollte sie die einzige Protagonistin des Films sein. Während der Produktion teilte er sie auf die beiden Schwestern Mei und Satsuki auf, doch in diesem legendären Postermotiv von *Mein Nachbar Totoro* lebt die Figur weiter – und wirkt nun wie eine optische Täuschung, eine Verschmelzung der beiden geliebten Figuren.

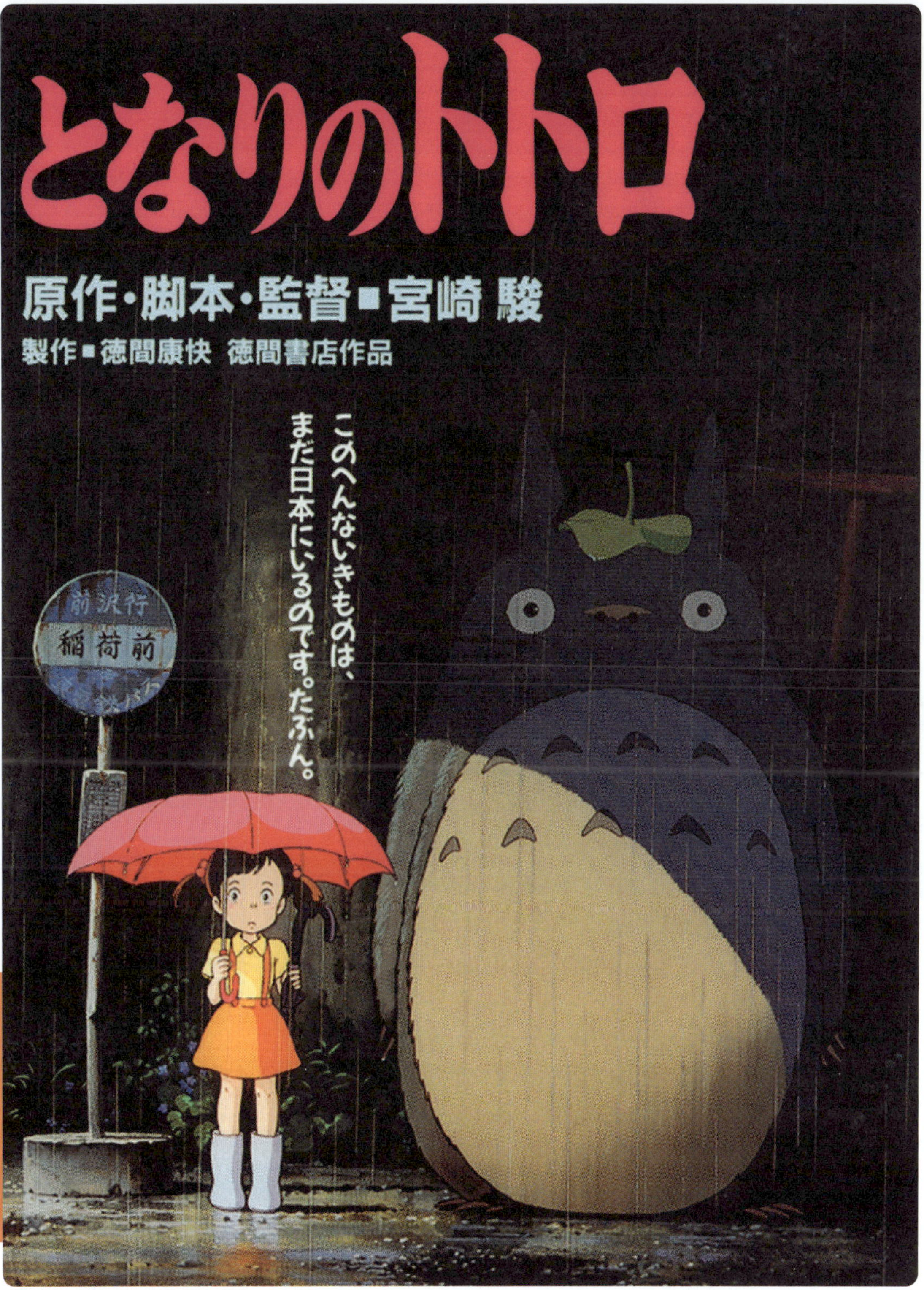
となりのトトロ
原作・脚本・監督■宮崎 駿
製作■徳間康快 徳間書店作品
このへんないきものは、
まだ日本にいるのです。たぶん。
前沢行
稲荷前

KOMMENTAR: MEIN NACHBAR TOTORO

Mein Nachbar Totoro ist Studio Ghibli. Und nicht nur, weil Totoro seit 1991 das Logo des Studios ziert. Nicht nur, weil Totoro das Maskottchen des Studios wurde und die Marke Ghibli international bekannt gemacht hat – und einen Crossover-Auftritt in *Toy Story 3* bekommen hat. Sondern weil er die Quintessenz des Studios ist.

Der Name Ghibli weckt eine Menge Vorstellungen: unvergleichliche Handwerkskunst, packende musikalische Momente – jede Menge Katzen – und Heimeligkeit. In anderen Werken mag es gelegentliche Ausweidungen geben, Abhandlungen der modernen Kriegsführung oder inzestuöse Flirts, doch nichtsdestotrotz bleibt Studio Ghibli *hygge* für Augen und Ohren. Wenn ein Filmstudio eine dampfende Schüssel Ramen an einem kalten Winterabend wäre, dann wäre es Studio Ghibli. *Mein Nachbar Totoro* ist genau dieses Gefühl, konzentriert in achtundachtzig perfekte Minuten. Er ist eine ausnehmend schöne Erfahrung und da man jedes Mal ein neues wundervolles Detail entdecken kann, wird er auch nie langweilig. Es mag um Spukhäuser gehen, Tod, Industrialisierung und Spiritualität, doch nie fühlen sich diese Worte so schwer an, wie sie sich auf dem Papier lesen, stattdessen treiben sie eher auf einer sanften Brise, die eine einfache Geschichte umweht.

Im Nachkriegsjapan zieht die Familie Kusakabe aufs Land. Tatsuo und seine zwei Töchter Mei und Satsuki beziehen ein baufälliges altes Haus, während ihre Mutter Yasuko sich in einem nahegelegenen Krankenhaus erholt. Neben dem Haus gibt es einen Wald, in dessen Zentrum ein riesiger Kampferbaum steht. In diesem lebt eine Familie von Waldgeistern, die mit Mei und Satsuki interagieren. Ihre Abenteuer reichen von scheinbar banalen Dingen, wie auf den Bus zu warten, bis hin zu außergewöhnlichen Sachen, wie innerhalb von Minuten einen ganzen Wald wachsen zu lassen, doch ist jedes davon einfach nur magisch.

In der Welt von *Mein Nachbar Totoro* gibt es keine Angst, oder zumindest wird sie sofort zerstreut, wenn sich auch nur ein Hauch davon zeigt. Als die beiden Mädchen in ihrem neuen Zuhause ankommen und man ihnen erzählt, dass es dort spuke, reagieren sie, als sei das nur ein weiteres Spiel, neue Freunde, mit denen es sich anzufreunden gelte. Sie wuseln durchs Haus, streifen um die Ecken und kriechen durch den Garten und als sie die „Rußmännchen" entdecken – eine Mischung aus Wattebäuschen und Spinnen –, verjagen sie sie mit ihren Freudenschreien. Jetzt kann das Haus geputzt werden und auch wenn es vielleicht einen Waldgeist im nahen Wald gibt, gilt es erst, die Magie des Hauses zu erforschen.

Niemand kann Putzen wie Ghibli. Wenn man jemandem in einem Ghibli-Film beim Putzen zusieht, kriegt man sogar selbst Lust zu putzen. Miyazaki gewährt uns einen Einblick in das neue Leben der Kusakabes. Das schwere Ächzen der altmodischen Wasserpumpe, das befriedigende Gleiten der Putzlappen über die Holzdielen und das Quatschen der Wäsche, die beim Waschen mit den Füßen geknetet wird. Das Haus selbst knarrt und quietscht bei jedem Luftzug und macht den Mädchen Angst, doch in der angenehmen Wärme der Badewanne bringt Tatsuo seinen Töchtern bei, darüber zu lachen und so in die Symphonie ihres neuen Zuhauses einzustimmen. Wir spüren den Rhythmus dieser Häuslichkeit und erst später fällt uns auf, dass etwas fehlt – die Mutter der Mädchen.

Im Krankenhaus begegnen Mei und Satsuki ihrer Mutter mit kindlicher Begeisterung, aber die Unsicherheit wegen ihrer Krankheit und der Frage, wann sie wieder nach Hause kann, im Kontrast zu der Fröhlichkeit der Mädchen, verleihen dem Film ein Gefühl der Sterblichkeit. Egal, ob sie sich Geistern, dem gruseligen Wind, der durch Haus klappert, oder der chronischen Erkrankung ihrer Mutter stellen müssen, der furchtlose Optimismus von Mei und

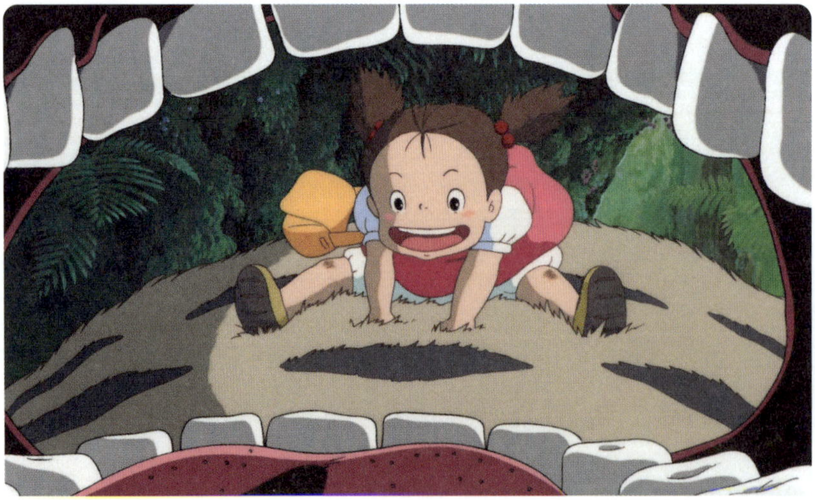

Links: Ein Blick aus dem Maul auf Meis erste Begegnung mit Totoro.

Gegenüber: Knuddelig oder gruselig? Der Katzenbus dürfte Miyazakis bezauberndste und gleichzeitig verstörendste Kreation sein.

Satsuki und ihr Abenteuersinn sind ansteckend, egal, wie alt der Zuschauer ist.

Auftritt Totoro. Wie alle großen Nebenfiguren trifft er spät ein, hat weniger Leinwandzeit, als man meinen würde, dominiert aber trotzdem den ganzen Film. Als Mei durch das Haus und den Garten streift, entdeckt sie eine kleine weiße, geisterhafte Gestalt, wie ein wandelndes Kissen mit spitzen Ohren und großen Augen. Sie trifft sich mit einer ähnlichen Kreatur, die ein wenig größer und blau ist und eine kleine braune Tasche bei sich trägt – natürlich verspürt Mei keinerlei Angst und folgt ihnen in den Wald. Sie findet sich am Fuß des Kampferbaums wieder und fällt in ein Loch, landet aber weich – weil sie auf einer der größten Figuren der Filmgeschichte gelandet ist.

Das ist Totoro. Zum Teil Katze, zum Teil Kaninchen, zum Teil Hund, zum Teil Bär, zum Teil Eule. Das klingt wie eine Schöpfung von Doktor Moreau, ist es aber nicht, es ist eine Manifestation dieses Gefühls, das Ghibli ausmacht: sofort beruhigend. Mei klettert die pelzige, breite Brust hinauf, auf der sie gelandet ist, und starrt Totoro in die Augen. Er starrt zurück. Eine sofortige Verbindung entsteht. Sie krault ihn, kitzelt ihn an der Nase, er gähnt ausgiebig und die beiden schlafen absolut friedlich ein. Es folgt eine Einstellung einer Schnecke, die einen Ast hinaufkriecht, dann fällt ein Wassertropfen in einen Teich. Das alles zusammengenommen verkörpert die idealisierte Harmonie zwischen Fantasie, Natur und Mensch, die man überall in Miyazakis Arbeit findet.

In einer weiteren Szene, die aus dem gesamten Ghibli-Werk heraussticht, warten die zwei Schwestern an der Bushaltestelle auf ihren Vater. Während sie im Regen ausharren, entdeckt Satsuki unter dem Rand ihres Schirms heraus einen großen, pelzigen Fuß. Dort steht mit großen Augen (und einem riesigen Blatt als Hut) Totoro. Sie reicht ihm ihren zweiten Schirm und sie warten zusammen. Dieses Bild von ihnen, wie sie verlegen dastehen und sich nicht trauen, den anderen direkt anzusehen, macht die Szene so einprägsam, was danach kommt, macht sie legendär. Die Lichter von Totoros Bus erscheinen in der Ferne, aber es ist kein Bus ... es ist eine Katze. Na ja, eigentlich ist es beides. Als fantasievolle, surreale Kreatur mit Ratten-Lichtern auf dem Dach und einem Soundeffekt wie aus einem 1950er-Science-Fiction-Film, wenn sich die Tür öffnet, ist der Katzenbus verstörend. Das breite Grinsen und der Hohlraum des Körpers mögen auf den ersten Blick beängstigend wirken, doch sein Auftritt ist ein unvergesslicher Trip.

Nachdem sie sich an die Totoros gewöhnt haben, ist das größte Abenteuer der Schwestern die Gartenarbeit. Sie pflanzen Eicheln im Garten ein und eine Truppe aus Kindern und Waldgeistern tanzt um sie herum, um sie zum Wachsen zu bringen. Joe Hisaishis ätherischer Soundtrack schwillt an und die Leinwand wird eingehüllt in emporschießendes Grün. Das ist Miyazakis Vision vom Einklang mit der Natur und sie ist atemberaubend.

Die letzte Einstellung des Films zeigt die Totoros, die mit großen Augen vom Kampferbaum herabschauen. Es ist beruhigend, sie dort zu sehen, eine Erinnerung: Egal, welche Schwierigkeiten uns erwarten und wie stoisch wir ihnen begegnen, da ist dieser große Fellball der Güte, der uns auch in den schwersten Zeiten beisteht. Ob er nun hilft, ein vermisstes Kind zu finden, oder diesem Kind einfach nur einen gemütlichen Platz für ein Nickerchen bietet. Totoro hält immer noch seinen Schirm, ein Geschenk von Satsuki, und wir haben Totoro, ein Geschenk an uns.

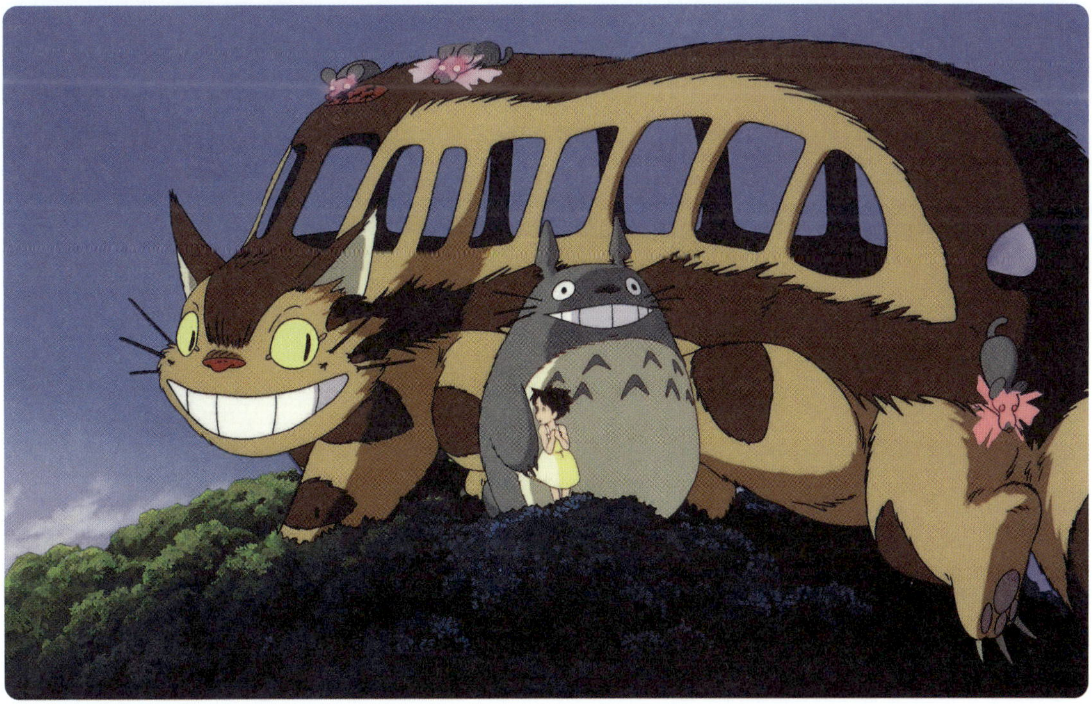

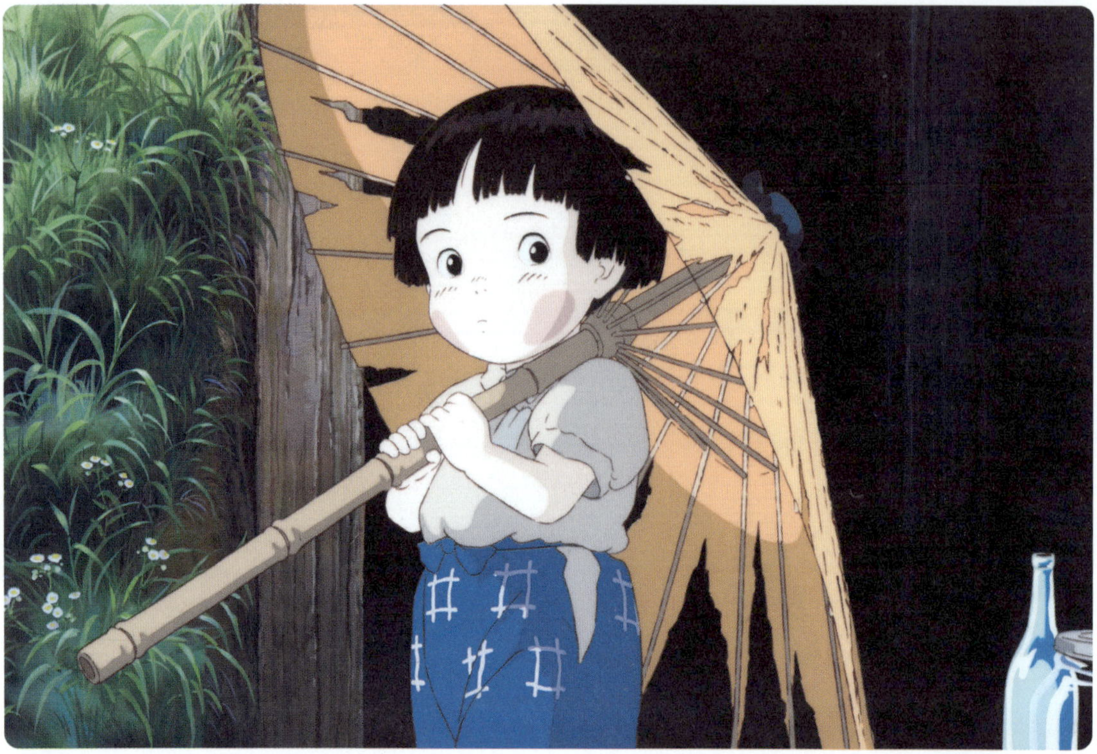

DIE LETZTEN GLÜHWÜRMCHEN (HOTARU NO HAKA, 1988)

TAKAHATAS TRAGISCHER TRÄNENGARANT

REGIE: ISAO TAKAHATA
DREHBUCH: ISAO TAKAHATA
LAUFZEIT: 89 MINUTEN
VERÖFFENTLICHUNGSDATUM (JAPAN): 16. APRIL 1988

WENN ES UM STUDIO GHIBLIS INTERNATIONALEN RUF GEHT, IST ZUGANG DER ENTSCHEIDENDE FAKTOR. DANK EINER WELTWEITEN VERÖFFENTLICHUNG HABEN HAYAO MIYAZAKIS FANTASY-FILME VON *MEIN NACHBAR TOTORO* BIS *CHIHIROS REISE INS ZAUBERLAND* DEN PLANETEN EROBERT UND DAS BILD VON GHIBLI GEPRÄGT, ABER SEINE FILME SIND NUR EIN TEIL DER GESCHICHTE UND ES IST UNSER ZIEL ALS GHIBLIOTHEK, ALLE VERÖFFENTLICHUNGEN DES STUDIOS ZU FEIERN, UND DAZU GEHÖRT AUCH DIE ARBEIT DES ENIGMATISCHEN, FAST SCHON MYTHISCHEN MITBEGRÜNDERS ISAO TAKAHATA – MIT SPITZNAMEN PAKU-SAN, WAS SICH SO GROB ALS „HERR MAMPF" ÜBERSETZEN LÄSST.

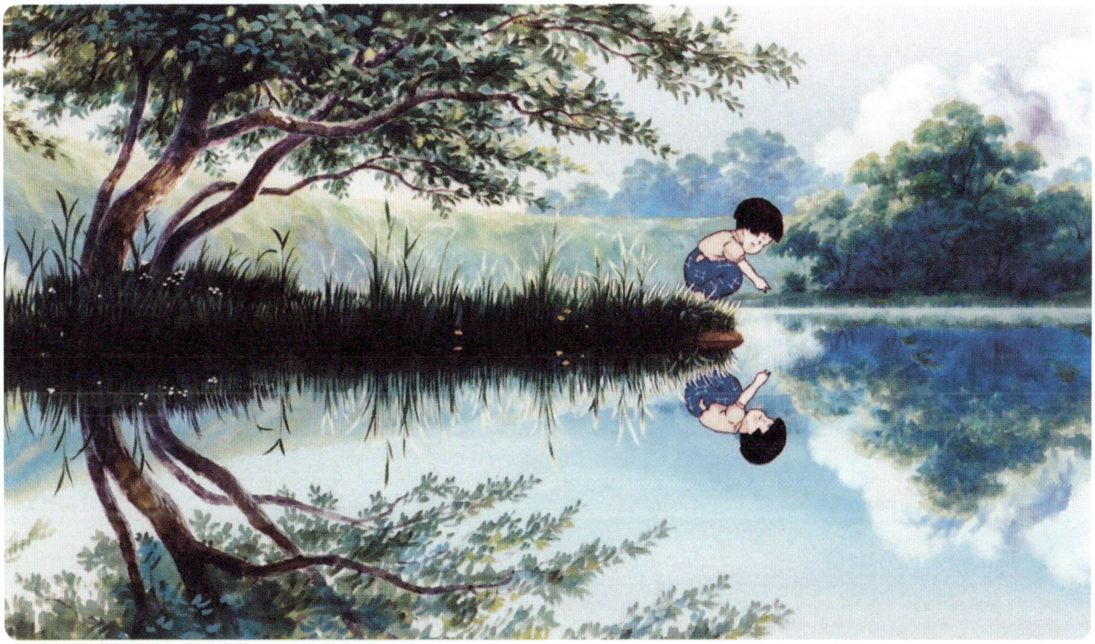

Oben: Ein Grund zur Reflexion: Setsuko sieht ihre Spiegelung im Wasser.

Gegenüber: Setsuko, eine der jungen Protagonisten des Films und Grund für viele Tränen bei Filmfans weltweit.

Miyazaki selbst hat erklärt, dass der Spitzname auf Takahatas notorisches Zuspätkommen zurückgehe. Er verschlief oft, hetzte ins Studio und hatte noch das Frühstück im Mund, wenn er ankam.

Es dauerte eine ganze Weile, bis alle fünf Filme von Takahata für Studio Ghibli international erhältlich waren, aber in den 1980ern war er bereits ein einflussreicher Filmemacher. In den 1960ern hatte er für Toei Animation gearbeitet und sein ambitioniertes Regiedebüt *Little Norse Prince* (bzw. *Horus, Prince of the Sun*) von 1968 floppte an den Kinokassen, war aber ein Wendepunkt für die japanische Animationsszene. Es war auch seine erste große Zusammenarbeit mit Hayao Miyazaki, damals noch ein kleines Licht bei Toei, der bei diesem Film erstmals als Keyframe-Animator tätig war.

Gemeinsam mit Miyazaki und allein führte Takahata Regie bei Projekten von *Die Abenteuer des kleinen Panda*, *Chie the Brat* und *Gauche the Cellist* bis hin zu einer Reihe von TV-Serien unter dem Dach des World Masterpiece Theater wie *Heidi*, *Anne mit den roten Haaren* und *Marco*, die viele junge Animatoren inspirierten, die schließlich auch für Ghibli arbeiten sollten.

Die meisten dieser Serien und Filme sind derzeit in den USA und Großbritannien nicht erhältlich, soweit sie überhaupt je veröffentlicht wurden. In der englischsprechenden (und -lesenden) Welt gibt es noch so viel über Takahata und seine Arbeiten zu lernen. Alex Dudok de Wits kurzes, aber aufwendig recherchiertes BFI-Film-Classics-Buch zu *Die letzten Glühwürmchen*, veröffentlicht 2021, war – zumindest nach unseren Maßstäben – der erste weithin erhältliche, tiefgreifende kritische Text zu Takahata in englischer Sprache. Es öffnete die Tür zu einem Film und einem Filmemacher, die oft missverstanden und nicht genug beachtet wurden. Einer der wichtigsten Punkte, die Dudok de Wit hervorhebt, ist, dass Takahata sich bei der Gründung im Juni 1985 trotz seines Status als „Mitbegründer" von Studio Ghibli weigerte, sein Namenssiegel unter die offiziellen Dokumente zu setzen. Stattdessen fragte er Suzuki, ob es so etwas wie einen „fest angestellten Drehbuchautor" gäbe.

Takahata war jedoch in einem Aspekt entscheidend für die Gründung von Ghibli. Nach dem Hiterfolg *Nausicaä aus dem Tal der Winde* investierte Miyazaki den Profit in ein umstrittenes Projekt unter der Regie von Takahata, das in der Stadt Yanagawa angesiedelt sein sollte. Stattdessen machte Takahata *The Story of Yanagawa's Canals*, eine fast drei Stunden lange, größtenteils als Realfilm gedrehte Dokumentation über das Kanalsystem der Region, seinen Stellenwert im Leben der Bewohner und seine Erhaltung. Produzent Toshio Suzuki sagte später, dass Miyazakis erster Ghibli-Film, *Das Schloss im Himmel*, nur entstand, um die Verluste wieder reinzuholen, die durch Takahatas Exzentrik entstanden waren.

Wie soll man zwei eigenwillige Genies beschreiben und voneinander abgrenzen? Wenn ich vor einem solchen Problem stehe, halte ich mich an die Beatles, die eine oberflächliche, aber sehr nützliche Klassifizierung für Popkulturpersönlichkeiten ermöglichen. Wenn also Hayao Miyazaki die Antwort auf Paul McCartney ist – ein familienfreundlicher Träumer, der von Millionen geliebt wird, ein Meister seiner Kunst mit vielen Talenten, der alles selbst übernehmen könnte, wenn er nur die Zeit und Energie hätte –, dann ist Isao Takahata John Lennon mit einer Spur George Harrison: ein Konventionen brechender Künstler, der die Grenzen seines Mediums austestet, ein Visionär, der gern mit anderen zusammenarbeitet, ein Geschichtenerzähler, der sich oft komplexen Themen zuwendet, die schwerer zu verdauen sind. Während Miyazakis Filme in der Ghibli-Ära in Aussehen und Stil einheitlicher wurden, wurden Takahatas innovativer, abwechslungsreich und unvorhersehbar, wobei der kommerzielle Erfolg oft nur zweitrangig war.

Auch auf die Gefahr hin, eine bereits erschöpfte Analogie weiter auszureizen: Produzent Toshio Suzuki vereint alle „fünften Beatles" in sich – er ist ein wichtiger kreativer Partner, ein Meisterstratege und ein unerschütterlicher Unterstützer seiner Mitgenies. Die Idee für Takahatas ersten Animationsfilm für Ghibli stammte von Suzuki, der

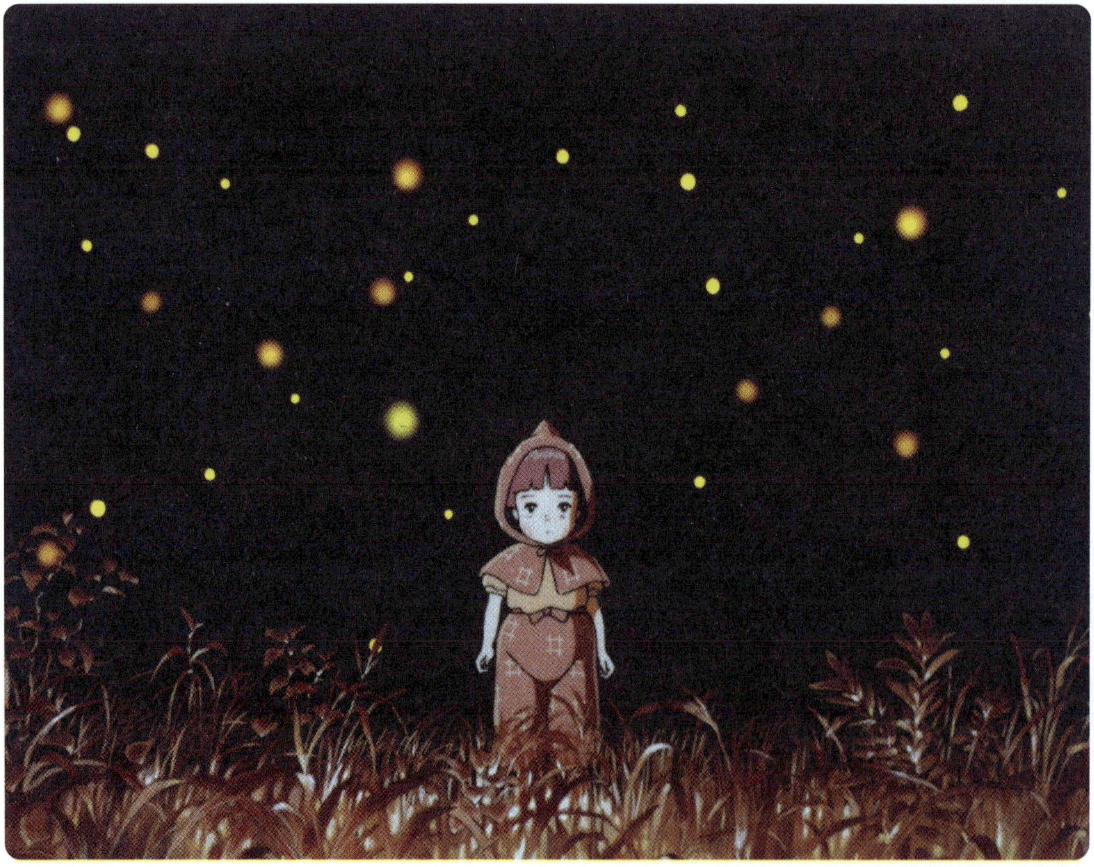

Gegenüber: Flammenregen und Glühwürmchen. Der Schatten einer B29 hängt über Seita und Setsuko.

Unten: Setsuko steht in einem Feld mit ihren geliebten Glühwürmchen.

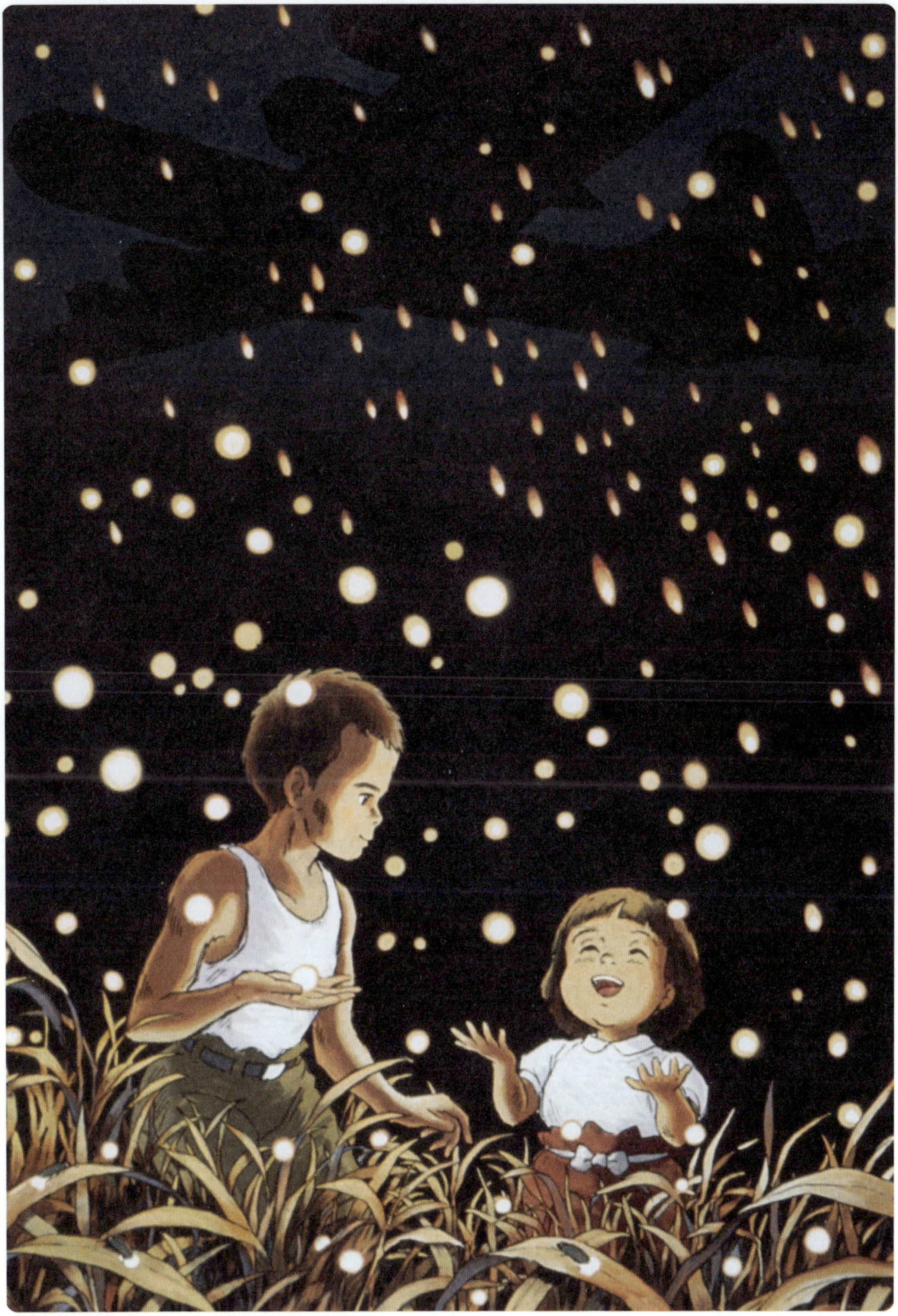

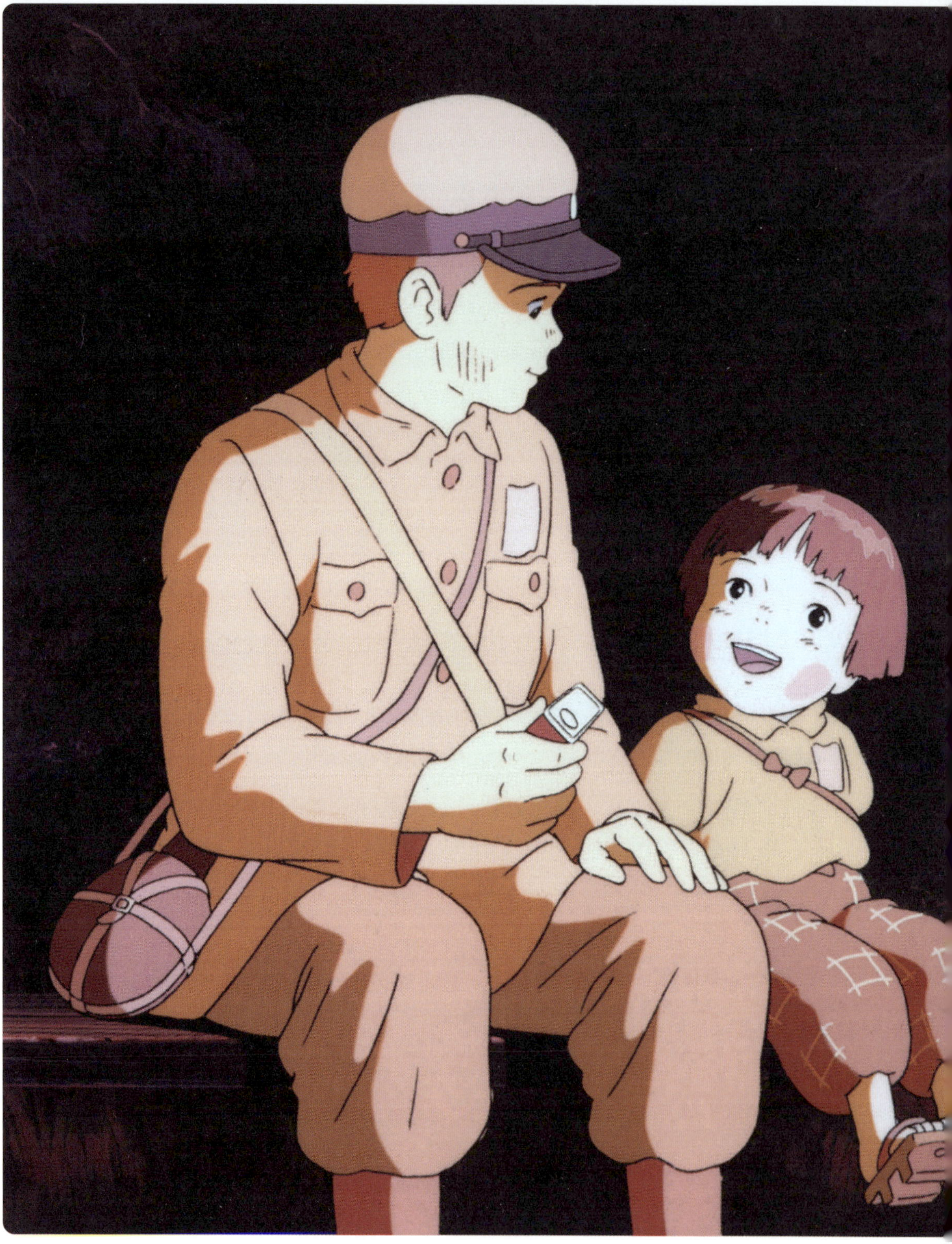

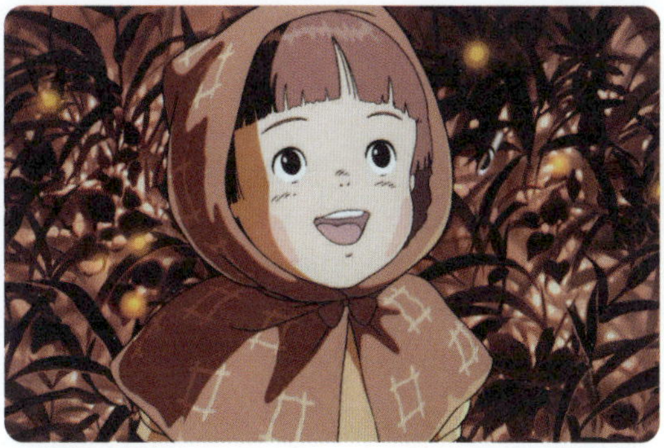

vorschlug, Akiyuki Nosakas semiautobiografische Kurzgeschichte *Die Letzten Glühwürmchen* von 1967 zu adaptieren. Shinchosha, der Verlag der Geschichte, war daran interessiert, ins Filmgeschäft einzusteigen, und finanzierte die Produktion und spielte somit eine Schlüsselrolle in Suzukis Plan, zwei Ghibli-Filme aus der Taufe zu heben, wie bereits im vorherigen Kapitel zu *Mein Nachbar Totoro* erwähnt wurde.

Im Gegensatz zu Miyazaki war Takahata kein ausgebildeter Animator, das verantwortliche Kreativteam dieses Projekts war also noch wichtiger für seinen Film. Für *Die letzten Glühwürmchen* hatte sich Takahata Ghiblis Staranimator Yoshifumi Kondo als Animationsregisseur und Charakterdesigner gesichert (nachdem sowohl Takahata als auch Miyazaki Kondo für ihren Film haben wollten, hatte Suzuki den Konflikt gelöst), Yoshiyuki Momose als Assistenzanimationsregisseur und Concept Artist und den Branchenveteranen Michiyo Yasuda, mit dem er bereits bei *Little Norse Price/Horus, Prince of the Sun* zusammengearbeitet hatte, als Color Designer.

Ein geniales Team, wie es scheint, doch die Produktion verlief alles andere als reibungslos. Miyazaki sagte einst, Takahata würde „von einem Riesenfaultier abstammen", was unter anderem auf das Verhältnis des Regisseurs zu Deadlines anspielte.

DIE BONBONS, DIE SEITA FÜR SETSUKO EINTEILT, BASIEREN AUF EINER ECHTEN MARKE, SAKUMA, WAS, IN EINEM DER WOHL GRUSELIGSTEN SCHACHZÜGE DES FILMMERCHANDISINGS, DAZU FÜHRTE, DASS DIE FRUCHTGUMMIS IN EINER SPEZIELLEN RETRO-VERPACKUNG VERKAUFT WURDEN, DIE DEM DESIGN DES FILMS ENTSPRACH.

Oben: Setsuko beobachtet die Glühwürmchen und gerade ihr scheinbar unpassendes glückliches Lachen erinnert uns an die Tragik des Films.

Durch seine umfassende und gründliche Recherche – darunter die Durchsicht von bergeweise Referenzmaterial, der Besuch von Handlungsschauplätzen und sogar eines Kindergartens, um die Bewegungen und Verhaltensweisen von Vierjährigen zu studieren – fiel die Produktion hinter dem Zeitplan zurück. Takahata bat um eine Verlängerung, doch am Erscheinungsdatum im April 1988 ließ sich nicht rütteln, was zu einer rufschädigenden Veröffentlichung eines unfertigen Films führte.

Auch wenn die Doppelveröffentlichung von *Mein Nachbar Totoro* und *Die letzten Glühwürmchen* ein Geniestreich gewesen war, um die Finanzierung zu sichern, verwirrte die sehr gegensätzliche Thematik der beiden Filme Programmverantwortliche und Kinobesucher gleichermaßen. Diese Frage löst immer noch Diskussionen unten Ghibli-Fans aus: Welchen Film würdet ihr zuerst sehen, das erbauende Abenteuer eines knuddeligen Waldwesens oder die verstörende Geschichte zweier Kinder, die im Krieg ums Überleben kämpfen?

Mit dem Double Feature setzte sich die Abwärtsspirale in den Ticketverkäufen des aufstrebenden Studios fort. Es waren nur noch 450.000, nachdem es bei *Das Schloss im Himmel* noch 775.000 und bei *Nausicaä* sogar 915.000 gewesen waren. Im Nachhinein wurde *Die letzten Glühwürmchen* zu einem der angesehensten Filme von Studio Ghibli in den unterschiedlichsten Sparten: als Animationsfilm, als Kriegsfilm und als den ganzen Tag ruinierender Tränengarant.

Er hat einen besonderen Platz in der Filmografie von Ghibli inne, der vielleicht perfekt zu Takahata passt: Es ist ohne Zweifel einer der besten Filme des Studios, aber er passt nicht ganz in die Reihe. Das gilt auch, wenn es um die Vermarktung geht. Aufgrund einer Klausel im Finanzierungsdeal mit Shinchosha hat *Die letzten Glühwürmchen* in manchen Ländern einen anderen Verleih als der Großteil des Ghibli-Katalogs. Als also Netflix und HBO Max 2020 ankündigten, dass sie sich die Streamingrechte gesichert hätten, war auffällig, dass *Die letzten Glühwürmchen* fehlte – aber nach allem was wir über Takahata, seine Arbeit und seine Weigerung, sich anzupassen, wissen, ist das eigentlich auch wieder ganz passend.

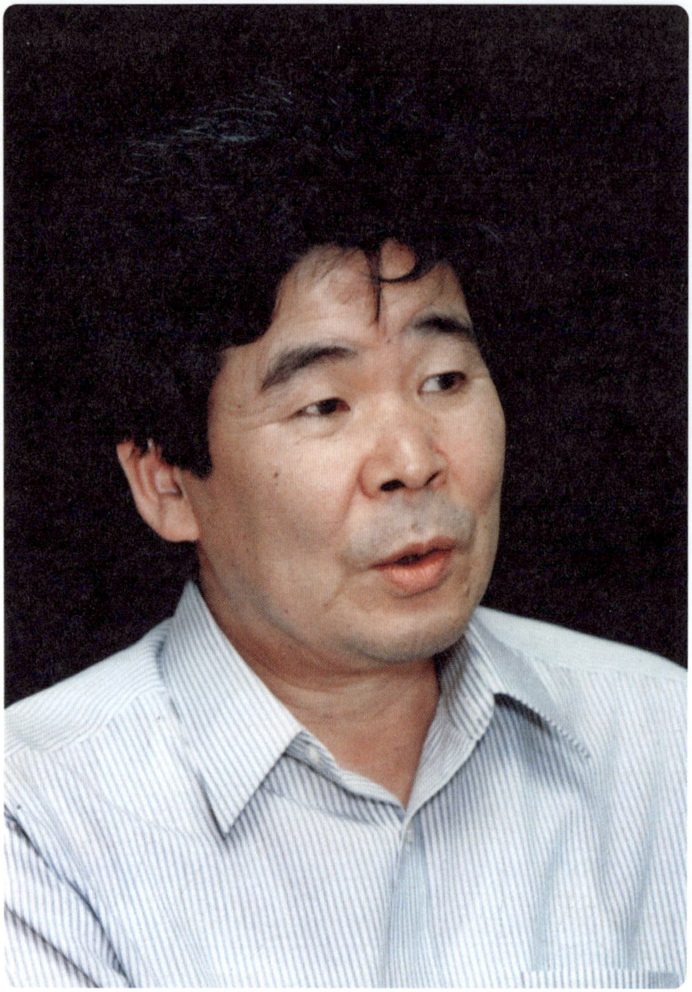

Oben: *Die letzten Glühwürmchen* gilt heute als eins der prägenden Meisterwerke in der langen und erfolgreichen Karriere von Regisseur Isao Takahata, hier bei einem Interview 1996.

Gegenüber: Seita, der Setsuko auf den Rücken gebunden hat, wird vom Bombenregen eingekesselt. Es ist eine von Ghiblis verstörendsten Darstellungen der Zerstörung.

DER RENOMMIERTE AMERIKANISCHE FILMKRITIKER ROGER EBERT WAR NICHT NUR EIN GROSSER VERFECHTER HAYAO MIYAZAKIS, ER LOBTE AUCH ISAO TAKAHATAS WERK UND NANNTE DEN FILM „EINE SO STARKE EMOTIONALE ERFAHRUNG, DASS MAN DIE WIRKUNG VON ANIMATION ÜBERDENKEN SOLLTE ... *DIE LETZTEN GLÜHWÜRMCHEN* IST EIN EINDRUCKSSTARKES DRAMA, DAS NUR ZUFÄLLIG ANIMIERT IST."

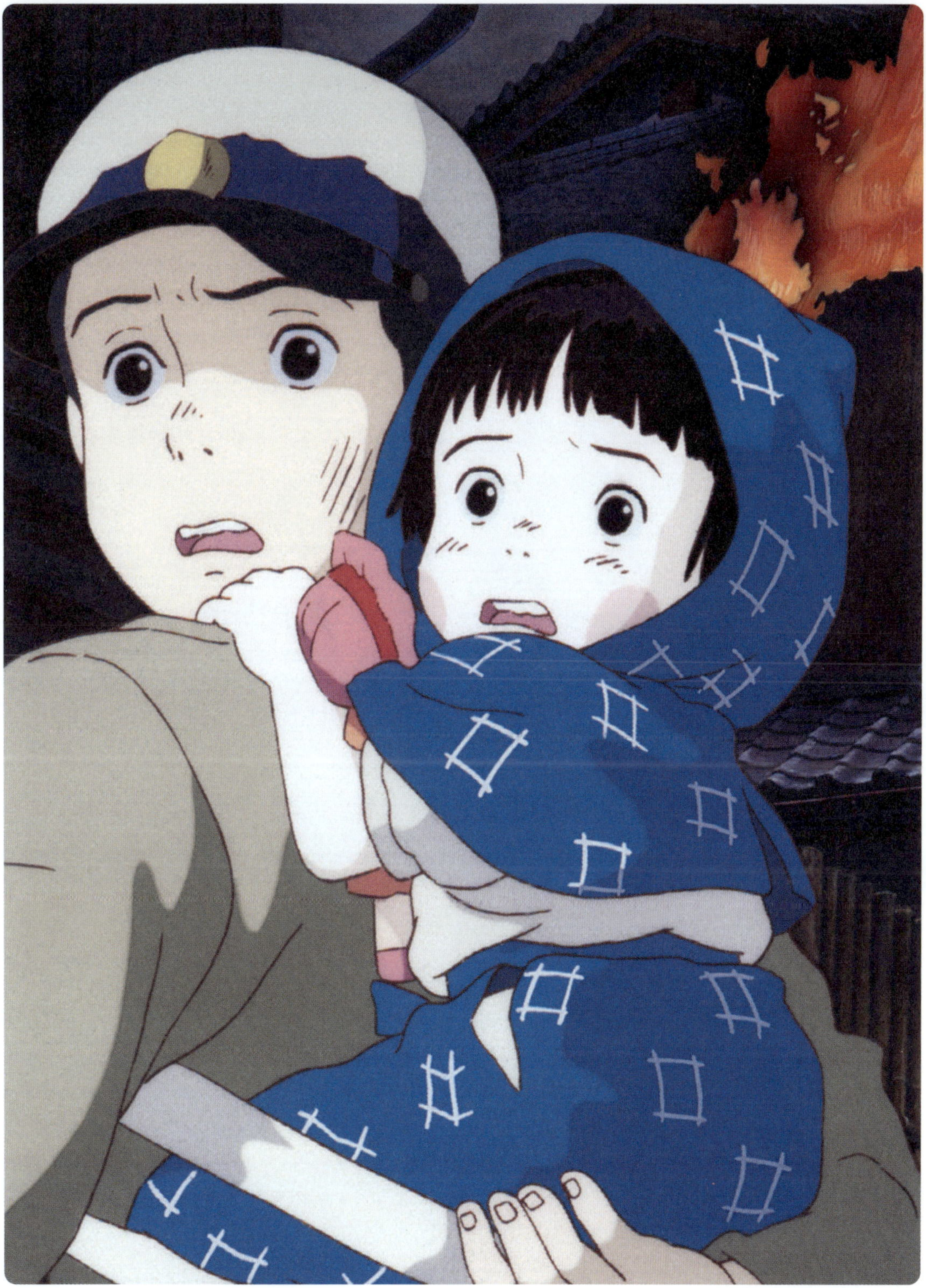

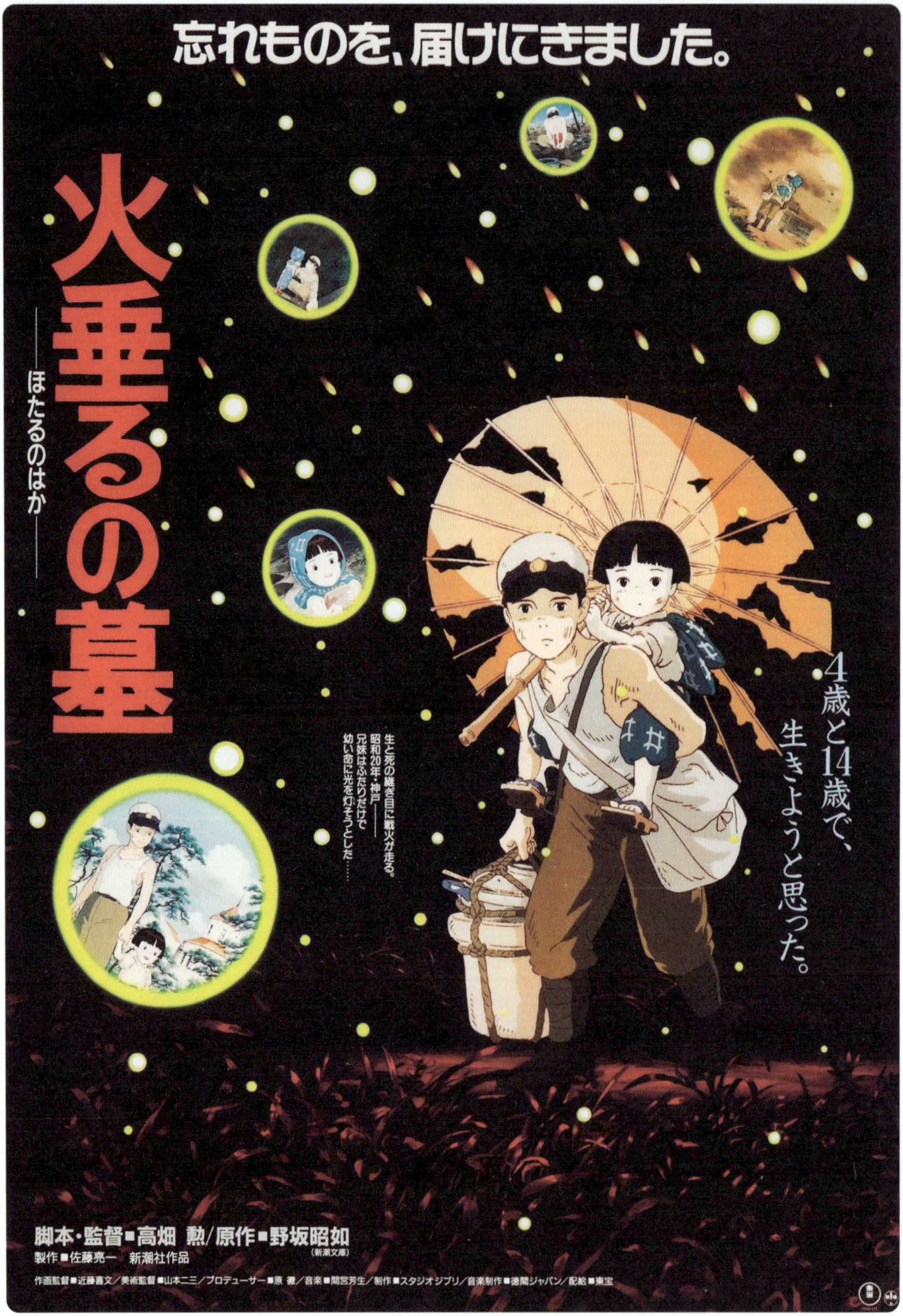

忘れものを、届けにきました。
火垂るの墓
―ほたるのはか―
4歳と14歳で、生きようと思った。
生と死の継ぎ目に戦火が走る。
昭和20年・神戸――
兄妹はふたりだけで
幼い命に光を灯そうとした……
脚本・監督■高畑 勲/原作■野坂昭如
(新潮文庫)
製作■佐藤亮一　新潮社作品
作画監督■近藤喜文/美術監督■山本二三/プロデューサー■原 徹/音楽■間宮芳生/制作■スタジオジブリ/音楽制作■徳間ジャパン/配給■東宝

KOMMENTAR: DIE LETZTEN GLÜHWÜRMCHEN

Die meisten Ghibli-Fans werden euch sagen, dass dieser Film zu den besten Arbeiten des Studios gehört, vielleicht ist es sogar die beste. Außerdem werden sie euch mit ziemlicher Sicherheit sagen, dass sie ihn nie wieder sehen wollen. *Die letzten Glühwürmchen* ist ein unvergleichliches Kunstwerk, die Animationen sind genauso eindrucksvoll wie die Geschichte. Es ist aber auch einer der traurigsten Filme, die je gemacht wurden.

Wenn einem in den ersten paar Minuten eines Films ein ausgehungerter Teenager von der Nacht erzählt, in der er gestorben ist, weiß man schon, dass man sich auf eine emotionale Reise gefasst machen muss.

Die letzten Glühwürmchen zeigt, wie der Teenager Seita und seine kleine Schwester Setsuko die Schrecken und Nachwehen des Zweiten Weltkriegs erleben und sich durch das von Brandbomben zerstörte Kobe schlagen, bevor sie in einem verlassenen Bunker unterkommen, bis sie nichts mehr zum Überleben haben. Der Film ist als Rückblende erzählt, nachdem Seita gestorben ist, und in der Rahmenhandlung machen die vereinten Geister der Geschwister, gehüllt in einen kupferfarbenen Schimmer, eine Zugreise durch ihre Erinnerungen. Diesen Sequenzen wohnt eine stille Freude inne, unter denen die Tragödie lauert. Dies sind die ruhigsten Momente im Leben dieser Kinder und sie erfahren sie erst nach ihrem Tod. Es ist dieser Balanceakt zwischen Freude und Trauer, der den Film so verstörend macht. Würde man nur Tod und Zerstörung sehen, wäre er nicht so bedrückend. Es sind die Augenblicke, in denen die Kinder Kinder sein dürfen, die diese Wirkung erzeugen. Die Schrecken des Krieges mögen einem die Tränen in die Augen treiben, doch es ist die Freude des Lebens, die sie fließen lassen.

Details sind essenziell in Takahatas Filmen. Was nicht heißen soll, dass sie bis ins Letzte detailgetreu sind. Die Einstellungen seiner Filme mögen nicht immer hyperreale Abbilder der Wirklichkeit sein, aber durch seine expressionistischere Sichtweise zeigen sie die Realität so, wie sie empfunden wird. Später in seiner Karriere, bei *Meine Nachbarn die Yamadas* und *Die Legende der Prinzessin Kaguya*, reduzierte er seine Bildsprache auf das absolut Notwendige, doch der Grundgedanke ist schon in *Die letzten Glühwürmchen* zu erkennen.

Die ersten fünfzehn Minuten des Films erinnern eher an die heroischen Visionen von Steven Spielbergs Kriegsgeschichten für ein jüngeres Publikum wie *Das Reich der Sonne* oder *Gefährten*, doch eine Szene mit dem verrotteten Gesicht der toten Mutter macht jeden Vergleich zu diesen Publikumserfolgen Hollywoods schnell zunichte. Das Bild ist grotesk, die rauen Kanten der getrockneten Bandagen auf blutiger und verbrannter Haut lassen einen nicht los. Das Bild bleibt lange auf der Leinwand, aber noch länger im Gedächtnis. Kurz darauf folgt eine Szene mit Seita und Setsuko in einem ausgebombten Krankenhaus. Die Stadt am Horizont wird in Stücke gerissen. Der Himmel, der Boden und die Gesichter der Kinder werden von den monochromen Tönen der Explosion eingehüllt. Das sind die Details, die Takahata schafft: Im einen Moment fokussiert er sich so genau auf etwas, dass fast schon wie eine Dokumentation wirkt, im nächsten entfernt er alle Details, sodass nur die pure Emotion zurückbleibt.

Aber nicht nur die Bilder vermitteln diesen beklemmenden Eindruck, der selektiv eingesetzte Ton ist ebenso eindrucksstark. Trotz all der möglichen Sinneseindrücke, die es in einer Strandszene geben könnte, ist der Ton reduziert auf die sich nähernde Bedrohung einer Staffel von B-29s, die durch die Wolken brechen. Später, als Setsuko auf einem Stein herumlutscht, weil ihr Hunger so groß ist, dass sie ihn für ein Bonbon hält, klackert er gegen ihre Zähne wie ein Felsen, der gegen eine Höhlenwand schlägt. Manche Filme haben den Anspruch, überwältigend zu sein, um die Erfahrung des Krieges zu vermitteln (*Der Soldat James Ryan* wäre das Spielberg-Beispiel für diese Technik), doch statt eines fragmentierten Ansatzes, konzentriert sich *Die letzten Glühwürmchen* auf Ton und Bild. Statt eine allumfassende Zeitkapsel zu schaffen, hebt der Film bestimmte Momente hervor und präsentiert damit eine sehr komprimierte Trauma-Erinnerung.

Seitas und Setsukos Kampf ist grausam, aber ermutigend, ihre Hoffnung und ihr Pragmatismus sind ein Licht, an das sie sich klammern können, während die Welt um sie herum physisch, ökonomisch und emotional zerbricht. Sie sind die titelgebenden Glühwürmchen, die hell und wunderschön, aber viel zu kurz erstrahlen. Nachdem Setsuko die Glühwürmchen draußen in der Wildnis bewundert hat, fangen sie welche in einem Netz, um ihren Bunker damit zu beleuchten, doch als sie aufwachen, müssen sie feststellen, dass alle gestorben sind. Es ist eins der eindrucksvollsten Bilder im gesamten Ghibli-Kanon und neben der metaphorischen Verbindung zu Seita und Setsuko greift es die anhaltende Beschäftigung des Studios mit dem Thema Natur und Industrialismus auf. Glühwürmchen sind eine faszinierende und zerbrechliche Schöpfung der Natur und wenn der Film ihnen auf ihrem Flug durch den Nachthimmel folgt, ist das auch spürbar. Doch während sie weiterschweben, vermischt sich ihr Licht mit dem der Brandbomben, die auf die Stadt herabregnen (ein Bild, das für das Filmposter verwendet wurde) und im Schatten der B-29 wird die Schönheit dieses natürlichen Organismus pervertiert und zerstört. Das romantische Bild der Lichter am Himmel, das Setsuko so liebt, wird vom Krieg verschlungen.

In den letzten Augenblicken des Films sitzen Seita und Setsuko, jetzt befreit von den Torturen des Krieges und ihrer Fegefeuerprobe, ihre Erinnerungen zu durchqueren, in einem Schwarm Glühwürmchen, die in den Himmel über der Stadt aufsteigen. Beim ersten Ansehen mag das nicht sofort auffallen – vor allem, da die meisten durch einen Tränenschleier sehen –, aber es ist das moderne Kobe, über dem sie aufsteigen. Die Kupfertöne der Vergangenheit teilen sich das Bild mit den klaren Blautönen der Moderne und die Glühwürmchen schweben zwischen den beiden – eine sanfte und wunderschöne Erinnerung an das Schicksal der Stadt.

Gegenüber: Das japanische Poster zu *Die letzten Glühwürmchen*.

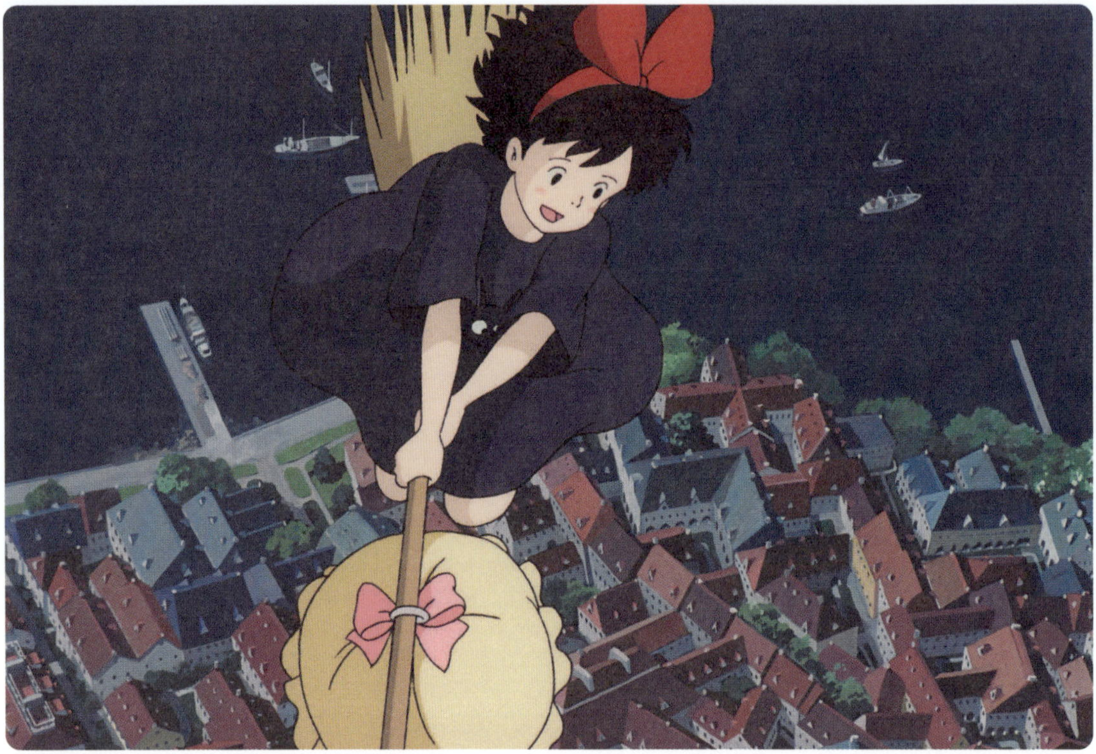

KIKIS KLEINER LIEFERSERVICE (MAJO NO TAKKYŪBIN, 1989)

DIE KLEINE HEXE, DIE STUDIO GHIBLI GERETTET HAT

REGIE: HAYAO MIYAZAKI
DREHBUCH: HAYAO MIYAZAKI
LAUFZEIT: 103 MINUTEN
VERÖFFENTLICHUNGSDATUM (JAPAN): 29. JULI 1989

NACH DREI FILMEN STECKTE STUDIO GHIBLI IN DER KRISE. *DAS SCHLOSS IM HIMMEL*, *MEIN NACHBAR TOTORO* UND *DIE LETZTEN GLÜHWÜRMCHEN* HATTEN NICHT MIT *NAUSICAÄ AUS DEM TAL DER WINDE* MITHALTEN KÖNNEN, DEM BLOCKBUSTER, DER ZUR GRÜNDUNG EINES AUF ANIMATIONEN IN SPIELFILMLÄNGE SPEZIALISIERTEN STUDIOS, GEFÜHRT HATTE.

Am Tag nach der Vollendung von *Mein Nachbar Totoro* machte sich Miyazaki sofort an die Planung seines nächsten Projekts, eine Adaption von Eiko Kadonos beliebtem Kinderbuch *Kikis kleiner Lieferservice*, das den ersten Schritten einer kleinen Hexe auf dem Weg zum Erwachsenwerden folgt. Sie verlässt ihr Zuhause, lässt sich in einer neuen Stadt nieder und findet ihre Bestimmung. In seinem Regieleitfaden aus dem April 1988 philosophierte Miyazaki über die Annehmlichkeiten der modernen Welt, die junge Erwachsene oft in ihrer Entwicklung hemmen. „Es ist nicht mehr angemessen, das Verlassen des Elternhauses als Ritus des Erwachsenwerdens zu betrachten. Alles, was man in dieser Gesellschaft können muss, um allein zu leben, ist die Fähigkeit, im Supermarkt einzukaufen. Die wahre ‚Unabhängigkeit', die Mädchen heutzutage erlangen müssen, besteht in der schwierigen Aufgabe, ihre eigenen Talente zu entdecken."

Eigentlich sollte Miyazaki eine Pause als Regisseur einlegen und nur als Produzent von *Kikis kleiner Lieferservice* fungieren. Der frühere *Die Abenteuer des Sherlock Holmes*-Autor Sunao Katabuchi sollte sein Debüt als Regisseur geben und Autor Nobuyauki Isshiki sollte das Drehbuch übernehmen. Doch Miyazaki war nicht zufrieden mit dem ersten Entwurf des Skripts, also schrieb er es um und entzog Katabuchi schließlich völlig die Kontrolle über das Projekt und degradierte ihn zum Regieassistenten.

Viele Jahre später konnte Katabuchi seine eigenen Erfolge verzeichnen, als er *Princess Arete*, *Das Mädchen mit dem Zauberhaar* und das preisgekrönte *In this Corner of the World* schrieb und inszenierte. Heute betrachtet er seinen Rausschmiss bei *Kikis kleiner Lieferservice* ganz diplomatisch. Man hatte ihn von Mushi Production ausgeliehen, um Miyazaki nach *Mein Nachbar Totoro* eine Pause vom Regiestuhl zu gönnen. „Doch aus irgendeinem Grund änderte er seine Meinung und dachte, ich würde das nicht hinkriegen", sagt Katabuchi. „Vielleicht hatte er seine Energie wiedergefunden."

Und diese Energie konnte er gut gebrauchen, denn *Kikis kleiner Lieferservice* war in vieler Hinsicht eine schwere und anstrengende Produktion, vor allem in Bezug auf die Diskussionen mit der Autorin Eiko Kadono über Miyazakis Adaption, die zusätzliche Elemente – emotionale wie fliegende – umfasste, die es in der episodischeren, konfliktarmen Originalvorlage nicht gegeben hatte.

Ursprünglich sollte es ein 60-minütiges Special werden, weitete sich aber auf 104 Minuten Laufzeit aus, als Miyazakis Skript und

Gegenüber: Kiki fliegt über die Küstenstadt Koriko.

Unten: Auf einem Grashügel entspannen – eine gängige Beschäftigung für Ghiblis Protagonisten.

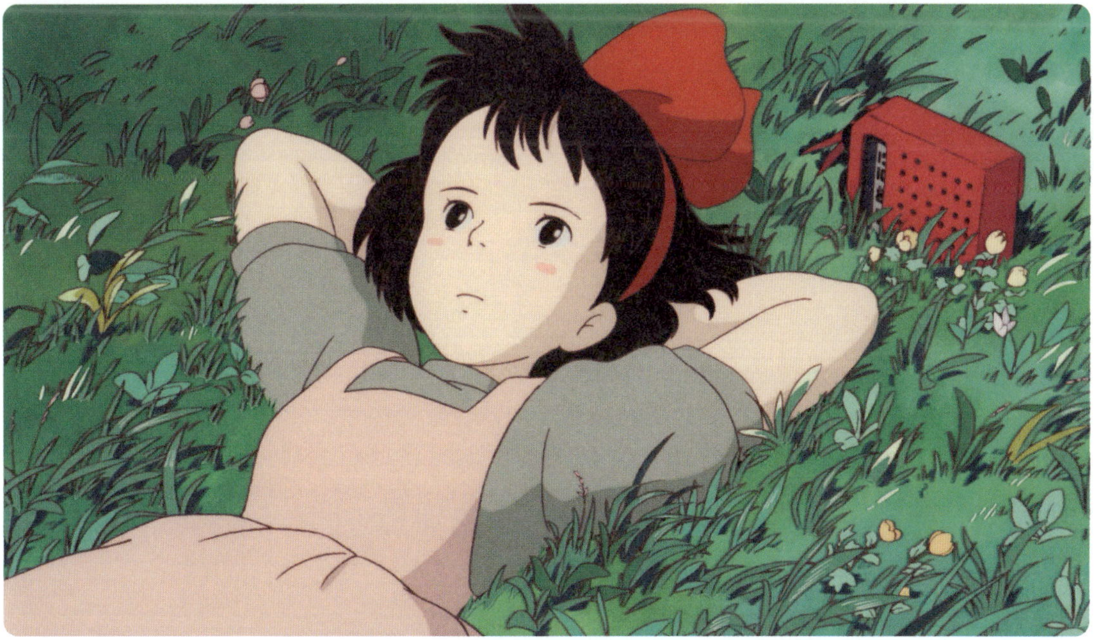

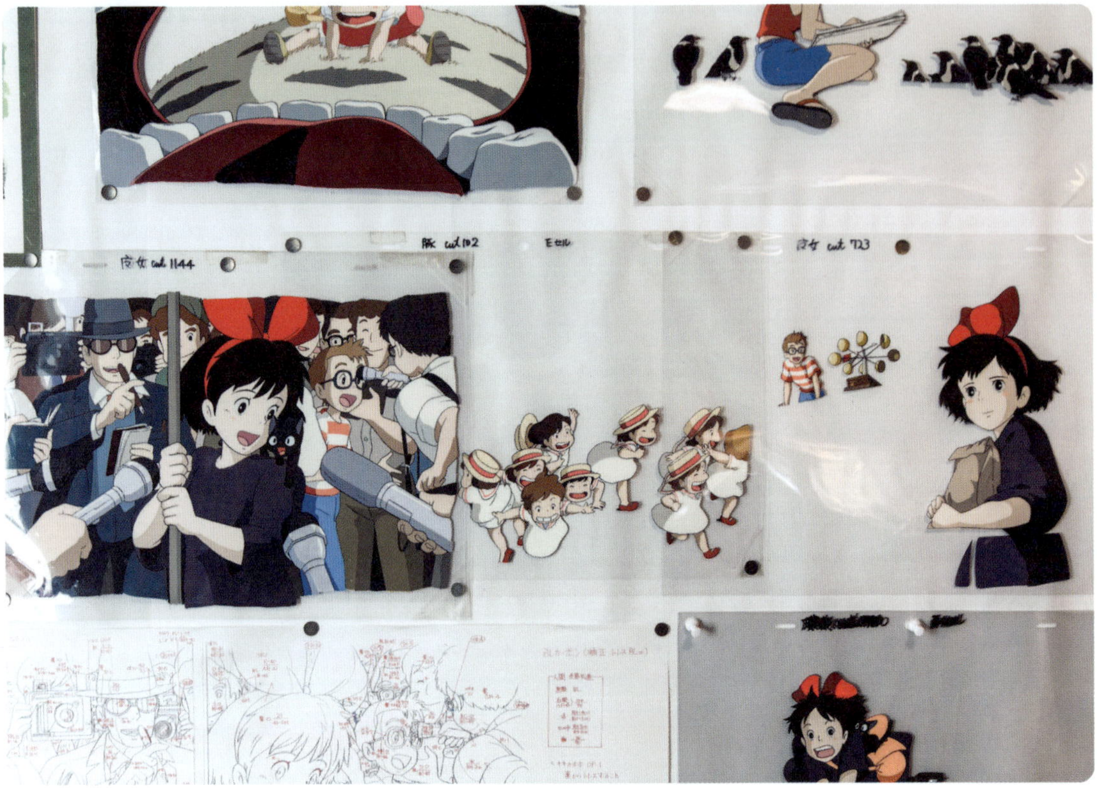

Storyboards Form annahmen. Der Film lief im Juli 1989 in den japanischen Kinos an, knapp ein Jahr nachdem Miyazaki das Projekt übernommen hatte. Es gab Gerüchte, dass Miyazaki verbraucht sei und dass *Kikis kleiner Lieferservice* sein letztes Regiewerk sein würde. Über Jahrzehnte hinweg pausenlos zu arbeiten, hatte seinen Tribut gefordert und mit 48 dachte er ernsthaft darüber nach, sich zur Ruhe zu setzen – woraus die Ghibli-Tradition entstand, dass Miyazaki fast ausnahmslos bei jedem Film behauptet, es sei sein letzter.

Wie immer war Toshio Suzuki zur Stelle, um die Wogen zu glätten, der 1989 von Tokuma Shoten zu Studio Ghibli wechselte, um sich Vollzeit auf die Veröffentlichung von *Kikis kleiner Lieferservice* zu konzentrieren. Zum ersten Mal wurde er nun als Associate Producer genannt. Damit wurde er jedoch unter Wert verkauft, denn hier kam Suzukis Leidenschaft für Marketing und Werbung voll zum Tragen. Als ihm die Ähnlichkeit zwischen dem Filmtitel und dem Kurierunternehmen Yamato Delivery Service auffiel, das eine schwarze Katze in ihrem Logo hat, handelte Suzuki einen Finanzdeal und Werbekooperationen aus, die später auch zu einem Vermarktungsdeal mit Toei führten.

Der Leiter von Toeis Verleihabteilung orakelte, dass *Kiki* „das Ende" sowohl von Ghibli als auch von Miyazakis Karriere sein würde. Doch wie Suzuki sich erinnert, war es gerade diese Aussage, die ihn antrieb, sicherzustellen, dass der Film ein Hit würde. Daher konzentrierte er sich hauptsächlich darauf, den Film seiner Zielgruppe näherzubringen, jungen, berufstätigen Frauen, die sich in Kikis Geschichte hineinversetzen konnten und wussten, wie es ist, das Nest zu verlassen und allein mit dem Leben, der Arbeit und der Einsamkeit fertigzuwerden. Die Inspiration traf ihn zusammen mit einem Slogan, der diesen komplexen emotionalen Ansatz genau traf – „Ich war traurig, aber jetzt geht es mir besser". Das Poster dazu zeigt Kiki über den Tresen der Bäckerei Osono gebeugt, das Gewicht der Welt auf ihren Schultern.

Suzukis Magie funktionierte und *Kiki* setzte zum Höhenflug an. Der Film war ein voller Erfolg und erzielte 1989 das höchste Einspielergebnis eines japanischen Films. Und selbst wenn man die Hollywoodfilme einrechnet, schaffte er es auf Platz drei, nur geschlagen von *Indiana Jones und der letzte Kreuzzug* und *Rain Man*. Im kommenden Jahrzehnt und darüber hinaus sollten noch erfolgreichere Filme folgen, aber erst mal war Ghibli wieder im Geschäft und Miyazaki konnte endlich einen weiteren Hit verbuchen.

Oben: Skizzen und Cels aus *Kikis kleiner Lieferservice*, die im Ghibli-Museum ausgestellt sind.

Gegenüber: Das japanische Poster zu *Kikis kleiner Lieferservice*. Es ist zurückgenommen, spiegelt aber perfekt den Fokus des Films auf die persönlichen Herausforderungen wider, denen sich die junge, unabhängige Protagonistin stellen muss.

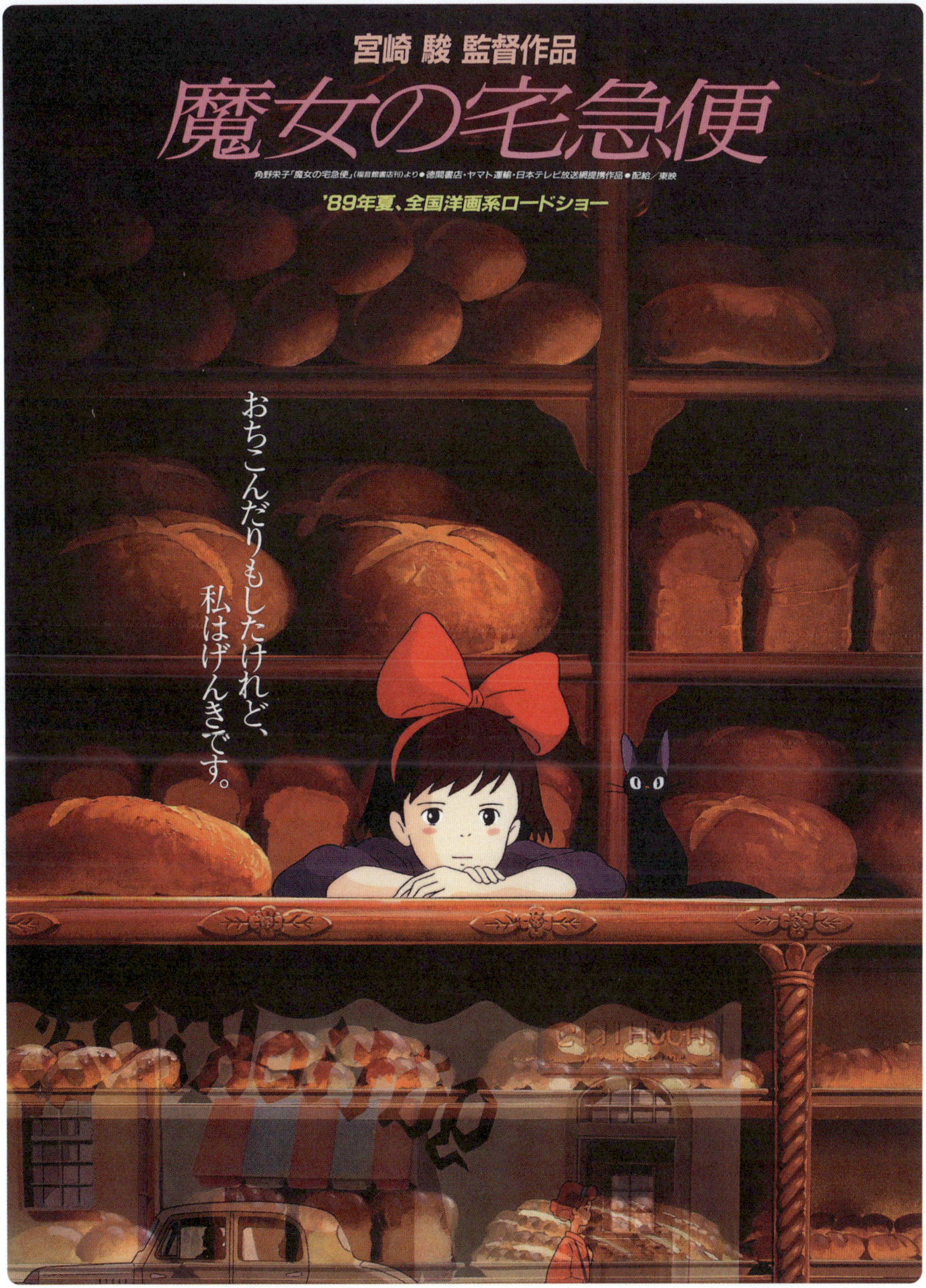
宮崎 駿 監督作品
魔女の宅急便
角野栄子「魔女の宅急便」(福音館書店刊)より●徳間書店・ヤマト運輸・日本テレビ放送網提携作品●配給／東映
'89年夏、全国洋画系ロードショー
おちこんだりもしたけれど、
私はげんきです。

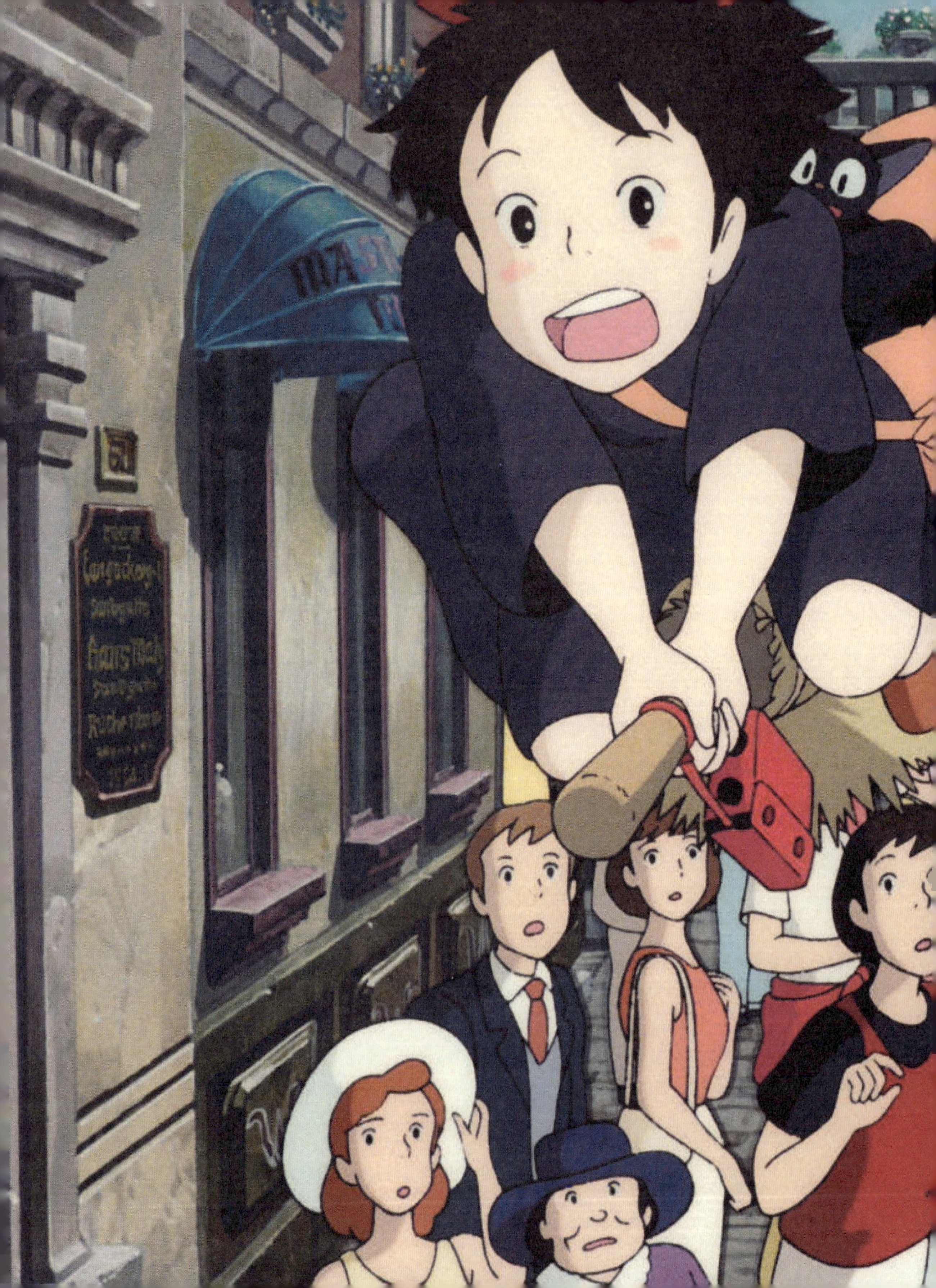

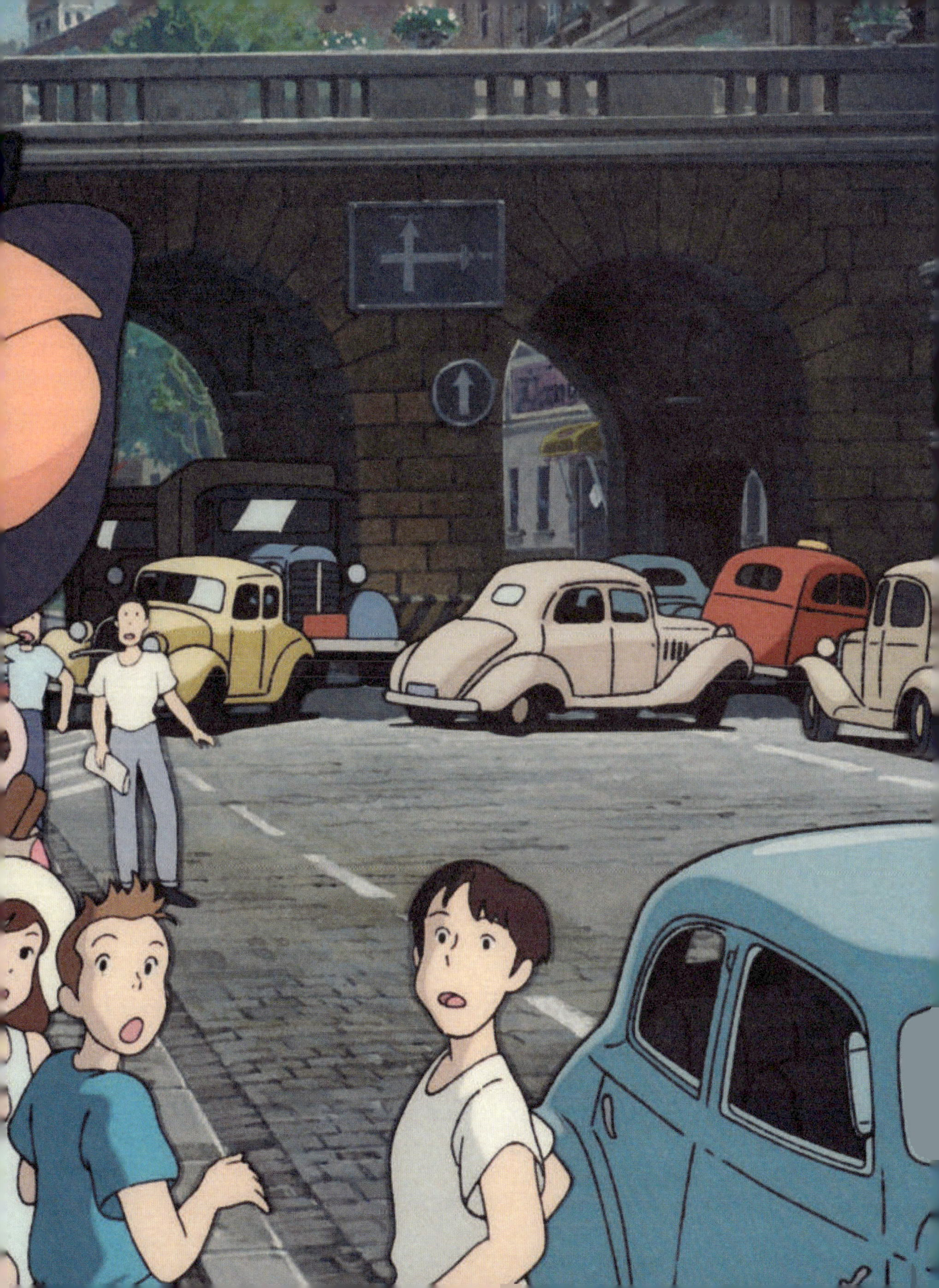

KOMMENTAR: KIKIS KLEINER LIEFERSERVICE

Es ist passend, dass *Kikis kleiner Lieferservice* Ghibli nach einem holprigen Start finanzielle und kreative Sicherheit bescherend sollte. Die junge Hexe und das Studio waren beide noch im Begriff, erwachsen zu werden, und mussten sich Krisen stellen, doch sie gingen unabhängiger und stärker daraus hervor. Der Film ist ein warmes Stück Ghibli- (oder Herings-)Pastete, gebacken mit all den Zutaten, die einen immer wieder nach einem Nachschlag Ghibli verlangen lassen.

Es fängt an mit einem klaren blauen Himmel. Das perfekte Ghibli-Blau. Dann der Wind, der über die sanften grünen Hügel streift, die niemand besser kann. Es ist eine einfache Kombination aus Himmel und Erde, aber ob nun hier, in *Das wandelnde Schloss*, *Wie der Wind sich hebt* oder *Arrietty*, ein Ghibli-Hügel wirkt wie das Paradies. In diesem perfekten Tal entspannt sich Kiki, die junge Hexe, die gleich in ihr Abenteuer des Erwachsenwerdens starten wird. Mit dem Besen in der Hand und der Katze an ihrer Seite wird sie lernen, ihren Platz in der Welt zu finden und wie wichtig harte Arbeit ist. Ihr Gegner sind ihre persönlichen Herausforderungen, kein äußerer Antagonist. Sie ist die archetypische Ghibli-Protagonistin.

Im Regieleitfaden von Hayao Miyazaki ist die Rede von „wahrer ‚Unabhängigkeit', die Mädchen heutzutage erlangen müssen". Das trifft definitiv auf Kiki zu, die sich mit ihrem eigenen Kurierunternehmen selbstständig macht. Es lässt sich aber auch auf die wilde Wolfsprinzessin San aus *Prinzessin Mononoke*, Chihiro – die beste Putzfrau des Badehauses diesseits der Gleise – in *Chihiros Reise ins Zauberland*, die großherzige Forscherin Arrietty oder die stille, aber mutige Anna in *Erinnerungen an Marnie* übertragen. Kikis DNA zieht sich durch so viele Figuren der Ghibli-Familie.

Kikis Welt, auch wenn sie kleiner ist als die Fantasy-Landschaften wie etwa in *Nausicaä* oder *Das wandelnde Schloss*, ist eine von Ghiblis umfassendsten. Ihre Adaption von *Erdsee* präsentiert eine gigantische Welt, kann sie aber nicht mit einer Geschichte füllen. Hier ist es andersherum, eine kleine Geschichte, die im Verlauf die Magie findet, die Welt auszufüllen. Kikis Reise beinhaltet beeindruckende Luftpanoramen von Meer und Himmel und obwohl sie einfach darüber fliegen kann, sind die heimeligen Straßen ihrer neuen Heimat Koriko – eine Bäckerei, ein Uhrturm, eine geschäftige Straße – ebenso detailliert ausgearbeitet. Für Kiki bietet das alltägliche Zusammenarbeiten einer Gemeinschaft genauso viele Abenteuer wie das Sausen durch die Lüfte. Koriko wirkt unglaublich lebendig, was Produzent Toshio Suzuki zu verdanken sein könnte. Er kannte sich nicht nur in der Finanzwelt aus, er wusste auch, wie wichtig Geografie ist. „Eine der wichtigsten Aufgaben eines Produzenten ist es, Karten zu schaffen", sagt er, „ob sie nun auf realen oder imaginären Welten basieren." Als er Koriko gestaltet hat, hat er jedoch das Imaginäre genommen und es real gemacht.

Die Verschmelzung von Fantasie und Realität ist ein Kernelement so vieler Arbeiten von Miyazaki. Das Natürliche und das Übernatürliche verbinden sich oft, um die Magie zu offenbaren. Auch wenn es keine ausgesprochen fantastischen Wesen gibt, gibt es eine Szene in *Kikis kleiner Lieferservice*, die dieses Ethos auf die vielleicht ausgereifteste Weise einfängt. Als Kiki, unsere junge übernatürliche Heldin, durch den Himmel fliegt, schließt sie sich der V-Formation eines Gänseschwarms an und für einen kurzen Moment bewegt sie sich in völligem Einklang mit ihnen. Es ist typisch für den Regisseur – der in seiner Kindheit Flugzeuge zeichnete und sich später mit *Porco Rosso* und *Wie der Wind sich hebt* explizit dem Fliegen widmete –, dass diese Szene in der Luft stattfindet. Durch die Magie des Fliegens entsteht, wenn auch nur kurz, eine Harmonie zwischen den Menschen und ihrer Umwelt.

In der Gemeinschaft, sei es mit den Vögeln oder den Menschen, blüht Kiki auf. Sie erkämpft sich ihre Unabhängigkeit nicht allein. Die Bäckerin Osono ist eine der Ersten, die Kiki unterstützen, nicht nur, indem sie ihr ein Dach über dem Kopf gibt, sondern einfach dadurch, dass sie sie ermutigt. Sie hilft ihr, ihren Lieferservice zu starten, versorgt sie mit Kunden und hat trotzdem noch die Zeit, eine Bäckerei zu führen – und das obwohl sie hochschwanger ist. Später, als Kikis Magie zu versagen schein, findet die örtliche Künstlerin Ursula aufmunternde Worte und (wie in *Chihiros Reise ins Zauberland*, *Das wandelnde Schloss* und *Der Mohnblumenberg*) sehen wir, dass ein guter Frühjahrsputz hilft, die Gedanken zu ordnen. Es ist eine inspirierende Botschaft für alle, die in einer schöpferischen Krise stecken. Kiki muss ihre Fähigkeiten ständig verbessern, um die nächste Hürde zu überwinden.

Doch neben der Botschaft von Unabhängigkeit, die durch Gemeinschaft erreicht wird, hat der Film noch eine emotionale. Genauso wie ihre Magie schwanken kann, erkennt Kiki, dass auch ihre Gefühle schwanken können. Sie ist nicht vollkommen stoisch, trotz ihres großen Abenteuers ist sie immer noch manchmal traurig und das ist in Ordnung. *Kikis kleiner Lieferservice* kann einen inspirieren und einem das Gefühl geben, Koriko erobern zu können, aber wenn man den Eindruck hat, das nicht zu können, ist das letztlich auch vollkommen legitim. Manchmal kann es genauso magisch sein, zu Hause zu bleiben, mit deiner sprechenden Katze zu spielen und Pancakes zu machen.

PRODUZENT TOSHIO SUZUKI SAGTE: „IN DER LAGE ZU SEIN, EINE KARTE ZU ZEICHNEN, IST EINE DER GRUNDLEGENDEN FÄHIGKEITEN, DIE MAN BEHERRSCHEN SOLLTE." HIER ERKUNDET KIKI IHRE HEIMATSTADT AUS DER VOGELPERSPEKTIVE.

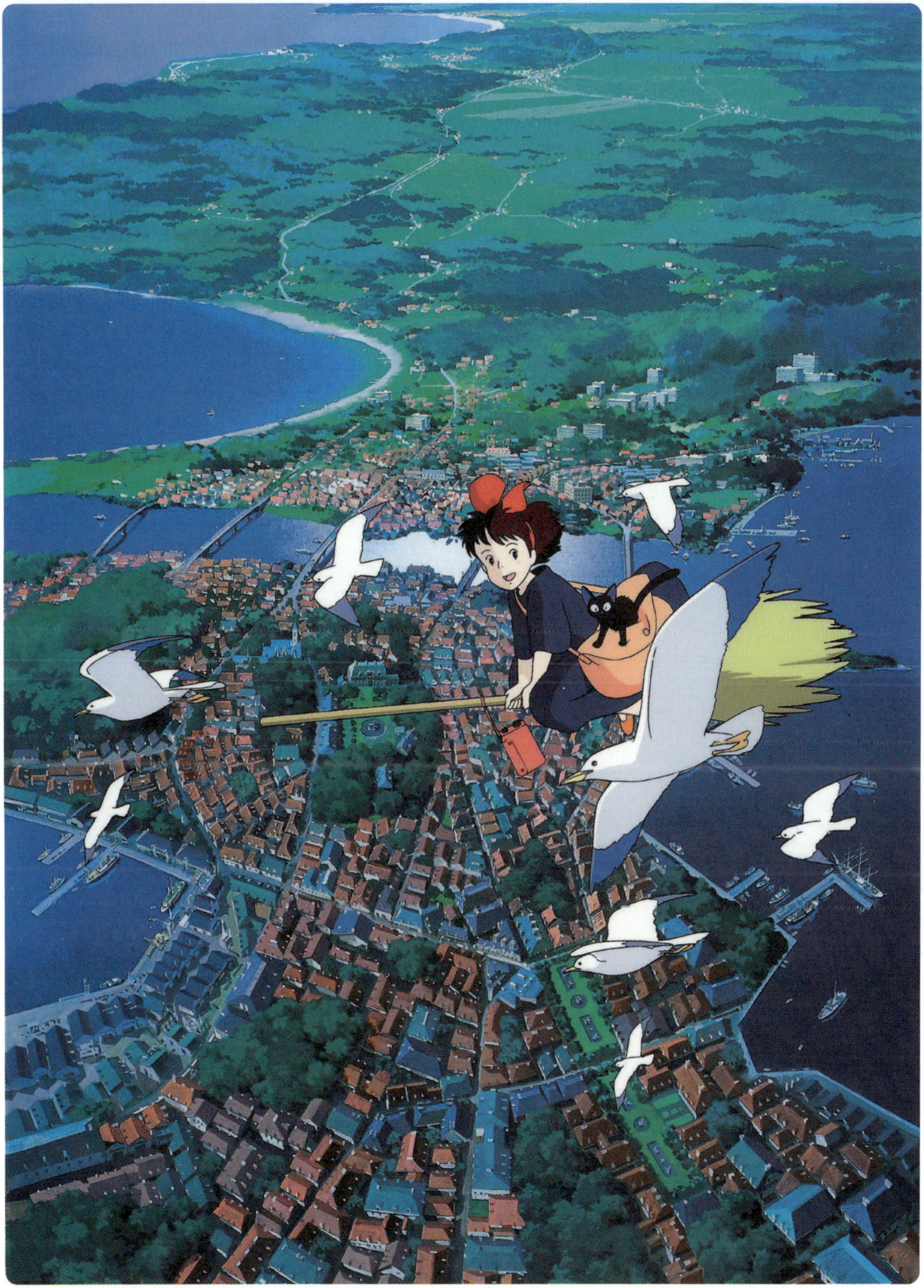

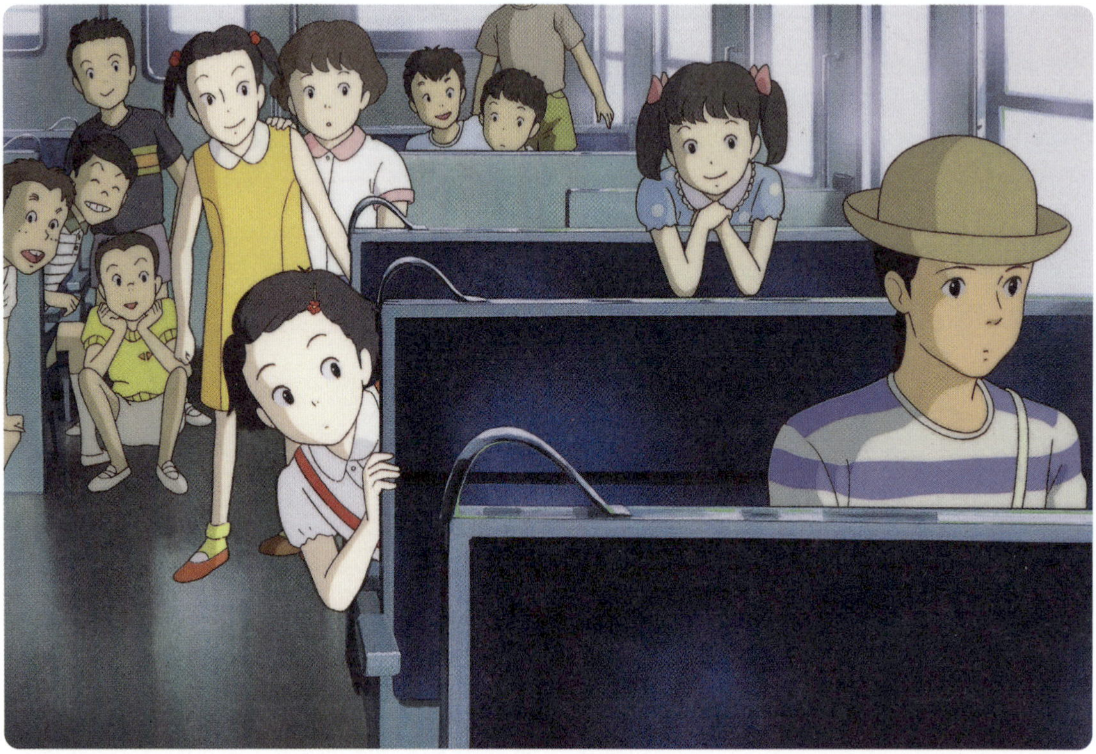

TRÄNEN DER ERINNERUNG (OMOIDE PORO PORO, 1991)

AUFWENDIGE RECHERCHE UND UNBEUGSAMER REALISMUS

REGIE: ISAO TAKAHATA
DREHBUCH: ISAO TAKAHATA
LAUFZEIT: 118 MINUTEN
VERÖFFENTLICHUNGSDATUM (JAPAN): 20. JULI 1991

MIYAZAKI HATTE SCHON ZUVOR ÜBERLEGT, HOTARU OKAMOTOS UND YUKO TONES MANGA *TRÄNEN DER ERINNERUNG* VON 1982 ZU ADAPTIEREN, EINE SÜSSE, NOSTALGISCHE SLICE-OF-LIFE-GESCHICHTE ÜBER TAEKO, EIN JUNGES MÄDCHEN, DAS IN DEN 1960ERN AUFWÄCHST, FAND ABER KEINEN ZUGANG, UM DAS BUCH AUF DIE GROSSE LEINWAND ZU BRINGEN.

Für ihn gab es nur einen Filmemacher, der dieses Problem lösen konnte: Takahata. Es war der Vorschlag des Älteren, der Geschichte eine Rahmenhandlung zu geben, in der die erwachsene Taeko die Hektik Tokios für eine womöglich lebensverändernde Reise ins ländliche Yamagata hinter sich lässt, während ihre Gedanken zu Erinnerungen aus ihrer Kindheit zurückkehren.

„Dass Miyazaki der Produzent war, ist der einzige Grund, warum wir heute hier sind", sagt Takahata in einer Making-of-Dokumentation zum Start von *Tränen der Erinnerung*. „Eine gewöhnliche 27-Jährige? Das klingt nicht nach einem Hit-Anime! Aber wenn Miyazaki sagt, dass es funktioniert ... sind alle davon überzeugt."

Außerdem mit an Bord war Toshio Suzuki, der hier zum ersten Mal als vollwertiger Produzent eines Studio Ghibli-Films in Erscheinung trat – eine Rolle, die er in den kommenden zwei Jahrzehnten immer wieder übernehmen sollte. In seinen Memoiren *Mixing Work with Pleasure* erinnert sich Suzuki, dass Takahata zwar ein perfekter Produzent war, als Regisseur allerdings „entsetzlich anstrengend. Er trieb seinen Perfektionismus auf die Spitze."

„Keiner kann mich so sehr in den Wahnsinn treiben wie Paku-san [Takahata]", gesteht Miyazaki in der Making-of-Dokumentation zu *Tränen der Erinnerung*. „Dennoch ist er derjenige, dem ich am meisten vertraue."

Doch dieses Vertrauen wurde hart auf die Probe gestellt. Ursprünglich sollte der Film 1990 anlaufen, fiel jedoch hinter dem Zeitplan zurück und es oblag Miyazaki, mit den Finanziers auszuhandeln, dass die Veröffentlichung auf Juli 1991 verschoben würde, um zu vermeiden, dass in der Eile Fehler unterliefen oder man ein minderwertiges Studio hätte hinzuziehen müssen, wodurch die erwartete Ghibli-Qualität nicht mehr gewährleistet gewesen wäre.

Suzuki beschreibt Takahatas Hauptaugenmerk während der Entstehung von *Tränen der Erinnerung* mit „aufwendige Recherche" und „unbeugsamem Realismus". In einer für Ghibli und die Animationsbranche allgemein ungewöhnlichen Vorgehensweise filmte Takahata Referenzmaterial der Synchronsprecher für den Handlungsstrang der erwachsenen Taeko, damit der Animationsregisseur Yoshifumi Kondo und sein Team den Figuren eine realistische Mimik verleihen konnten. Die Gesichtsmuskeln, Wangenknochen und Falten sind in einer Detailtreue herausgearbeitet, die man in Animationen nur selten sieht.

Genauso ist schwer vollstellbar, dass irgendeine andere Produktion, ob nun Animation oder Realfilm, in ihrer Recherche so weit gegangen wäre wie Takahata für die Szenen über das Züchten, Pflücken und Verarbeiten der Färberdisteln. Mitten in der Produktion besuchten Takahata, Suzuki und eine Gruppe von

Gegenüber: Vergangenheit und Gegenwart treffen in Takahatas nostalgischer Perle *Tränen der Erinnerung* aufeinander.

Unten: Eine idyllische Szene aus *Tränen der Erinnerung*, ein Resultat von Takahatas „aufwendiger Recherche" über das Pflücken von Färberdisteln.

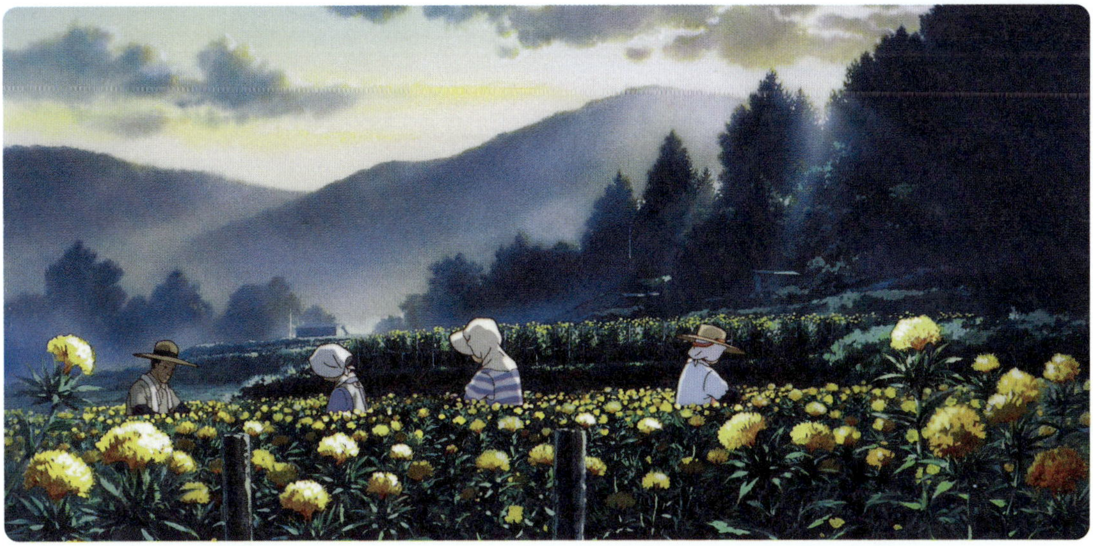

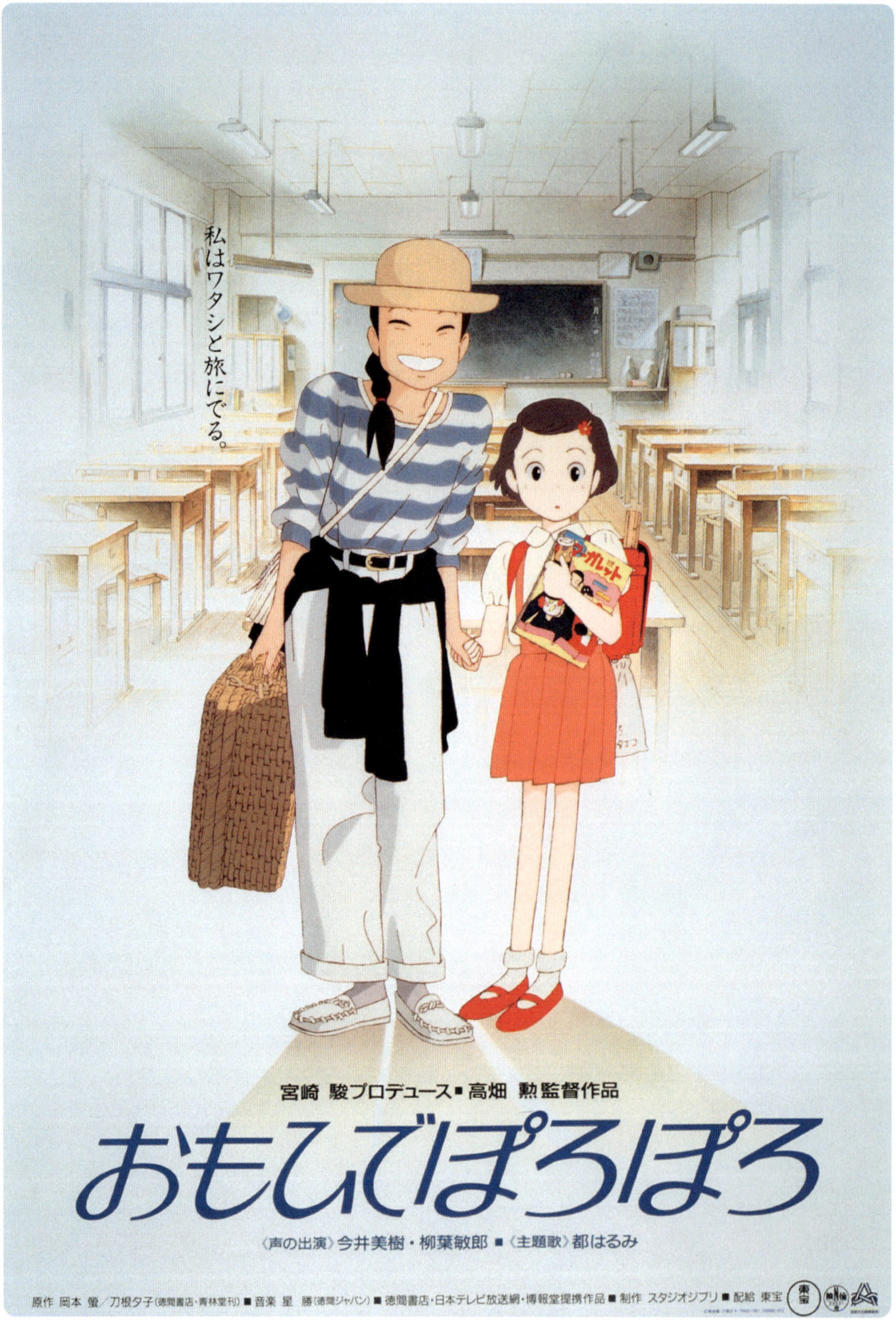
私はワタシと旅にでる。
宮崎 駿プロデュース■高畑 勲監督作品
おもひでぽろぽろ
〈声の出演〉今井美樹・柳葉敏郎 ■〈主題歌〉都はるみ
原作 岡本 螢/刀根夕子(徳間書店・青林堂刊) ■ 音楽 星 勝(徳間ジャパン) ■ 徳間書店・日本テレビ放送網・博報堂提携作品 ■ 制作 スタジオジブリ ■ 配給 東宝

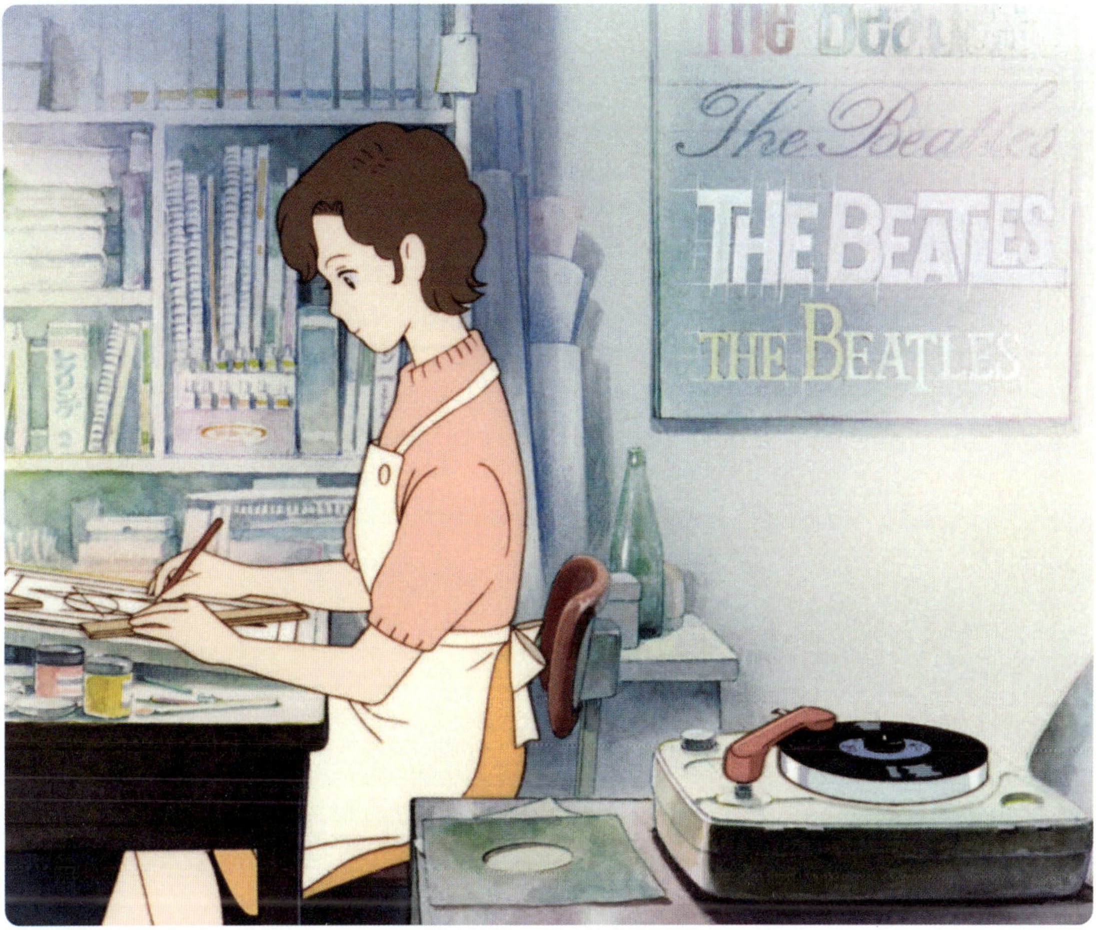

Mitarbeitern Yamagata, folgten den Färberdistelbauern und filmten sie als Referenz – so sehr strebte man nach absoluter Authentizität.

Als er endlich erschien, war *Tränen der Erinnerung* ein Überraschungserfolg. Wie *Kikis kleiner Lieferservice* zuvor führte er am Ende des Jahres die Charts als erfolgreichster japanischer Film an den heimischen Kinokassen an, geschlagen nur von Hollywood-Titanen wie *Total Recall* und *Terminator 2 – Tag der Abrechnung*. Takahatas Ruf war wiederhergestellt.

Doch bis zu einer internationalen Veröffentlichung sollte es noch ein Jahrzehnt dauern. Nach dem bahnbrechenden Deal, den Ghiblis Mutterkonzern Tokuma Shoten mit Disney ausgehandelt hatte, um Miyazakis und Takahatas Filme in den USA und anderen Ländern zu vermarkten, verstaubte *Tränen der Erinnerung* aufgrund von „unangemessenen" Szenen, in denen über Menstruation gesprochen wird, auf unbestimmte Zeit im Regal.

Glücklicherweise, so der frühere Ghibli-Manager Steve Alpert, hatte Disney auf die digitalen Rechte verzichtet, sodass das Studio mit dem Aufkommen der DVD den Film international vermarkten konnte und Zuschauer in Europa, Australien und sonst wo ihn ab 2006 sehen konnten, wodurch *Tränen der Erinnerung* schnell zum Kult-Liebling wurde. Doch erst 2016 veröffentlichte GKIDS *Tränen der Erinnerung* nicht nur in den US-Kinos sondern auch fürs Heimkino, inklusive einer englischen Tonspur mit den Stimmen von Daisy Ridley und Dev Patel.

ERINNERUNG: WIE IN EINEM FLASHBACK SCHLEICHEN SICH REFERENZEN AN DIE POPKULTUR DER 1960ER INS BILD, VON JAPANISCHEN FERNSEHPROGRAMMEN DIESER ZEIT BIS HIN ZU EINEM BEATLES-POSTER, WIE AUF DIESEM BILD.

Gegenüber: Das japanische Poster zu *Tränen der Erinnerung*.

KOMMENTAR: TRÄNEN DER ERINNERUNG

Wenn man in einem Ghibli-Film sein Leben ändern muss, bedeutet das manchmal, dass man gegen ein einschüchterndes Badehaus voller Geister, Monster und Hexen kämpfen, eine Reise in einem Geisterzug machen und für immer verändert daraus hervorgehen muss. Dann wieder bedarf es nur eines Besuchs auf dem Land. Natürlich gibt es trotzdem die Reise in einem Geisterzug. Isao Takahatas *Tränen der Erinnerung* ist ein ruhiges Meisterwerk im Ghibli-Kanon. Es ist genauso fesselnd wie *Chihiros Reise ins Zauberland*, doch seine greifbare Göttlichkeit findet sich in der Realität und der Erinnerung. Die Geschichte handelt von Taeko, einer 27-jährigen Büroangestellten aus der Stadt, die ihren Urlaub nutzt, um auf einem Bauernhof auf dem Land zu arbeiten. Dabei muss sie immer wieder an die prägenden Momente ihrer Kindheit denken. Es ist eine einfache Geschichte, die in aufwendigen Details erzählt ist. Taekos Reise in die Vergangenheit wird zu einer strahlenden persönlichen und sozialen Reflexion, während scheinbar unbedeutende Ereignisse aus ihrer Jugend ihr gegenwärtiges Ich formen.

Eindrucksvolle stilistische Techniken aus Takahatas vorherigem Film *Die letzten Glühwürmchen* übertragen sich auf *Tränen der Erinnerung*. Im Vorgänger zeigten die Farbschattierungen, ob die Geschichte aus der Perspektive der Lebenden oder der Toten erzählt wurde, hier markiert eine noch extremere duale Ästhetik den starken Kontrast und die Verbindung zwischen Erinnerung und Gegenwart. Die präzisen Formen eines Bürogebäudes sind eine der ersten Einstellungen des Films, es ist kantig, modern und fast schon hyperreal. Drum herum erstreckt sich die Stadt bis zu den Bildrändern. Das Reich der Erinnerung jedoch ist im Film ganz anders dargestellt. Die Welt der jungen Taeko enthält nicht immer alle Details, nur die, die wichtig sind, ihre rundere, sanfter kolorierte Umgebung reicht kaum an den Bildrand heran. Sie ist vom Licht der Erinnerung ausgeblichen. Der etablierte Formalismus der Gegenwart ermöglicht es Takahata, Taekos Ausflug aufs Land einen anthropologischen, dokumentarischen Detailreichtum zu verleihen, während der freie Blick auf die Vergangenheit die Tür zu einem aufregenden Expressionismus aufstößt. Für sich genommen sind diese Welten brillant und in Augenblicken stilistischer Verschmelzung führt ihr Überlappen den Film zu neuen emotionalen und kreativen Höhen.

Taeko trifft mit dem Zug auf dem Land ein und wird von Tashio, einem jungen Bauern, abgeholt. Auf der Fahrt erzählt Tashio lang und breit über die Praktiken der ökologischen Landwirtschaft, die Schwierigkeiten und die modernen Marktreformen (das mag sich jetzt anhören wie *Star Wars – Die dunkle Bedrohung*, aber es ist wirklich faszinierend). Als sie auf dem Hof ankommen, stellt Takahata die Arbeiter ins Zentrum, lächelnd reihen sie sich auf und blicken ins Zentrum der Szene, wie Portraits aus dem Tagebuch einer Forschungsreise. In einer der vielen außergewöhnlichen Sequenzen auf dem Hof konzentriert sich die Geschichte auf die Herstellung von rotem Farbstoff aus Färberdisteln. Dieser Detailreichtum macht sich mehr als bezahlt, indem die

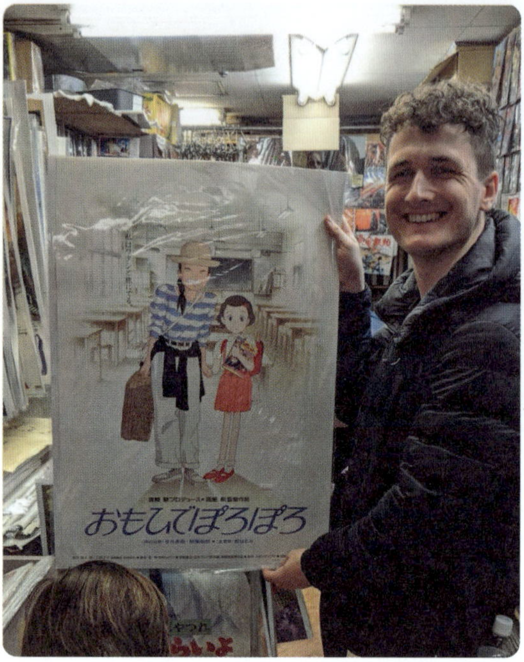

Persönlichkeiten die Fähigkeiten der Arbeiter, ihr gemeinsames Pflücken, das Stampfen und Reiben den Rhythmus eines dokumentarischen Nachrufs bilden. Toshio versteht das Leben als eine gemeinsame Anstrengung von Menschen und Erde und durch Takahatas Augen und in diesen Szenen ist das die perfekte Arbeitsbeziehung.

Zwischen ihren Schichten gräbt Taeko in ihrer Vergangenheit und fördert Erinnerungen an Essen, junge Liebe und die Pubertät zu Tage. Ein unterhaltsames Kapitel über Menstruation scheut sich nicht vor den gelegentlichen spitzen Bemerkungen von Teenagern und bietet jungen Mädchen einen erfrischenden Ratgeber. Die erste Begegnung einer Familie mit einer Ananas führt zu einer verwirrten, komplizierten Operation, gefolgt von enttäuschtem Kauen und einer wichtigen Lektion in Sachen Erwartungen. In der denkwürdigsten Sequenz aus der Vergangenheit verbiegt Takahata die Form seiner Welt weiter, um sie mit den Emotionen in Einklang zu bringen. In einem unsicheren, reinen Moment jugendlicher Romantik steigt Taeko glücklich eine unsichtbare Treppe hinauf und entschwebt in den Himmel. Diese Szene besitzt eine expressionistische Klarheit, der Hintergrund verschwindet in traumartigen Rosatönen und gestattet es Taeko und dem Film, zu einem Höhenflug aufzubrechen.

Es gibt Parallelen zwischen *Tränen der Erinnerung* und einem anderen, oft vergessenen realistischeren Ghibli-Meisterwerk, *Stimme des Herzens*. Wie Shizuki, die Protagonistin in Yoshifumi Kondos Jahre später veröffentlichtem Film, spürt Taeko in der Gegenwart eine

Lücke in ihrem Leben, die sie mit einer kreativen Leidenschaft zu füllen versucht. Keine der Figuren hat eine schnelle Lösung parat. Nur durch Arbeit und Hingabe können sie ihre Fähigkeiten und Leidenschaften verfeinern, ob das nun das Schreiben für Shizuku oder das Leben auf dem Bauernhof für Taeko ist. Und genauso wie Shizuku einer Katze in einen Zug folgt, der sie in ein Abenteuer bringt, das ihr Leben verändert, ist es eine Zugfahrt am Ende von *Tränen der Erinnerung*, die in ähnlicher Form ein neues Kapitel in Taekos Leben aufschlägt. Das ist eine steile These, aber das Finale von *Tränen der Erinnerung* ist womöglich die ultimative Ghibli-Zugszene. Auf der Reise zurück in die Stadt werden Taeko und ihr jüngeres Ich, nachdem sie jahrelang durch die Erinnerung voneinander getrennt waren, wiedervereint. Zusammen mit ihren Klassenkameraden feuert die junge Taeko ihr älteres Selbst an, als es beschließt, auszusteigen und auf den Hof sowie zu einem aufkeimenden Leben mit Toshio zurückzukehren. Endlich verbinden sich die kantige und die weiche Welt miteinander, als Taeko ihre Lebenserfahrungen, die guten wie die schlechten, die ihr gegenwärtiges Ich geprägt haben, akzeptiert und ihre Vergangenheit nicht länger aus der Ferne betrachtet, sondern direkt neben ihr sitzt. Vielleicht kommt sie mit Toshio zusammen, aber nachdem die Ruhe auf dem Land wie eine Therapie für sie war, zeigt *Tränen der Erinnerung*, dass die wichtigste Vereinigung die mit sich selbst ist.

Gegenüber: Jake, glücklich wie nie, nachdem er im Nakano Broadway in Tokio das Poster zu *Tränen der Erinnerung* entdeckt hat.

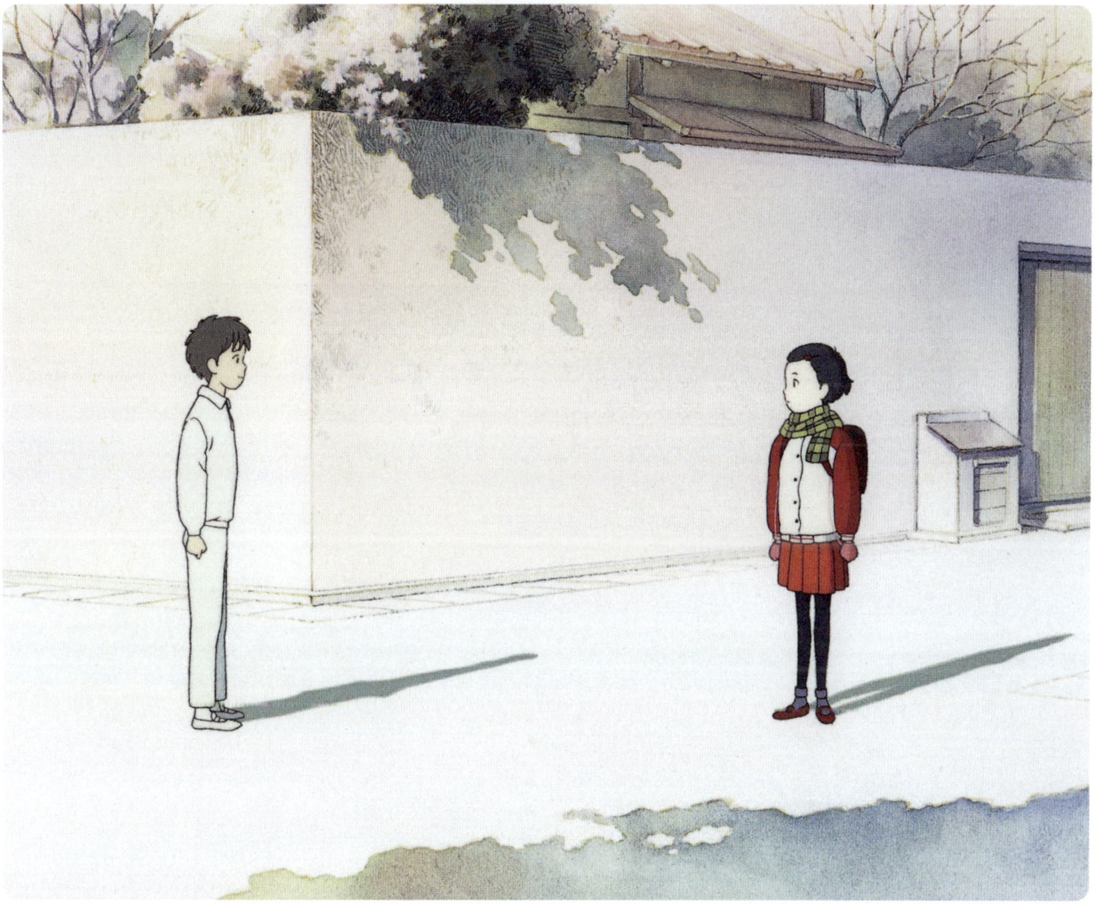

DIE RÜCKBLENDEN IN *TRÄNEN DER ERINNERUNG* SIND AUSGEWASCHEN UND VERBLASSEN AN DEN RÄNDERN ZU WEISS, ALS WÜRDE DEM ZUSCHAUER DAS BILD WIE EINE HALB VERGESSENE ERINNERUNG ENTGLEITEN. ISAO TAKAHATA GRIFF IN SEINEN SPÄTEREN FILMEN *MEINE NACHBARN DIE YAMADAS* UND *DIE LEGENDE DER PRINZESSIN KAGUYA* AUF DIESEN MINIMALISTISCHEN EXPRESSIONISTISCHEN STIL ZURÜCK.

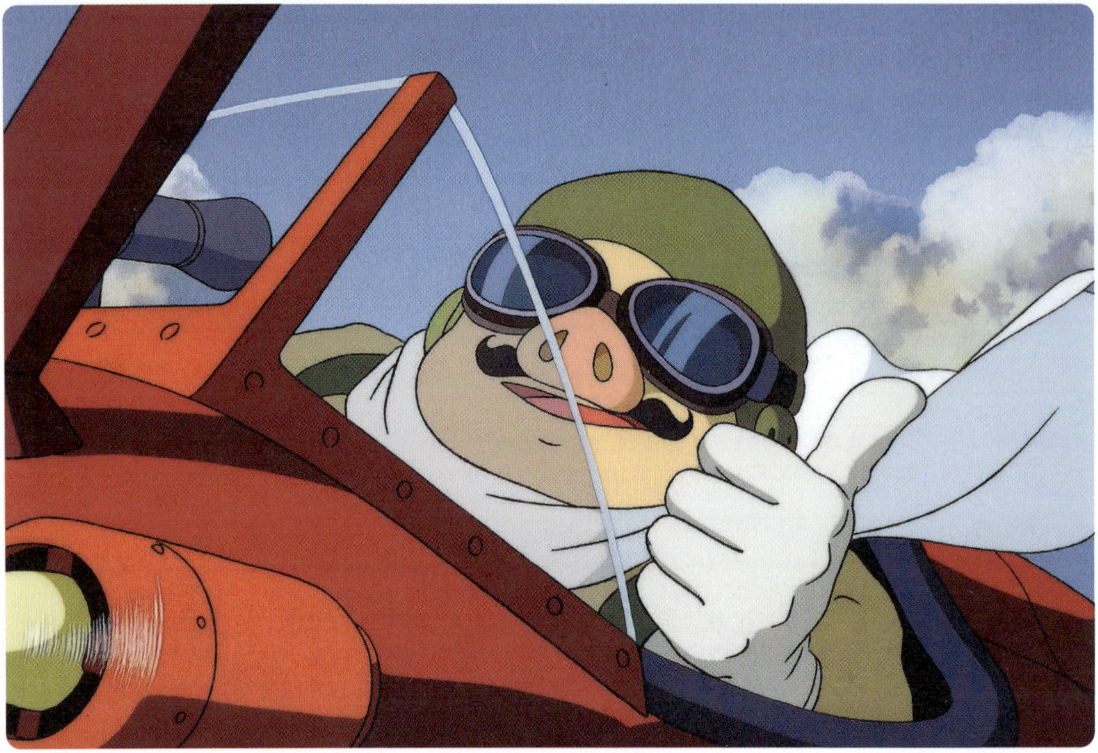

PORCO ROSSO (KURENAI NO BUTA, 1992)

WENN SCHWEINE FLIEGEN LERNEN

REGIE: HAYAO MIYAZAKI
DREHBUCH: HAYAO MIYAZAKI
LAUFZEIT: 94 MINUTEN
VERÖFFENTLICHUNGSDATUM (JAPAN): 18. JULI 1992

LASSEN WIR GLEICH ZU ANFANG DIE BOMBE PLATZEN: MIYAZAKI LIEBT FLUGZEUGE. SZENEN, IN DENEN ES UMS FLIEGEN UND FLUGZEUGE GEHT, OB NUN FANTASTISCH ODER REAL, ZIEHEN SICH DURCH SEIN GESAMTES WERK, VON DEN SUMMENDEN ORNITHOPTERN AUS *DAS SCHLOSS IM HIMMEL* BIS HIN ZU DEM ZEPPELIN, DER DEM LETZTEN AKT VON *KIKIS KLEINER LIEFERSERVICE* DRAMATIK VERLEIHT. FÜR *WIE DER WIND SICH HEBT* SOLLTE ER SPÄTER SOGAR TIEF IN DER GESCHICHTE DES FLIEGENS UND DES FLUGZEUGBAUS GRABEN, DOCH BIS DAHIN WAR SEINE OFFENSICHTLICHSTE ZURSCHAUSTELLUNG SEINER LIEBE ZU FLUGZEUGEN UND ZUM FLIEGEN *PORCO ROSSO*, DAS ABENTEUER EINES FLIEGERASSES VON 1992.

Seinen Ursprung hatte *Porco Rosso* in einer Reihe von Manga-Geschichten, Skizzen und illustrierten Essays, die Miyazaki in den 1980ern und frühen 1990ern im Hobbymagazin *Model Graphix* veröffentlicht hatte, meist in den Pausen zwischen den einzelnen Filmen oder während er die epische Manga-Serie *Nausicaä aus dem Tal der Winde* zeichnete.

„Die Wahrheit ist, dass ich am glücklichsten bin, wenn ich in Magazinen wie *Model Graphix* über dumme Flugzeuge und Panzer schreiben kann", bekannte Miyazaki 1989 in einem Interview mit *Comic Box*. In diesen kurzen Arbeiten (später als *Hayao Mizaki's Daydream Data Notes* zusammengefasst) experimentierte Miyazaki zuerst mit seinem Schweineprotagonisten.

Eine umstrittene Animation aus der Mitte der 1980er, die auf einem *Model Graphix*-Manga basierte und sich um einen Panzerkommandanten drehte, der ein Schwein war, wurde eingestellt, als Miyazaki, der gerade mit *Das Schloss im Himmel* beschäftigt war, mit dem jüngeren Filmemacher, der für das Projekt verantwortlich war, aneinandergeriet. Doch das Schwein kehrte Jahre später in einer Geschichte mit dem Titel *The Age of the Flying Boat* zurück – der Unterschied war, dass das Schwein nun Pilot war, die Geschichte an der Adria spielte und in die Zeit zwischen dem Ersten und dem Zweiten Weltkrieg verlegt worden war.

Miyazaki hielt seine Filme und seine abstrusen *Model Graphix*-Beiträge gern voneinander getrennt, doch ein ungewöhnlicher Auftrag, für Japan Airlines einen 45-minütigen Bordfilm zu entwickeln, schien die perfekte Plattform für *The Age of the Flying Boat* zu sein. Ursprünglich sah Miyazaki das Projekt als reine Freizeitbeschäftigung und schrieb in seinem Regieleitfaden im April 1991: „*Porco Rosso* soll ein Werk sein, dass Geschäftsmänner genießen können, auch wenn sie von Langstreckenflügen erschöpft und ihre Sinne vom Sauerstoffmangel getrübt sind. Er muss auch für Jungs und Mädchen und Frauen funktionieren, aber wir dürfen nicht

Gegenüber: Daumen hoch. Porco Rosso in einem von Ghiblis meist geteilten Bildern.

Unten: Nutze deine Talente. Porco und Fio tun sich zusammen.

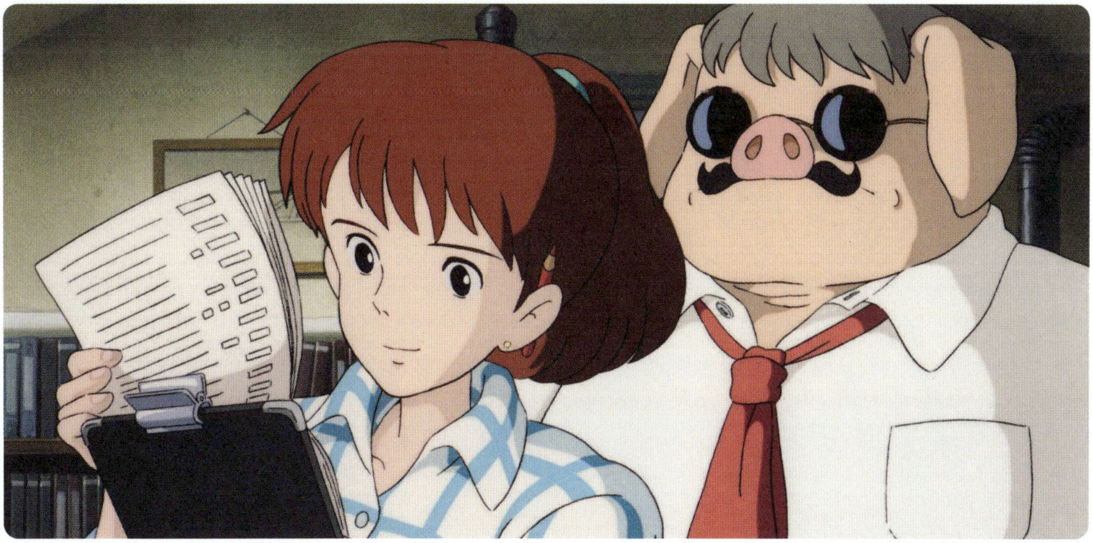

vergessen, dass es in erster Linie ein Zeichentrick für müde Männer mittleren Alters ist, deren Gehirnzellen sich in Tofu verwandelt haben."

Die Produktion schritt schnell voran und brachte einen Prozess hervor, der Miyazakis Ansatz des Filmemachens definieren sollte: mit der Arbeit an den Keyframe-Animationen zu beginnen, bevor die Storyboards fertig waren, also mit anderen Worten, bevor das Ende des Films geschrieben war. Toshio Suzuki erinnert sich, dass diese Methode, „das Pferd von hinten aufzuzäumen", die ursprünglich entstanden war, weil die Produktion so weit im Verzug war, sich etablierte und Miyazaki zu dieser enthusiastischen Aussage verleitete: „Es macht doch keinen Spaß, wenn schon alles festgezurrt ist, oder?"

Der Nachteil an dieser Methode, wie spätere Ghibli-Projekte zeigen sollten, ist, dass die Geschichte des Films sich, während die Animatoren damit beschäftigt sind, die fertigen Storyboards umzusetzen, immer noch verändern kann, und das bis zur letzten Minute, wenn Miyazaki den Stift hinlegt. Die Folge kann ein Ende

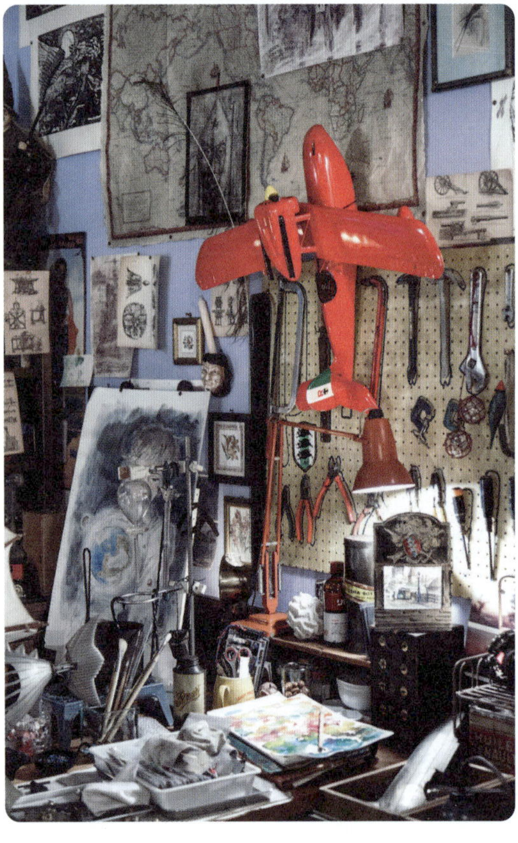

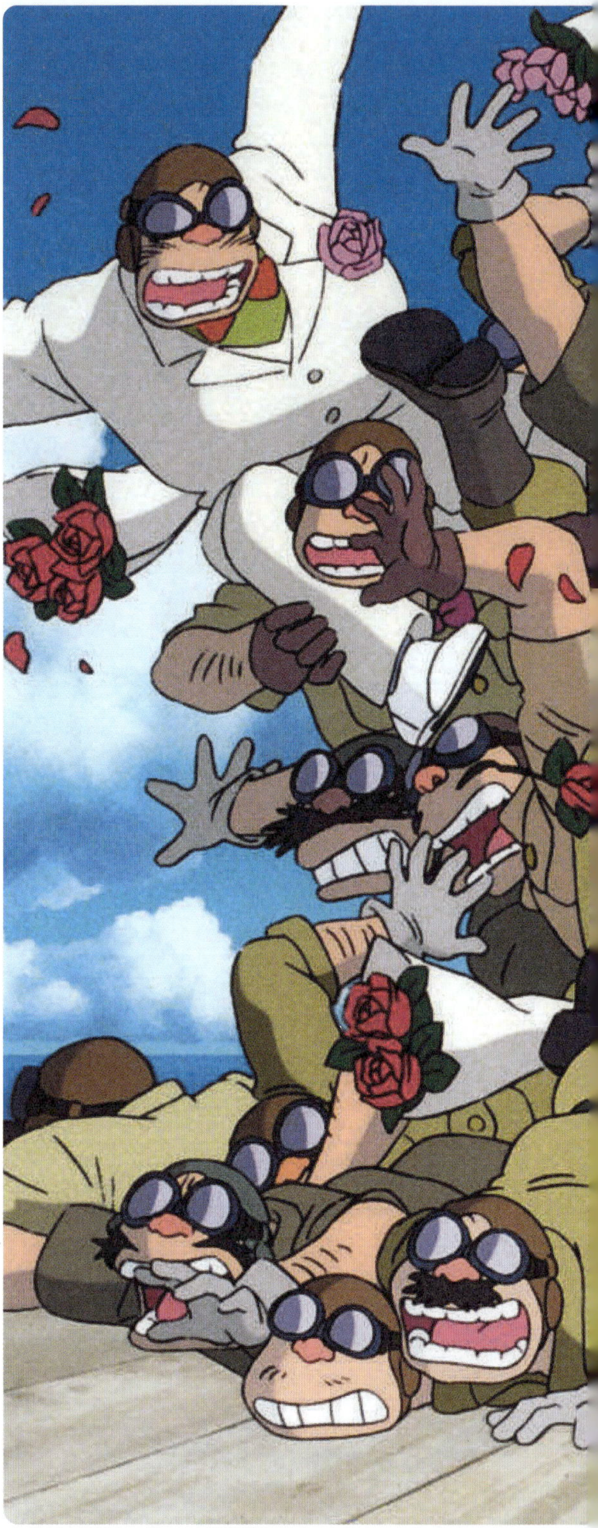

Oben: Herrliche Requisiten aus Porcos Welt im Ghibli-Museum.

Rechts: Bitte lächeln. Fio posiert mitten im Chaos der Flieger.

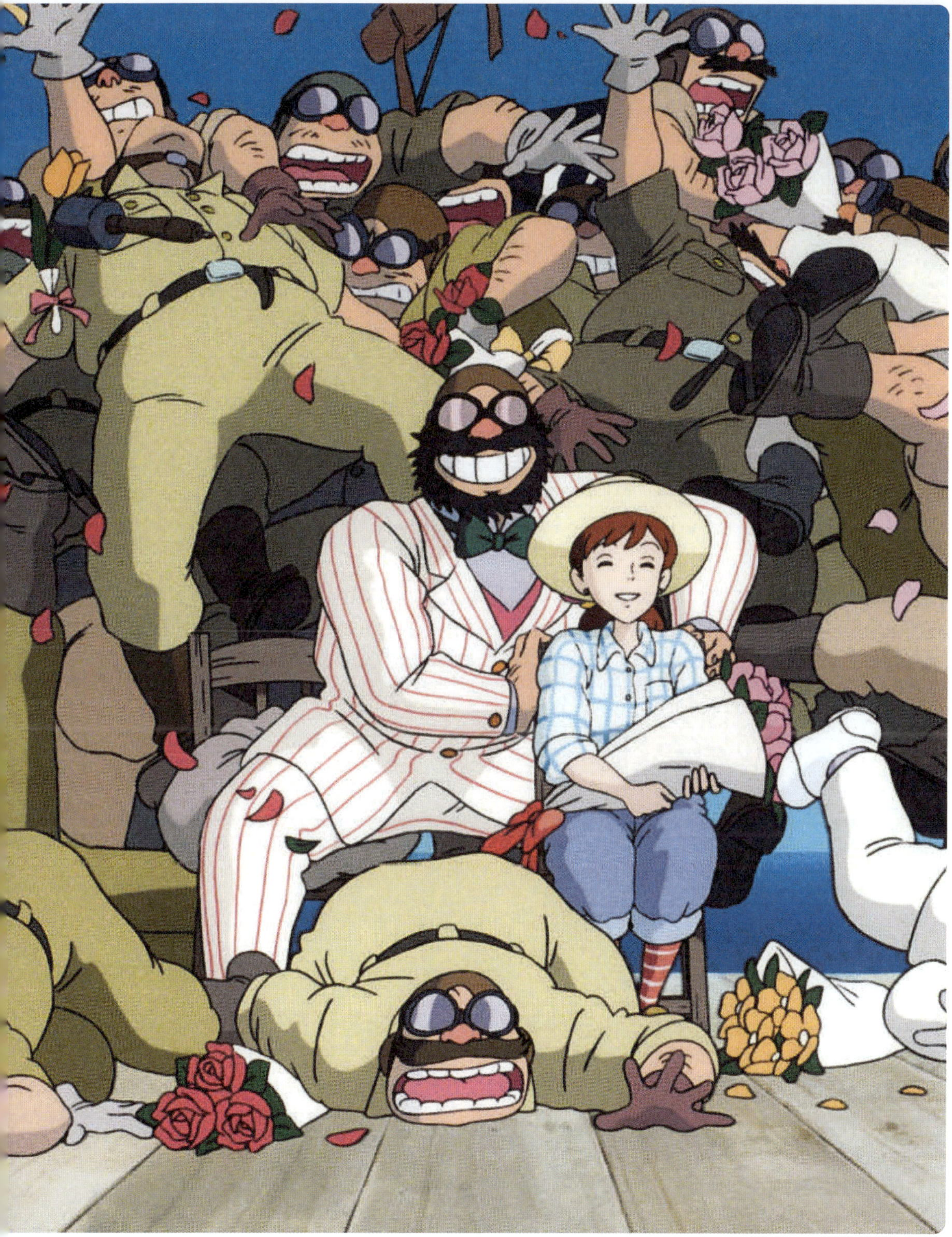

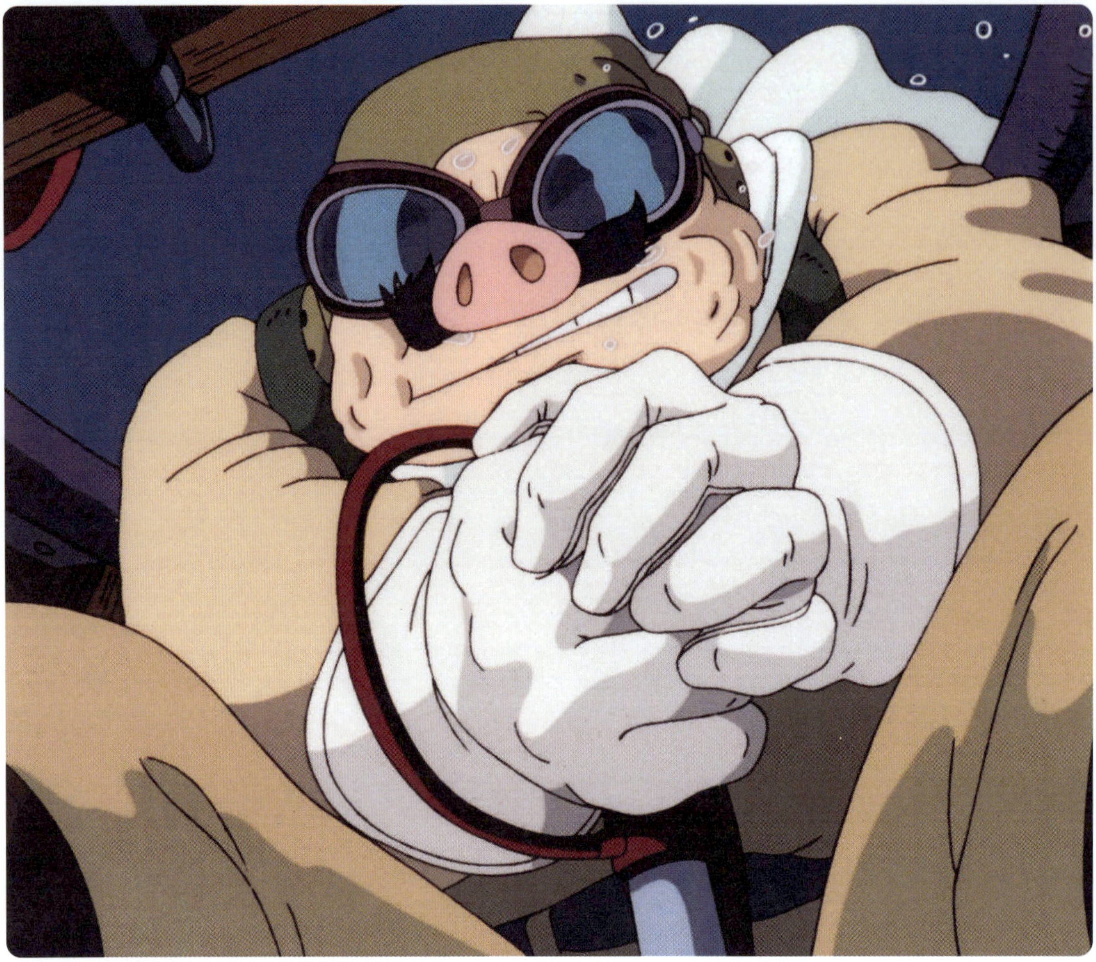

sein, dass sich überstürzt anfühlt, oder, wie im Fall von *Porco Rosso*, ein 45-minütiger Kurzfilm, der sich zu einem 90-minütigen Spielfilm ausdehnt. Der Bordfilm lief also schließlich in den Kinos.

Während er seinen Manga in das Storyboard übertrug, hatte Miyazaki die Geschichte zusätzlich unterfüttert. Inspiriert wurde er dabei von seinen Ängsten bezüglich den Nachrichtenmeldungen über den Golfkrieg und den Konflikt in Jugoslawien – tiefgreifende, möglicherweise beunruhigende Themen, die nicht weiter vom Ausgangsplan, den Zuschauern eine „sorgenfreie, aufregende, erbauliche Welt" zu präsentieren, hätten entfernt sein können. Nach der Veröffentlichung von *Porco Rosso* beschrieb er die Veränderung seiner Weltsicht folgendermaßen: „An der Schwelle zum einundzwanzigsten Jahrhundert ist nichts geklärt. Alles wird mit in eine neue Ära geschleppt, also müssen wir einfach weiterleben und dieselben dummen Fehler wieder und wieder wiederholen. Zu dieser Erkenntnis bin ich gekommen."

Dieser Stimmungswechsel prägte all seine nachfolgenden Filme ab *Prinzessin Mononoke*. „Egal, wie chaotisch die Dinge werden", sagte er, „wir können nur mit unserem Leben weitermachen ... Uns mag nicht gefallen, was vor sich geht, aber wir müssen es einfach akzeptieren und versuchen, miteinander auszukommen. Ich habe erkannt, dass das der einzige Weg ist, voranzukommen ... Es ist wichtig, nicht in einen billigen Nihilismus zu verfallen oder in den Irrglauben, nur im Augenblick leben zu müssen ... Man muss bereit sein, ein gewisses Risiko auf sich zu nehmen, um die Umwelt zu schützen ... und ab und zu auch mal was Verrücktes tun."

Porco Rosso war im Sommer 1992 ein großer Hit in Japan und stand am Ende des Jahres an der Spitze der Kinocharts, sogar noch vor großen Hollywoodfilmen wie Disneys *Die Schöne und das Biest* und *Hook*. Es war auch jahrelang der japanische Animationsfilm mit dem höchsten Einspielergebnis aller Zeiten – zumindest bis Miyazakis nächster Film kam.

Oben: Gut festhalten. Porco steuert in eins von Ghiblis actionreichsten Abenteuern.

Gegenüber: Das japanische Poster zu *Porco Rosso*.

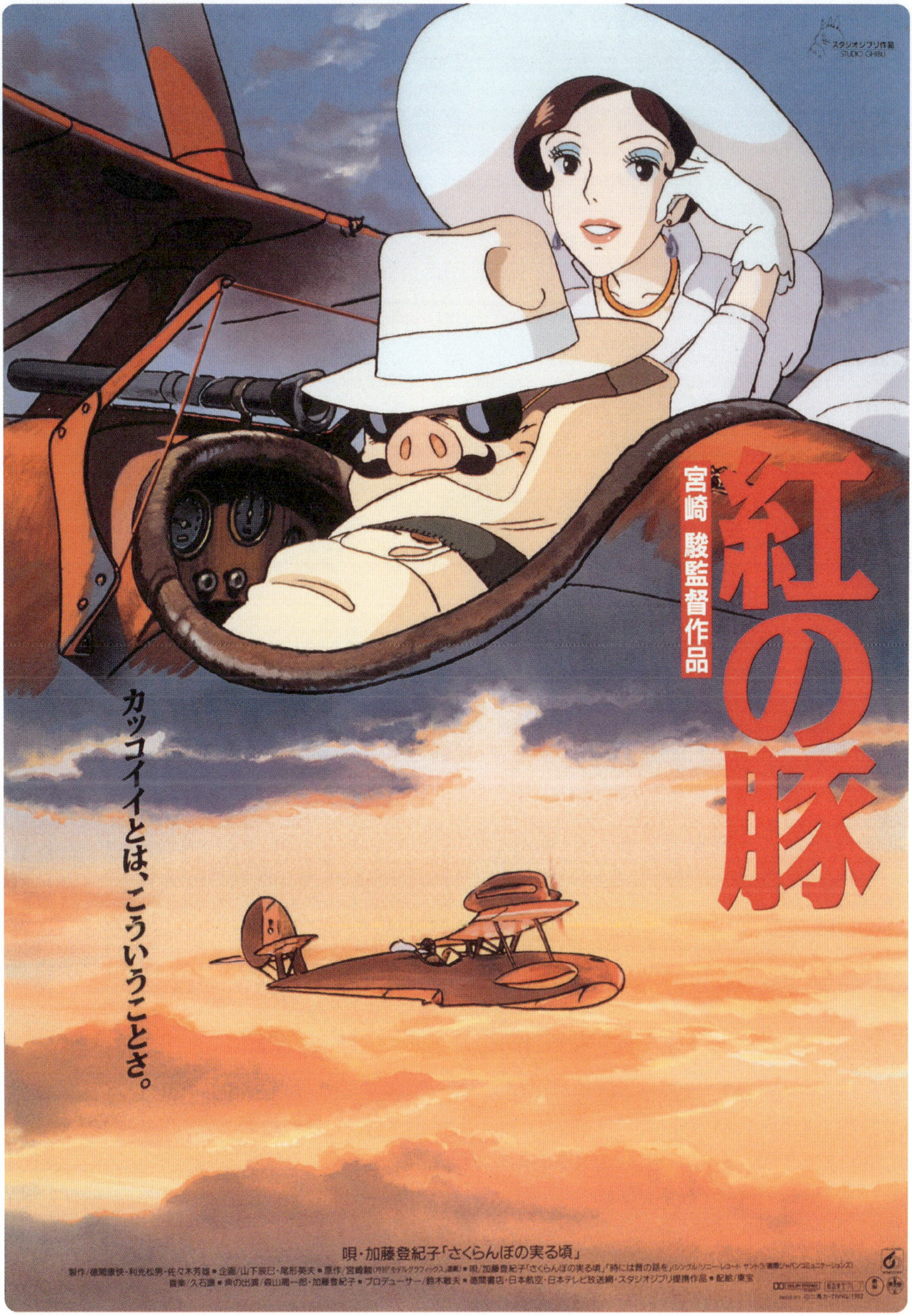
スタジオジブリ作品
STUDIO GHIBLI
宮崎 駿監督作品
紅の豚
カッコイイとは、こういうことさ。
唄・加藤登紀子「さくらんぼの実る頃」
製作/徳間康快・利光松男・佐々木芳雄 ● 企画/山下辰巳・尾形英夫 ● 原作/宮崎駿 ● 唄/加藤登紀子「さくらんぼの実る頃」「時には昔の話を」
音楽/久石譲 ● 声の出演/森山周一郎・加藤登紀子 ● プロデューサー/鈴木敏夫 ● 徳間書店・日本航空・日本テレビ放送網・スタジオジブリ提携作品 ● 配給/東宝

KOMMENTAR: PORCO ROSSO

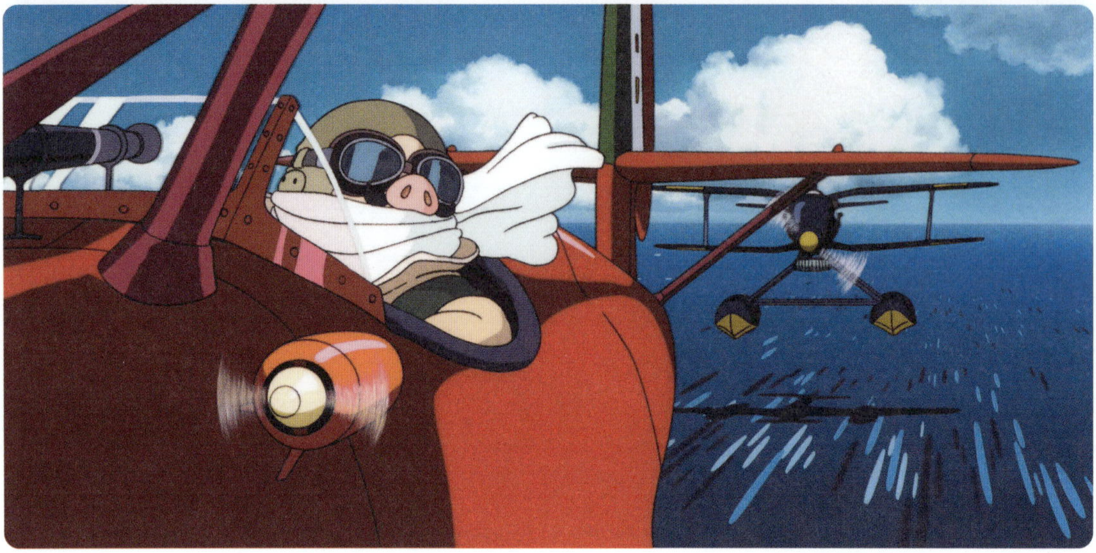

Als unser heruntergekommener Held in *Porco Rosso* einen neuen starken Motor für sein rotes Wasserflugzeug braucht, ist auf dem, den er auswählt, ein einzelnes Wort ins Metall eingestanzt: „Ghibli". Das ist keine Selbstbeweihräucherung des Studios, das Caproni Ca.309 Ghibli war ein echtes Flugzeug, das in der Zeit zwischen den Kriegen gebaut wurde, in der auch *Porco Rosso* spielt. Aber dieser Motor treibt nicht nur die Maschine des schweinischen Piloten an, sondern auch Hayao Miyazaki. Nachdem sein Herz und seine Skizzenbücher immer voller Flugzeugentwürfe waren, war *Porco Rosso* die Essenz dieser jahrzehntelangen Liebe und dank seinem eigenen Ghibli-Produktionsmotor konnte seine Leidenschaft endlich zu ihrem Höhenflug ansetzen.

Mit seinen satten Blau- und Grüntönen, dem europäischen Schauplatz und dem Fokus auf dem Fliegen scheint der Film eine klassische Ghibli-Geschichte zu sein, doch mit seinem frischen, trockenen Humor und knackigen Drehbuch ist er in seiner Tonart einzigartig in der Filmografie des Studios. Er hat das Flair eines rasanten internationalen Gaunerabenteuers, das an Hergés *Tim und Struppi* erinnert, und einen Actionreichtum, der mit *Indiana Jones* mithalten könnte. Er gehört vielleicht nicht zu den beliebtesten Ghibli-Filmen, aber *Porco Rosso* ist ein Höhepunkt in der Entwicklung der Animationen und Geschichten für Ghibli.

Die Texte des Vorspanns, die wie Telegramme gestaltet sind, die auf die Leinwand getippt werden, können vielleicht nicht unbedingt mithalten mit dem gewaltigen, verwitterten Wandteppich, der *Nausicaä* einleitet, oder den Blockbuchstaben vor einer beruhigenden Meereslandschaft von *Ponyo*, aber sie ziehen den Zuschauer sofort in die Welt des Films. In einem Telegramm, in dem jedes Wort Geld kostet, muss man wissen, wo und wann man ist und ganz wichtig: „Der Name des Helden in unserer Geschichte ist Porco Rosso." Über die Leinwand laufend werden die Worte in zehn verschiedenen Sprachen eilig in die Tasten gehämmert, um uns ins Abenteuer zu rufen. Ghibli möchte Passagiere aus der ganzen Welt möglichst schnell an Bord holen, denn es wird ein unglaublicher Flug.

Porco ist nicht direkt ein Held, mehr ein Han Solo (oder ein Han Speck?), der weiß, was er zu tun hat, auch wenn er nicht gerade begeistert davon ist. *Porco Rosso* ist Miyazakis witzigstes Drehbuch und Porco selbst ist eine der lustigsten Figuren des Studios, deren Zunge genauso scharf ist wie seine Flugkünste. In einer der meistzitierten Ghibli-Textzeilen sagt er, nachdem er sich geweigert hat, sich wieder der italienischen Luftwaffe anzuschließen, dass er „lieber Schwein als Faschist" ist.

Porcos erste Aufgabe im Film ist es, eine Gruppe junger Mädchen zu retten, die von Luftpiraten entführt wurden. Er muss sich dazu überwinden, es zu tun, statt einfach das Cinema-Magazin zu lesen und in seinem malerischen Höhlenversteck auf einer Adriainsel wegzuschlummern. In dieser ersten Rettung zeigen sich sofort all die Jahre der Arbeit, die Miyazaki unbewusst in den Film investiert hat, indem er immer wieder Flugzeuge gezeichnet hat. In einem Realfilm wäre Porcos Savoia S.21-Wasserflugzeug an der Kamera vorbeigejagt, in einem Animationsfilm kann es im Bild bleiben und sich von all seinen besten Seiten präsentieren, von der perfekten runden Schnauze bis hin zur Trikolore am Heck. Wie alle Flugszenen in *Porco Rosso* ist sie nicht nur wunderschön gezeichnet, sondern auch perfekt choreografiert. In diesem eleganten und aufregenden Spektakel, das den Film einleitet, tanzen Porco und die Piraten in waghalsigen Manövern über Himmel und Meer und werfen sich im Morsecode

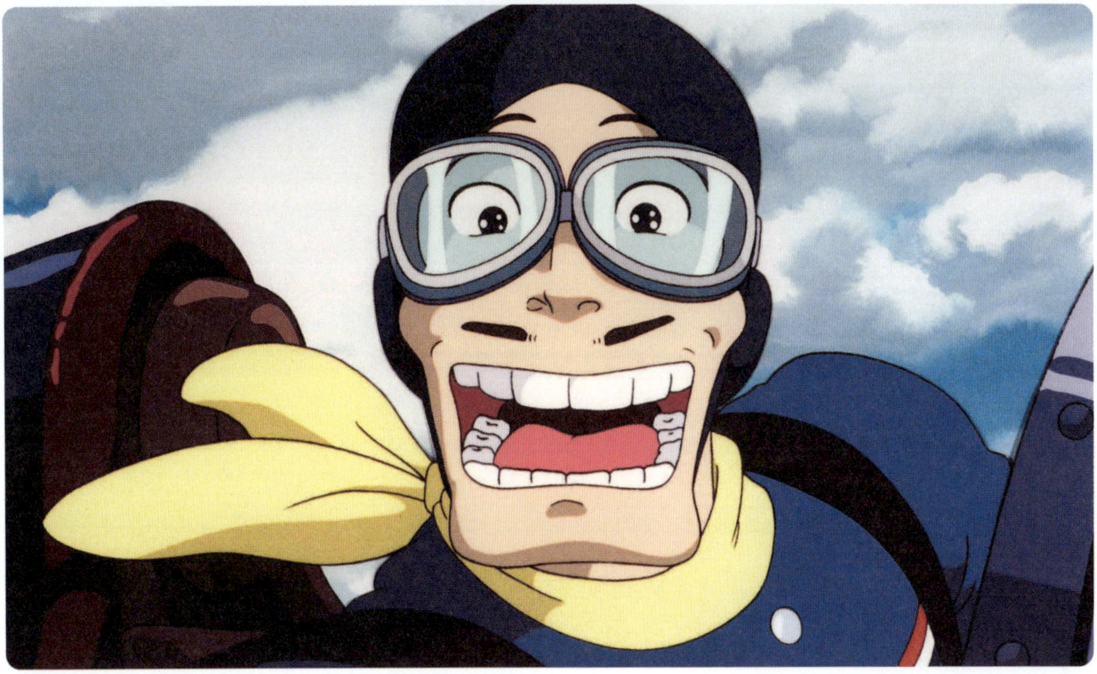

Oben: Donald Curtis mit seinem Menjou-Bärtchen wird im Original von Akio Otsuka und in der englischen Synchro von einem verschlagenen Cary Elwes gesprochen.

Gegenüber: Von links! Porco mitten in einem Luftkampf.

Beleidigungen zu. Nebenbei wird enthüllt, dass es sich bei den jungen Mädchen keineswegs um Jungfrauen in Nöten handelt. Ganz in der Tradition von Mei und Satsuki, die in *Mein Nachbar Totoro* vor Freude in ihrem Spukhaus herausschreien, sind die entführten Mädchen quirlig, lustig und vollkommen unbeeindruckt von ihren Kidnappern. Sie sind auch die ersten, aber keinesfalls letzten, weiblichen Figuren, die die Aufmerksamkeit auf herrliche Art von Porco Rosso ablenken.

Nachdem Porcos Flugzeug fast vom Schurken des Films, Curtis (Vorname Donald – ein waffenschwingender, trotteliger Promi, der davon träumt, amerikanischer Präsident zu werden), zerstört wurde, bringt er es zu seinem Mechaniker Piccolo in Mailand. Hier lernt Porco Piccolos Enkelin Fio (die sich ihren Look bei Nausicaä abgeguckt zu haben scheint) und ihr Team von Mechanikerinnen kennen, die die Männer ersetzen sollen, die während der Depression gegangen waren, um Arbeit zu finden. Das spiegelt auch teilweise wider, was innerhalb des Studios vor sich ging. Toshio Suzuki hatte Frauen eingestellt, um die Männer zu ersetzen, die an *Tränen der Erinnerung* arbeiteten. Auch sie wurden in *Porco Rosso* also zu heldenhaften Mechanikerinnen. In der Werkstatt findet der Film schließlich seine Botschaft und seinen Stil.

In allen seinen Arbeiten stellt eine erledigte Aufgabe, sei es nun die Essenzubereitung oder das Putzen des Badehauses, eine große Befriedigung für Miyazaki da und das zeigt sich auch in der Reparatur von Porcos Flugzeug. Von den ersten Entwürfen über die Holzrahmenkonstruktion bis hin zum vorsichtigen Einsetzen des Motors ist es ein präziser und anmutiger Prozess – wie man es von einem Regisseur erwarten würde, der eine so große Liebe für die Fliegerei empfindet. Es ist eine Geduldsprobe. Porco blättert keine Extrascheine hin, damit der Job schnell erledigt wird, sondern damit er ordentlich erledigt wird. In diesen Szenen verschmelzen Miyazakis Leidenschaften für Flugzeuge und für Animation zu einer perfekten Einheit. Die Angestellten in der Werkstatt sind ein Spiegelbild der Angestellten bei Ghibli und das gilt auch für ihre Arbeit. Wie Ghiblis Animationen mag Piccolos Team nicht das schnellste sein, aber es ist das beste.

Die Animatoren von Ghibli wirken in diesem Film Wunder, ob sie nun krachende Action schaffen oder ruhige Einsamkeit, aber eine Szene sticht heraus, nicht nur aus dem Film, sondern aus der gesamten Ghibli-Filmografie. Porco erinnert sich an einen Luftkampf, bei dem seine Schwadron abgeschossen wurde, und gleitet über die Wolken, deren Spitzen wie Sahnehäubchen wirken. Seine gefallenen Kameraden erscheinen an seiner Seite und steigen schweigend höher, auf ein glitzerndes weißes Feld zu, das sich über den klaren blauen Himmel erstreckt. Auf den ersten Blick wirkt es wie die Milchstraße, doch als die Piloten noch höher aufsteigen, wird deutlich, dass dieses Sternenband aus Flugzeugen besteht. Nachdem sie auf der Erde zerstört wurden, schließen sie sich diesem erhabenen Todeszug über den Wolken an. Für Miyazaki haben die Flugzeuge genauso eine Seele wie ihre Piloten, beide gehen in dieses Jenseits ein und bilden einen allgegenwärtigen engelsgleichen Ring um unseren Planeten. Das Funkeln der himmlischen Flugzeuge und die kosmischen Himmelskörper werden eins. Diese Szene, wie der gesamte Film, ist ein Ghibli-Höhepunkt, der einen staunen lässt.

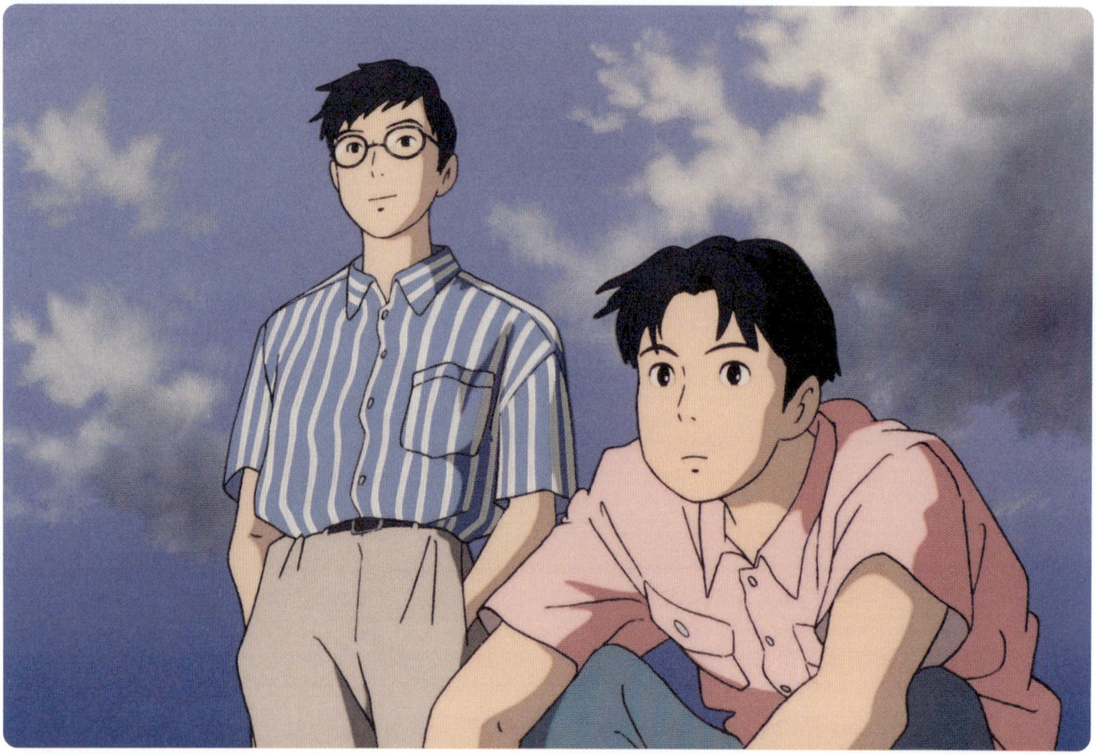

FLÜSTERN DES MEERES (UMI GA KIKOERU, 1993)

STUDIO GHIBLI – DIE NÄCHSTE GENERATION

REGIE: TOMOMI MOCHIZUKI
DREHBUCH: KEIKO NIWA
LAUFZEIT: 72 MINUTEN
VERÖFFENTLICHUNGSDATUM (JAPAN): 5. MAI 1993 (TV)

1993 WAR STUDIO GHIBLI AUF DEM HÖHEPUNKT SEINER PRODUKTIVITÄT. *KIKIS KLEINER LIEFERSERVICE*, *TRÄNEN DER ERINNERUNG* UND *PORCO ROSSO* WAREN IN IHREN JEWEILIGEN JAHREN DIE ERFOLGREICHSTEN FILME AN DEN JAPANISCHEN KINOKASSEN GEWESEN, DOCH SOWOHL HAYAO MIYAZAKI ALS AUCH ISAO TAKAHATA HATTEN DIE FÜNFZIG ÜBERSCHRITTEN. WAS WÜRDE AUS DEM STUDIO WERDEN, WENN EINER, ODER BEIDE, IN RENTE GING?

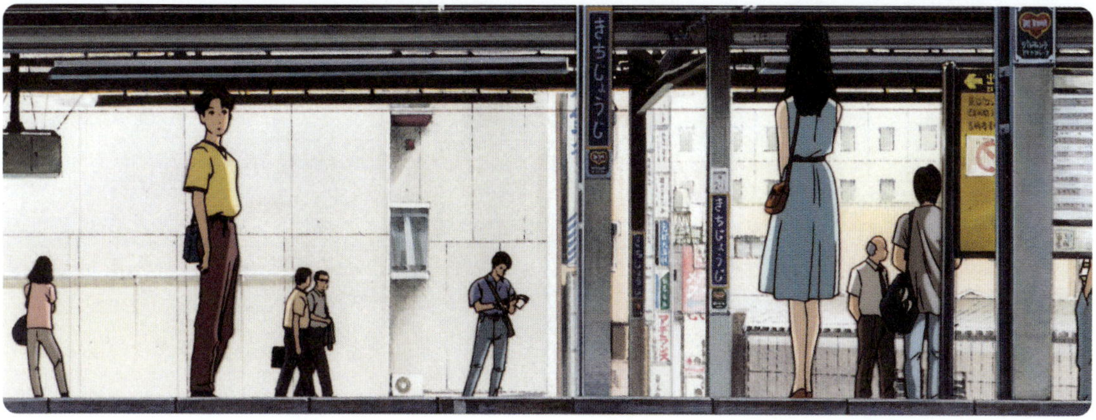

Oben: Der Bahnhof. Ein Dreh- und Angelpunkt in vielen Studio Ghibli-Filmen.

Gegenüber: Taku und Yutaka, zwei Seiten der Dreiecksbeziehung in *Flüstern des Meeres*.

Adaptiert von der Novelle von Saeko Himuro, war *Flüstern des Meeres* der erste von vielen Lösungsansätzen für dieses Dauerproblem: ein Projekt, das den jüngeren Mitarbeitern zwischen zwanzig und vierzig, die bei den Filmen von Miyazaki und Takahata wertvolle Erfahrungen gesammelt hatten, die Gelegenheit gab, sich an einem eigenen Projekt zu versuchen.

Flüstern des Meeres war das erste Ghibli-Projekt, bei dem keiner der beiden Firmengründer Regie führte. Stattdessen fiel diese Aufgabe dem 34-jährigen Tomomi Mochizuki zu, der sich selbst in diesem noch relativ jungen Alter schon eine beeindruckende Vita erarbeitet hatte, indem er in den 1980ern TV-Animeserien inszeniert hatte, darunter auch die Anime-Adaption von Rumiko Takahashis beliebter Formwandler-Fantasy-Serie *Ranma ½*.

Mochizuki war neu bei Ghibli, doch er wurde unterstützt von einer großartigen Mannschaft aus Studio-Veteranen und aufstrebenden Stars. Zwei der preisgekrönten Animatoren des Studios, Yoshifumi Kondo und Katsuya Kondo, waren an Bord und Letzterer lieferte die Charakterdesigns, die auf den Illustrationen der Serienveröffentlichung der Novelle im mit Ghibli verbandelten *Animage*-Magazin beruhten. Der noch relativ unbekannte Masashi Ando, der später eine beeindruckende Karriere als Charakterdesigner und Animationsregisseur sowohl bei Ghibli (*Prinzessin Mononoke*, *Chihiros Reise ins Zauberland*) als auch bei anderen Studios (*Paprika*, *Your Name.*) hinlegte, lieferte die Keyframe-Animationen. Auch soll die erste Arbeit für Ghibli von Drehbuchautorin Keiko Niwa erwähnt werden, die ein Jahrzehnt später für eine Reihe von Filmen zu Ghibli zurückkehrte, darunter *Die Chroniken von Erdsee*, *Arrietty*, *Der Mohnblumenberg*, *Erinnerungen an Marnie* und *Aya und die Hexe*.

Der ursprüngliche Plan sah vor, dass *Flüstern des Meeres* eine schnelle, billige, aber dennoch hochwertige Ghibli-Produktion werden sollte, aber wie es so oft bei Ghibli der Fall ist, wurden die Deadlines überzogen und das Budget gesprengt, sodass Mochizuki ein Magengeschwür erlitt und sich von weiteren Zusammenarbeiten mit dem Studio distanzierte. Schließlich wurde *Flüstern des Meeres* im Mai 1993 von Nippon TV ausgestrahlt und sein Status als „Fernsehfilm“ machte es ihm neben der beeindruckenden Kinofilmografie schwer, die entsprechende Anerkennung zu bekommen. Während wir dieses Buch schreiben, ist er der einzige Studio Ghibli-Film in Spielfilmlänge, der keine englische Synchro hat, und obwohl er Teil des Vermarktungsdeals mit Disney in den 1990ern war, wurde *Flüstern des Meeres* erst 2016 in den USA veröffentlicht, als GKIDS ihn in ausgewählten Kinos zeigte. 2017 folgte eine Blu-ray-Veröffentlichung. (In Großbritannien war bei Optimum Releasing bereits 2010 eine DVD erschienen.)

Wenn es in der Filmografie von Ghibli so etwas wie eine „versteckte Perle“ gibt, ist es *Flüstern des Meeres*, und aus dem gesamten Katalog dürfte es der Film sein, der am meisten von der Zusammenarbeit des Studios mit den Streamingdiensten Netflix und HBO Max profitiert, die es haufenweise neuen Fans weltweit ermöglicht hat, diese Kuriosität zu entdecken und ihr neues Leben und einen neuen Stellenwert einzuhauchen.

KOMMENTAR: FLÜSTERN DES MEERES

Es ist eine Schande, dass *Flüstern des Meeres* aufgrund seines Ursprungs als Fernsehfilm einer der unbekanntesten Ghibli-Filme ist. Es gibt sicher andere Werke, die diese zweifelhafte Ehre eher verdient hätten. *Flüstern des Meeres* ist kein brillanter Film, aber er sollte im Ghibli-Kanon mehr Würdigung erfahren, weil er fast brillant ist.

Flüstern des Meeres erschien zwischen Ghiblis anderen Liebesgeschichten, *Tränen der Erinnerung* und *Stimme des Herzens*, und scheint irgendwie von beiden beeinflusst zu sein. Die verschiedenen Zeitebenen und die matten, sanften Farbtöne fühlen sich an wie ein Überbleibsel von Takahatas Film, während die großen Emotionen und romantischen Gesten der Jugend in Yoshifumi Kondos Film deutlicher in Erscheinung treten. Es sind kurze 72 Minuten und in dieser Zeit kann keine der Figuren sich genug entfalten, um echte Sympathien zu wecken, und wenn der Abspann beginnt, fragt man sich unweigerlich, was aus diesem nostalgischen Werk hätte werden können.

Die Eröffnungsszenen versetzen uns auf vertrautes Ghibli-Terrain. Es gibt einen Bahnhof, ein Flugzeug und einen satten blauen Himmel. Dann folgt eine der gewagtesten Schnittentscheidungen in der Geschichte des Studios. Während der junge Städter Taku Morisaki sich an seine Highschool-Zeit erinnert, füllen große Weißflächen die Ränder des Bildschirms aus, in ihrer Mitte ein halb erinnertes, winziges Bild der Burg Kochi. Kurz darauf wird es von einem etwas größeren Bild ersetzt, als Taku sich daran erinnert, dass er zu Beginn der Geschichte in einer Küche gearbeitet hat. Dann wieder die Burg Kochi, diesmal füllt sie den Bildschirm aus, das Bild ist wiederhergestellt. Diese Darstellung von Erinnerungen durch eine Mischung aus sensorischen und filmischen Mitteln wird im gesamten Film eingesetzt. Sinneserinnerungen – die Geräusche einer Küche, das Säuseln von Fahrradreifen auf dem Asphalt, ein Schlag ins Gesicht – werden kombiniert mit einem entsprechenden Ort, wie die Bruchstücke eines Traums, die wieder zusammengesetzt werden.

Takus Reise in die Vergangenheit dreht sich um eine Dreiecksbeziehung zwischen ihm, seinem Freund Yutaka und ihrer neuen Mitschülerin Rikako. Doch in diesem Dreieck verliert sich der Film. Rikako ist eine Lügnerin und Diebin und auch wenn man die Gefühle der Jungs ihrer fehlgeleiteten jugendlichen Romantik zuschreiben könnte, ist es schwer, Mitgefühl für sie zu empfinden, vor allem da der Film das Gaffen der Jungs im Sportunterricht und den Kauf anzüglicher, illegal entstandener Fotos verklärt. Es ist keine gesunde Beziehung und es ist schwer, sich in sie hineinzufühlen, wenn die Jungs die eigentliche Liebesgeschichte des Films einfach nicht erkennen wollen: die zwischen ihnen beiden.

Das deutlichste Liebesband besteht zwischen den beiden Jungs. Taku redet davon, dass die Leute Yutakas Wert nicht erkennen und was er doch für ein „prima Kerl" ist, er fragt sogar in Gesprächen mit Rikako nach ihm. Als Yutaka ihn fragt, ob er spazieren gehen will, folgt ein Schnitt auf ein Kaminfeuer. Als sie dann am titelgebenden Meer stehen, werden die Wellen von einem Sonnenuntergang in Pastelltönen angestrahlt, das Wasser glitzert und schlägt gegen den Pier, auf dem die beiden Jungs stehen und eine intimere Unterhaltung führen als je zuvor. Es ist zweifellos die romantischste Szene des Films. Doch dann, im großen Finale, als der Film kurz davorsteht, ein beeindruckend grenzüberschreitendes Werk für Ghibli zu werden, verkündet Taku, dass er natürlich in Rikako verliebt ist. Ach, was hätte sein können ...

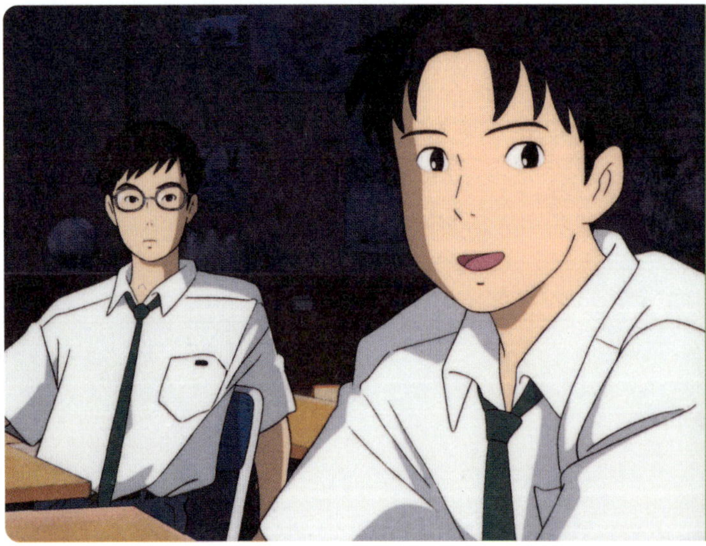

LERNPAUSE: *FLÜSTERN DES MEERES* WAR DER ERSTE GHIBLI-FILM, DER NICHT UNTER DER REGIE VON ISAO TAKAHATA ODER HAYAO MIYAZAKI ENTSTAND, STATTDESSEN ÜBERNAHM DIESEN FERNSEHFILM TOMOMI MOCHIZUKI. GHIBLI KONZENTRIERTE SICH JEDOCH WEITER AUF FILME FÜR DIE GROSSE LEINWAND, BIS GORO MIYAZAKIS *AYA UND DIE HEXE* 2020 IM TV PREMIERE FEIERTE.

Gegenüber: Das englische Poster zu *Flüstern des Meeres.*

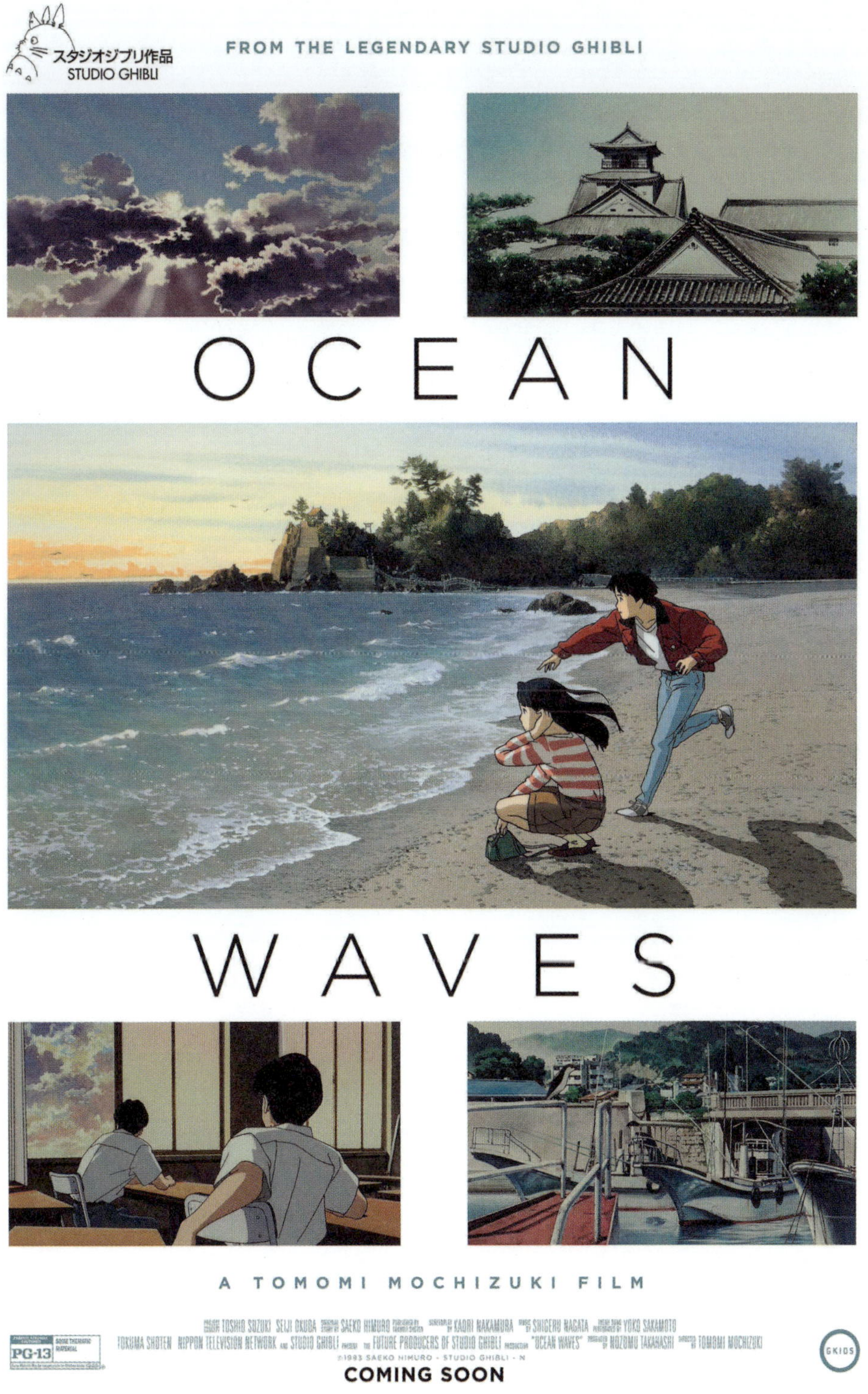
スタジオジブリ作品
STUDIO GHIBLI
FROM THE LEGENDARY STUDIO GHIBLI
OCEAN
WAVES
A TOMOMI MOCHIZUKI FILM
PG-13
SOME THEMATIC MATERIAL
TOSHIO SUZUKI SEIJI OKUDA SAEKO HIMURO KAORI NAKAMURA SHIGERU NAGATA YOKO SAKAMOTO
TOKUMA SHOTEN NIPPON TELEVISION NETWORK AND STUDIO GHIBLI PRESENT THE FUTURE PRODUCERS OF STUDIO GHIBLI PRODUCTION "OCEAN WAVES" NOZOMU TAKAHASHI TOMOMI MOCHIZUKI
©1993 SAEKO HIMURO · STUDIO GHIBLI · N
COMING SOON
GKIDS

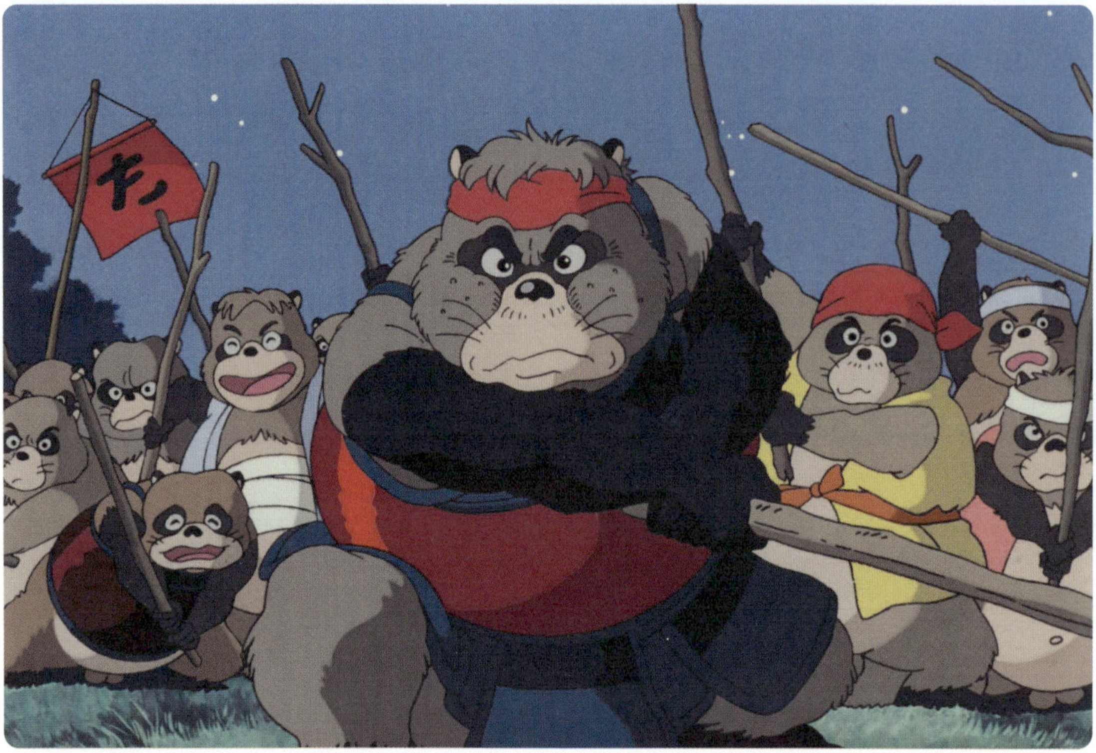

POM POKO (HEISEI TANUKI GASSEN PONPOKO, 1994)

EINE BLANKZIEHENDE UMWELTPARABEL

REGIE: ISAO TAKAHATA
DREHBUCH: ISAO TAKAHATA
LAUFZEIT: 119 MINUTEN
VERÖFFENTLICHUNGSDATUM (JAPAN): 16. JULI 1994

NACH DEM ERFOLG VON *PORCO ROSSO* STAND GHIBLI DIE WELT OFFEN. DIE NÄCHSTE PRODUKTION SOLLTE UNTER DER REGIE VON ISAO TAKAHATA ENTSTEHEN, UNTERSTÜTZT VON VIELEN DER JUNGEN MITARBEITER, DIE AN *TRÄNEN DER ERINNERUNG* MITGEARBEITET HATTEN, DOCH DIE URSPRÜNGLICHE IDEE FÜR EINEN FILM ÜBER TANUKI, DIE JAPANISCHEN MARDERHUNDE, KAM ANGEBLICH VON HAYAO MIYAZAKI, DER DER MEINUNG WAR, DAS SEI DER LOGISCHE NÄCHSTE SCHRITT NACH EINEM ANIMIERTEN ABENTEUER ÜBER EIN ANTHROPOMORPHES SCHWEIN.

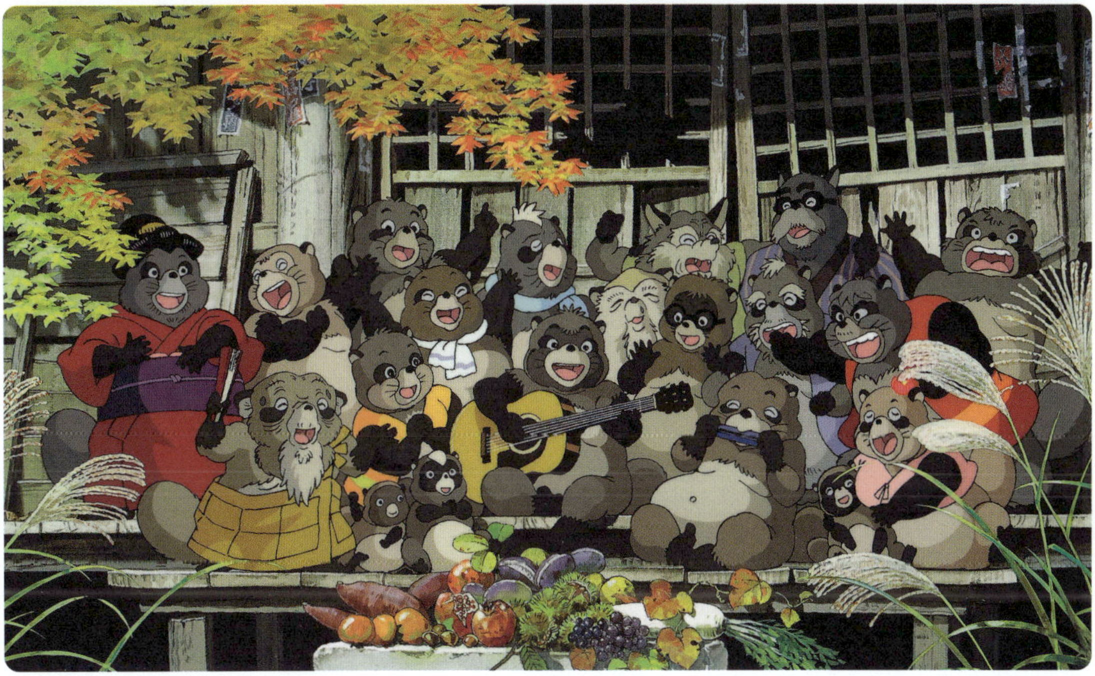

Gegenüber: An die Waffen! Übersetzt bedeutet der Originaltitel von *Pom Poko* etwa „Die Schlacht der Tanuki in der Heisei-Zeit – Pom Poko" ...

Oben: ... doch der humorvolle Tonfall des Films erschafft ein Gleichgewicht zwischen Konflikt und Comedy.

Takahata schrieb das Drehbuch selbst und schuf ein komplexes, einflussreiches Werk darüber, wie die wachsende Stadt den Wald der Tanuki von Tokio bedroht. Diese werden oft als mystische, verschlagene magische Wesen aus Legenden dargestellt. Um ihre Heimat zu verteidigen, verbünden sich die Tanuki und erinnern sich an die uralten Techniken, mit denen sie sich verwandeln und aufwendige Illusionen erschaffen können, um die menschlichen Eindringlinge zu verschrecken.

Miyazaki fungierte als Executive Producer des Films und die beiden alten Kameraden stritten ausgerechnet über den Titel. Etwas an *Heisei Tanuki Gassen Ponpoko* – übersetzt etwa: „Die Schlacht der Tanuki in der Heisei-Zeit – Pom Poko" – störte Miyazaki. Toshio Suzuki erinnert sich, dass der spielerische Ton gegen Miyazakis ernste Natur ging, immerhin deutete die erste Hälfte des Titels auf ein Schlachtenepos hin und „Pom Poko" ist das Geräusch, das die Tanuki machen, wenn sie sich auf den Bauch trommeln.

Suzuki, der nun als Produzent und Ego-Zähmer bei Ghibli etabliert war, unterstützte Takahata und schrieb ein Memo an die Belegschaft, in dem stand: „Lässt euch nicht beirren, es geht um den Titel des Films, nicht um den Inhalt. Das Einzige, was an diesem Film seicht sein sollte, ist der Titel." Doch selbst mit Suzukis Unterstützung stellten sich der seltsame Titel und das Thema des Films als Problem für die Vermarktung heraus. „Wir befürchteten", erinnert sich Suzuki, „dass es heißen würde, Ghibli sei vorhersehbar und langweilig geworden."

Pom Poko setzte Ghiblis Reihe von Blockbuster-Erfolgen fort und wurde an den japanischen Kinokassen zum erfolgreichsten einheimischen Film des Jahres 1994. Selbst wenn man die

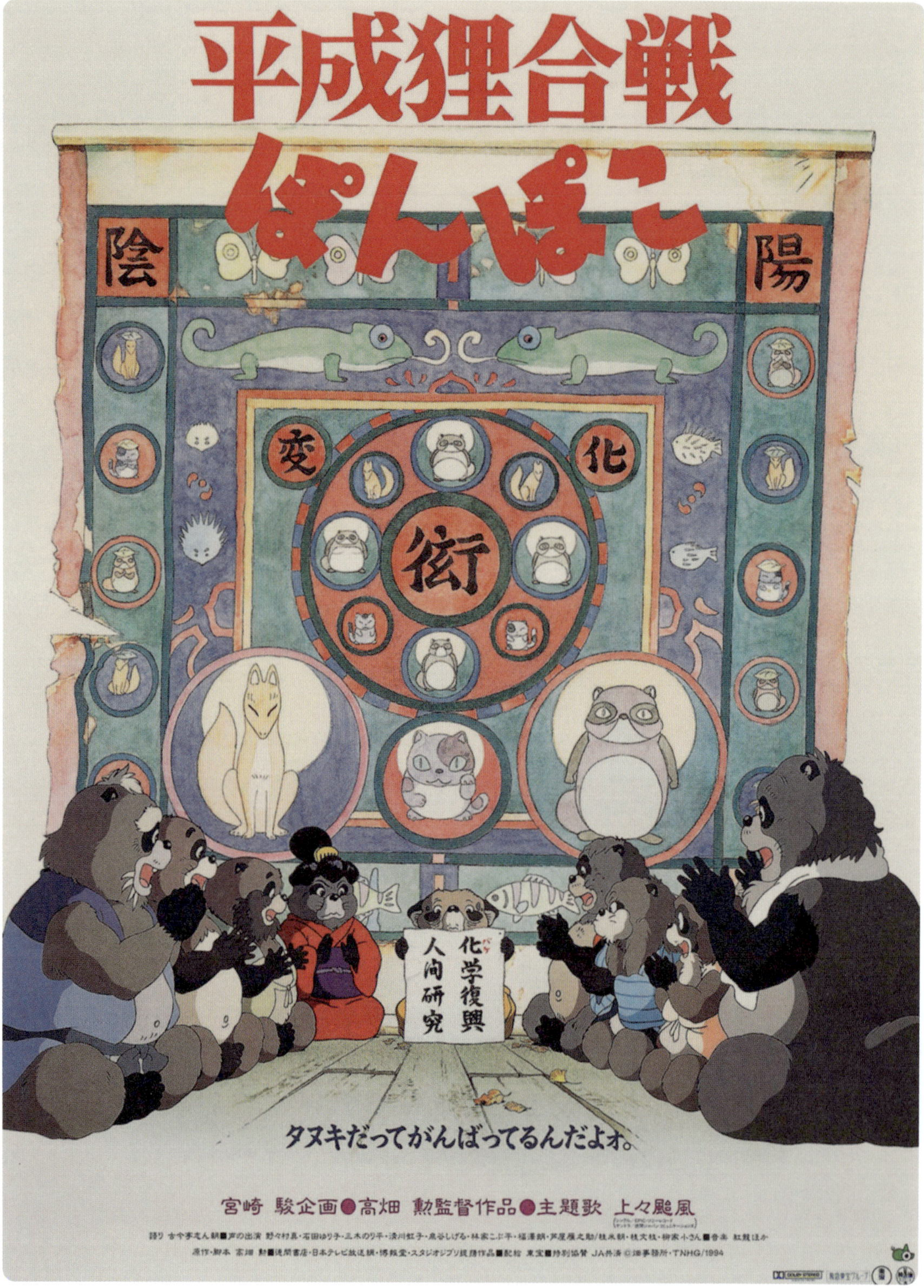
平成狸合戦
ぽんぽこ
陰
陽
変
化
街
化学復興
人間研究
タヌキだってがんばってるんだよオ。
宮崎 駿企画●高畑 勲監督作品●主題歌 上々颱風
語り 古今亭志ん朝■声の出演 野々村真・石田ゆり子・三木のり平・清川虹子・泉谷しげる・林家こぶ平・福澤朗・芦屋雁之助/桂米朝・桂文枝・柳家小さん■音楽 紅龍ほか
原作・脚本 高畑 勲■徳間書店・日本テレビ放送網・博報堂・スタジオジブリ提携作品■配給 東宝■特別協賛 JA共済 ©畑事務所・TNHG/1994

amerikanischen Veröffentlichungen einrechnet, lag er nur hinter den spektakulären Popcornkinofilmen *True Lies* und *Cliffhanger*. Dass ein schwermütiger, letztlich bittersüßer Film darüber, was unser moderner Blickwinkel aus unserem kollektiven Gedächtnis der Vergangenheit macht, es mit den Planet-Hollywood-Titanen Arnold Schwarzenegger und Sylvester Stallone aufnehmen konnten, sagt einiges über die wachsende Macht von Ghibli in Japan in den 1990ern.

International jedoch hat *Pom Poko* seit jeher einen sehr eigenen Platz im Kanon inne. Nach dem heimischen Erfolg reichte man den Film bei den Oscars als japanischen Beitrag für den besten fremdsprachigen Film ein und 1995 gewann er den ersten Preis des renommierten Festival d'Animation Annecy. Doch erst ein Jahrzehnt später erhielt *Pom Poko* eine Veröffentlichung auf der großen Leinwand in vielen westlichen Ländern.

IN *POM POKO* VERWANDELN SICH DIE TANUKI IN TIERE, MENSCHEN, GHULE UND SOGAR IN EINIGE GHIBLI-FIGUREN. HIER VERWANDELN SIE SICH IN MINEKI-NEKO, WINKEKATZEN, DIE GLÜCK BRINGEN SOLLEN – ETWAS, DAS DIE FIGUREN DRINGEND GEBRAUCHEN KÖNNEN.

Kulturelle Signifikanz war zweifellos ein Faktor. Während *Pom Poko* westliche Gegenstücke im Subgenre von Filmen über bedrohte Lebensräume hat, wie *Watership Down* oder *Als die Tiere den Wald verließen* (das ein Jahr vor *Pom Poko* europaweit veröffentlicht wurde), ist Takahatas Film überladen mit Verweisen auf japanische Mythologie und Popkultur, vor allem auch in der Darstellung der Tanuki selbst, die auf eine lange Geschichte in Anime, Manga und Folklore zurückgeht.

Zuschauer in den USA und andernorts fehlt einfach der Zugang zu diesen magischen Wesen, also versuchte man, in der Übersetzung, die kulturellen Unterschiede auszubügeln, wie man es in der Lokalisation schon immer getan hat. Die berühmt-berüchtigte Umschreibung „Waschbärbeutel" in der englischen Synchro für den dehnbaren Hodensack der Tanuki ist ein deutlicher Kompromiss für eine familienorientierte Zielgruppe, doch die Fixierung auf die Hoden der Tanuki hat *Pom Poko* auch den Ruf verliehen, eine unübersetzbare, verwirrende Kuriosität zu sein, etwas, das vulgär und verrückt ist, nicht nachdenklich und ergreifend. Aufmerksame Ghibli-Fans wissen jedoch, dass diese Tanuki mehr zu bieten haben als das, was sie in der Hose haben.

Gegenüber: Das japanische Poster zu *Pom Poko*.

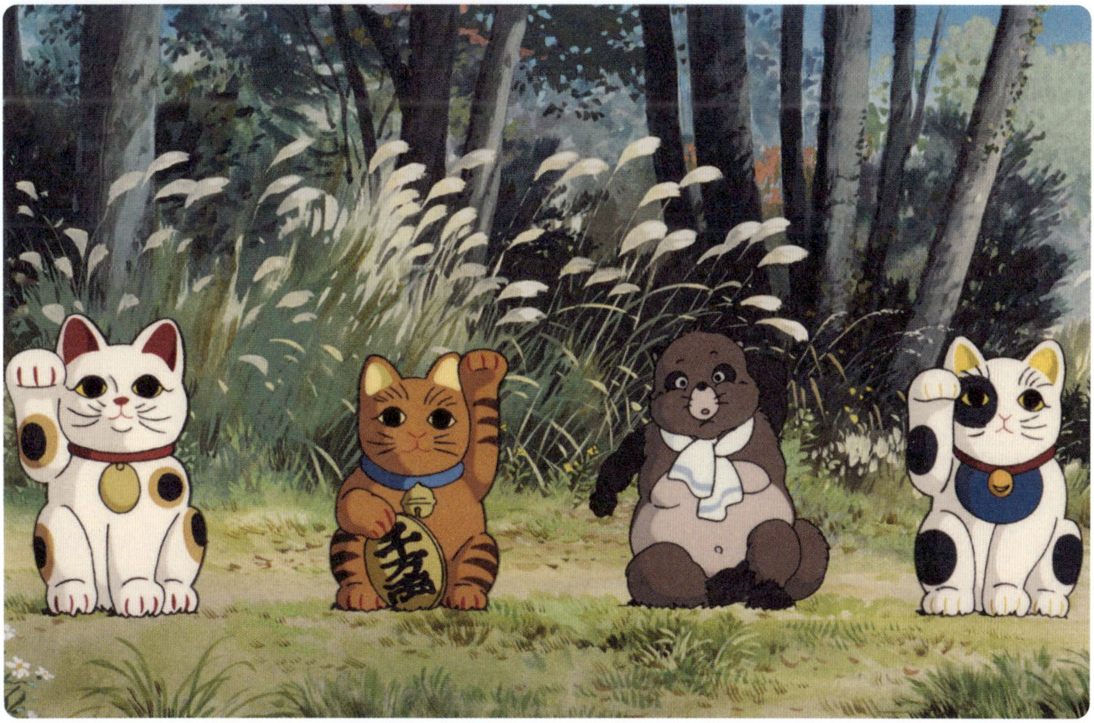

KOMMENTAR: POM POKO

Studio Ghibli-Filme können unvergesslich sein. Szenen wie Totoros erstes breites Grinsen, der Bombenregen auf Kobe oder Ohngesichts endloses Büffet bleiben für immer in Erinnerung. Nachdem man ihn gesehen hat, geht es einem auch mit *Pom Poko* so. In diesem Film führen Tanuki (japanische Marderhunde) einen Angriff auf die Menschen und setzen dabei ihre Hoden als Fallschirm, aber auch als Kanonenkugel ein. Und das ist noch eine der normaleren Sequenzen. Isao Takahatas Film sollte überraschen und bestätigen, dass Studio Ghibli niemals vorhersehbar sein wird. Mit diesen Vorgaben im Hinterkopf hat er einen Film geschaffen, den man nicht mehr vergessen kann, wenn man ihn einmal gesehen hat.

Es gibt viel Gerede über Hoden in diesem Film. Aber wenn man erst mal akzeptiert hat, dass diese Marderhunde ihre magischen Genitalien einsetzen können, um sich in Kriegswaffen, Feierzubehör und vieles mehr zu verwandeln, stellt man fest, dass das nicht mal zu den seltsamsten Dingen gehört. Verwandlung ist hier der Schlüssel, nicht nur in der Geschichte, sondern auch in der Ausführung. Stilistisch ist *Pom Poko* ein großer Schritt weg von den heimeligen, verspielten Fantasy-Welten der Ghibli-Vergangenheit. Die essayartige Einführung über die Geschichte der Urbanisierung des Filmschauplatzes Tamakyoro ist ein wunderschön umgesetztes, abstraktes gesellschaftliches Dokument. Baggerschaufeln versenken sich in Hügel, die aussehen wie grüne Eiscreme, winzige Baumaschinen krabbeln wie Ameisen auf Blättern und fressen sie auf und die Tanuki selbst, die trotz der Zerstörung ihrer Heimat versuchen zu überleben, verwandeln sich in ihre Anime-Gestalt. Menschen gegenüber erscheinen sie in ihrer realistischen Tierform, unter sich sind sie eher anthropomorph und in besonders expressiven Szenen verwandeln sie sich sogar in noch cartoonhaftere Versionen. Neben der Metamorphose der Tanuki gibt es Sequenzen, die im Stil von 8-Bit-Videospielen gehalten oder sogar real gefilmt sind.

Es ist eine Freude, zuzusehen, wie Takahatas kreative Ambitionen aufblühen, und erstaunlicherweise gelingt es der Geschichte von *Pom Poko* auch fast, diesen wilden Stil im Zaum zu halten. Im Vergleich zu seinen früheren Ghibli-Filmen, *Die letzten Glühwürmchen* und *Tränen der Erinnerung*, ist *Pom Poko* episodischer erzählt und verfolgt Schritt für Schritt, wie die Verteidigung der Tanuki ihres Waldes immer mehr von der Urbanisierung zurückgedrängt wird. Dieser Ansatz ist fast schon dokumentarisch, herrlich detaillierte Einstellungen von Eicheln, Früchten und Blüten versinnbildlichen den Zusammenbruch der Flora des Waldes, während eine feste Stimme aus dem Off von den Leiden der Tanuki erzählt, als lese sie einen historischen Text vor.

In einem herausstechenden Abschnitt nutzen die Tanuki ihre Verwandlungsfähigkeiten, um zu Menschen ohne Gesicht zu werden und die Bauarbeiter – und die Zuschauer – zu verschrecken. Es ist einer der gruseligsten Ghibli-Momente und auch wenn dieser erst in *Chihiros Reise ins Zauberland* auftritt, hat *Pom Poko* somit die erste „Ohngesicht"-Szene. In einer weiteren beeindruckenden Szene inszenieren die Tanuki eine Geisterparade in der Stadt, um die Bewohner zu erschrecken. Sie ist manchmal unheimlich, aber bleibt, vielleicht zur Enttäuschung der Tanuki, überraschend friedlich. Die Tanuki schweben durch die Nacht und nehmen Gestalten an, die von Manga und jahrhundertealten Holzschnitten inspiriert sind, und betreten sogar die Meta-Ebene, indem sie als die Ghibli-Fanlieblinge Porco Rosso und Kiki auftreten (diese Tanuki haben offensichtlich

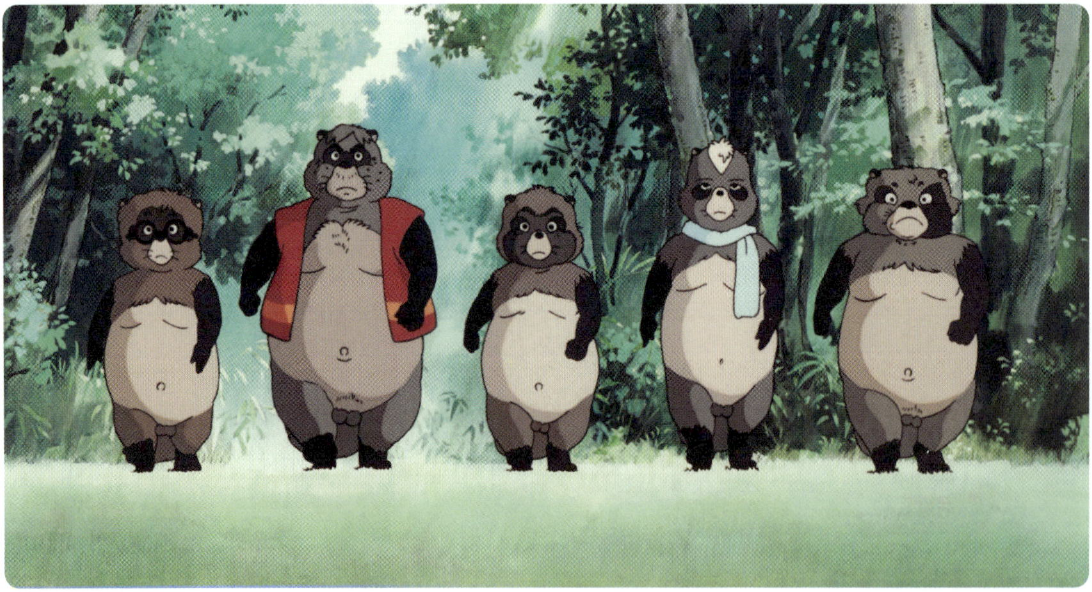

Geschmack). Diese Gestalten sollen dazu dienen, die Leute zu verängstigen, doch die Zuschauer schätzen gleichzeitig auch die Kunst, die aus der Natur entsteht und können sich in sie hineinversetzen. Es ist ein faszinierender Traum von besinnlicher Unheimlichkeit, in der sowohl Melancholie als auch Angst mitschwingt. Die Maschinerie des Industrialismus bleibt unversehrt und der Kampf fühlt sich gleichzeitig auch an wie eine Abschiedstour.

Trotz ihrer Bemühungen müssen die Tanuki den Wald verlassen – einige lernen, als Menschen zu leben, anderen bewahren sich ihre ursprüngliche Gestalt und leben von Essenresten – und das Grün von Tamakyoro findet man jetzt nur noch auf den Golfplätzen. Wie schon bei *Die letzten Glühwürmchen* beendet Takahata seinen Film wieder, indem er auf die moderne Skyline schwenkt, um uns darüber nachdenken zu lassen, welche Zerstörung es erfordert hat, dass diese hellen Lichter der Stadt nun erstrahlen können. Es ist eine ergreifende Geschichte, doch in *Pom Poko* steht die Botschaft über den Figuren und – vielleicht auch aufgrund der ständigen Verwandlungen – findet man keine emotionale Verbindung zu den Tanuki. Man könnte jetzt die These aufstellen, dass Takahata damit die gleichgültige Behandlung von allen nichtmenschlichen Lebewesen perfekt widerspiegelt. Auch wenn ihre Lebensumstände uns traurig machen und wir nachempfinden können, wie schrecklich die Zerstörung ihres Heims ist, machen wir danach doch einfach weiter, als wäre der Film nur ein geschichtliches Dokument. Aber auch wenn die Figuren in *Pom Poko* nicht ganz ausgereift sind und die repetitive episodische Erzählweise teilweise ein Manko ist, ist die Experimentierfreude erfrischend. Das Werk ist eine unterhaltsame, stets überraschende zoologische Studie und ein ausdrucksstarkes, poetisches und stets überraschendes Animationswerk von einem Meister seiner Zunft.

Gegenüber: Isao Takahatas Tanuki-Truppe, die sich gegen die Urbanisierung stellt.

Unten: Es gibt eine Szene, in der *Pom Poko* vollkommen mit dem Ghibli-Stil bricht, als die Tanuki eine real gefilmte Kochsendung im Fernsehen ansehen.

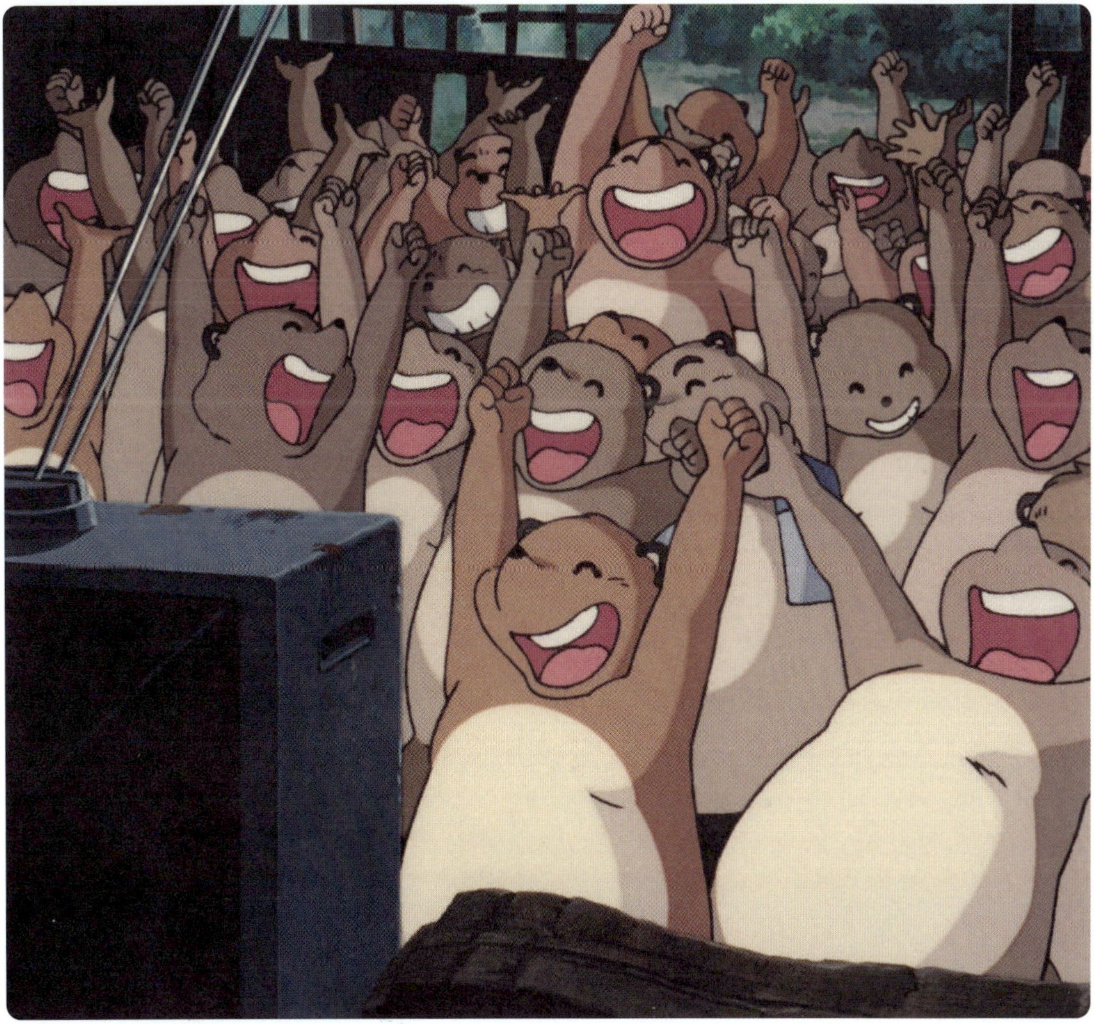

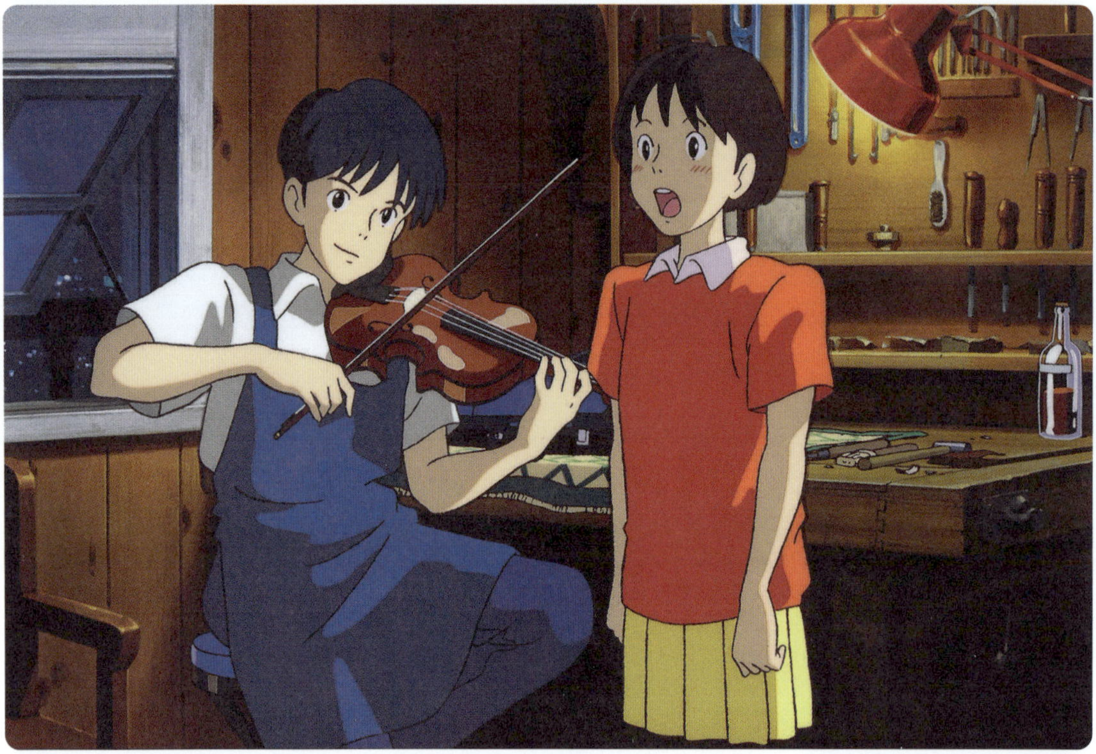

STIMME DES HERZENS (MIMI O SUMASEBA, 1995)

HEIMELIGKEIT SO MÄCHTIG, DASS SIE DIE REALITÄT WEGBLASEN KÖNNTE

REGIE: YOSHIFUMI KONDO
DREHBUCH: HAYAO MIYAZAKI
LAUFZEIT: 118 MINUTEN
VERÖFFENTLICHUNGSDATUM (JAPAN): 15. JULI 1995

DER ERFOLG IST EIN WIEDERKEHRENDES THEMA IN JEDER DISKUSSION ÜBER DIE GESCHICHTE VON STUDIO GHIBLI. HAYAO MIYAZAKI UND ISAO TAKAHATA HABEN GROSSE FUSSABDRÜCKE IN DER JAPANISCHEN ANIMATIONSSZENE HINTERLASSEN UND FANS UND KRITIKER GLEICHERMASSEN LIEBEN ES, JEDEN AUFSTREBENDEN ANIME-AUTORENFILMER ALS DEN „NÄCHSTEN MIYAZAKI" ZU BEZEICHNEN. INNERHALB DER EIGENEN GESCHICHTE DES STUDIOS IST DIE STAFFELSTABÜBERGABE AN DIE JÜNGERE GENERATION ALLERDINGS EIN SCHWIERIGES THEMA – WIE WIR IN DIESEM BUCH BEREITS GESEHEN HABEN UND AUCH IN SPÄTEREN KAPITELN NOCH SEHEN WERDEN. WENN ES JEDOCH EINEN FILMEMACHER GAB, DEM ES VORHERBESTIMMT ZU SEIN SCHIEN, IN DIE FUSSSTAPFEN VON MIYAZAKI UND TAKAHATA ZU TRETEN, WAR ES YOSHIFUMI KONDO.

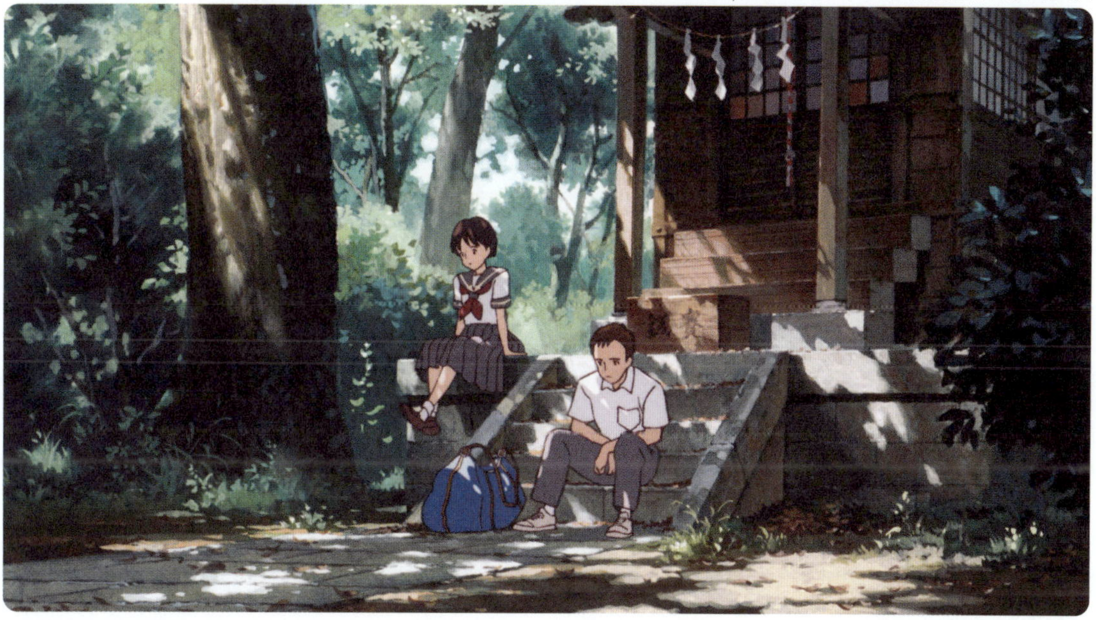

Oben: Der Schrein existiert auch in der Realität. Auf Seite 91 sitzen Michael und Jake an derselben Stelle, an der hier Shizuku und Sugimura sitzen

Gegenüber: „Country Roads": Nachdem man Stimme des Herzens gesehen hat, wird man den John-Denver-Country-Klassiker mit Sicherheit wochenlang nicht aus dem Kopf kriegen

1950 geboren, war Kondo neun beziehungsweise fünfzehn Jahre jünger als Miyazaki und Takahata, hatte jedoch seit den frühen 1970ern kontinuierlich mit ihnen zusammengearbeitet. Er war Keyframe-Animator, Charakterdesigner und Animationsregisseur bei Anime-Serien von *Lupin III* und *Die Abenteuer des Sherlock Holmes* bis hin zu *Anne mit den roten Haaren* und *Future Boy Conan*. Als er zu Ghibli stieß, wurde Kondo schnell einer der Staranimatoren des Studios und wechselte immer wieder zwischen den Projekten der beiden Regisseure. Er arbeitete an *Die letzten Glühwürmchen, Kikis kleiner Lieferservice, Tränen der Erinnerung, Porco Rosso* und *Pom Poko*.

Miyazaki räumte später ein, dass er und Kondo nie einen richtigen Draht zueinander gefunden hatten und dass Kondos beste Arbeiten für Ghibli in seiner Zusammenarbeit mit Takahata entstanden waren. Dieses Gefühl mag einer der Anreize gewesen sein für *Stimme des Herzens*, ein Filmprojekt, das Miyazaki entwickelte, das Storyboard zeichnete und das Drehbuch schrieb und das das perfekte Sprungbrett sein sollte für den ersten Vorstoß des Animators ins Regiefach.

Stimme des Herzens ist eine Adaption der Manga-Serie desselben Namens von Aoi Hiiragi. Es ist eine herzerwärmende, romantische Erzählung, die der Inbegriff des Shojo-Mangas ist, ein Genre, das sich explizit an junge Mädchen richtet. Miyazaki, der sich offensichtlich fragte, wie er Zugang zu dieser Zielgruppe bekommen und die japanische Jugend der 1990er ansprechen konnte, schrieb im Oktober 1993 in seinem Regieleitfaden mit der Überschrift „Warum jetzt Shojo-Manga?": „Dieser Film wird eine Herausforderung von Männern mittleren Alters, die eine Menge Dinge aus ihrer eigenen Jugend bereuen, an die jungen Leute von heute. Er soll einen spirituellen Hunger anregen und die Wichtigkeit von Sehnsucht und Bestreben einem Publikum vermitteln, das ... zu schnell den Versuch aufgibt, der Star seiner eigenen Geschichte zu sein."

Miyazakis Text endet mit einem ambitionierten Briefing an den Jungregisseur: „Heimeligkeit so mächtig, dass sie die Realität wegblasen könnte. Könnte nicht *Stimme des Herzens* ein Film sein, dem das gelingt?"

Stimme des Herzens wurde zu einem Hybridprojekt, das sich mit nichts vergleichen ließ, was Ghibli je gemacht hatte. Die geerdete Realität der geschäftigen Tokioter Vororte, dargestellt mit der geografischen Präzision und Detailliebe eines Takahata-Films, löst sich in Traumwelten auf, als die Fantasie der jungen Protagonistin Shizuku außer Kontrolle gerät, in Szene gesetzt durch die überwältigenden Malereien von Künstler Naohisa Inoue. Wenig überraschend gingen die Produktionskosten durch die Decke, nicht zuletzt aufgrund der teuren digitalen Aufarbeitung dieser Szenen.

Gegenüber: Das japanische Poster zu *Stimme des Herzens*. Es ist zu erkennen, dass der Fokus auf den fantastischeren Elementen des Films liegt statt auf dem Coming-of-Age-Drama in der realen Welt.

Unten: Der Baron. Er mag eine Statue sein, aber er ist Ghiblis lebendigste Katzenschöpfung.

Dadurch verlor Ghibli etwas das Vertrauen in das Projekt und den relativ unbekannten Regisseur und veröffentlichte Marketingmaterialien, die Miyazakis Beteiligung in den Vordergrund stellten und sich auf die Fantasy-Elemente des Films konzentrierten statt auf die magische alltägliche Hauptgeschichte. Fotos von Pressekonferenzen zeigen Miyazaki Schulter an Schulter mit riesigen Totoro- und Porco Rosso-Maskottchen, um an frühere Erfolge zu erinnern, und bei der Veröffentlichung wurde *Stimme des Herzens* von einem neuen Kurzfilm von Miyazaki persönlich unterstützt, das Musikvideo zu „On Your Mark". Die Aussage war deutlich: Lasst euch nicht täuschen – das hier ist ein Miyazaki-Projekt.

Ob diese Taktiken nun Wirkung zeigten oder nicht, *Stimme des Herzens* war ein finanzieller Erfolg und erzielte 1995 das höchste Einspielergebnis eines japanischen Films. Erst über ein Jahrzehnt später wurde er international veröffentlicht, aber seine Langlebigkeit ist unbestreitbar. Nicht nur ist der Film einzigartig im Ghibli-

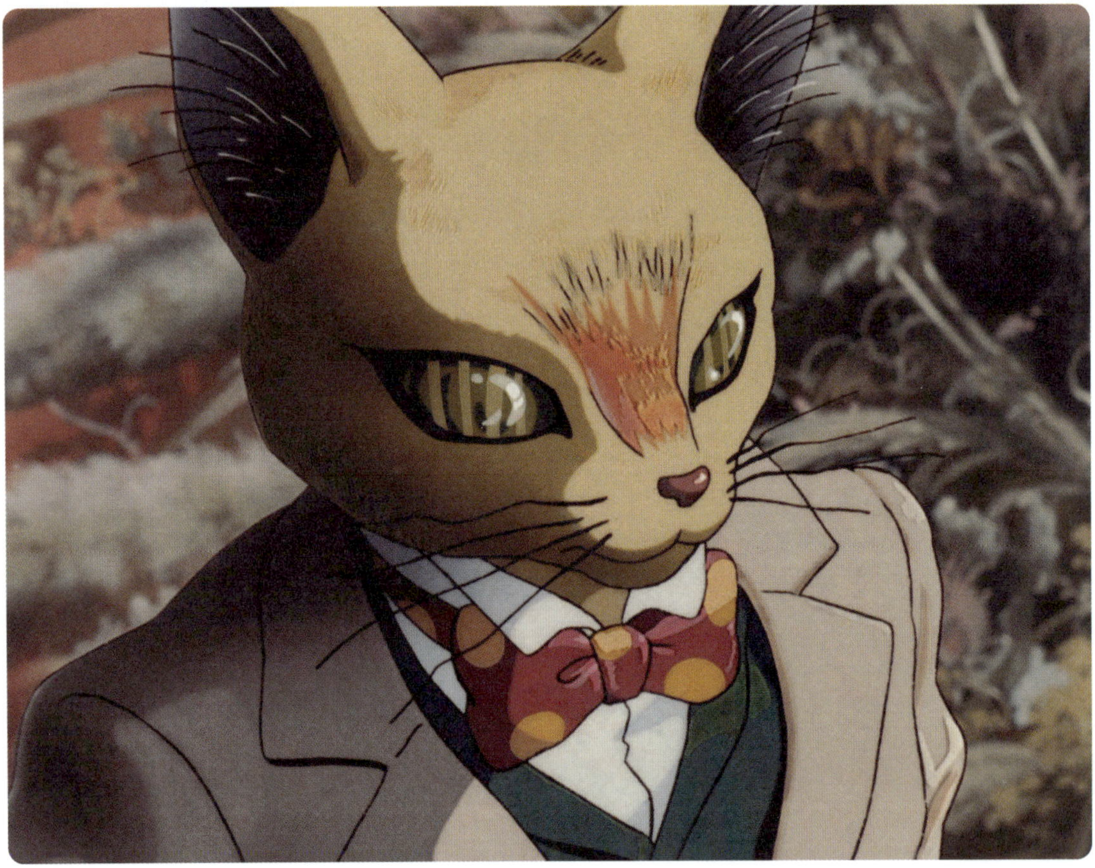

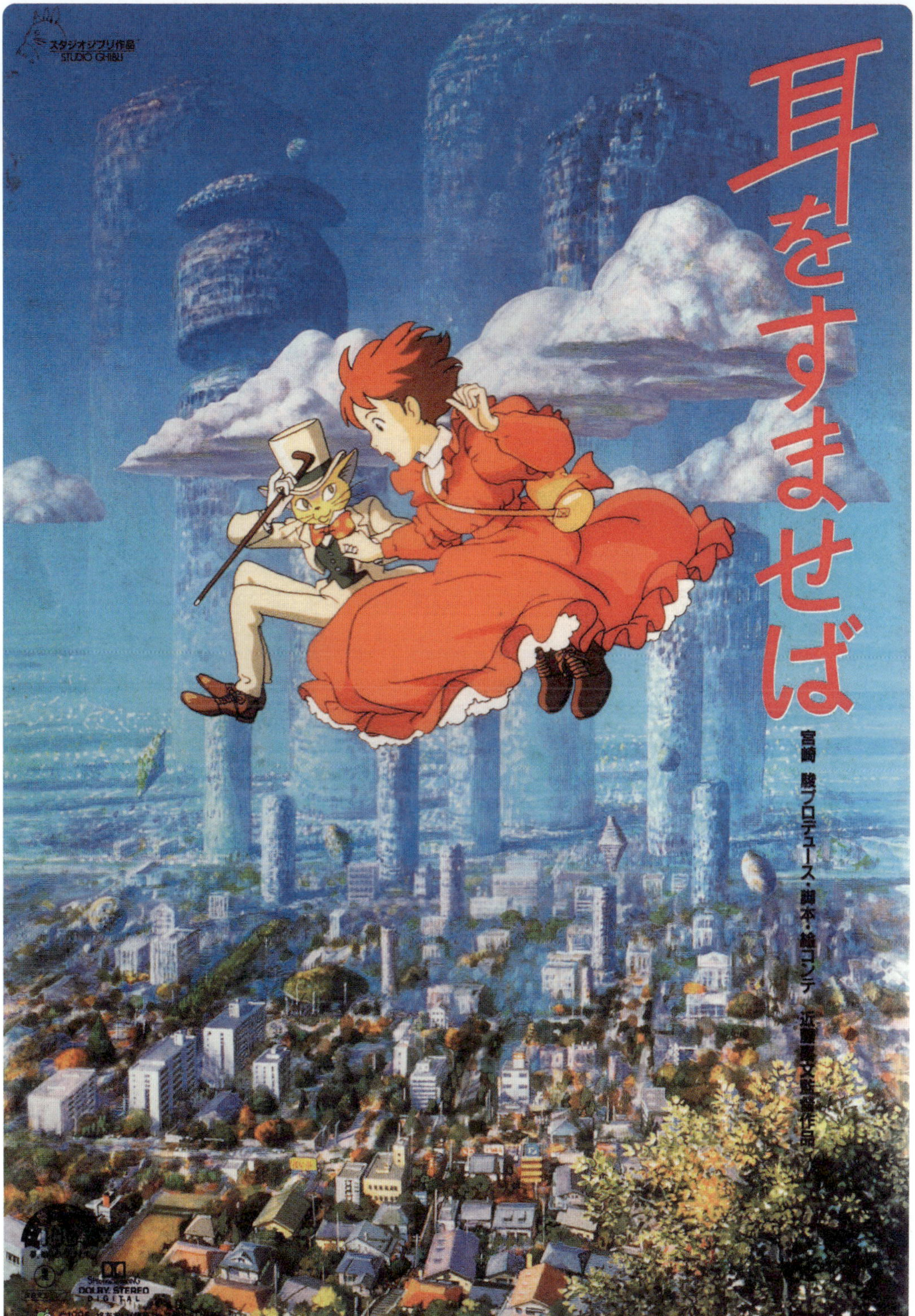
スタジオジブリ作品
STUDIO GHIBLI
耳をすませば
宮崎 駿プロデュース・脚本・絵コンテ 近藤喜文監督作品
DOLBY STEREO
DIGITAL

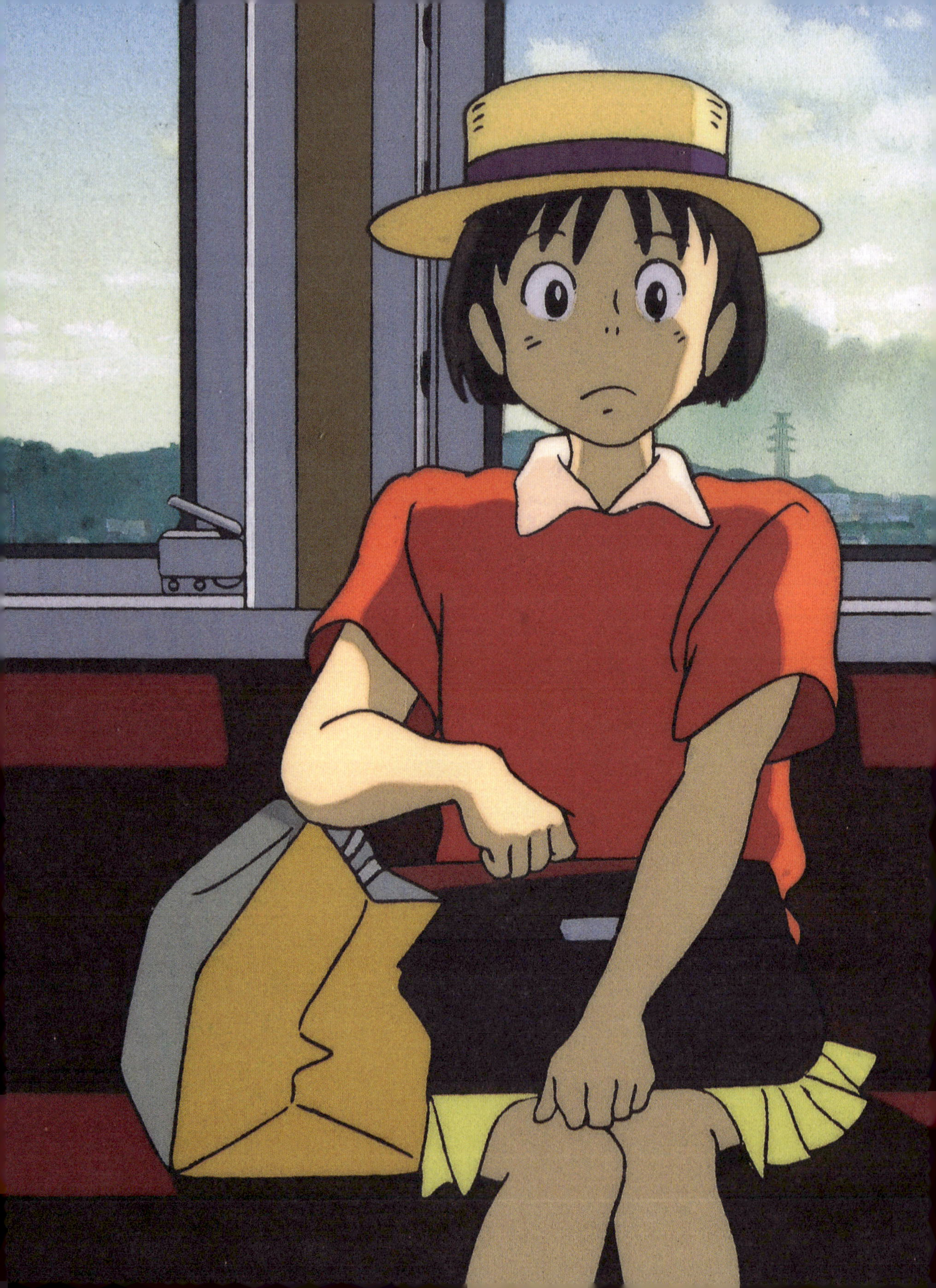

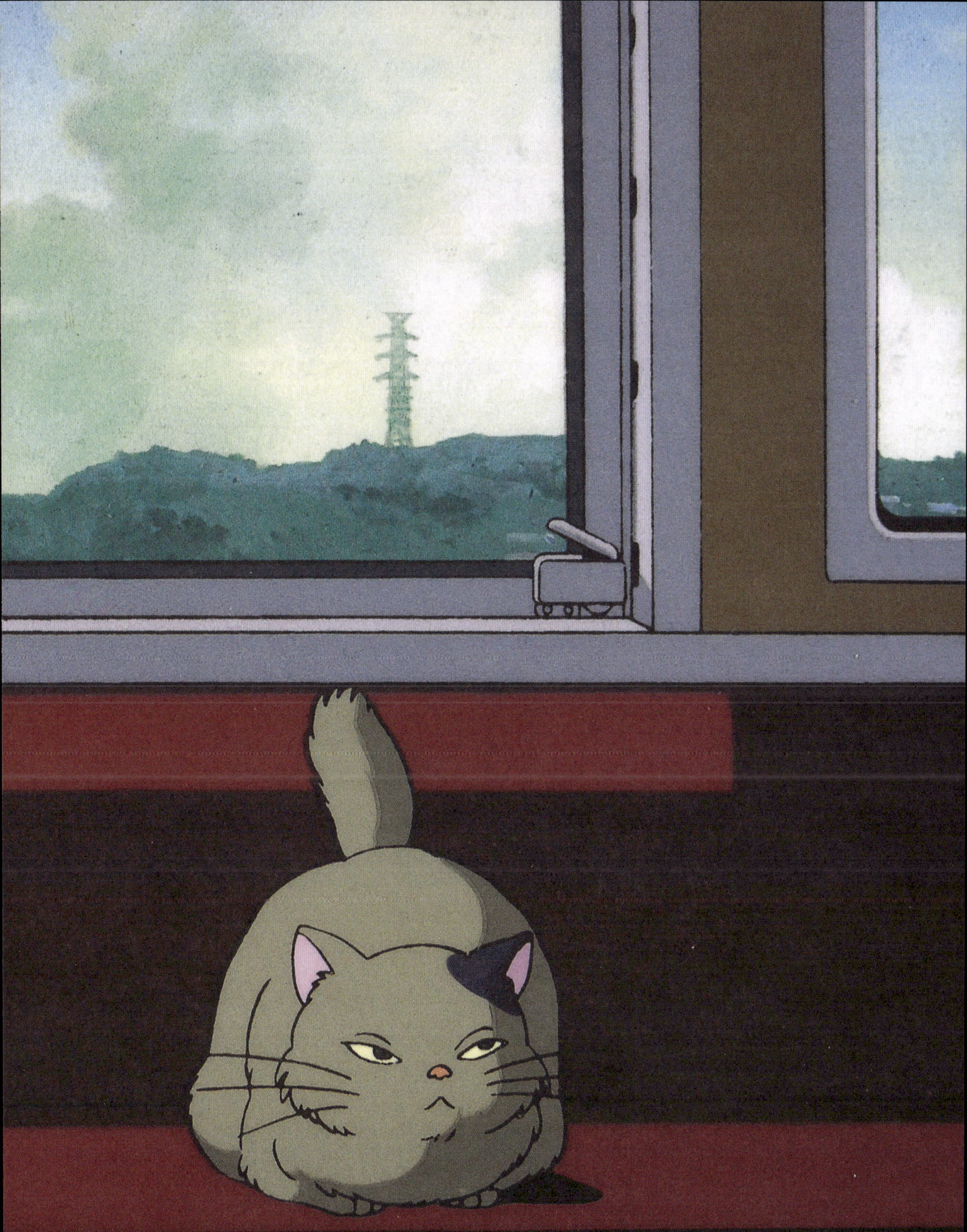

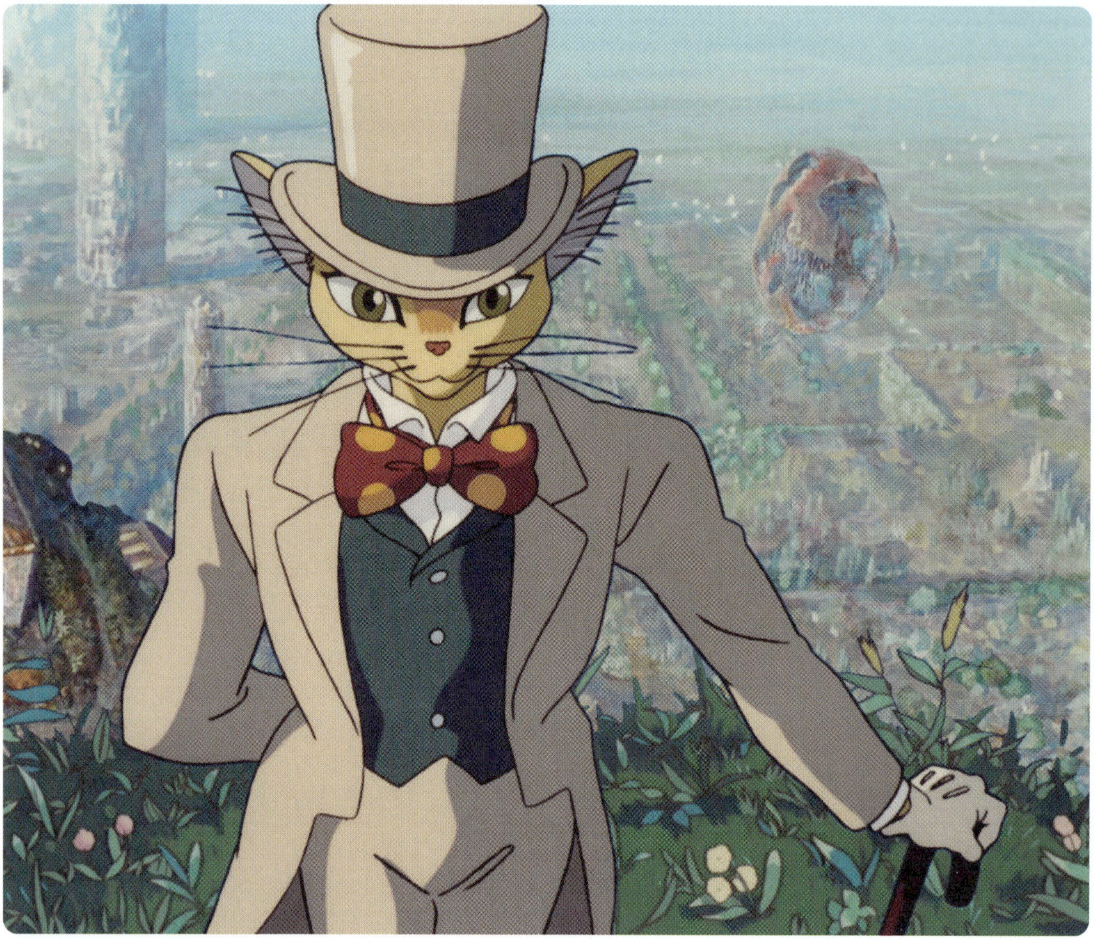

Kanon, weil er eine Fortsetzung hervorgebracht hat (das Spin-off *Das Königreich der Katzen* 2002), er wird auch heute noch auf verschiedenste Arten gewürdigt.

Eine Jingle-Version des Liedes „Take Me Home, Country Roads", die in *Stimme des Herzens* vorkommt, läuft am Bahnsteig von Seiseki-Sakuragaoka, wenn man in der verschlafenen Vorstadt, die im Film gezeigt wird, ankommt. Und der vielleicht kurioseste Beitrag Ghiblis zur Online-Kultur ist eine Aufnahme von Shizuku, die tief in Gedanken versunken und mit Kopfhörern auf den Ohren an ihrem Schreibtisch sitzt. Diese Szene wurde zum Erkennungszeichen des „lo-fi beats to relax and study to"-YouTube-Musikkanal-Phänomens, zu dessen Ästhetik sie perfekt passt.

DER BARON HINTERLIESS IN *STIMME DES HERZENS* EINEN SO BLEIBENDEN EINDRUCK, DASS ER DIE EHRE HATTE, ALS EINZIGE GHIBLI-FIGUR EINE FORTSETZUNG ZU BEKOMMEN, HIROYUKI MORITAS FILM *DAS KÖNIGREICH DER KATZEN* VON 2002. DAS IST JEDOCH WENIG ÜBERRASCHEND, WENN MAN BEDENKT, DASS GHIBLIS KATZENLIEBE ALLSEITS BEKANNT IST, ERGIBT ES SINN, DASS SIE AUS EINER KATZE EIN FRANCHISE MACHEN.

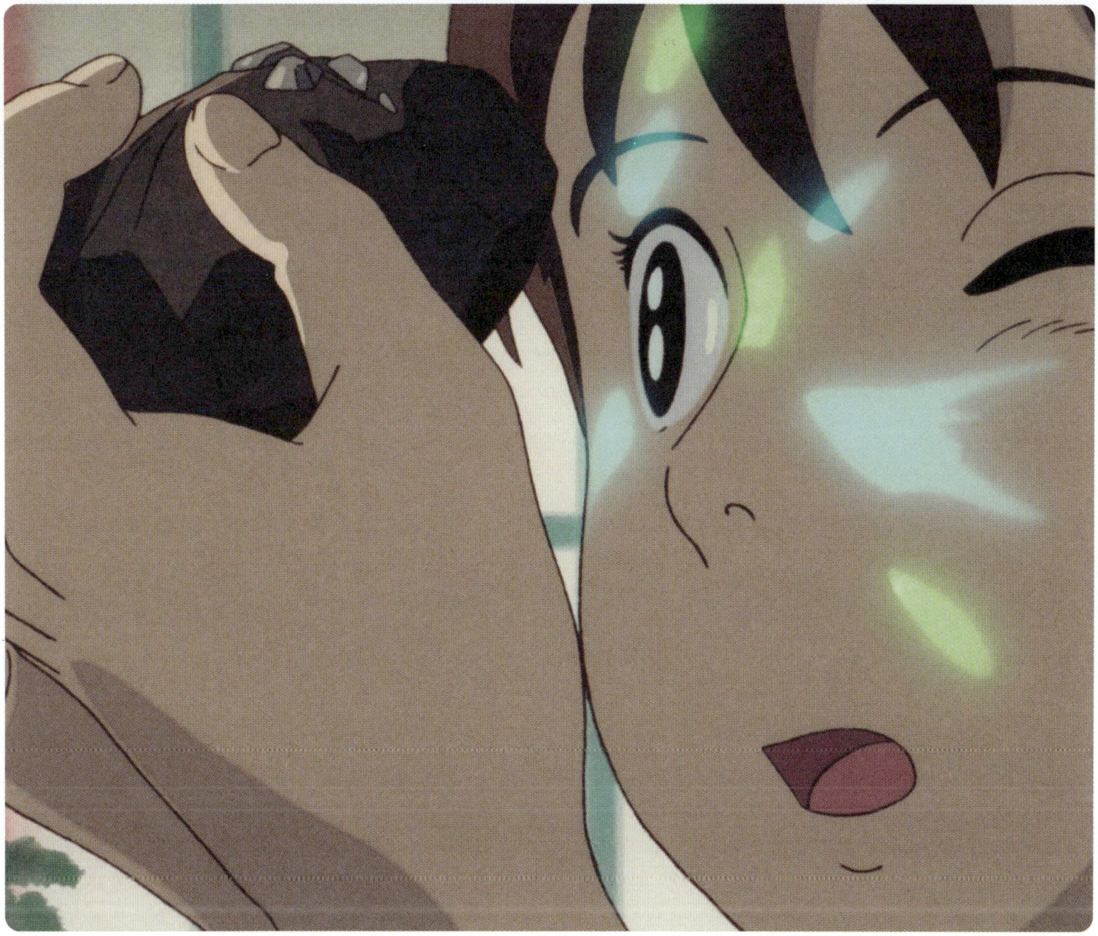

Oben: Für Hayao Miyazaki sind unsere Talente ungeschliffene Diamanten, die mit der Zeit herausgearbeitet werden müssen.

Vorherige Doppelseite: Ein junges Mädchen, eine Katze, ein Zug und ein Abenteuer. Ist das nicht die Quintessenz von Studio Ghibli?

Gegenüber: Cary Elwes hat nicht nur Donald Curtis in *Porco Rosso* gesprochen, sondern in der englischen Synchro von *Stimme des Herzens*, und später auch in *Das Königreich der Katzen*, dem Baron seine Stimme geliehen.

Doch der Liebesfilm wird von einer Tragödie überschattet. Nach *Stimme des Herzens* arbeitete Yoshifumi Kondo wieder als Animator an Miyazakis nächstem Film, *Prinzessin Mononoke*, und starb nach der Fertigstellung des Films im Januar 1998 überraschend, vermutlich an einem Aortariss oder Aneurysma.

Yoshifumi Kondos Tod wurde zu einem Sinnbild für die Arbeitskultur der japanischen Animationsbranche, die von Überstunden, harter körperlicher Arbeit und Druck von Vorgesetzten geprägt ist. Später gab Suzuki Takahata und seinen übertriebenen Standards die Schuld. Er erinnerte sich, dass Kondo während der Produktion von *Stimme des Herzens* dem Produzenten in einem Meeting unter Tränen anvertraute: „Takahata-san hat versucht, mich umzubringen. Wenn ich nur an ihn denke, zittere ich immer noch am ganzen Körper."

Bei seiner Beerdigung hielten seine beiden Mentoren Trauerreden. Takahata nannte Kondo ein außergewöhnliches Talent und sagte: „Ich bin sicher, dass deine Arbeiten weiterleben werden. Die Leute werden sie lieben und von ihnen beeinflusst werden." Miyazaki sprach über die Kluft zwischen den beiden Männern, die durch ihre unterschiedlichen Persönlichkeiten entstanden war, die sie seiner Meinung nach mit *Stimme des Herzens* jedoch endlich überbrückt hatten. „Als er die Regie von *Stimme des Herzens* übernahm, hatte ich das Gefühl, endlich ein Versprechen einzulösen, das ich vor langer Zeit gegeben hatte ... Auch wenn es sich mit der Zeit verändert hat, war *Stimme des Herzens* definitiv ein Werk, das wir eines Tages machen wollten, als wir zwanzig, dreißig waren."

„Er nervte mich oft mit seiner Sturheit", sagte Miyazaki. „Er war einer dieser Leute, die geduldig darauf warten, dass der Schnee schmilzt. Aber dieses Mal ist er vor mir gegangen."

KOMMENTAR: STIMME DES HERZENS

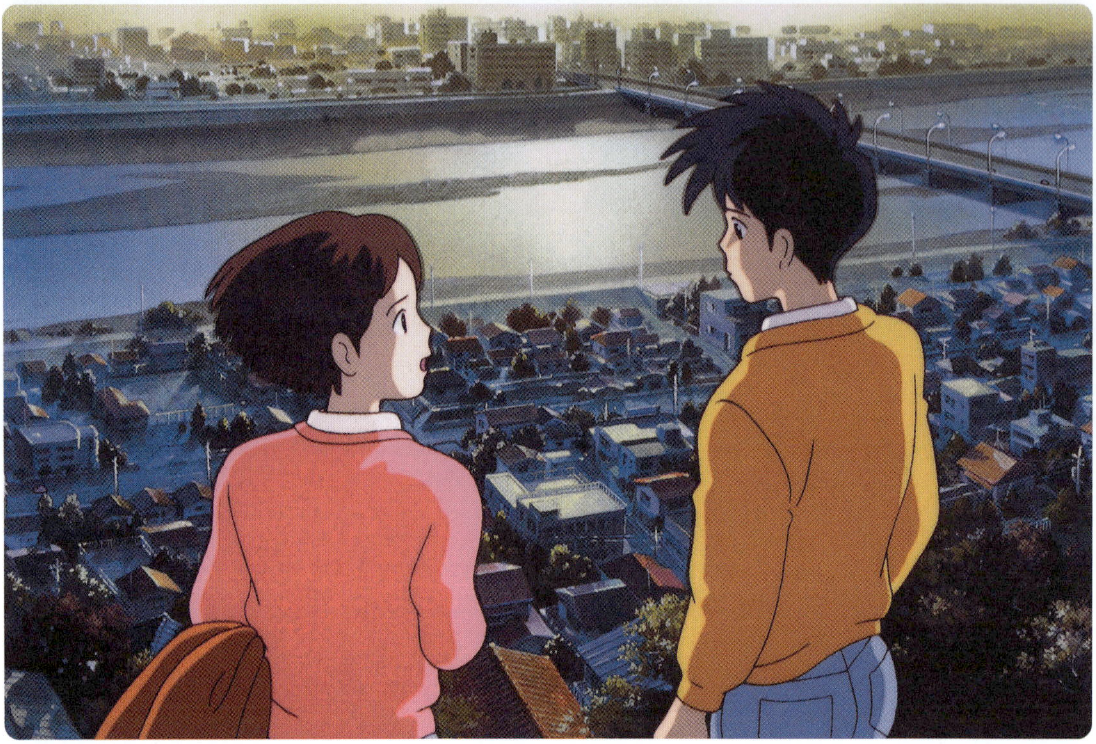

Wenn man sich die magischen Welten von Ghibli vorstellt, denkt man wahrscheinlich an Täler mit perfektem smaragdgrünem Gras, durch das eine Brise streift, innovative Flugmaschinen am Himmel darüber und wohin man sich auch dreht, extravagantere Figuren als in der Cantina von Mos Eisley. Auf den ersten Blick mag die enge Vorstadt, in der *Stimme des Herzens* spielt, nicht mit einer schwebenden Stadt oder einem magischen Wald mithalten können, doch wenn man den verschlafenen, gewundenen Straßen folgt, erwartet einen am Ende des Weges eine der magischsten Welten Ghiblis: die reale Welt.

Seiseki-Sakuragaoka in Tama (im Westen Tokios und auch der Schauplatz von Isao Takahatas Umweltparabel *Pom Poko*) ist die Heimat der Schüler Shizuku und Seiji. In einem Anflug leidenschaftlicher, aber doch zurückhaltender Romantik, die es nur in der Jugend gibt, leihen sich die beiden immer wieder dieselben Bücher aus der Bibliothek aus. Sie entdeckt seinen Namen auf den Ausleihkarten und verliebt sich in ihn. Es ist ein „Kommen sie zusammen oder nicht"-Spiel aus der Entfernung, das sich mit *Rendezvous nach Ladenschluss* und *Schlaflos in Seattle* messen kann und wie in so vielen guten Romanzen zuvor wird die Umgebung selbst zur Figur der Geschichte.

Der Film beginnt mit einer Einstellung der Vorstadt bei Nacht. Die Lichter markieren die Umrisse der Stadt, während die Scheinwerfer der Züge hindurchgleiten. Die flackernden, strahlenden Lichter erinnern an leuchtende Wasserstraßen vor einer dunkelblauen Skyline. Die Straßen sind von Energie erfüllt, die wenigen Figuren und Fahrzeuge sind statisch, stattdessen animiert Regisseur Yoshifumi Kondo viele der Hintergründe, um der Stadt und der Geschichte Leben einzuhauchen. Aber es sind gerade diese scheinbar reduzierten Mittel, die die einzigartige Faszination von *Stimme des Herzens* ausmachen. Ob es Kleidung ist, die über einer Szene im Wind flattert, oder eine Figur, die im Hintergrund Reis aus dem Reiskocher holt, die Details ziehen uns in Shizukus und Seijis Welt und machen sie durch diese geteilte Realität nahbar für uns.

Während Miyazaki und Takahata ihre Filme mit Naturdetails wie einer blühenden Blume oder einem singenden Vogel bereichern, setzt Kondo eher auf zwischenmenschlichen Kontakt. Eine ruhige Zeit gemeinsam in der Bibliothek, eine Berührung der Hände, das Schlürfen von Nudeln und die Freude, John Denver zu singen, klingen lange nach. Kondo ist von diesen Gesten genauso entzückt wie von mystischeren Aspekten. In *Stimme des Herzens* erzeugt der Rhythmus des menschlichen Lebens seine eigene Magie.

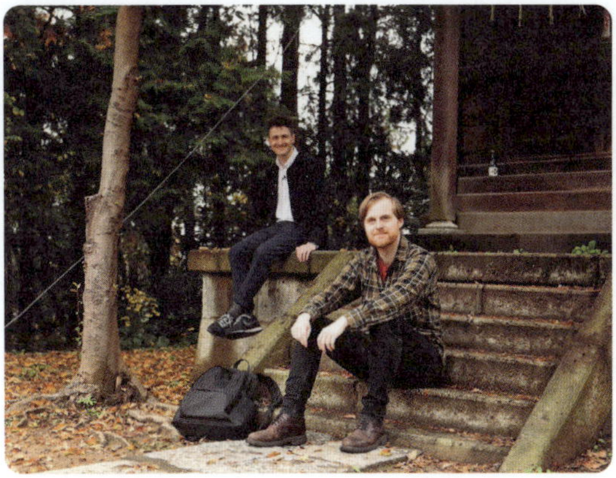

Stimme des Herzens beschränkt sich nicht allein auf eine packende Romanze und eine greifbare Darstellung von Japan, er bedient sich auch Seijis und Shizukus jeweiliger kreativer Leidenschaft – Geigenbau bzw. Schreiben –, um das Wesen der Kunst und des Geschichtenerzählens selbst zu erforschen. In einer weniger interessanten, auf Einzigartigkeit bedachteren Erzählweise der Geschichte wäre Seiji der „Auserwählte", der mit einem Handstreich eine Violine schaffen würde, die Stradivari erblassen lassen würde, und Shizuku würde nach einem schwachen Moment mit links einen Bestseller schreiben. Aber das passiert nicht. Als Shizuku einer Katze (wir sind bei Ghibli, natürlich ist es eine Katze) aus einem Zug und einen steilen Berg hinauf zu einem Antiquitätenladen folgt, trifft sie Seijis Großvater Shiro – den Ladenbesitzer. Shiro vergleicht die aufkeimende Kreativität der beiden mit einem ungeschliffenen Rohdiamanten, der in einem Stein gefangen ist und erst zum Vorschein kommt, wenn man Zeit und Energie investiert hat, um seine wahre Schönheit freizusetzen. Es ist eine Lektion in Sachen Geduld und Erwartung, tragischerweise erzählt von einem Regisseur, der beim ersten Versuch Perfektion geschaffen hat.

Die Geschichte, die Shizuku schreibt, beschert uns einen kurzen stilistischen Wechsel, während wir in ihrer Fantasie in eine erstaunliche Welt reisen, die von Hintergrundzeichner Naohisa Inoue geschaffen wurde. Inspiriert von Surrealismus und Impressionismus, beinhaltet Inoues Welt schwebende Inseln und glühende, schillernde Wolken, die sich anfühlen wie eine Monet-Fantasie. Über sie hüpfen Shizuku und der majestätische Baron, eine anthropomorphe, vornehme Katze, die der Statue im Antiquitätenladen nachempfunden ist. Diese kurze Illusion fühlt sich an wie etwas, das aus einem vergangenen Ghibli-Abenteuer stammt. Sie gibt der Geschichte von *Stimme des Herzens* eine neue Richtung und lässt uns über das Werk des Studios und seine Bemühungen nachdenken, die Rohdiamanten zu schleifen, um die Geschichten freizulegen – unterschwellig feiert der Film diese Geschichten und die Leute, die sie erzählen.

Ganz am Ende des Films gibt es einen kleinen Schwachpunkt, als Shizuku und Seiji Hals über Kopf von Fremden zu Verlobten werden, sodass ihre zarte Romanze durch jugendliches Melodrama ersetzt wird. Doch der zweifelhafte Heiratsantrag wird durch die Szenerie, ein Blick auf die Skyline der Stadt, abgeschwächt, die an die melancholischen Enden von *Die letzten Glühwürmchen* und *Pom Poko* erinnert. Auch wenn die eintönigen, gleichförmigen Gebäude wie ein tristes urbanes Labyrinth wirken könnten, wird, als die Sonne auf sie fällt, selbst die Vorstadt von Magie erfüllt.

Oben: Wenn man zur Station Seiseki-Sakuragaoka im Westen Tokios reist, kann man auf den Spuren der Figuren aus *Stimme des Herzens* wandeln. Hier sitzen Michael und Jake an dem Schrein, den man in der Filmszene auf Seite 83 sieht.

Gegenüber: Aus der Sicht von Studio Ghibli wirkt sogar ein verschlafener Vorort magisch.

Unten: Der Baron und Shizuku in der strahlenden Fantasiewelt, die Shizuku erschaffen hat.

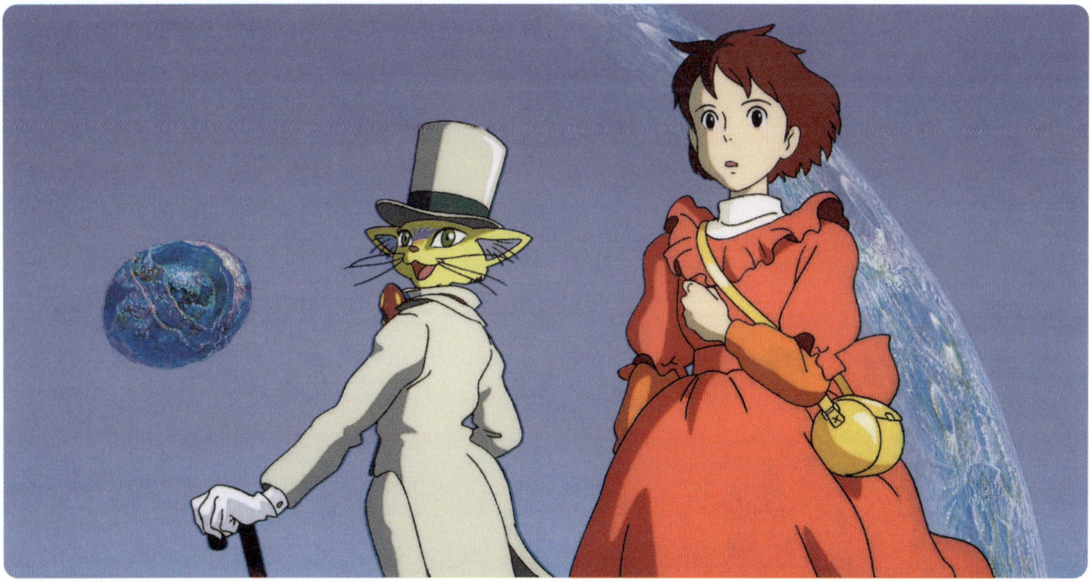

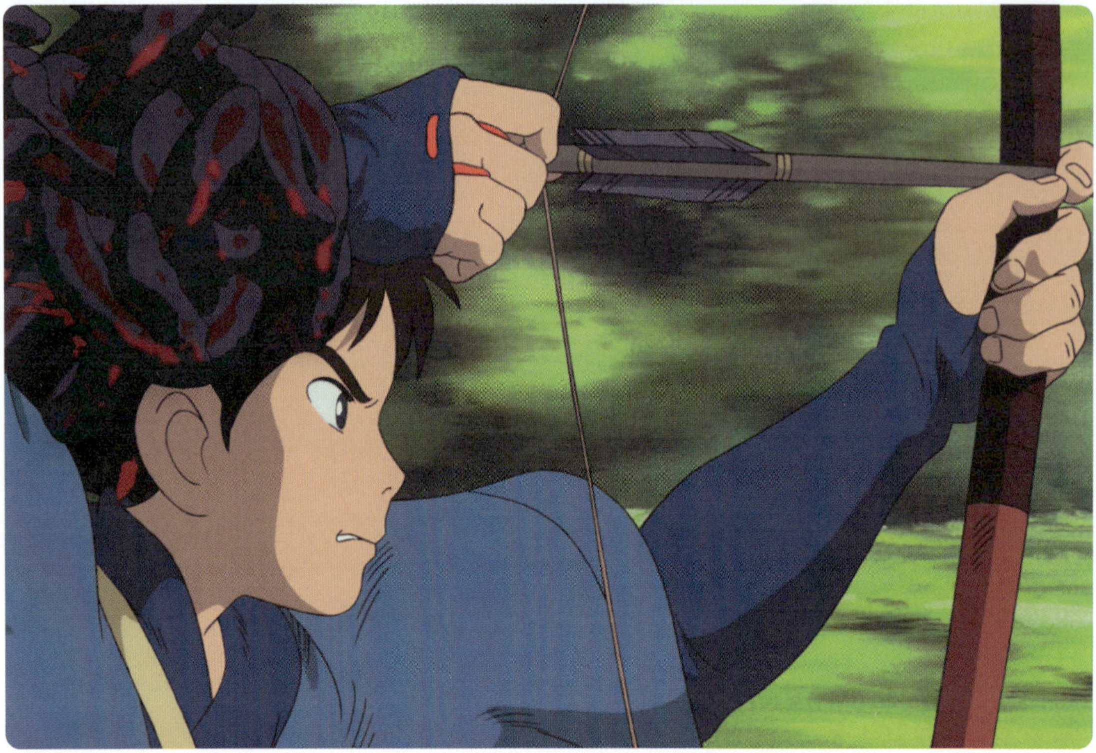

PRINZESSIN MONONOKE (MONONOKE-HIME, 1997)

„KEIN SCHNITT!"

REGIE: HAYAO MIYAZAKI

DREHBUCH: HAYAO MIYAZAKI

LAUFZEIT: 134 MINUTEN

VERÖFFENTLICHUNGSDATUM (JAPAN): 12. JULI 1997

UND DANN, NACH EINEM JAHRZEHNT STUDIO GHIBLI, ÄNDERTE SICH ALLES. *PRINZESSIN MONONOKE* HATTE FAST ZWANZIG JAHRE LANG IM KOPF VON HAYAO MIYAZAKI HERUMGEGEISTERT UND DER RESULTIERENDE FILM WURDE ZU EINEM WENDEPUNKT SOWOHL FÜR GHIBLI ALS AUCH FÜR MIYAZAKI, ZU HAUSE WIE IN ÜBERSEE.

Der Regisseur hatte 1980 zunächst eine Version des Märchens *Die Schöne und das Biest* gepitcht und eine Reihe von aufwendigen Aquarell-Konzeptskizzen erstellt, um mögliche Produktionspartner zu überzeugen. Als kein Studio Interesse zeigte an einer Geschichte über eine Prinzessin, die im Wald mit einer wilden Bestie, einem sogenannten Mononoke, lebte, legte Miyazaki das Projekt auf Eis, kam jedoch in den frühen 1990ern als potenziellen Nachfolger von *Porco Rosso* auf die Idee zurück.

Doch die Weltsicht und die Art des Erzählens von Miyazaki, der inzwischen über fünfzig war, hatte sich stark verändert, also unternahmen er und Produzent Toshio Suzuki den symbolischen Schritt, die Original-Mononoke-Skizzen 1993 als Bilderbuch zu veröffentlichen (schließlich wurde es auch als *Princess Mononoke – The First Story* ins Englische übersetzt), um so reinen Tisch zu machen, damit Miyazaki ganz von vorn anfangen konnte, die Idee in einen Film umzusetzen.

Auch Miyazaki selbst befand sich an einem kreativen Neuanfang, nachdem er 1994 die langjährige Manga-Serie *Nausicaä aus dem Tal der Winde* abgeschlossen hatte. Was in den frühen 1980ern als Ausgangsmaterial für einen Film entstanden war und dann in seiner Fortführung in seinen thematischen Dimensionen und seiner Komplexität zugenommen hatte, stand in starkem Kontrast zu den familienfreundlichen Realitätsfluchten seiner verspielteren Filme. „Meine Arbeit ist noch lange nicht abgeschlossen", bemerkte Miyazaki in einem Interview, nachdem *Nausicaä* beendet war. „Und ich stecke wirklich in der Klemme, denn ich fühle mich nicht wirklich befreit. Ich wünschte, ich könnte sagen, dass mir eine Last von den Schultern genommen wurde ... doch stattdessen ist es so, dass mein zweitschwierigstes Projekt jetzt im Rang aufgestiegen ist und *Nausicaä* als schwierigstes Werk ersetzt hat."

Dieses nächste Werk sollte *Prinzessin Mononoke* sein und es sollte nicht nur von der zunehmenden Komplexität und Ambition des *Nausicaä*-Mangas geprägt sein, sondern auch von der düstereren Grundstimmung, die man schon in *Porco Rosso* erkennen kann – eine Reaktion auf den Konflikt nach dem Kalten Krieg und die AIDS-Krise.

In einem Planungsmemo aus dem April 1995 hadert Miyazaki ganz offensichtlich mit diesen Sorgen: „*Prinzessin Mononoke* hat nicht den Anspruch, die Probleme der ganzen Welt zu lösen. Der Krieg zwischen den wütenden Waldgöttern und der Menschheit kann nicht gut ausgehen. Es kann kein Happy End geben. Doch

Gegenüber: Im Kreuzfeuer. Ashitaka steht zwischen den verschiedenen Fraktionen in einem Kampf zwischen Göttern und Menschen.

Unten: Die mit den Wölfen läuft. San, die Prinzessin der Wölfe, muss sich der Gewalt stellen, die ihre Waldheimat zerstört.

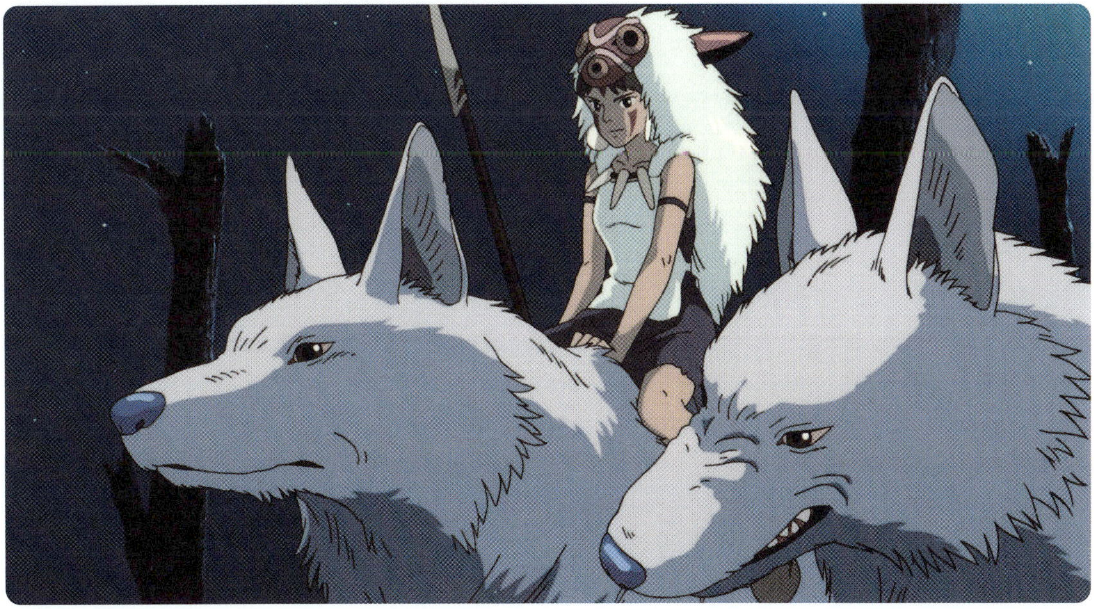

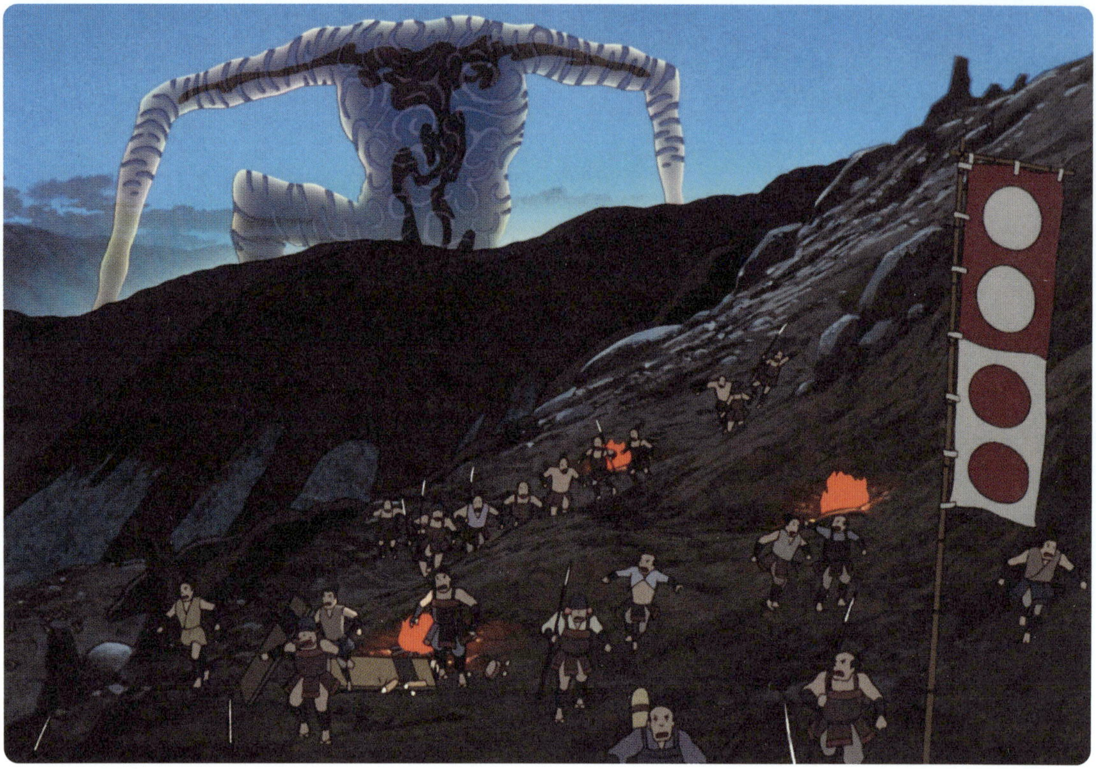

selbst in all diesem Hass und Tod gibt es Dinge, für die es sich zu leben lohnt. Wundervolle Begegnungen sind möglich und wunderschöne Dinge können existieren."

Prinzessin Mononoke war nicht länger ein einfaches Märchen, sondern ein gewaltiges Epos, das in einer mythisch angehauchten Version der Muromachi-Zeit (zwischen dem vierzehnten und fünfzehnten Jahrhundert), als die industrielle Ausbreitung der Menschen in die natürliche Welt die alten Götter verdrängte.

Um dieses ambitionierte Vorhaben umzusetzen, schlug Miyazaki Toshio Suzuki vor, dass Ghibli aus seinem bisherigen Muster, jedes Jahr einen Film zu produzieren, ausbrechen sollte, um mehr Zeit und Energie in *Prinzessin Mononoke* investieren zu können. Es heißt, Miyazaki wäre bei 80.000 der 140.000 Cels des Films entweder an der Zeichnung beteiligt gewesen oder hätte Änderungen vorgenommen. Zudem leitete er das Team in einer, wie viele erzählen, zermürbenden und mühevollen Produktion. Der längere Produktionsprozess und der kostspielige Einsatz von computergenerierten Animationen in bestimmten Szenen (eine neue Erfahrung für den Filmemacher) blähten das Budget zu einer Summe auf, die nach Suzukis Berechnungen das Vierfache von Miyazakis vorherigem Film *Porco Rosso* und das Zweieinhalbfache von *Pom Poko* betrug, sodass *Mononoke* bis dato der bei Weitem teuerste Ghibli-Film wurde. Er hätte bei seinem Erscheinen 4 Millionen Tickets verkaufen und damit die 3,2 Millionen von *Pom Poko* übersteigen müssen, um ein Erfolg zu werden.

Prinzessin Mononoke erschien im Juli 1997 und trat gegen Steven Spielbergs *Jurassic Park – Die verlorene Welt* an. Er wurde ein echter Blockbuster, verkaufte in diesem Sommer mehr als 12 Millionen Tickets und brach schnell den Rekord des höchsten Einspielergebnisses inländischer wie ausländischer Produktionen in der japanischen Kinogeschichte, indem er *E.T. Der Außerirdische*, der diesen Rekord lange gehalten hatte, in den Schatten stellte. Am Ende des Jahres stieß jedoch James Camerons Schwergewicht *Titanic Mononoke* vom Thron, doch mit Gewinnen, die alle anderen Ghibli-Filme bis dato in den Schatten stellten, war klar, dass das Studio eine neue Stufe des kulturellen Einflusses erreicht hatte.

Und die Welt sah zu. Während *Prinzessin Mononoke* noch in Produktion war, hatte Ghiblis Mutterkonzern Tokuma Shoten mit Disney, dem Titan der Filmbranche, verhandelt, um die vergangenen, gegenwärtigen und zukünftigen Werke des Studios weltweit zu vermarkten.

Steve Alpert, der amerikanische Manager, der an Bord geholt wurde, um die internationalen Geschäfte von Ghibli zu überwachen, schreibt ausführlich über diese Phase in der Geschichte von Ghibli in seinen aufschlussreichen und höchst unterhaltsamen Memoiren *Sharing a House with the Never-Ending Man: 15 Years at Studio*

Oben: Der riesige, kopflose Waldgeist, der über der Landschaft aufragt – eine von den Menschen selbst geschaffene Naturkatastrophe.

Gegenüber: Das japanische Poster zu *Prinzessin Mononoke*.

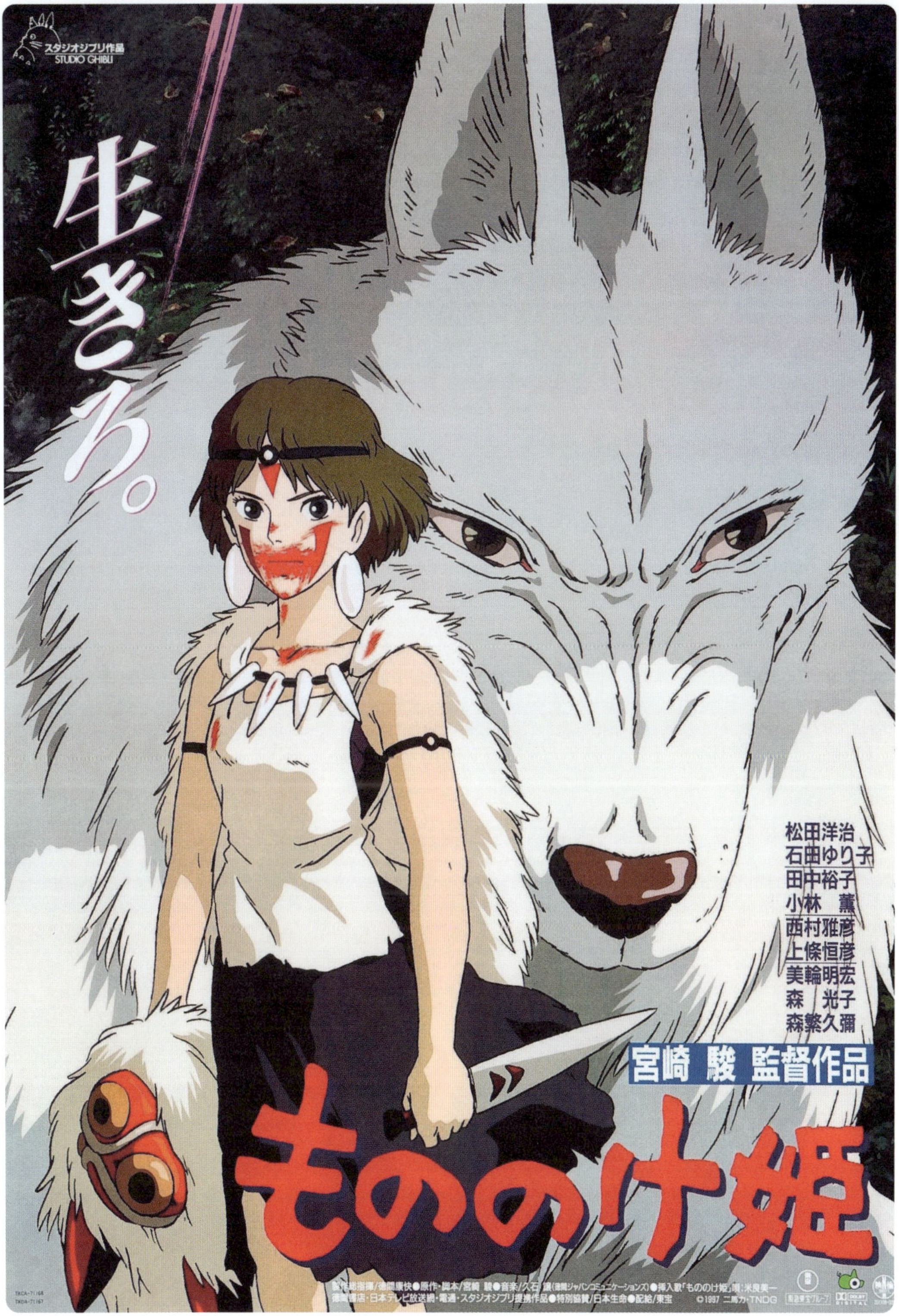
スタジオジブリ作品
STUDIO GHIBLI
生きろ。
松田洋治
石田ゆり子
田中裕子
小林 薫
西村雅彦
上條恒彦
美輪明宏
森 光子
森繁久彌
宮崎 駿 監督作品
もののけ姫
製作総指揮/徳間康快●原作・脚本/宮崎 駿●音楽/久石 譲(徳間ジャパンコミュニケーションズ)●挿入歌「もののけ姫」唄:米良美一
徳間書店・日本テレビ放送網・電通・スタジオジブリ提携作品●特別協賛/日本生命●配給/東宝
©1997 二馬力・TNDG

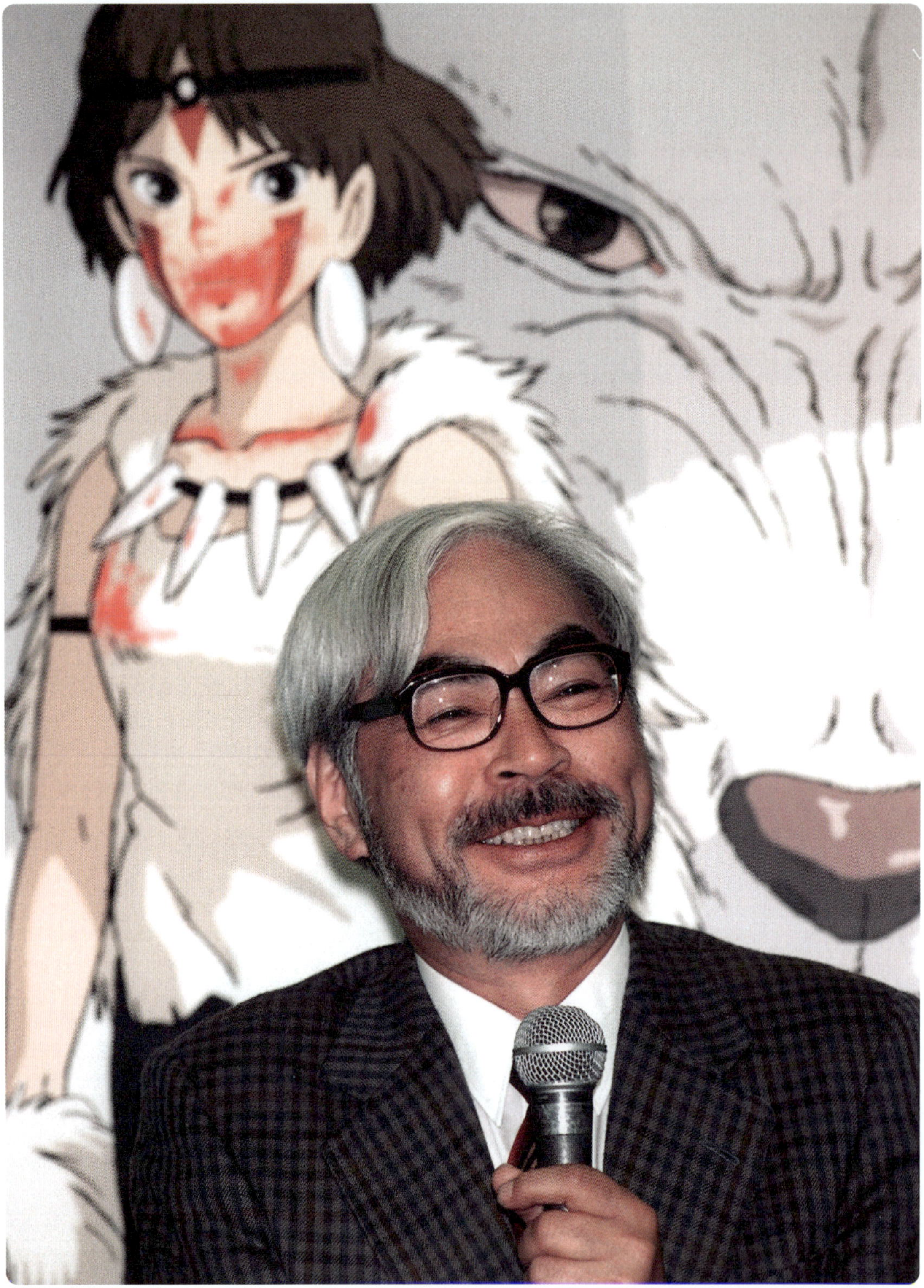

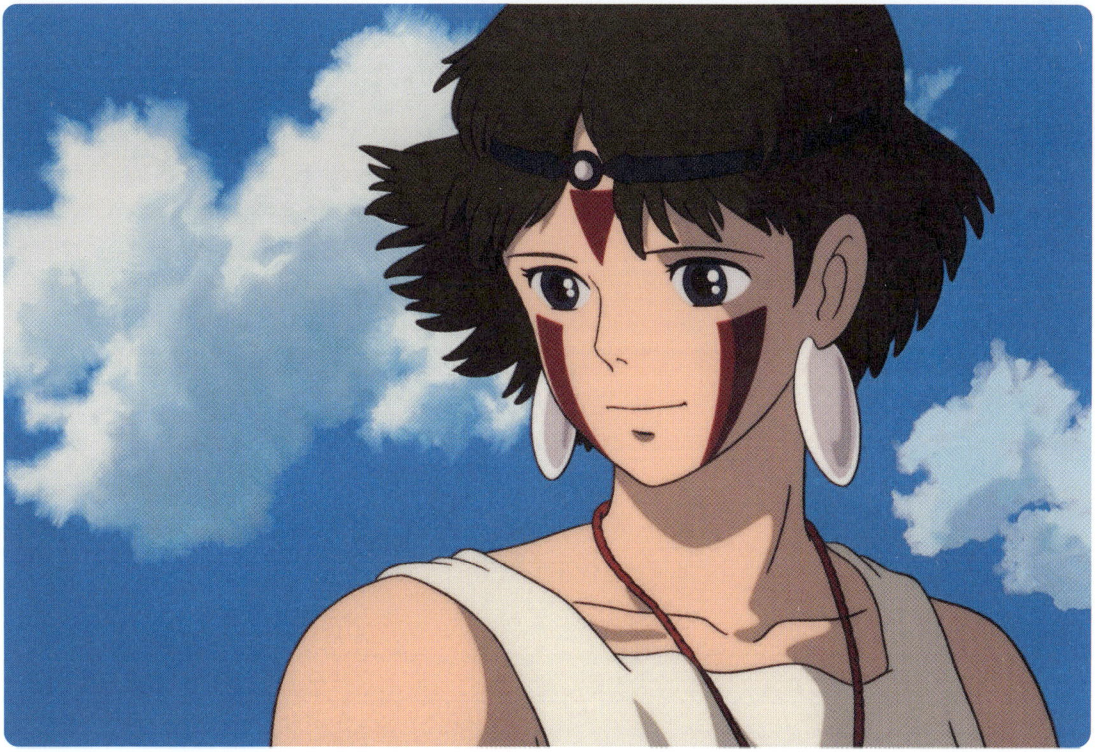

Ghibli. 1996 wurde Alpert von Toshio Suzuki eingestellt, der glaubte, es sei an der Zeit, dass Ghiblis Filme endlich das internationale Publikum bekämen, das sie „verdienten", doch der Prozess verlief alles andere als glatt. Erst einmal hatte niemand bei Disney geahnt, was sie erwarten würde, als *Prinzessin Mononoke* fertig war. Brutal, moralisch komplex und tief in der japanischen Folklore verwurzelt, war er weit entfernt von *Mein Nachbar Totoro* oder *Kikis kleiner Lieferservice*, jenen familienfreundlichen Filmen, in die Disney zweifellos hatte investieren wollen.

In der Folge wurde der Film in den USA von Disneys auf ausgefallenere Arthausfilme spezialisiertem Tochterunternehmen Miramax vertrieben. Verantwortlich für die Lokalisierung und Vermarktung war der damals berüchtigte und heute verachtete Harvey Weinstein, der den Film Gerüchten zufolge von 135 auf 90 Minuten herunterkürzen wollte. Teil dieses bahnbrechenden Deals mit Disney war jedoch auch, dass Ghibli gegen alle vorgeschlagenen Änderungen an den Originalfilmen Einspruch erheben konnte, und Suzuki wurde zweifellos durch die Tatsache ermutigt, als er dem Miramax-Vorstand ein sehr spezielles Geschenk überreichte: eine sehr realistisch aussehende Replik eines Samuraischwerts. „Als Suzuki Harvey das Schwert präsentierte", schreibt Alpert, „rief Suzuki auf Englisch und mit lauter Stimme: ‚Mononoke-hime, NO CUT!'"

Dennoch beschreibt Alpert den Vorbereitungsprozess für die internationale Veröffentlichung von *Prinzessin Mononoke* und den Tokuma-Disney-Vermarktungsdeal insgesamt als Kampf der Kulturen. Es heißt, Disneys Marketingteam sei von einigen Aspekten der Ghibli Filme geschockt gewesen, die für japanische Zuschauer vollkommen harmlos waren, wie etwa die Szene in *Mein Nachbar Totoro*, wenn der Vater mit seinen Töchtern badet.

Oben: Im Grunde genommen macht der Aufkauf von *Prinzessin Mononoke* durch Disney in den 1990ern San unbestreitbar zu einer wenn auch sehr untypischen Disney-Prinzessin.

DER BLOCKBUSTER-ERFOLG VON *PRINZESSIN MONONOKE* BESCHERTE REGISSEUR HAYAO MIYAZAKI SOWOHL ALS FILMEMACHER ALS AUCH ALS ÖFFENTLICHE PERSON EINEN GANZ NEUEN BEKANNTHEITSGRAD.

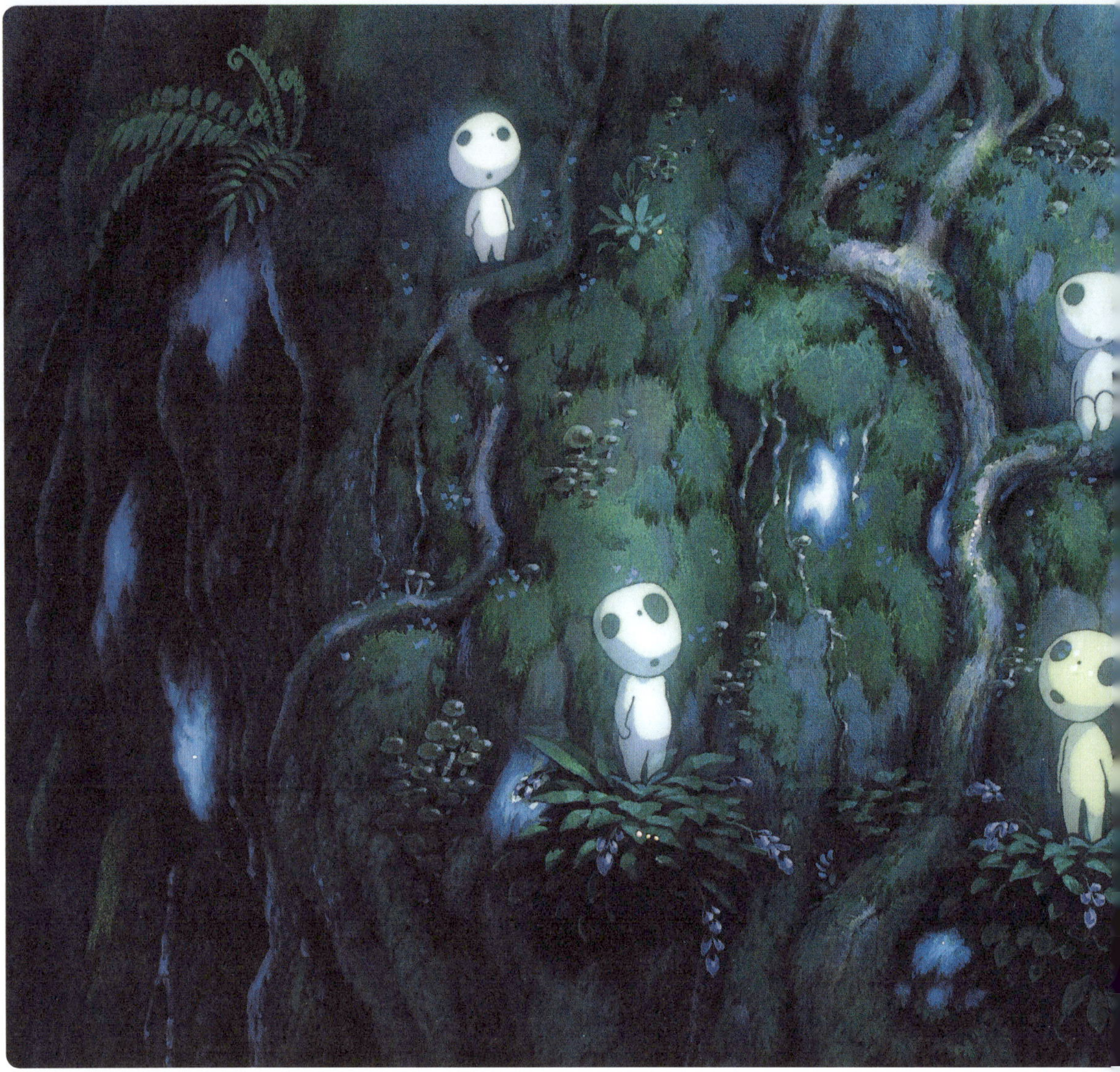

TROTZ DER EPISCHEN DIMENSIONEN UND KOMPLEXEN THEMEN, WAS WÄRE EIN MIYAZAKI-FILM OHNE EINE POTENZIELL GRUSELIGE KREATUR, DIE MAN ALS MERCHANDISE VERMARKTEN KANN? DIE EINZIGARTIGEN BAUMGEISTER ERFÜLLEN DIESES KRITERIUM PERFEKT.

Aus dem gesamten Ghibli-Kanon galt *Kikis kleiner Lieferservice* als sicherste Bank und wurde für eine VHS-Veröffentlichung vorbereitet, doch Alpert selbst musste einschreiten, als klar wurde, dass Disney im Zuge der Übersetzung zusätzliche Dialoge, Musik und Soundeffekte hinzugefügt hatte.

Auch in der Produktion der englischen Version von *Prinzessin Mononoke* wurden ähnliche Änderungen vorgeschlagen oder hinter dem Rücken von Ghibli einfach umgesetzt. Der ursprüngliche Drehbuchentwurf von Neil Gaiman orientierte sich am Tenor von Miyazakis komplexer Erzählweise, doch, wie Alpert es verpackt, „es musste zu einem Kampf um das Drehbuch kommen". Miramax forderte Änderungen, um die Handlung erklärende Elemente

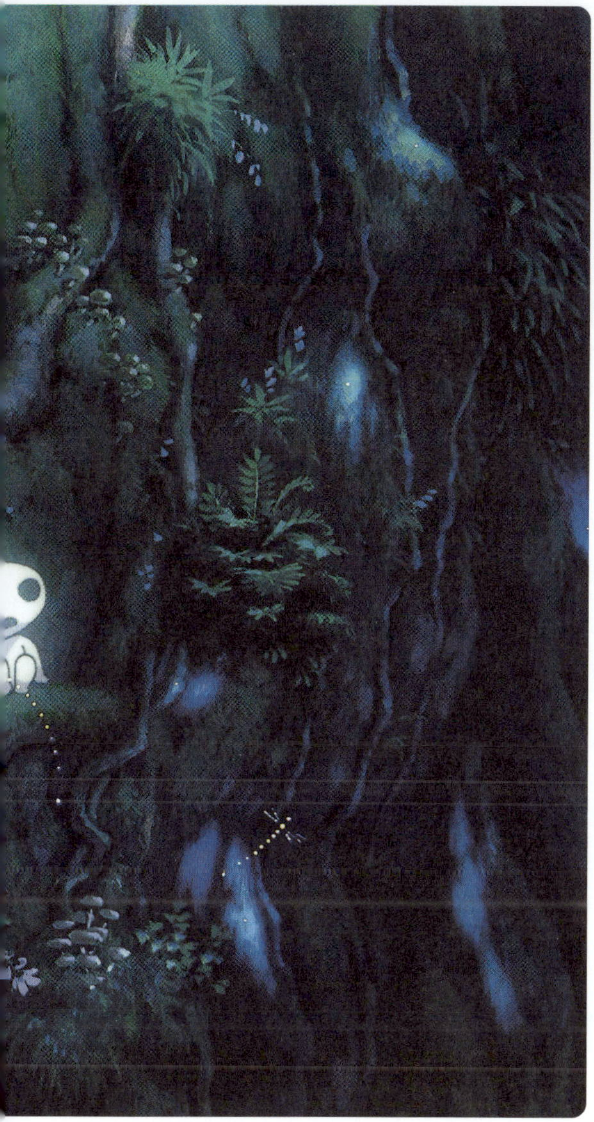

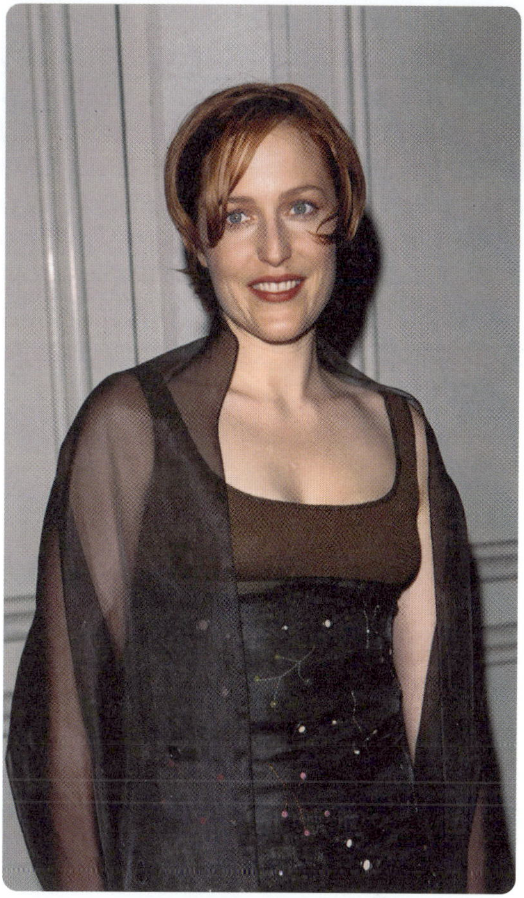

Oben: Mit der internationalen Veröffentlichung von *Prinzessin Mononoke* entstand eine starbesetzte englische Version. Gillian Anderson, damals der Star von *Akte X*, sprach Moro, die Wolfsgöttin.

hinzuzufügen und die Motivationen und Zugehörigkeiten der Figuren zu verdeutlichen, die Miyazaki absichtlich vage und diffus gehalten hatte. Eine neunseitige Liste zusätzlicher Soundeffekte tauchte auf, die alles beinhaltete von schweren Schritten und knisterndem Feuer bis hin zum Geräusch vorbeiziehender Wolken. Laut Augenzeugenberichten war die Synchronisation von *Prinzessin Mononoke* eine Tortur, doch schließlich gelang es Alpert, sicherzustellen, dass der Film ungeschnitten und größtenteils unverändert erscheinen konnte.

Als *Mononoke* schließlich in den US-Kinos erschien, war das Einspielergebnis ein Tropfen auf dem heißen Stein verglichen mit dem Blockbuster-Erfolg zu Hause, aber die Mühe hatte sich gelohnt. Suzuki hatte sein Ziel erreicht und Studio Ghibli-Filme wurden nun auf der internationalen Bühne gezeigt, ob es dem zögerlichen Genie hinter den größten Hits gefiel oder nicht. *Prinzessin Mononoke* feierte Premiere auf den Filmfestivals in Berlin und Toronto, was eine neue internationale Veröffentlichungsstrategie zur Folge hatte, die Ghibli und Miyazaki auf eine Stufe mit anderen Autorenfilmern des Weltkinos stellte. Steve Alpert erinnert sich, dass Martin Scorsese nach der Ausstrahlung auf dem New York Film Festival unbedingt mit Miyazaki über das Filmemachen sprechen wollte und ihn zu einer Afterparty einlud. Doch sehr zur Enttäuschung seines Kollegen lehnte Miyazaki höflich ab.

Für viele Rezensenten stellt *Prinzessin Mononoke* den Höhepunkt einer bestimmten Phase in Miyazakis Karriere dar, doch sein alter Kollege und Mentor Isao Takahata sah das anders: „Er wurde wiedergeboren." Nach *Mononoke* war Miyazaki ein Rekordbrecher und unverblümter Kommentator der Kultur in seiner Heimat und eine aufsteigende Ikone des Weltkinos in Übersee. Wie sollten er und sein Studio diesen Erwartungen gerecht werden?

KOMMENTAR: PRINZESSIN MONONOKE

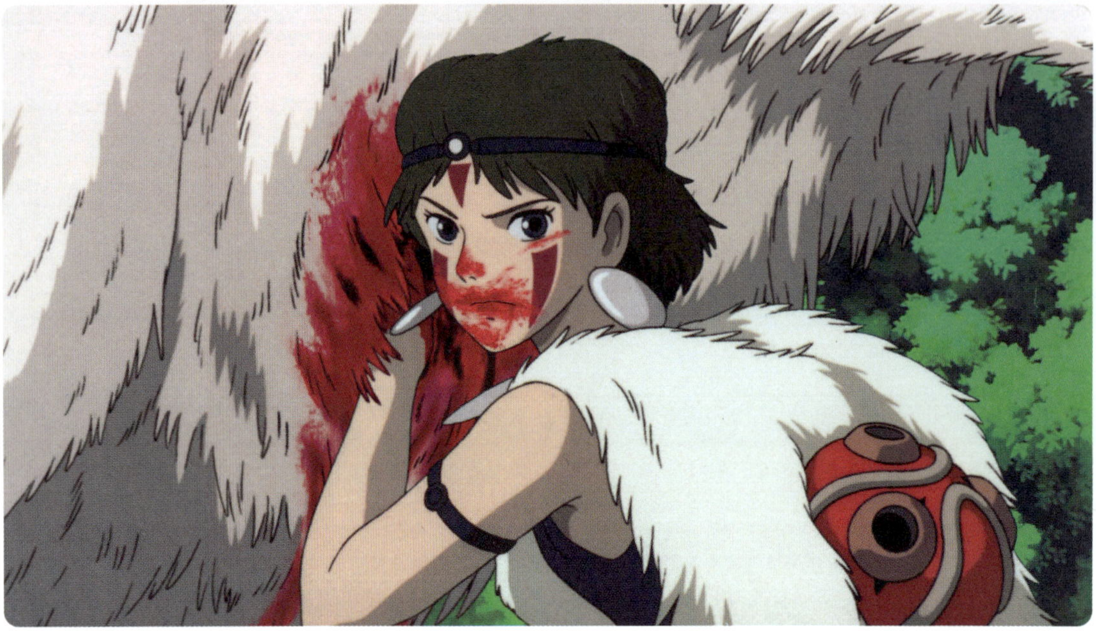

Ghibli war nie zuvor so groß gewesen wie bei *Prinzessin Mononoke*. Auf finanzieller, kultureller und internationaler Ebene machte er sie zu einem größeren Namen als je zuvor und auch kreativ waren ihre Ambitionen und ihre Vorstellungskraft nie so gewaltig gewesen. Es ist ein gigantischer Film, der dazu einlädt, sich an ihm abzuarbeiten. Es gibt keine binäre Moral, keine klaren Helden und Schurken. Er vereinfacht die unschöne Natur der Gewalt nicht zu einem Spiel oder macht aus Spiritualität einen Zaubertrick, stattdessen verwebt er die Wurzeln der Menschheit und ihrer Umwelt zu einem unlösbaren Knoten. In gewisser Weise ist dieses Fantasy-Epos über Götter und Monster aus einem vergangenen Jahrhundert eine von Ghiblis direktesten Betrachtungen der modernen Welt.

Zuschauer, die sich auf ein weiteres liebenswertes, beschwingtes Kinderabenteuer von Miyazaki freuen, erleben gleich zu Anfang von *Prinzessin Mononoke* eine böse Überraschung. Der Film beginnt mit einer Jagd durch einen Wald, auf der Spur eines gigantischen wilden Ebergotts mit besessenen roten Augen und Haut, die einen öligen schwarzen Schleim absondert. Ashitaka, ein junger Krieger, besiegt den Eber in einem explizit dargestellten Showdown, doch dabei wird sein Arm mit dem Gift der Gewalt infiziert. Bald darauf verschießt Ashitakas Arm, der plötzlich über Superkräfte verfügt, Pfeile auf heranstürmende Soldaten, die dadurch blutig verstümmelt und enthauptet werden, so mächtig ist sein Bogen. Wir befinden uns nicht mehr in Totoros Kampferbaum. Ashitaka muss sein Dorf verlassen und begibt sich auf eine Reise, um den mythischen Waldgott zu finden, einen Gott, der über Leben und Tod herrscht. Er hofft, dass dieser ihn heilen kann, doch schnell findet er sich in einem kriegerischen Malstrom komplexer und aggressiver Fraktionen wieder.

In der Eisenhütte, einer an die Wikinger erinnernden Festung, begegnet Ashitaka der selbstsicheren, aber kurzsichtigen Herrin Eboshi. Sie bewegt sich eher am Schurkenende des Spektrums, aber wie bei all den interessantesten Schöpfungen Miyazakis machen ihre Taten es schwer, sie klar zu verorten. Der Fakt, dass sie eine Kriegstreiberin ist, deren Kugeln direkt zu Ashitakas Infektion geführt haben, sollte die Sache eigentlich klären, aber ihr Dorf – das sie aufopfernd beschützt – ist fortschrittlich und mitfühlend, vorausgesetzt, man steht auf ihrer Seite. Die Frauen verfügen über mehr Selbstbestimmung, Macht und Grips als in den meisten Fantasy-Welten. Die traumatisierenden Folgen des Krieges werden verstanden und nachempfunden. Leute mit Lepra werden hier gepflegt und später zu entschlossenen, bandagierten Kriegern. Die Eisenhütte besitzt Elemente eines freien Utopia, doch als Bergbaudorf mit monopolistischen Zielen lauert darunter eine alles verschlingende Machtgier und ein Militarismus, die die Natur in ihrer Umgebung vergiften.

Oben: Durch die brutalen und blutigen Szenen war *Prinzessin Mononoke* eher ungeeignet für eine Veröffentlichung bei Disney. Es ist also wenig überraschend, dass die Vermarktung ihrem eher an Erwachsene gerichteten Arthaus-Label Miramax überlassen wurde.

Gegenüber: Ashitaka zielt, während er auf Yakul, seinem liebenswerten und loyalen Akashishi reitet.

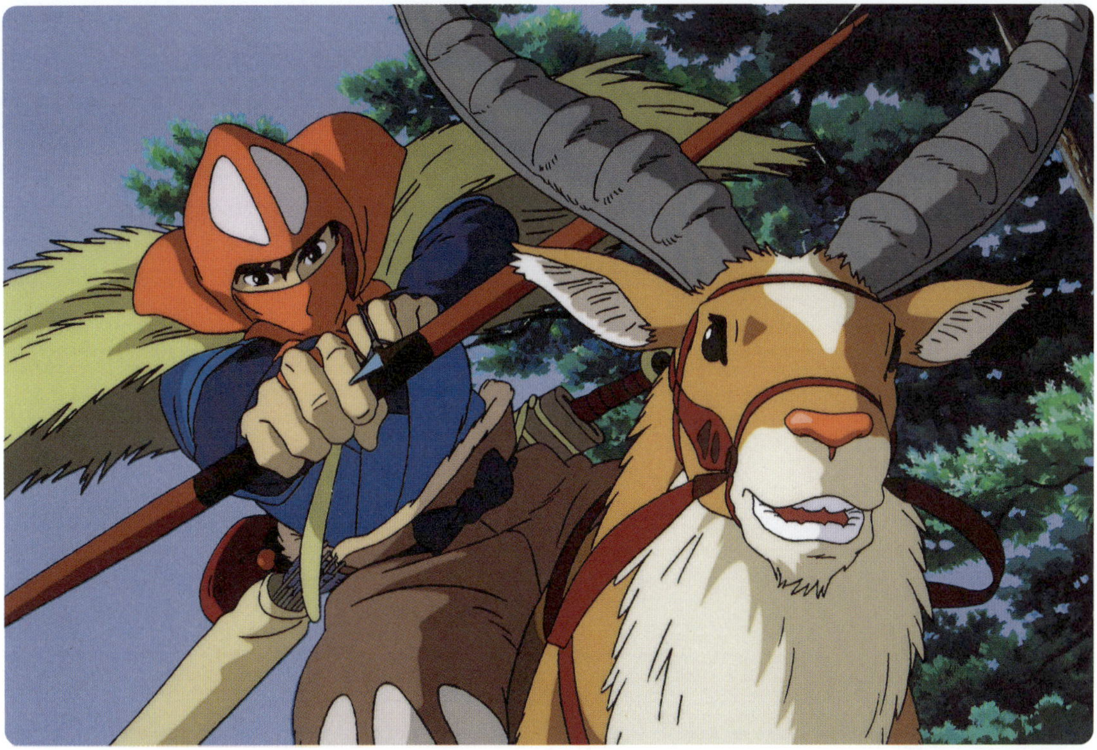

In dieser Natur lebt San, die Prinzessin der Wolfsgöttin, die die Schäden sieht, die die Eisenhütte ihrer Umwelt antut, und sie entschlossen beschützt. In diesem verzerrten Kampf Gut gegen Böse steht sie wohl eher auf Seiten der Helden. Sie wurde von Wölfen aufgezogen und die wilde, animalische Art, mit der sie den Wald beschützt, verdient sicher Anerkennung, aber in ihrer Raserei tötet sie auch Unschuldige, was ihren Heldenstatus befleckt. Weiter verkompliziert wird diese epische Schlacht durch eine Armee von Ebern, die den Tod ihres Gottes rächen wollen, Sans Wolfsfamilie, eine Bande Affen, Samurai eines örtlichen Feudalherrn und die zentrale Figur dieses Blutbads, den Waldgott. Auch wenn sie eingangs verwirrend sind, unterstreichen die Überlagerungen zwischen Feinden und Verbündeten die Unsinnigkeit des Konflikts der Menschen untereinander, wo sie doch etwas gegenüberstehen, das viel größer ist als sie selbst. Die beeindruckendsten Sequenzen des Films sind aber nicht dem Krieg und seiner Sinnlosigkeit gewidmet, sondern der Natur und ihrer sehr viel größeren und bedeutenderen Macht.

In seiner irdischeren Gestalt ist der Waldgott ein Hirsch mit einer roten Brust und einem unheimlichen menschlichen Gesicht. Sobald die Sonne jedoch untergeht, wird er zum Nachtwandler, einer gigantischen, wunderschönen, schimmernden Kreatur, die aus Sirup und Sternen zu bestehen scheint. In diesen beiden Gestalten erfahren wir die erhellende Schönheit einer Kreatur, die aus menschlichen, natürlichen und übernatürlichen Elementen besteht, doch leider kann sie die Welt nicht weiter mit der Bösartigkeit der Menschen teilen. Der Gott steht im Zentrum des Finales. Die Krieger des Waldes wollen ihn beschützen, während Eboshi ihn enthaupten will – und sie ist erfolgreich. Nach einem Schuss durch den Hals, der ein schwarzes Loch hinterlässt, streckt sich der Gott hoch über die Baumkronen wie ein kopfloser Godzilla und versprüht mehr von diesem unnatürlichen, öligen Gift über die Landschaft, wobei er Wälder und Dörfer gleichermaßen vernichtet. Ashitaka und San gelingt es, dem Gott seinen Kopf zurückzugeben, doch der Schaden ist bereits angerichtet. In einem letzten Geschenk an die Menschheit wird das Ödland von blühendem Grün überzogen, doch der Waldgott und alle anderen Naturgötter sind tot. Das Ende kann als hoffnungsvoll aufgefasst werden, aber in der verbrannten Erde, in der die neuen Blüten entspringen, liegt die Warnung, dass es jetzt allein den Menschen obliegt, die Erde zu beschützen.

Prinzessin Mononoke brachte Ghibli neuen kreativen und finanziellen Erfolg, aber wie der Wald reichen die Wurzeln tief in die Vergangenheit hinein. Die Frauen der Eisenhütte mit ihrer aggressiven Entschlossenheit und ihrem schlagfertigen Humor wirken wie erwachsene Versionen der unverblümten entführten Mädchen aus *Porco Rosso*. Jenseits kleiner Charakterdetails verwandet sich das Fantasy-Epos mit den Dimensionen von *Nausicaä* und *Das Schloss in den Wolken* hier zu etwas Bedeutungsschwererem und die animistische Botschaft von einem Einklang mit der Natur ist stärker ausgeprägt als in *Mein Nachbar Totoro*. *Prinzessin Mononoke* mag größer und mutiger daherkommen als Miyazakis vorherige Arbeiten, aber das bedeutet nicht, dass der Film für sich allein steht, vielmehr ist er die perfekte Evolution.

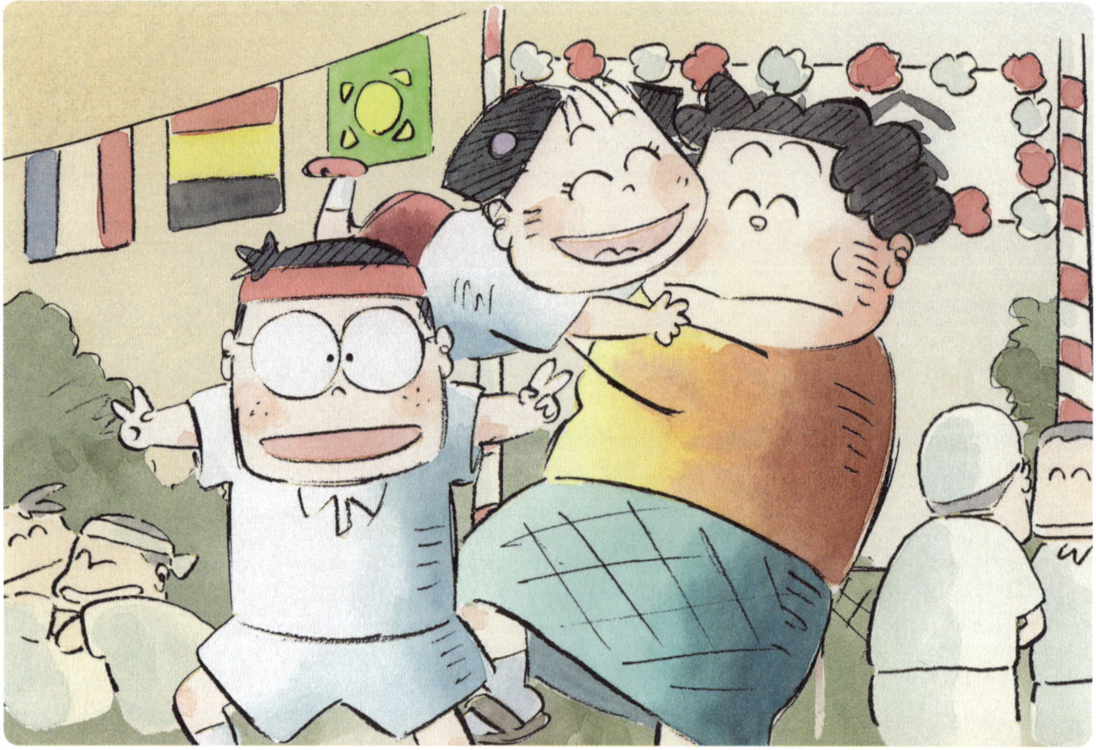

MEINE NACHBARN DIE YAMADAS (HŌHOKEKYO TONARI NO YAMADA-KUN, 1999)

QUE SERA, SERA

REGIE: ISAO TAKAHATA
DREHBUCH: ISAO TAKAHATA
LAUFZEIT: 104 MINUTEN
VERÖFFENTLICHUNGSDATUM (JAPAN): 17. JULI 1999

OBWOHL HAYAO MIYAZAKI ANGEBLICH ÜBER ISO TAKAHATA GESAGT HAT, ER WÜRDE „VON EINEM RIESENFAULTIER ABSTAMMEN", WAREN DIE DREI FILME IN SECHS JAHREN, BEI DENEN ER REGIE GEFÜHRT HATTE – *DIE LETZTEN GLÜHWÜRMCHEN*, *TRÄNEN DER ERINNERUNG* UND *POM POKO* – WOHL KAUM DAS WERK EINES FAULPELZES. NACH *POM POKO* KANN MAN JEDOCH ERAHNEN, WIE ER SICH DIESEN RUF VERDIENT HAT. ES SOLLTE FÜNF JAHRE DAUERN, BIS SEIN NÄCHSTER FILM, *MEINE NACHBARN DIE YAMADAS*, IN DIE KINOS KAM, DER ERSTE VON NUR ZWEI WEITEREN FILMEN, DIE ER FÜR GHIBLI ZWISCHEN 1994 UND SEINEM TOD 2018 GEMACHT HAT.

1999 hatte der alle Rekorde brechende Erfolg von *Prinzessin Mononoke* die Erwartungen an Studio Ghibli unumkehrbar verändert. Sie hatten zwar auch vorher schon Hits gehabt, aber zum ersten Mal erwartete die Branche einen Kracher. Dieser sollte natürlich später mit Hayao Miyazakis *Chihiros Reise ins Zauberland* kommen, doch Takahata fiel die undankbare Aufgabe zu, in die Fußstapfen des unvergleichlichen Erfolgs von *Mononoke* zu treten. Nicht, dass man *Meine Nachbarn die Yamadas* diesen Erwartungsdruck anmerken würde. Diese Adaption des seit Langem laufenden Zeitungscomicstrips *Nano-chan* hatte einen ziemlich radikalen Ansatz, der nicht nur mit Erzählstrukturen experimentierte, indem er kurze Anekdoten und Sketche zu einem poetischen Bild des Familienlebens verwob, sondern auch mit Animationstechniken.

Inspiriert von dem kanadischen Animator Frédéric Back, wollte Takahata die zunehmend detailreichen Szenerien aus Filmen wie Miyazakis *Prinzessin Mononoke* vermeiden und stattdessen minimalistische Hintergründe im Aquarellstil und negativen Raum einsetzen, um die Bewegungen der Figuren in den Fokus zu rücken. Wie er es formulierte: „Der Raum wird durch die Bewegungen der Figuren geschaffen." Genauso verabschiedete sich Takahata von dem Hochglanz, den man von Mainstream-Animationen erwarten würde. Er wollte die Energie und den Schwung der Vorskizzen der Animatoren bewahren, die normalerweise aus dem fertigen Werk entfernt werden. Dieser kreative Ansatz sollte die letzten Arbeiten des Filmemachers prägen. Ironischerweise musste ein umständlicher und strenger Produktionsprozess implementiert werden, um diese an sich organischen Effekte zu erzeugen: die von Hand gezeichneten Umrisse wurden eingescannt, um dann digital koloriert und animiert zu werden. Das Ergebnis war ein mühsamer, arbeitsintensiver und teurer Prozess – und, wie man allgemein sagt, der erste computeranimierte Ghibli-Film.

Gegenüber: Er mag ein bisschen anders aussehen als andere Ghibli-Filme, aber es gibt viel an *Meine Nachbarn die Yamadas*, was man lieben kann.

Unten: Kein Handy in Sicht, nur Leute, die im Augenblick leben.

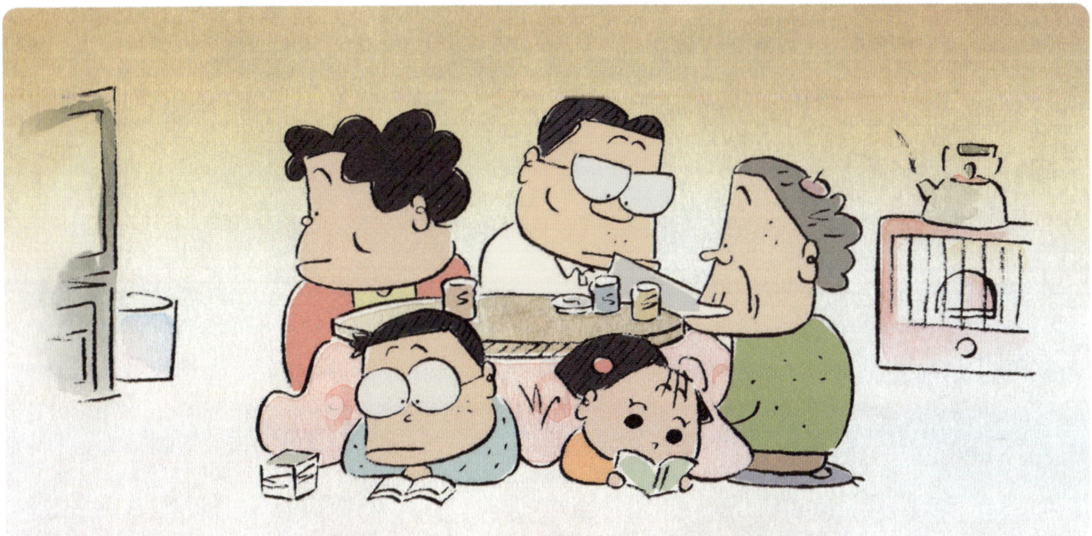

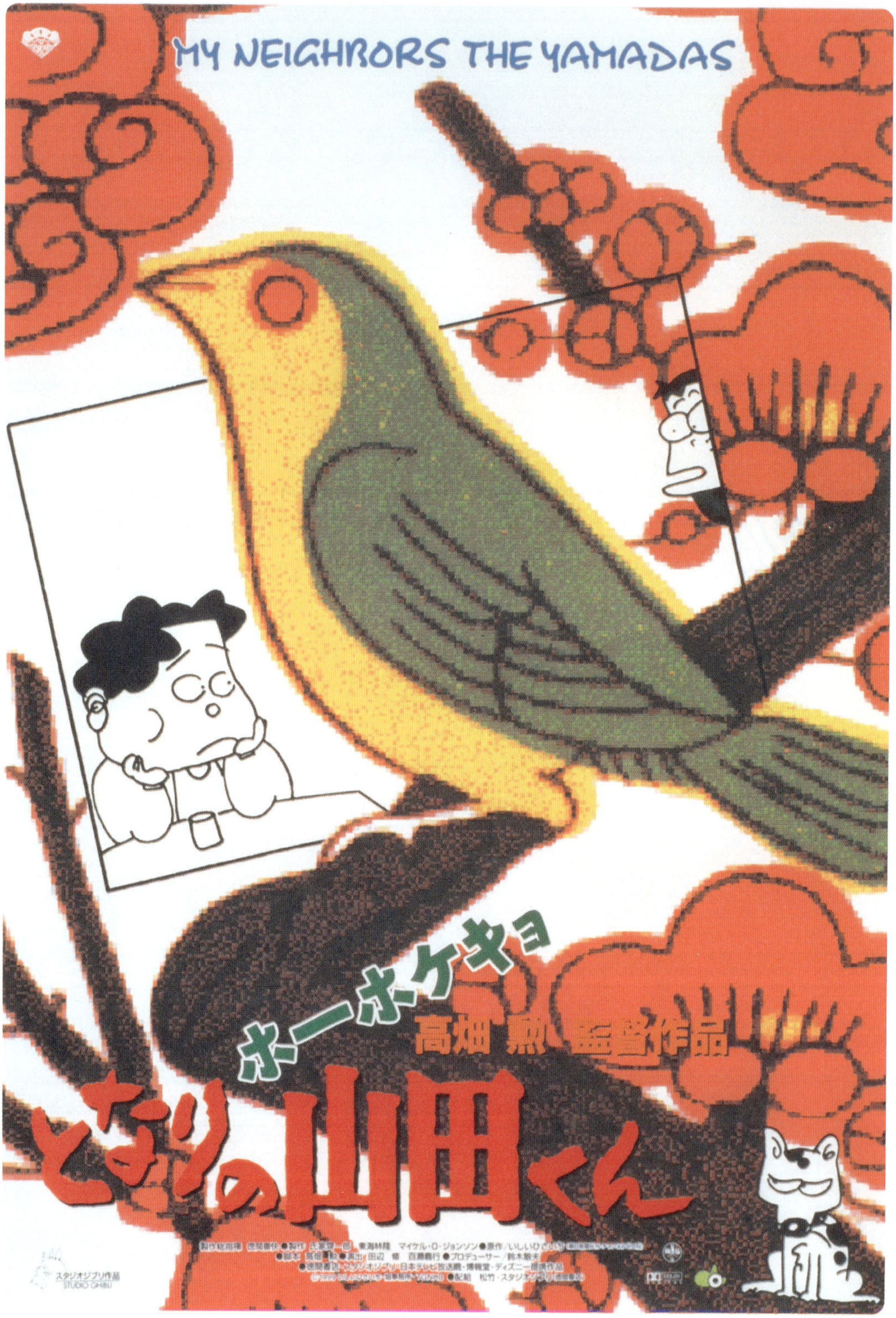
MY NEIGHBORS THE YAMADAS
ホーホケキョ
高畑 勲 監督作品
となりの山田くん
スタジオジブリ作品
STUDIO GHIBLI

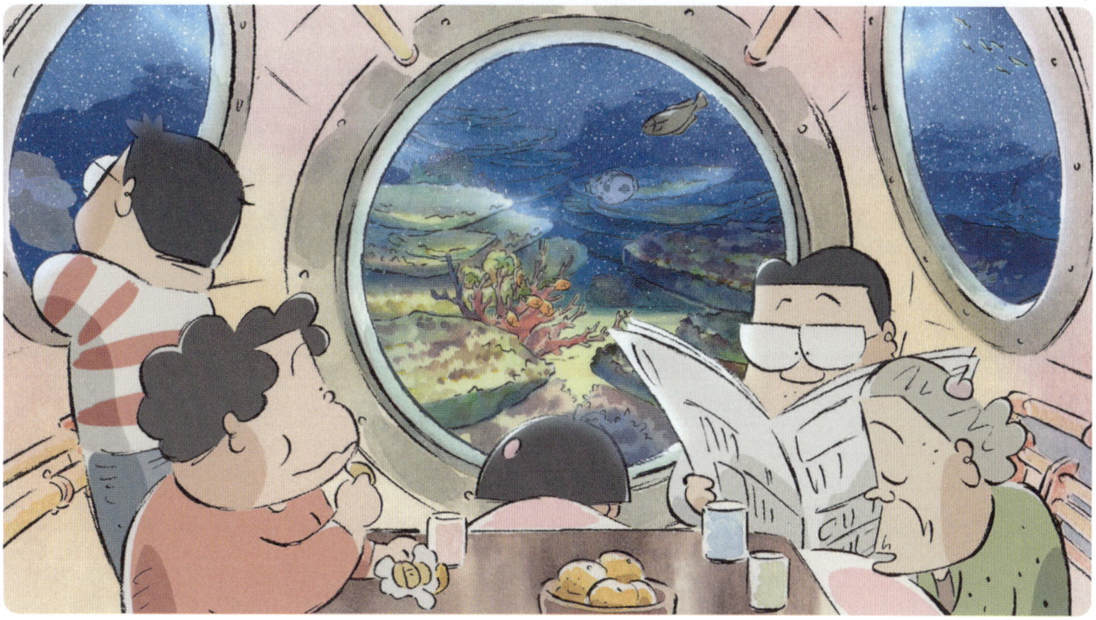

Er war auch Ghiblis erster Flop an den Kinokassen. Quellen sagen, dass *Meine Nachbarn die Yamadas* an die 2 Milliarden Yen gekostet hat. Bei seinem Erscheinen im Juli 1999 spielte er jedoch nur 1,5 Milliarden ein. Produzent Toshio Suzuki macht den Wechseln von Toho zum „strukturschwachen" Shochiku verantwortlich, zu dem es gekommen war, weil Yasuyoshi Tokuma, der Vorsitzende von Ghiblis Mutterkonzern Tokuma Shoten, für Unfrieden gesorgt hatte. Aus diesem Grund wurde *Die Yamadas* in deutlich weniger Kinos landesweit gezeigt.

Aus den Vorveröffentlichungsmaterialien ist jedoch offensichtlich, dass Ghibli genau wusste, dass sie keinen weiteren Hit vom Format von *Mononoke* vor sich hatten. Aus Angst vor dem unausweichlichen Vergleich zu Hayao Miyazaki und seinem letzten Hit drehte man eine defensive Promo-Dokumentation, in der man *Die Yamadas* als perfekte Ergänzung zu *Prinzessin Mononoke* verkaufte. Wo Miyazakis Abenteuerepos „ernst" und belehrend war, sollte dies ein willkommener Seelenbalsam sein, den Takahata in seinem Regieleitfaden „nicht als Therapie, sondern als Trost" beschrieb. Selbst die Slogans des Films unterstrichen diesen Kontrast: In *Mononoke* suggeriert „Leben" etwas Erhabenes, wohingegen das „Que sera, sera" der Yamadas, das sich auf das Doris Day Lied bezieht, das von den Figuren im Film gesungen wird, sehr viel entspannter und heimeliger ist.

Bemerkenswerter als diese Vergleiche ist jedoch, dass *Meine Nachbarn die Yamadas* die Rollenverteilung für die zweite Hälfte der Studio Ghibli-Geschichte definierte, mit Miyazaki als kommerzielles und popkulturelles Powerhouse und Takahata als unberechenbaren, experimentellen Künstler, der von anderen finanziert wurde und in seinem eigenen Faultier-Tempo arbeiten durfte.

Oben: Diese Slice of Life Szenen mögen austauschbar wirken, doch die Themen des Films sind tiefgründig.

Gegenüber: Das japanische Poster zu *Meine Nachbarn die Yamadas*.

WIE DER WALDSÄNGER AUF DEM POSTER ZU *MEINE NACHBARN DIE YAMADAS* IST KOMPONISTIN UND POPMUSIKERIN AKIKO YANO EIN SINGVOGEL, DESSEN STIMME UND MUSIK ÜBERALL IN DER WELT VON GHIBLI ZU HÖREN IST. YANO HAT FÜR TAKAHATA NICHT NUR DEN SOUNDTRACK ZU *DIE YAMADAS* GESCHRIEBEN, SIE HAT AUCH PONYOS WINZIGEN SCHWESTERN IHRE STIMME GELIEHEN, DIE IHR IN DER EINGANGSSZENE ZU MIYAZAKIS MAGISCHEM ABENTEUER ZUR FLUCHT VERHELFEN. ZUDEM HAT SIE MENSCHLICHE SOUNDEFFEKTE ZU ZWEI KURZFILMEN BEIGETRAGEN, DIE VON HAYAO MIYAZAKI FÜRS GHIBLI-MUSEUM KREIERT WURDEN: *HOUSE-HUNTING* UND *MONMON THE WATER SPIDER*.

KOMMENTAR: MEINE NACHBARN DIE YAMADAS

Meine Nachbarn die Yamadas ist einer der erstaunlichsten und frustrierendsten Ghibli-Filme. Es gibt Momente einzigartiger Kreativität, die Paradebeispiele der Animationskunst sind, doch trotz ihrer Qualität können diese Momente die Fehler im Erzählrhythmus und in der Geschichte nicht wettmachen. Dennoch ist es zweifellos ein Isao Takahata-Film, der gewürdigt werden sollte.

Auch wenn er am Computer erstellt wurde, machen die ersten Einstellungen von *Meine Nachbarn die Yamadas* einem unmissverständlich klar, dass man einen Animationsfilm sieht – es gibt sogar kleine Stifte. Diese Stifte zeichnen erst die Sonne und dann den Mond. Vom Mond gehen weitere Linien aus, die Shige formen, die Großmutter der Familie Yamada. Während sich die Kontur bewegt, werden Farben hinzugefügt, eine Linie geht von ihrem Arm aus und wird ein Hund an einer Leine. Dann, ganz plötzlich, aber doch organisch, erscheinen eine Straße, Pflanzen und ein Nachbar vor ihr. Zu Anfang des Films sind wir willens, auf die Handwerkskunst ebenso wie auf die Figuren zu achten, und wenn man den Film im Nachhinein im Ganzen betrachtet, hätte diese Teilung der Aufmerksamkeit ein wenig ausgewogener sein können.

Hier haben wir Takahata in Animationsspiellaune und das ist gleichermaßen aufregend wie anstrengend. Er selbst ist kein Animator und mit dem Alter fühlte er sich weniger eingeschränkt von den Kanten einer Seite, nur von den Beschränkungen eines Konzepts. In all der Begeisterung darüber, was geschaffen werden kann, wirken die Figuren in *Meine Nachbarn die Yamadas* nicht ganz ausgereift. Der Fokus scheint auf dem Stil zu liegen, auf dem Aufgreifen und Verwerfen von Ideen in einer halsbrecherischen Achterbahnfahrt kreativen Bestrebens.

Die Anfangsminuten sind eine absolute Freude, mit einer Hochzeitsrede über die Natur der Familie, die einen höchst ambitionierten, expressiven und irgendwie erstaunlich geschmeidigen Schnelldurchlauf durchs Leben begleitet. Herr und Frau Yamada beginnen mit einer Bobfahrt ihre Hochzeitstorte hinab, dann verwandeln sie sich in Seeleute auf einer rauen See, was an Hokusais berühmtes *Die große Welle vor Kanagawa* erinnert. Wieder auf festem Boden werden sie Bauern, aus einem Pfirsich schält sich ein Baby und aus einem gefällten Bambus entspringt ein zweites (ein Bild, auf das Takahata in *Die Legende der Prinzessin Kaguya* zurückkam). Dann, nachdem sie kurz auf Wolken geschwebt sind, von einer Riesenschnecke verfolgt wurden und in einem U-Boot und auf einem Piratenschiff unterwegs waren, kommt die Familie Yamada zu Hause an. Das Tempo ist atemberaubend und die fließenden Übergänge erstaunlich. Trotz all des Chaos um die wachsende Familie herum, bemerkt man die Wechsel kaum, weil im Inneren alles harmonisch verläuft. Takahata stellt die Einfachheit eines Familienheims auf die gleiche Ebene wie große Abenteuer und klassische Kunst. Die Schönheit der Häuslichkeit ist fast schon biblisch.

Der Film erholt sich jedoch nie von dieser berauschenden Einleitung. Es gibt viele Momente und Ideen, die man herauspicken kann, aber keine sind stilistisch oder thematisch so reichhaltig wie zu Beginn, wo sich Gestaltung und Inhalt so befriedigend vereinen. Es gibt künstlerische Übergänge, die die einzelnen Kapitel der Geschichte der Yamadas verbinden, die von einfachen Mitteln wie Voiceovers oder Titelkarten bis hin zu Poesie von Matsuo Basho oder Santoka Taneda und sogar einem Wildschwein reichen, das von einer Szene in die nächste springt. Für sich genommen sind sie unterhaltsam, aber der Film stellt keine Regeln auf, wann ein solches Element verwendet wird. Es ist sogar unklar, wann die einzelnen Geschichten abgeschlossen sind. Zusammen mit der sehr unterschiedlichen Länge der jeweiligen Kapitel ergibt das einen holprigen Rhythmus.

Das mag für den Zuschauer gelegentlich eine Herausforderung sein – besonders in den loser erzählten Kapiteln –, aber es gibt Momente der Inspiration, in denen der Film sich selbst auslotet und wie weit die Zuschauer bereit sind, mitzugehen. Eine Sequenz, in der Herr Yamada vorhat, sich mit einer Bikergang anzulegen, verändert den Stil des Films vollkommen von sanften, cartoonhaften, geschwungenen Bleistiftlinien, ausgefüllt mit Aquarellfarben, zu härteren, krakeligeren, lebensnaheren Formen, als hätte Herr Yamada seine eigene umgekehrte Version der Transformation aus dem Video zu „Take on Me" vollzogen.

Der Film endet mit einer weiteren surrealen, cartoonhaften Montage. Die Familie fliegt an Regenschirmen durch die Wolken, bevor sie wieder in der Realität landet. Vielleicht fasst das den Film gut zusammen: In manchen Szenen lässt er einen abheben, dann landet man für längere Zeit wieder auf dem Boden der Tatsachen.

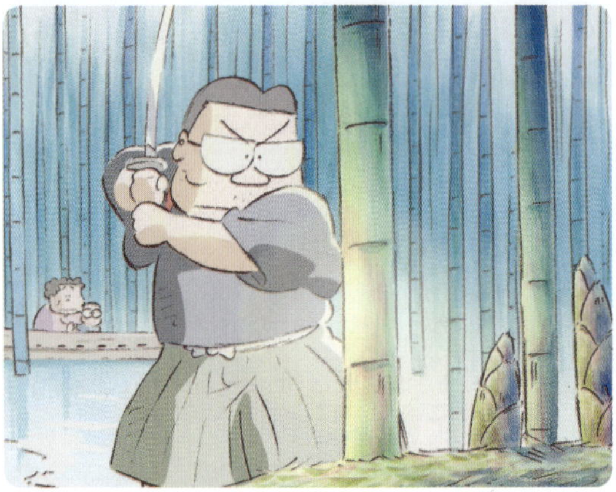

Oben: Herr Yamada fällt einen Bambus, eine Anspielung auf den beliebten japanischen Klassiker *Die Geschichte vom Bambussammler und dem Mädchen Kaguya*, auf den Isao Takahata auch für seinen letzten Film *Die Legende der Prinzessin Kaguya* zurückkam.

Gegenüber: Bitte lächeln! Isao Takahatas unbeschwertes Porträt einer Familie fängt den Zauber des Gewöhnlichen ein.

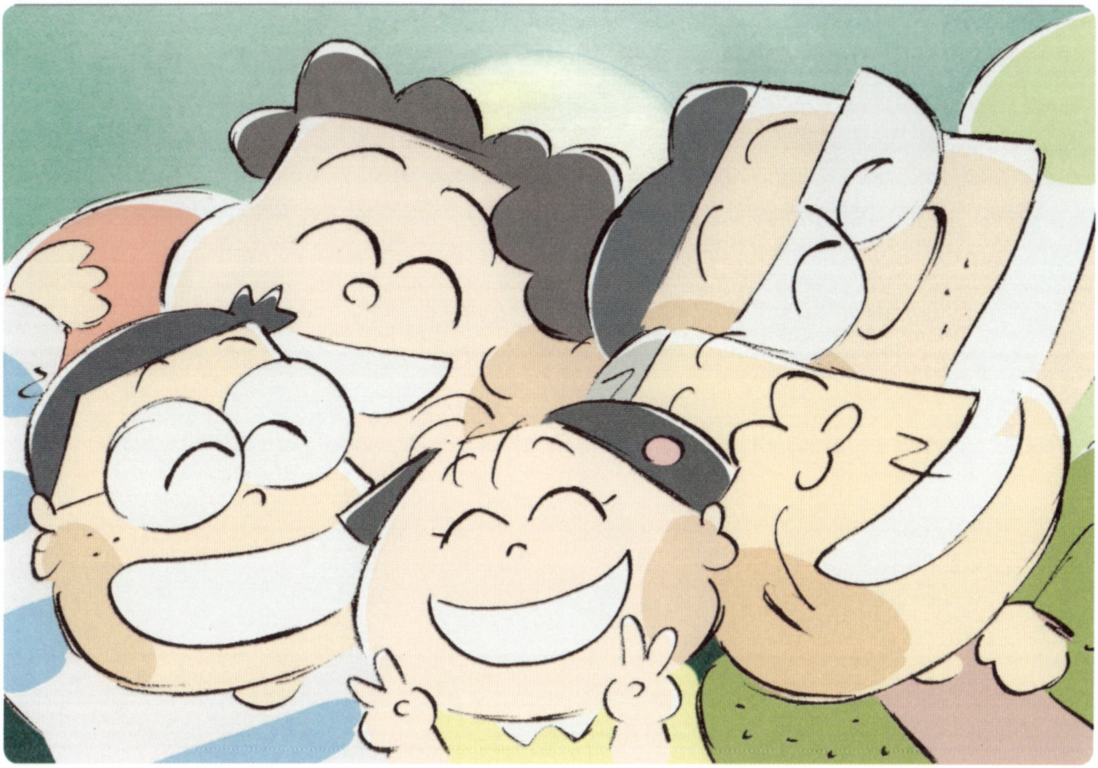

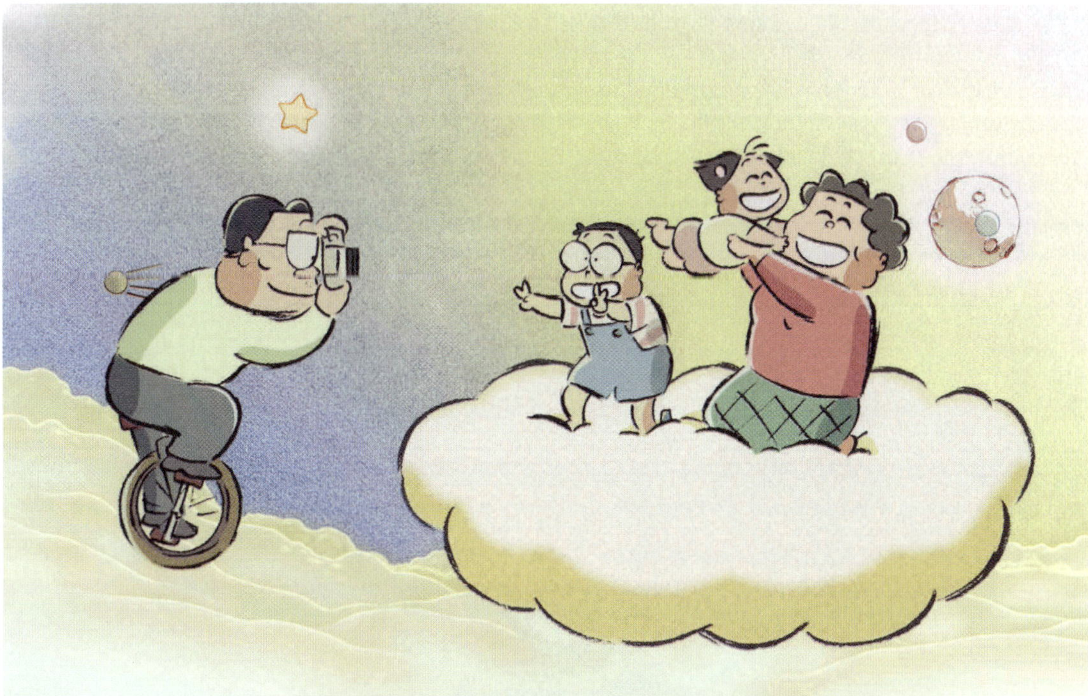

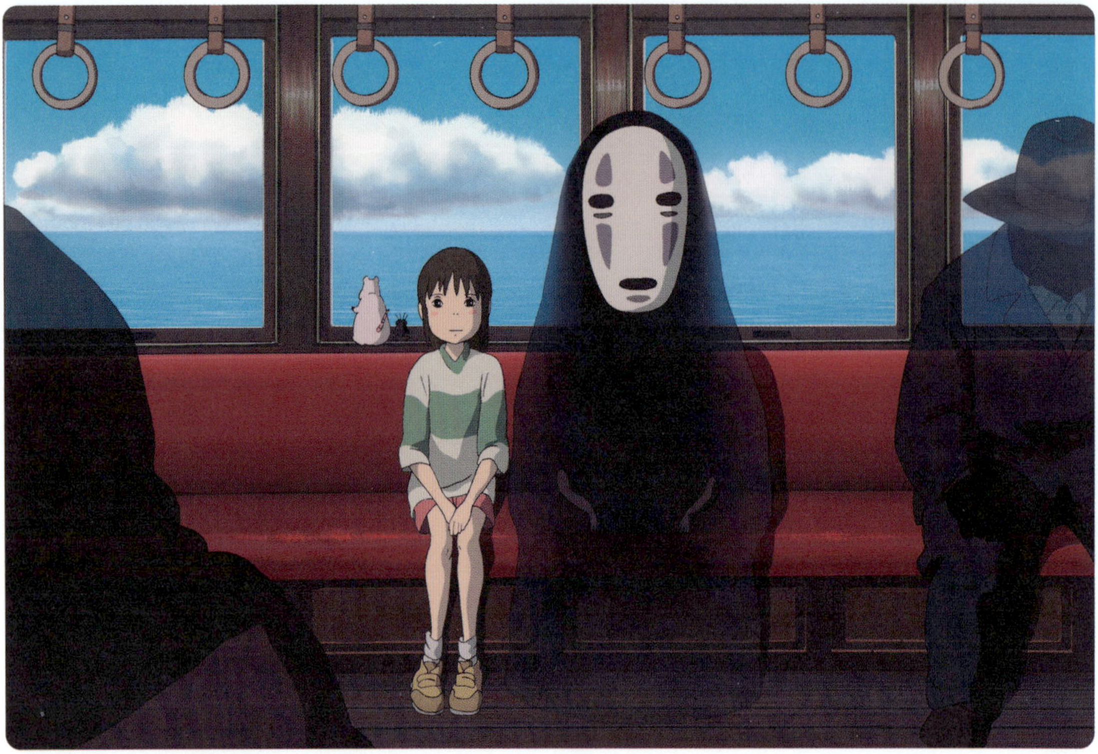

CHIHIROS REISE INS ZAUBERLAND (SEN TO CHIHIRO NO KAMIKAKUSHI, 2001)

EIN ZUG NACH IRGENDWO

REGIE: HAYAO MIYAZAKI
DREHBUCH: HAYAO MIYAZAKI
LAUFZEIT: 124 MINUTEN
VERÖFFENTLICHUNGSDATUM (JAPAN): 20. JULI 2001

JEDER FAN ERINNERT SICH AN SEINE EINFÜHRUNG IN DIE WELT VON STUDIO GHIBLI, UND WENN IHR DIESES BUCH LEST, IST ES SEHR WAHRSCHEINLICH, DASS DER ERSTE FILM, DER EUCH GEFESSELT UND VERZAUBERT HAT, *CHIHIROS REISE INS ZAUBERLAND* WAR. DIESER WAR EINE ALLE REKORDE BRECHENDE SENSATION – DIE SOGAR IHREN VORGÄNGER *PRINZESSIN MONONOKE* IN DEN SCHATTEN STELLTE – UND AUCH DER ERSTE GHIBLI-FILM, DER WIRKLICH VON EINER WELTWEITEN VERÖFFENTLICHUNG PROFITIERTE. ER HEIMSTE DEN RESPEKT, DAS ANSEHEN UND DIE AUSZEICHNUNGEN EIN, DIE HAYAO MIYAZAKIS ARBEITEN SCHON VON ANFANG AN VERDIENT GEHABT HÄTTEN.

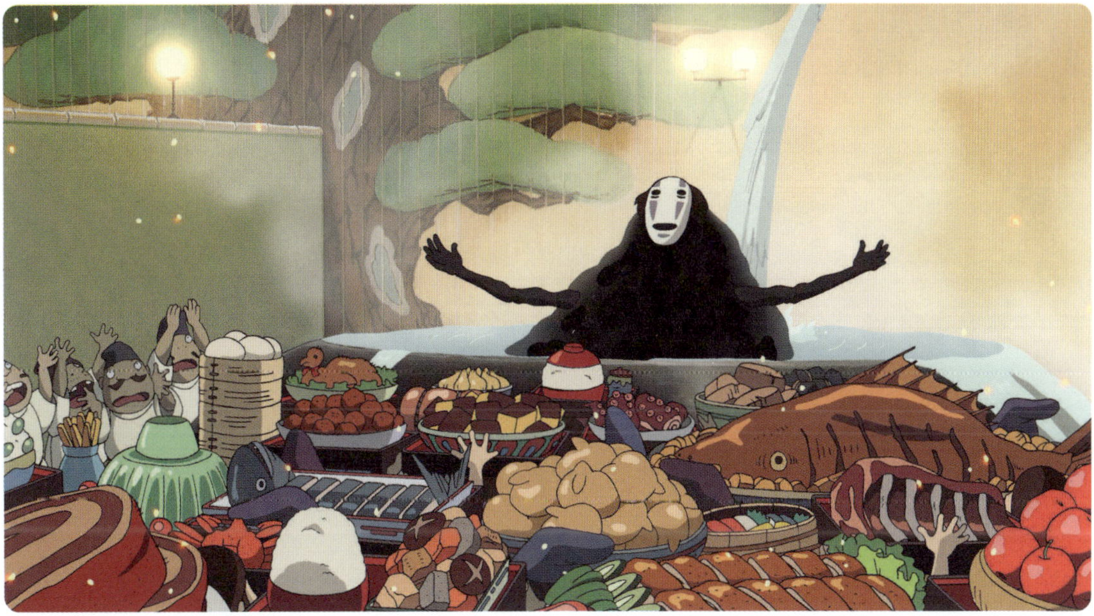

Oben: Voller herrlicher Details und außergewöhnlicher Figuren sind Studio Ghiblis-Filme immer ein Festmahl für die Augen.

Gegenüber: Zwei Tickets bitte. Ein Kind und ein außerweltlicher Geist.

Nach der anstrengenden Produktion von *Prinzessin Mononoke* war es kein Wunder, dass Hayao Miyazaki im Januar 1998 ankündigte, sich aus dem Filmgeschäft zurückziehen zu wollen, doch er war alles andere als untätig. Allein 1998 drehte er einen Reisebericht, der den Flug über die Sahara des französischen Autors und Piloten Antoine de Saint-Exupéry nachahmte, schuf sich seinen eigenen Bürorückzugsort, der oft als sein „Atelier" bezeichnet wurde und nur einen kurzen Spaziergang vom Studio Ghibli-Hauptsitz entfernt war, und gab einen Workshop für angehende junge Animationsregisseure zwischen 18 und 26 mit dem Titel „Higashi Koganei Sonjuku II" (womit er in Isao Takahatas Fußstapfen trat, der drei Jahre zuvor einen ähnlichen Kurs gegeben hatte). Er entwickelte sogar Pläne für ein Ghibli-Museum, das der Kunst der Animation gewidmet sein sollte.

Schließlich kehrte er aber doch zum Filmemachen zurück. Von einem Ausflug mit Freunden der Familie und ihren kleinen Töchtern – beziehungsweise den vollkommen uninspirierten Manga, die sie lasen – wurde Miyazu dazu angeregt, einen Film zu machen, der an moderne zehnjährige Mädchen gerichtet sein sollte. Ein Jahrzehnt nach *Kikis kleiner Lieferservice* kehrte Miyazaki zu ähnlich ermutigenden Motiven zurück und schrieb in seinem Projekt-Pitch im November 1999: „Es soll die Geschichte eines jungen Mädchens sein, das in einer fremden Welt landet, wo gute und böse Leute koexistieren. In dieser Welt macht sie ein rigoroses Training durch, lernt Lektionen über Freundschaft und Selbstaufopferung und mit ihrer Intelligenz gelingt es ihr nicht nur, irgendwie zu überleben, sondern auch, in unsere Welt zurückzukehren ..."

Doch die Welt hatte sich seit 1989 verändert und Miyazakis soziales Gewissen und seine getrübte Weltsicht sollten sich in seiner Arbeit widerspiegeln. „Unsere Welt wirkt immer unklarer und

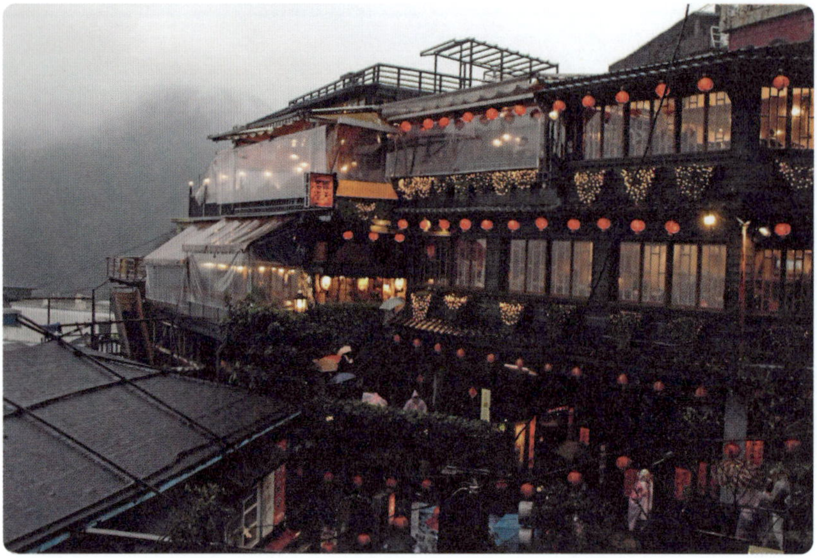

Links: Eine verregnete Szene in Jiufen, Taiwan. Die Architektur erinnert an die Schauplätze in *Chihiros Reise ins Zauberland*. Nach dem Erfolg des Films vermarkteten die örtlichen Geschäfte und die Tourismusbranche diese Ähnlichkeiten. Hayao Miyazaki leugnet jedoch, dass es eine Verbindung zwischen dem Film und dem Ort gibt.

Unten: Gerade als sie dachte, sie könnte beruhigt wieder ins Wasser gehen ...Chihiro wird weggespült.

Gegenüber: Das japanische Poster zu *Chihiros Reise ins Zauberland*.

verwirrender", schrieb er. „Dennoch droht sie, uns zu vernichten und zu verschlingen. Die Aufgabe dieses Films ist es daher, diese Welt deutlich innerhalb eines Fantasy-Settings darzustellen."

Als Inspiration für das Design der gruseligen Geisterwelt in *Chihiros Reise ins Zauberland* diente das Edo-Tokio-Freilicht-Architekturmuseum im Koganei-Park in Tokio, nur eine kurze Autofahrt vom Studio Ghibli-Büro entfernt. „Ich werde dort ganz nostalgisch", sagte Miyazaki. „Besonders wenn ich hier abends allein bin, kurz vor dem Schließen, und die Sonne untergeht, kommen mir die Tränen."

Für Miyazakis Verhältnisse schritt die Produktion langsam voran und die endlosen Ideen und Figuren, die der Fantasie des Regisseurs entsprangen, waren nicht gerade hilfreich. Später beschrieb er die Storyboard-Entwicklung als „wäre ein Deckel in meinem Gehirn geöffnet worden, den ich sonst nie öffne, und ein elektrischer Strom würde mich mit einem weit entfernten Ort verbinden."

Obwohl Teile der Animation an verschiedene Studios in Japan und Korea herausgegeben worden waren, gab es einen Punkt, an dem es unwahrscheinlich erschien, dass der Film bis zu seinem

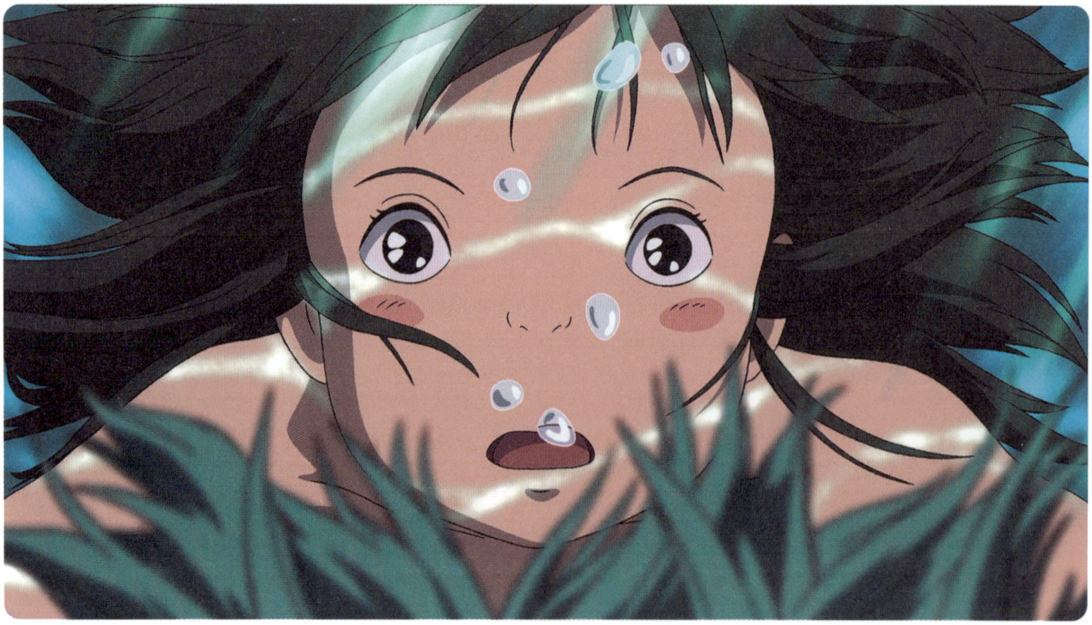

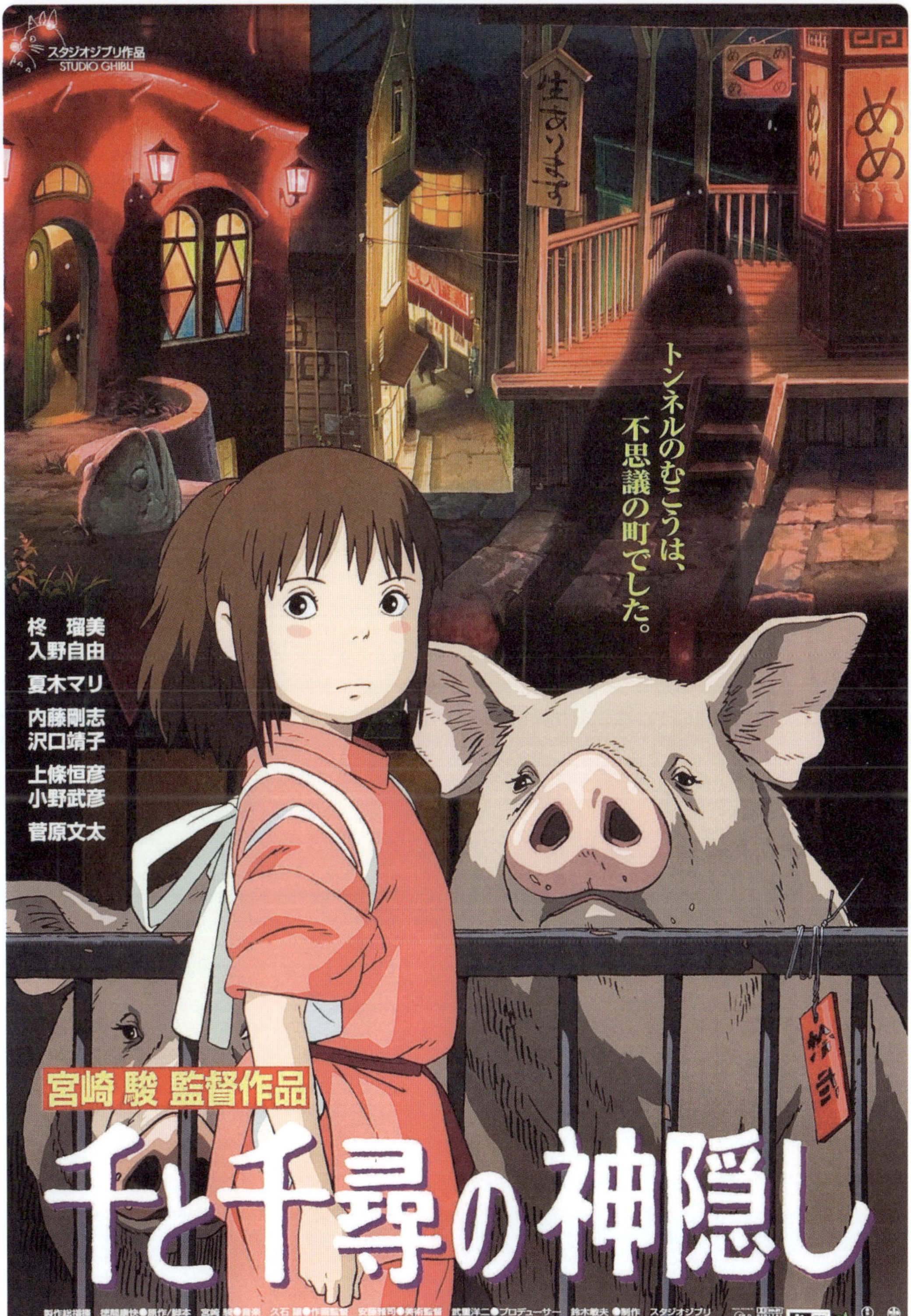
スタジオジブリ作品
STUDIO GHIBLI
生あります
めめ
トンネルのむこうは、不思議の町でした。
柊 瑠美
入野自由
夏木マリ
内藤剛志
沢口靖子
上條恒彦
小野武彦
菅原文太
宮崎 駿 監督作品
千と千尋の神隠し
製作総指揮 徳間康快●原作/脚本 宮崎 駿●音楽 久石 譲●作画監督 安藤雅司●美術監督 武重洋二●プロデューサー 鈴木敏夫 ●制作 スタジオジブリ
徳間書店・スタジオジブリ・日本テレビ・電通・ディズニー・東北新社・三菱商事 提携作品●特別協賛 ネスレ●配給 東宝
© 2001 二馬力・TGNDDTM

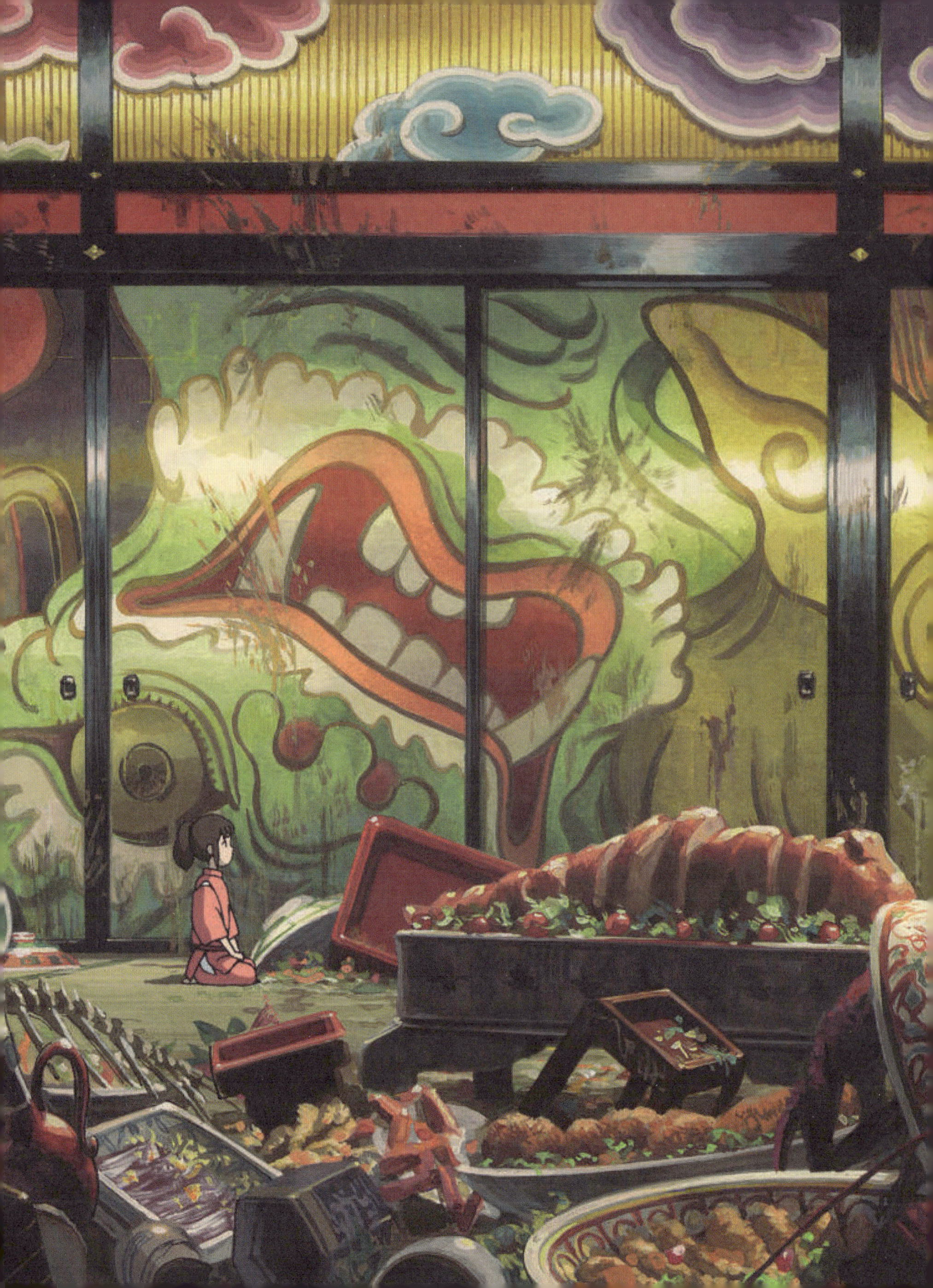

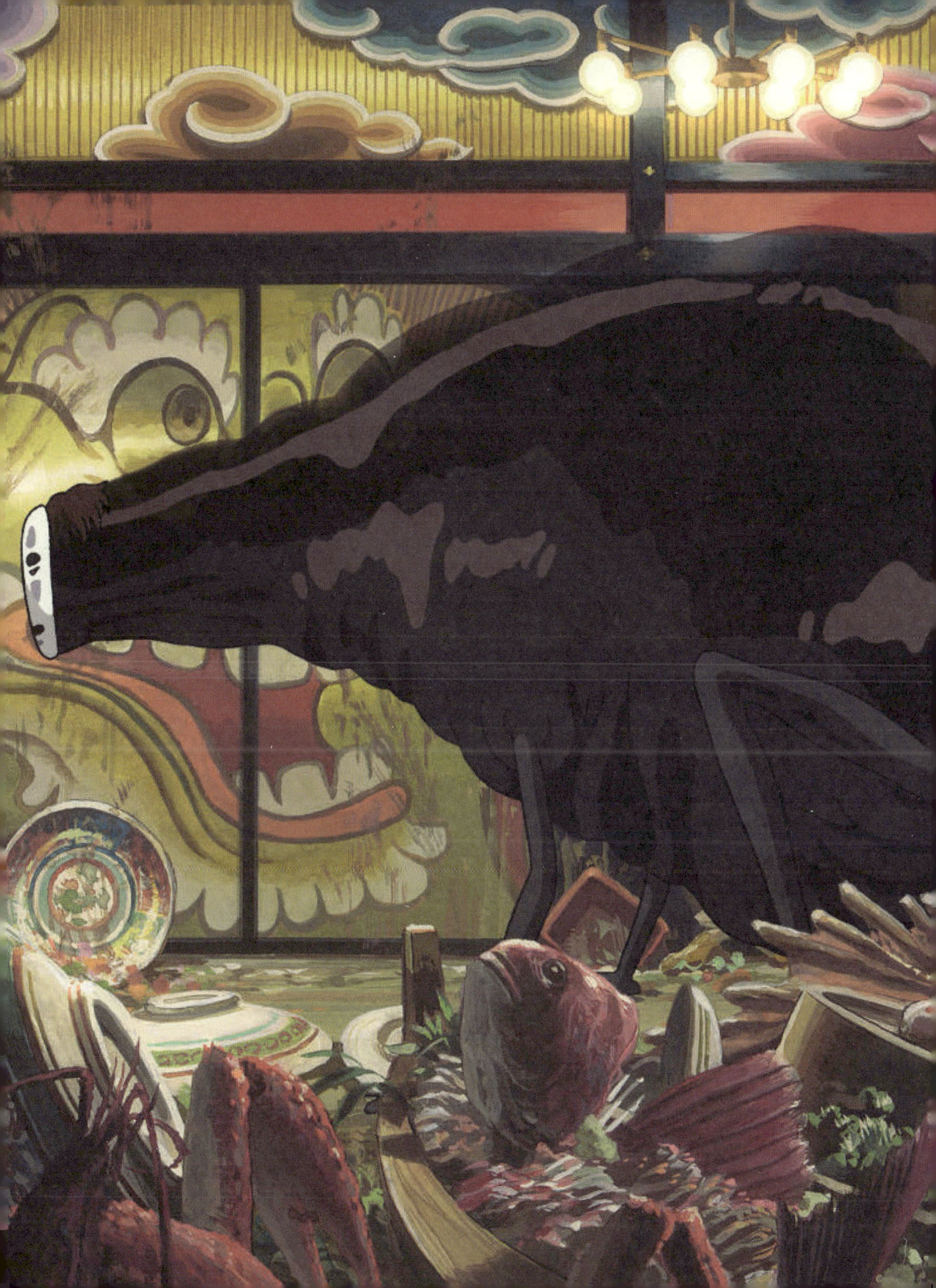

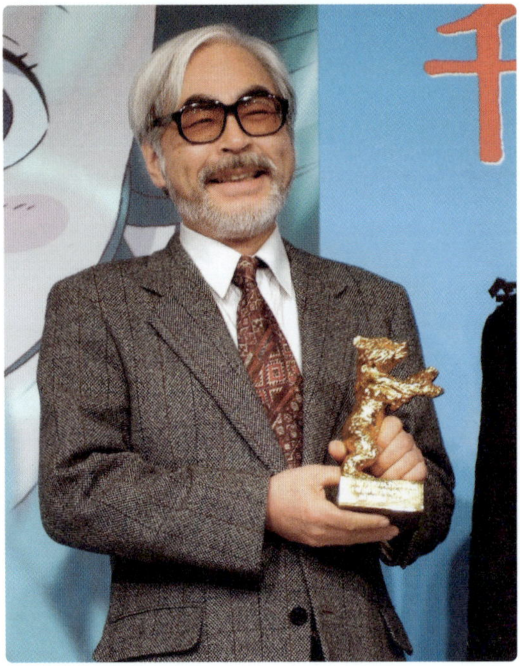

Vorherige Doppelseite: Also, das nennen wir mal eine Doppelseite!

Gegenüber: Schuhe aus auf dem Teppich. Chihiro fegt durch Yubabas Büro.

geplanten Veröffentlichungstermin im Juli 2001 fertig werden würde. Der Regisseur und ein paar erfahrene Teammitglieder hielten eine kurzfristig einberufene Story-Besprechung ab, in der Miyazaki die ausufernde, detaillierte, noch in der Entwicklung befindliche Geschichte vorstellte. Wie üblich hatte die Animationsabteilung mit ihrer Arbeit begonnen, bevor Miyazaki mit dem Drehbuch und dem Storyboard fertig war, und erst als er dem Team den Rest des Plots vorstellte, traf ihn die Erkenntnis. Toshio Suzuki erinnert sich, dass Miyazaki ausrief: „Oh nein, das ist ein Dreistundenfilm."

Suzuki, der inzwischen ein erfahrener Produzent und meisterhafter Manipulator war, schlug vor, dass sie den Starttermin verschieben, denn er war sich bewusst, dass das Miyazaki anspornen würde. Und es funktionierte. Sie strichen die zweite Hälfte der Geschichte und veränderten den Blickwinkel. Als er sich die bereits fertigen Animationen ansah, zog Miyazaki eine Figur im Hintergrund besonders an, ein „seltsam aussehender Mann mit einer Maske", der ganz am Anfang des Films über eine Brücke des Badehauses schwebt. Auch Jahre später konnte sich Miyazaki noch genau an das Datum erinnern. „Es war der 3. Mai 2000. An diesem Tag wurde Ohngesicht eine zentrale Figur."

Dank diesem Richtungswechsel und dem neuen Fokus wurde *Chihiros Reise ins Zauberland* rechtzeitig zu seinem Erscheinungstermin im Juli 2001 fertig. Bei einer Pressekonferenz zur Premiere des Films war Miyazaki in einer spielerischen Stimmung und sagte zu Beginn: „Tja, hier stehe ich wieder, nachdem ich erst vor vier Jahren angekündigt hatte, dass ich mich zur Ruhe setzen würde." Seine gute Laune war berechtigt: *Chihiros Reise ins Zauberland* wurde ein sofortiger Hit und spielte 2001 über 30 Milliarden Yen ein, das war etwa so viel wie die nächsten fünf einnahmenstärksten Filme, darunter *A.I. – Künstliche Intelligenz*, *Pearl Harbor*, *Hannibal* und *Planet der Affen*, zusammen.

Das Einspielergebnis von *Chihiros Reise ins Zauberland* überstieg in Japan sowohl das von *Prinzessin Mononoke* als auch von James Camerons *Titanic*, die beiden Blockbuster, die 1997 darum gekämpft hatten, der erfolgreichste Film an den japanischen Kinokassen aller Zeiten zu werden. Für fast zwanzig Jahre blieb *Chihiros Reise ins Zauberland* der umsatzstärkste Film aller Zeiten in Japan. Erst 2016 drohte Makoto Shinkais *Your Name.*, diesen Rekord zu brechen, bevor es dem Manga-Spin-off *Demon Slayer – Kimetsu no Yaiba – The Movie: Mugen Train* schließlich gelang, der 2020 an den Kinokassen nicht zu stoppen war.

Chihiros Reise ins Zauberland war ein historischer Erfolg in Japan, doch auch wenn die internationale Veröffentlichung weniger Geld einbrachte, war sie zweifellos bahnbrechend. Es war der erste Animationsfilm, der auf der Berlinale antrat, wo er den angesehenen Hauptpreis, den Goldenen Bären, gewann. Miyazaki zögerte, die Reise anzutreten und an Preisverleihungen teilzunehmen, also fiel es Ghiblis hauseigenem Ausländer Steve Alpert zu, viele der sechsunddreißig Preise entgegenzunehmen, die der Film gewann.

Alpert schreibt in seinen Memoiren *Sharing a House with the Never-Ending Man* in einer sehr unterhaltsamen Passage über seine Zeit im Zentrum des internationalen Beifallssturms für *Chihiros Reise ins Zauberland*, als ausgerecht er den Platz des abwesenden Genies einnehmen musste („Einigen von Ihnen ist sicher aufgefallen, dass ich kein Japaner bin", sagte er in seiner Dankesrede für den Goldenen Bären). Daraufhin versuchte er, Miyazaki zu überreden, wenigstens an der wichtigsten aller Preisverleihungen teilzunehmen, den Oscars, doch er scheiterte.

Auch ohne dass der Regisseur anwesend war, erhielt der Film den Oscar für den besten Animationsfilm und ist damit bis heute der einzige nicht englischsprachige Film, dem das gelungen ist. Später veröffentlichte Miyazaki ein Statement, in dem er sich sehr deutlich zur Beteiligung der USA an der Irak-Invasion 2003 äußerte: „Die Welt befindet sich derzeit in einer sehr traurigen Lage und daher tut es mir leid, dass ich mich nicht recht über diesen Preis freuen kann. Dennoch bin ich all meinen Freunden dankbar für ihre Mühen, die ermöglicht haben, dass *Chihiros Reise ins Zauberland* in Amerika gezeigt werden konnte, und auch allen, die meinen Film so gut bewertet haben."

Nach dem Deal zwischen Disney und Studio Ghiblis Mutterkonzern Tokuma Shoten und der harten Lektion durch die Veröffentlichung von *Prinzessin Mononoke* durch Miramax verlief die internationale Vermarktung von *Chihiros Reise ins Zauberland* sehr viel geschmeidiger. Zum einen hatte Ghibli einen starken

DER GOLDENE BÄR WAR NUR EINER DER VIELEN PREISE, DIE *CHIHIROS REISE INS WUNDERLAND* GEWANN, ABER DA ES DER HAUPTPREIS DER WELTWEIT ANGESEHENEN BERLINALE WAR, WAR ER EINER DER BEDEUTENDSTEN.

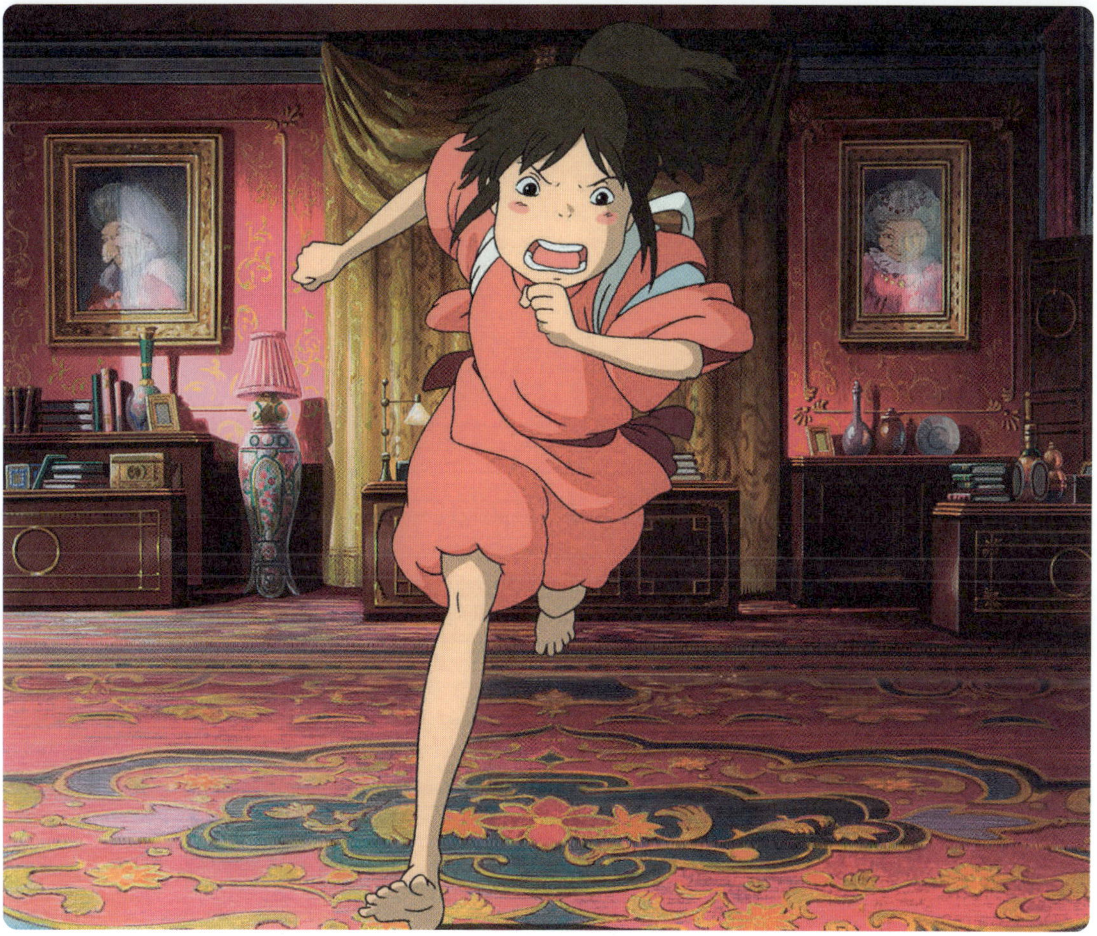

Befürworter in dem Pixar-Chef und langjährigen Miyazaki-Verehrer John Lasseter. Er war der Executive Producer der englischen Synchro, bei der Disney-Veteran Kirk Wise (*Die Schöne und das Biest, Der Glöckner von Notre Dame*) Regie führte.

Doch selbst mit seiner Unterstützung wusste Disney nicht recht, wie sie den Film effektiv vermarkten und veröffentlichen sollten, der sich irgendwo zwischen familienfreundlichem Abenteuer und angesehener Perle des Arthauskinos bewegte, wodurch ihm die Vermarktbarkeit ihrer eigenen Animationsklassiker abging. Einer Veröffentlichung in ausgewählten Kinos Ende 2002 folgte ein zweiter Start in 700 Kinos, um Kapital aus dem Oscar-Gewinn zu schlagen. Doch trotz großer Beachtung von einflussreichen Kritikern wie Roger Ebert spielte der Film nur 10 Millionen Dollar ein – weniger als fünf Prozent des japanischen Gesamteinspielergebnisses.

Es war *Chihiros Reise ins Zauberland* nicht vergönnt, ein internationaler Blockbuster zu werden, aber der Katzenbus war aus dem Sack. Als Gigant an den Kinokassen zu Hause und gefeierter Preisträger in Übersee gelang es dem Film, Studio Ghibli einem neuen weltweiten Publikum bekannt zu machen, der nun auf den Kinoleinwänden, Fernsehschirmen und DVD-Playern im gesamten Westen lief. Für viele war das ihre erste und stärkste Dosis Miyazaki-Magie und sie war unvergesslich.

REVIEW: SPIRITED AWAY

In *Chihiros Reise ins Zauberland* gibt es zwei identische Zwillingshexen mit gigantischen Köpfen, einen Kesselraummechaniker mit sechs Armen, einen Jungen, der sich in einen Drachen verwandeln kann, der ganze Büffets verschlingt. Aber der magischste Moment ist, wenn ein junges Mädchen, nachdem es sich seinen Weg durch eine Welt voller Geister gebahnt hat, einem wunderschönen dunklen Horizont entgegenblickt und dabei genüsslich in ein mit süßem Bohnenmus gefülltes Brötchen beißt. Mit einem Mal fühlt sich all das Fantastische, was bis hierher geschehen ist, weniger fantastisch an, weil diese Welt und die Menschenwelt in diesem einfachen Moment im Einklang sind. Das ist es, worin Studio Ghibli wirklich gut ist: Sie stellen fantastische Träumereien neben irdische Realität und machen damit das Außergewöhnliche greifbar und das Gewöhnliche magisch. In *Chihiros Reise ins Zauberland* ist Ghiblis einzigartige Fähigkeit zu verzaubern so konzentriert wie nie und kann sogar überwältigend werden, aber als intensive Erfahrung ihrer mächtigen Kreativität ist er unerreicht.

Der Film beginnt auf vertrautem, oft verwendetem Ghibli-Territorium mit einer Familie, die in ihrem Auto zu ihrem neuen Zuhause unterwegs ist. Schon die magische Reise in *Mein Nachbar Totoro* hatte so begonnen, warum also die Formel ändern? Auf dem Rücksitz sitzt die kratzbürstige zehnjährige Chihiro, die mit ihrem mangelnden Abenteuersinn und ihrer streitbaren Persönlichkeit ganz anders ist als die üblichen Ghibli-Protagonistinnen. Eine Umleitung führt dazu, dass die Familie einen verlassenen Themenpark betritt, ein Ort, der sieben Jahre zuvor in Isao Takahatas *Pom Poko* als Inbegriff ausbeuterischen Konsumismus kritisiert worden war, nun jedoch als Vorzeichen der Kritik des Films an exzessivem Verhalten dem Verfall überlassen wurde. Chihiros Eltern setzten sich in ein Restaurant, in dem es keine Gäste gibt, das aber voller Essen ist, und schlagen sich ordentlich die Bäuche voll. Was folgt, ist einer der verstörendsten Miyazaki-Momente, der an das Ende von *Farm der Tiere* erinnert, als die beiden Menschen sich in ihrer alles verschlingenden Gier in Schweine verwandeln. Als Chihiro sie findet, sind ihre Gesichter so angeschwollen, dass sie die gesamte Leinwand ausfüllen. Der Anblick verängstigt sie und ein Junge namens Haku sagt ihr, sie soll im nahen Badehaus Unterschlupf finden und dort arbeiten.

In diesem Badehaus beginnt Chihiros eigentliche Reise. Zuerst begegnet sie Kamaji, dem sechsarmigen Mann, der mithilfe der Rußmännchen, die hier einen Cameo-Auftritt bekommen, den Kessel des Badehauses am Laufen hält. Kamajis Heim ist dreckig, gefährlich und im Keller verborgen, sein rostiges Umfeld versteckt in den Schatten des vornehmen Badehauses. Obwohl er unerlässlich für das Funktionieren des Hauses ist, kriegen die Besucher den Kesselraum nie zu Gesicht – vielleicht steht Kamaji damit symbolisch für Ghiblis Animatoren?

Nachdem sie es hineingeschafft hat, geht Chihiro zur Hexe (und Geschäftsführerin) Yubaba, um sie um einen Job zu bitten. Im Gegensatz zu Kamaji sitzt Yubaba in der obersten Etage des Hauses, in einem pompösen Raum voller Schnickschnack, und ihr übertriebenes Outfit und ihr Schmuck passen perfekt zu ihrem extravaganten Einrichtungsstil. Yubaba ist die verschlagenere von zwei magischen Schwestern, ihr Gegenstück ist die ruhigere Zeniba, sodass das Duo an die Hexen des Ostens und des Westens aus *Der Zauberer von Oz* erinnern. Auch Yubaba ist eine der Ghibli-Figuren,

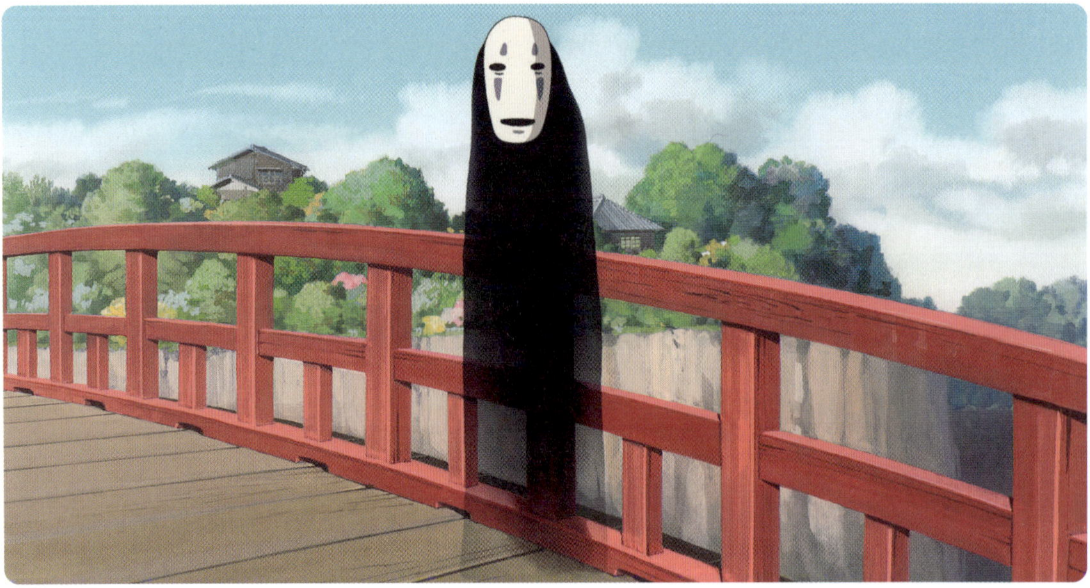

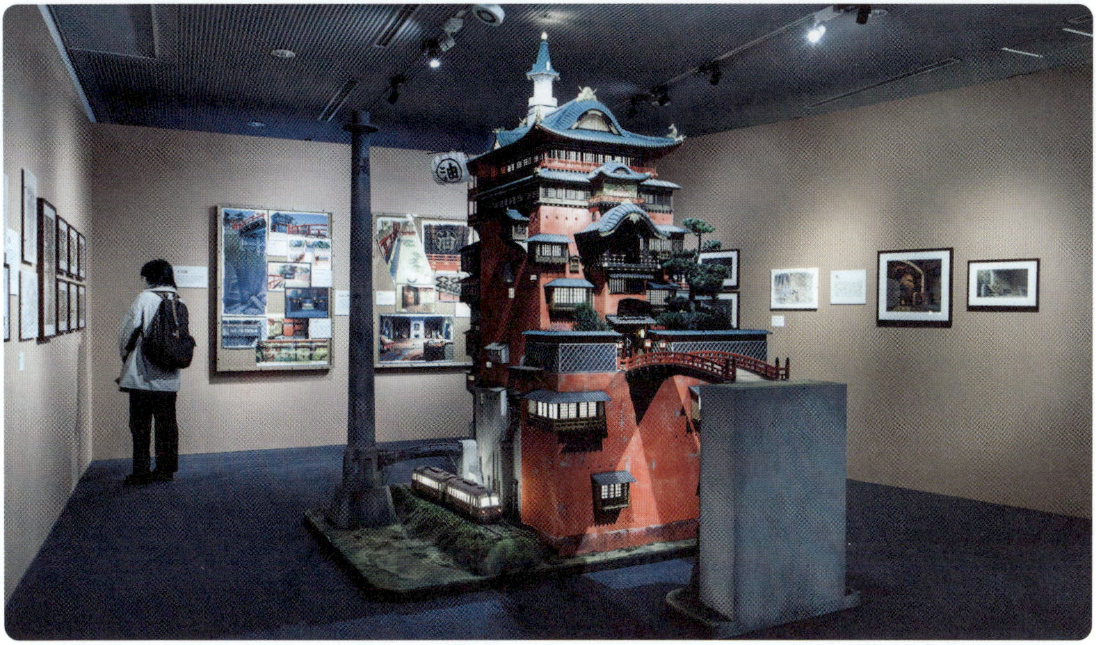

die sich nicht so einfach in die Schurkenschublade stecken lassen. Sie ist prahlerisch und nachtragend, aber die Art, wie sie ihre Kinder und Gäste behandelt, zeugt von aufrichtiger Fürsorge. Sogar für Chihiro zeigt sie einen gewissen Stolz. Wie alle guten Antagonisten ist sie mit ihrem komischen Gegacker, ihren spitzen Bemerkungen und dem cartoonhaften Riesenschädel unglaublich unterhaltsam. Und sie gibt Chihiro Arbeit.

Auch wenn Chihiro neu ist, wird sie gleich ins kalte Wasser geworfen, indem sie einen Faulgott schrubben muss, einen riesigen Klumpen kriechenden Schleims, der gekommen ist, um ein Bad zu nehmen, und bei dessen Gestank die anderen Angestellten das Weite gesucht haben und das Essen in der Nähe verrottet ist. Chihiro stürzt ins Bad des Geists, findet in einem Akt heldenhafter Güte den Lenker eines Fahrrads, das aus seiner Seite herausragt, und zieht daran, als würde sie einen Dorn aus der Pfote eines Bären ziehen. Das löst eine wunderschön animierte Flutwelle aus Schlamm und menschlichem Unrat aus, die enthüllt, dass das Wesen eigentlich ein Flussgott ist, der verschmutzt wurde. Diese Tat macht Chihiro im Badehaus beliebt und sie vereint die beiden Themen des Films – Konsum und Umweltschutz –, indem sie die enorme Müllproduktion und Verschwendungssucht der Konsumgesellschaft versinnbildlicht, die die Natur vergiftet, bis sie nicht mehr zu erkennen ist.

Ähnlich wirkungsvoll, wenn auch eher in seinem Verschlingen als in seinem Erbrechen, ist Ohngesicht, eine legendäre Ghibli-Figur. Nachdem Chihiro ihn heimlich ins Badehaus gelassen hat, verschlingt diese einfache schwarze Gestalt alles, was ihr in die Quere kommt. Schnell schwillt sie zu einem unersättlichen Jabba the Hut an, der genauso schnell mit Gold um sich wirft, wie er ganze Büffettische und gelegentlich auch mal einen Angestellten verschlingt. Anfangs ignorieren die Arbeiter den Schaden, den der Geist anrichtet, und tanzen stattdessen glücklich im Goldregen. Kreationen wie der Faulgott und Ohngesicht, die das Badehaus bevölkern, sind ein wahres Highlight – und ganz in der Tradition von *Mein Nachbar Totoro* ist auch das Putzen ein echter Hingucker. Nach der Arbeit genießt Chihiro ihre Ruhe und ihre Belohnung in Form des süßen Gebäcks. Es ist einer der wenigen Momente, in denen der Film zur Ruhe kommt, eine notwendige Verschnaufpause zwischen den Arbeitsschichten. Eine spätere Zugfahrt über ein spiegelglattes, bernsteinfarbenes Meer ist ein ätherischer, meditativer Atemzug der Ruhe und ein zwischen Freunden geteiltes Reisbällchen ist Balsam für die Seele.

Auch wenn diese Verschnaufpausen helfen, bleibt *Chihiros Reise ins Zauberland* ein unglaublich wuseliger Film und der Preis für ein beispielloses Charakterdesign und eine fantasiereiche Animation ist ein überladener und etwas unbefriedigender Plot. Das überfüllte Badehaus, seine Bewohner und ihre jeweiligen Geschichten und Beziehungen gehen in der Opulenz der Kreativität verloren und als man sich um ein eiliges Ende vor den Toren des Badehauses bemüht, das alle losen Enden zusammenführen soll, ist die Ausführung alles andere als sauber. Doch es ist auch nicht die erzählerische Qualität, die in *Chihiros Reise ins Zauberland* die große Freude bringt. Der Film spielt in einem Badehaus und man lässt ihn am besten über sich hinwegspülen.

Oben: Das Badehaus in *Chihiros Reise ins Zauberland* ist ein guter Kandidat für den Titel des denkwürdigsten Ghibli-Schauplatzes. Hier sieht man ein beeindruckendes Modell in einer vorübergehenden Ausstellung über die Architektur in Studio Ghibli-Filmen im Edo-Tokio- Freilicht-Architekturmuseum.

Gegenüber: Ohngesicht, eine der bekanntesten Ghibli-Figuren, steht auf der Brücke des Badehauses.

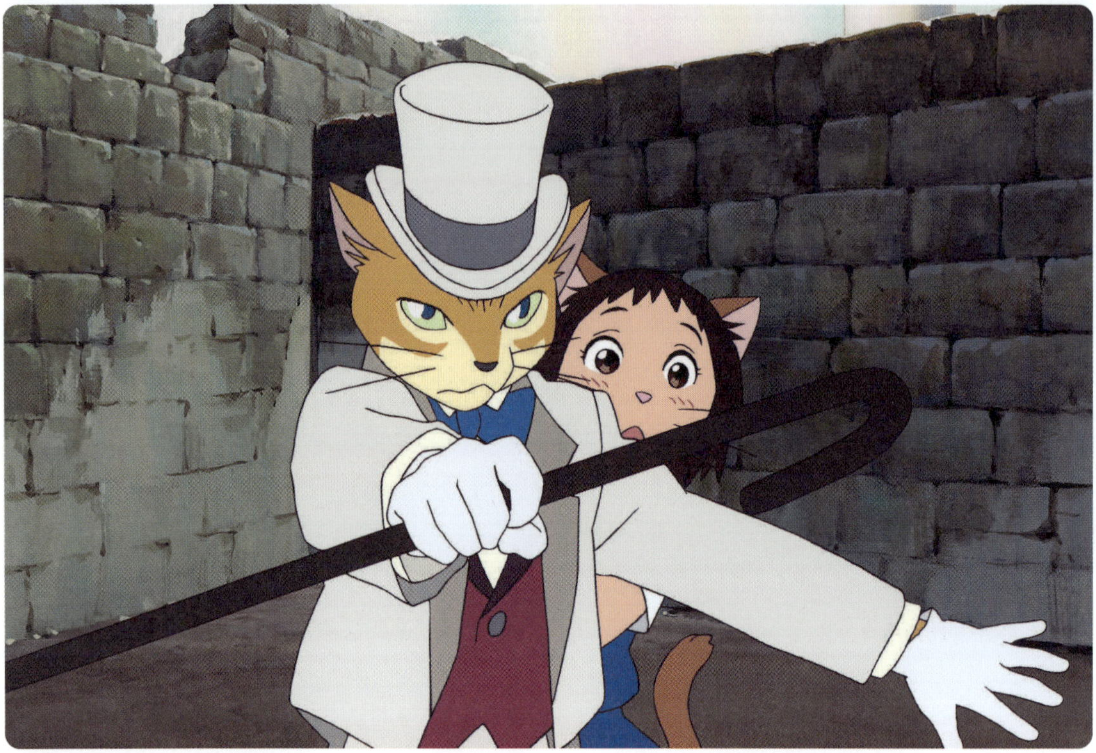

DAS KÖNIGREICH DER KATZEN (NEKO NO ONGAESHI, 2002)

KATZENMÄRCHEN VOM FEINSTEN

REGIE: HIROYUKI MORITA
DREHBUCH: REIKO YOSHIDA
LAUFZEIT: 75 MINUTEN
VERÖFFENTLICHUNGSDATUM (JAPAN): 19. JULI 2002

AUF DEN TAG GENAU EIN JAHR NACH DEM ERSCHEINEN DES BLOCKBUSTERS *CHIHIROS REISE INS ZAUBERLAND* IN DEN JAPANISCHEN KINOS GESTARTET, IST *DAS KÖNIGREICH DER KATZEN* EIN UNGEWÖHNLICHER BEITRAG ZUM STUDIO GHIBLI-KANON MIT EINER EINZIGARTIGEN HINTERGRUNDGESCHICHTE.

Es heißt, 1999 sei ein Themenpark mit der Bitte nach einem 20-minütigen Kurzfilm an Studio Ghibli herangetreten – das einzige Thema: Katzen. „Das Katzenprojekt" entwickelte sich schließlich zu einem Pseudo-Sequel zu *Stimme des Herzens* von 1995, als Hayao Miyazaki persönlich vorschlug, dass die Hauptfiguren und Schauplätze aus Yoshifumi Kondos Teenie-Romanze entnommen werden sollten, vor allem der schneidige Baron.

Aoi Hiiragi, die Autorin des Mangas, auf dem *Stimme des Herzens* basiert, wurde an Bord geholt, um ein Folgewerk zu schaffen. Das Ergebnis war nicht unbedingt eine direkte Fortsetzung, sondern eher eine Geschichte, die Shizuku, das junge Mädchen mit der blühenden Fantasie aus *Stimme des Herzens*, erträumt haben könnte.

Die Sache mit dem Themenpark zerschlug sich, doch das Katzenprojekt schnurrte weiter, umgemodelt zu einer Präsentationsfläche für die aufstrebenden Talente innerhalb des Studios. Hiiragis Manga, der von Ghiblis Mutterkonzern Tokuma Shoten veröffentlicht wurde, war sehr viel länger als erwartet, also wurde überlegt, einen 45-minütigen Kurzfilm daraus zu machen, der direkt auf Video erscheinen sollte.

Der erfahrene Animator Hiroyuki Morita, der schon seit Langem als Freelancer für Ghibli gearbeitet hatte – und zu dessen Arbeiten für das Studio Inbetweens für *Kikis kleiner Lieferservice* und Keyframe-Animationen für *Meine Nachbarn die Yamadas* zählen sowie Klassiker, die nicht aus dem Hause Ghibli stammen, von *Akira* bis *Perfect Blue* –, wurde als Regisseur ausgewählt. Es waren Moritas umfangreiche Storyboards und sein ambitionierter Planungsentwurf, die Produzent Toshio Suzuki überzeugten, den Kurzfilm auf Spielfilmlänge auszuweiten und ihn für einen Kinostart im großen Stil vorzubereiten, in der Überzeugung, dass der Film ein Hit werden würde.

Und Suzuki sollte recht behalten. Auch wenn er natürlich nicht an die alle Rekorde brechenden Einnahmen von *Chihiros Reise ins Zauberland* heranreichen konnte, spielte *Das Königreich der Katzen* 2002 respektable 6,4 Milliarden Yen ein, was ihn zum erfolgreichsten japanischen Film an den heimischen Kinokassen dieses Jahres machte. In den Einspielergebnissen wurde er schließlich nur von den Hollywood-Megablockbustern *Harry Potter und die Kammer des Schreckens*, *Spider-Man* und *Der Herr der Ringe – Die zwei Türme* geschlagen. Im Vergleich dazu muss Ghiblis schlanker 75-Minüter – der zusammen mit der zweiten Episode der „Ghiblies", einer Sketchreihe über das Studioleben, gezeigt wurde, um die Kinolänge auszufüllen – erfrischend bescheiden gewirkt haben.

Trotz des Erfolgs seines Debütfilms kehrte Hiroyuki Morita zu seinem Leben als Freelancer zurück und arbeitete später für Ghibli an Takahatas Film *Die Legende der Prinzessin Kaguya*. Zum Zeitpunkt der Entstehung dieses Buches hatte er nicht wieder Regie geführt. *Das Königreich der Katzen* ritt jedoch noch auf der Erfolgswelle des Oscar-Preisträgers *Chihiros Reise ins Zauberland* und erhielt eine starbesetzte englische Synchro mit den Stimmen von Anne Hathaway, Tim Curry und Cary Elwes als Baron. Für viele junge Zuschauer im Westen war er die erste Begegnung mit Studio Ghibli und da die DVD in vielen Märkten vor *Stimme des Herzens* erschien, war sein Status als Pseudo-Sequel lange Zeit nicht mehr als eine Randnotiz.

Gegenüber: Der Katzenmann kehrt für Ghiblis erstes Sequel zurück.

Unten: In ihrer gesamten Filmografie hat Ghibli ein ganzes Büffet an klassischen Essenszenen geschaffen. Hier übertreibt es Muta etwas.

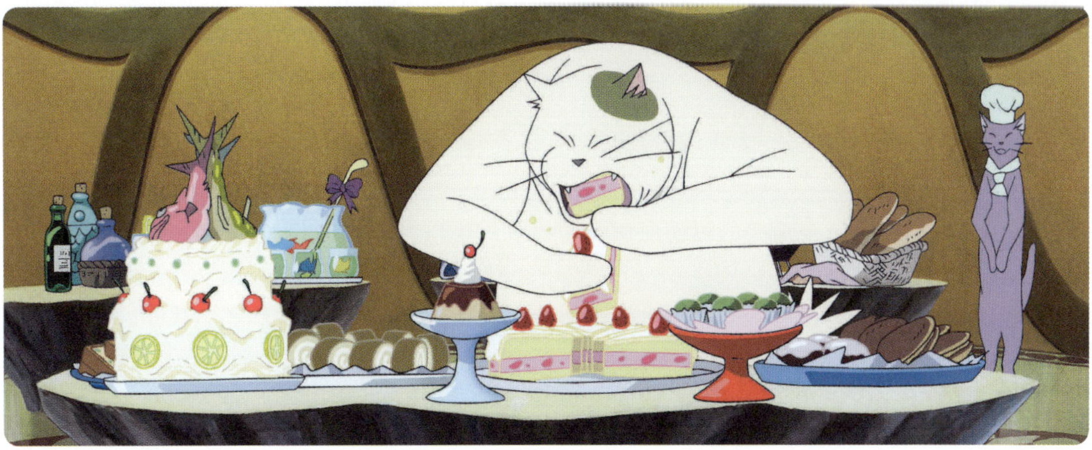

KOMMENTAR: DAS KÖNIGREICH DER KATZEN

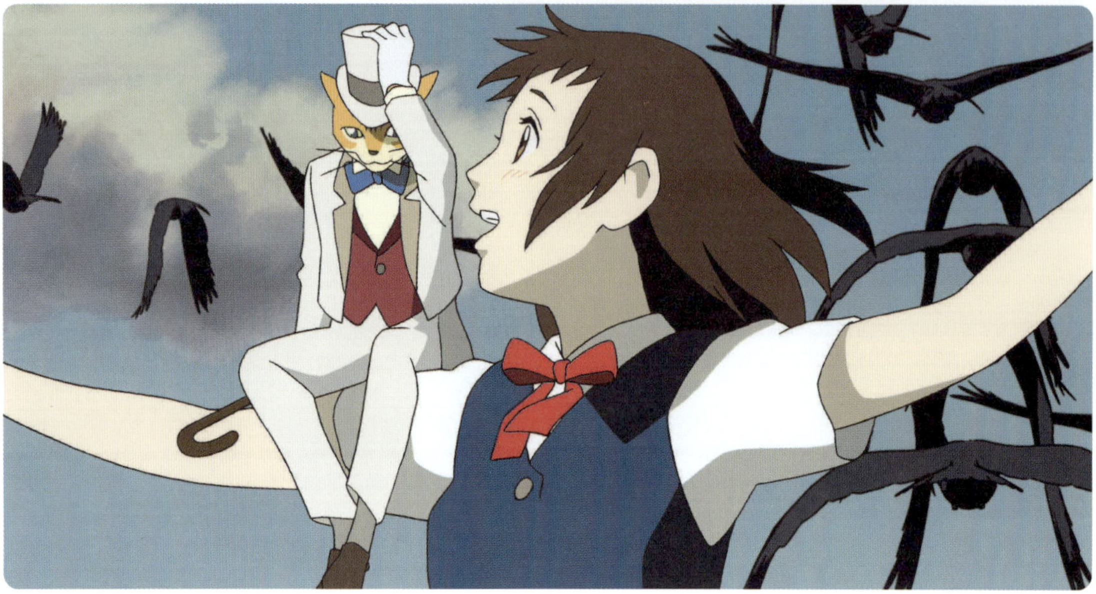

In der Theorie sollte *Das Königreich der Katzen* der perfekte Ghibli-Film sein und hat auch alle nötigen Zutaten. Eine junge Protagonistin, die nach ihrem Platz in der Welt sucht, eine magische Welt, die direkt an ihre eigene grenzt, und natürlich jede Menge Katzen. Aber vielleicht liegt es daran, dass das genau die Zutaten sind, die wir von einem Ghibli-Film erwarten, und der Film dem Rezept keine eigene Note verleiht, dass *Das Königreich der Katzen* letztlich ein eher fades Ghibli-Fertiggericht ist. Ghiblis „Fehlschläge" wie *Meine Nachbarn die Yamadas* oder *Die Chroniken von Erdsee* sind bemerkenswert in ihrer kreativen Ambition, auch wenn sie ihre Schwächen haben. *Das Königreich der Katzen* dagegen ist etwas noch Selteneres als ein „Ghibli-Fehlschlag", es ist Ghibli mit mangelnder Vorstellungskraft. Die Optik des Films stört sofort. Es ist, als wäre ein Miyazaki-Film durch einen Jahrmarktspiegel verzerrt worden, der den Körper streckt: Die Figuren hier sind schlaksiger und der Stil insgesamt cartoonhafter. Die Geschichte scheint irgendwie formlos zu sein. Ghibli-Werke wie *Chihiros Reise ins Zauberland* und *Stimme des Herzens* nehmen Elemente einer Fantasy-Erzählung des Fehl-am-Platz-Seins wie in *Alice im Wunderland*, passt sie aber an moderne Sichtweisen und Themen an. Sie befreien sich von den Fesseln der Erzähltradition und betreten unbekanntes, ambitioniertes, eigenwilliges Territorium.

Das Königreich der Katzen ist einfacher gehalten. Der Film folgt Haru, einem jungen Mädchen, das einen Katzenprinz davor bewahrt, überfahren zu werden, und somit zu seiner Verlobten wird. Sie reist durch magische Königreiche, überlebt Schwertkämpfe, speist bei royalen Banketten und meistert in einem angenehmen Spaziergang durch klassische Märchenkost ein Heckenlabyrinth. Es ist eine steife Geschichte, in der „Coolsein" eine erstrebenswerte Eigenschaft und Kämpfen eine zuverlässige Lösung für alle Probleme des Lebens ist. Die erzählerische Flexibilität und moralische Beleuchtung, die wir vom Studio erwarten würden, fehlen. Zusätzlich enttäuschend ist die Verwendung der Figuren aus *Stimme des Herzens*, die zu überspitzten Karikaturen ihrer selbst werden, der Baron ist ein übertrieben pompöser Geck und Muta ein dümmlicher Tollpatsch. Ihr Vermächtnis wird nicht direkt zertrümmert, aber es bekommt auf jeden Fall ein paar Macken.

Sicher hat der Film auch seine guten Momente. *Das Königreich der Katzen* kann man entdecken, wenn man nur auf die richtige Art durch die Straßen streift, wodurch das Abenteuer in greifbare Nähe rückt. Damit bleibt der Film dem Ghibli-Ansatz, das Magische und das Alltägliche miteinander verschmelzen zu lassen, treu. Innerhalb des Königreichs regiert der heruntergekommene und bizarre Katzenkönig mit herrlich chaotischer und unterhaltsamer Macht, doch auch das kann den scheinbar improvisierten finalen Akt nicht wettmachen. Neue Figuren und Enthüllungen der Hintergrundgeschichte müssen den mageren Plot des Films tragen, bevor er mit dem vielleicht eindrucksvollsten Bild endet. In einer Hommage an *Kikis kleiner Lieferservice* passt sich Haru – die durch den Himmel stürzt – einem Vogelschwarm an und benutzt ihn wie eine Wendeltreppe, um sicher zur Erde hinabzusteigen. Es ist ein wunderschöner Moment, durch den man sich gern an den Film erinnert, auch wenn er nicht unbedingt das Gefühl in einem auslöst, dass man ihn gleich wiedersehen muss.

Oben: Der Baron und Haru auf der Krähentreppe. Eine hervorstechende Szene in einem Werk, das nicht die gewohnten Höhenflüge Ghiblis erreicht.

Gegenüber: Das japanische Poster zu *Das Königreich der Katzen*.

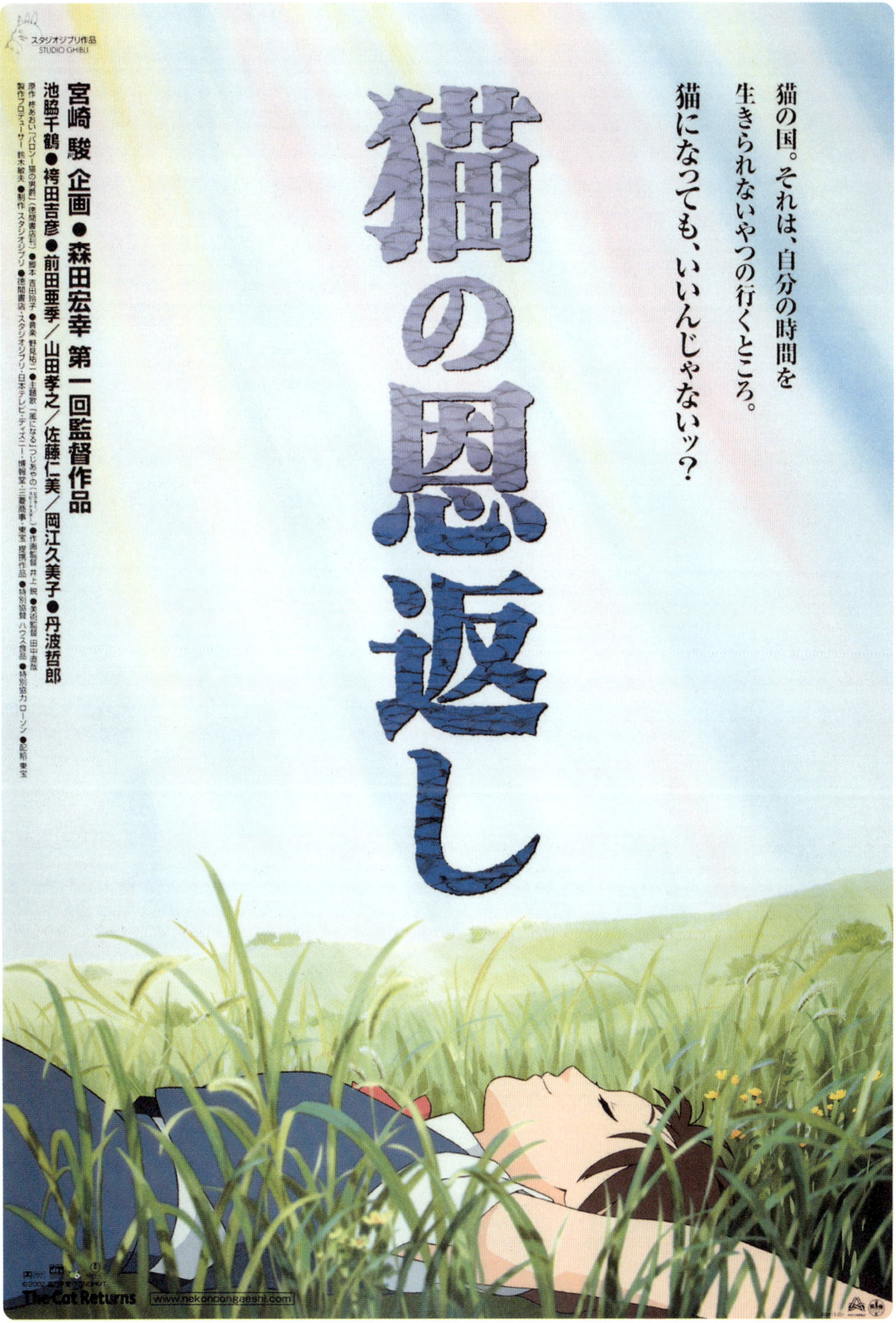
スタジオジブリ作品
STUDIO GHIBLI
猫の国。それは、自分の時間を
生きられないやつの行くところ。
猫になっても、いいんじゃないッ?
猫の恩返し
宮崎 駿 企画●森田宏幸 第一回監督作品
池脇千鶴●袴田吉彦●前田亜季/山田孝之/佐藤仁美/岡江久美子●丹波哲郎
The Cat Returns
www.nekonoongaeshi.com

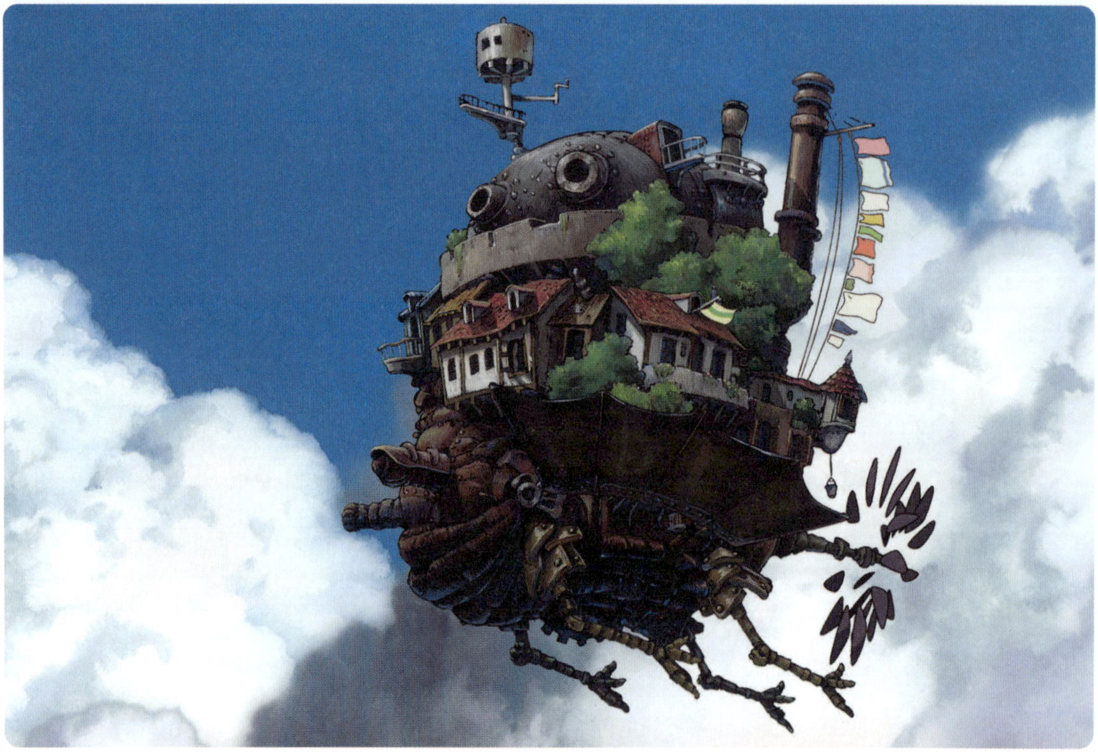

DAS WANDELNDE SCHLOSS (HAURU NO UGOKU SHIRO, 2004)

DAS ULTIMATIVE WOHNMOBIL

REGIE: HAYAO MIYAZAKI
DREHBUCH: HAYAO MIYAZAKI
LAUFZEIT: 119 MINUTEN
VERÖFFENTLICHUNGSDATUM (JAPAN): 20. NOVEMBER 2004

IM JULI 2001 BEI EINER PRESSEKONFERENZ KURZ VOR DEM ERSCHEINEN VON *CHIHIROS REISE INS ZAUBERLAND* KÜNDIGTE HAYAO MIYAZAKI AN, DASS ER SICH AUS DER SPIELFILMREGIE ZURÜCKZIEHEN WÜRDE. STATTDESSEN WOLLTE ER SICH AUF DAS BALD ÖFFNENDE GHIBLI-MUSEUM KONZENTRIEREN, SPEZIELLE AUSSTELLUNGEN KURATIEREN UND KURZFILME MACHEN, DIE IM HAUSEIGENEN KINO DES MUSEUMS LAUFEN SOLLTEN. REGIE SEI ETWAS FÜR JÜNGERE MÄNNER UND ES SEI AN DER ZEIT, DASS EINE NEUE GENERATION ÜBERNAHM.

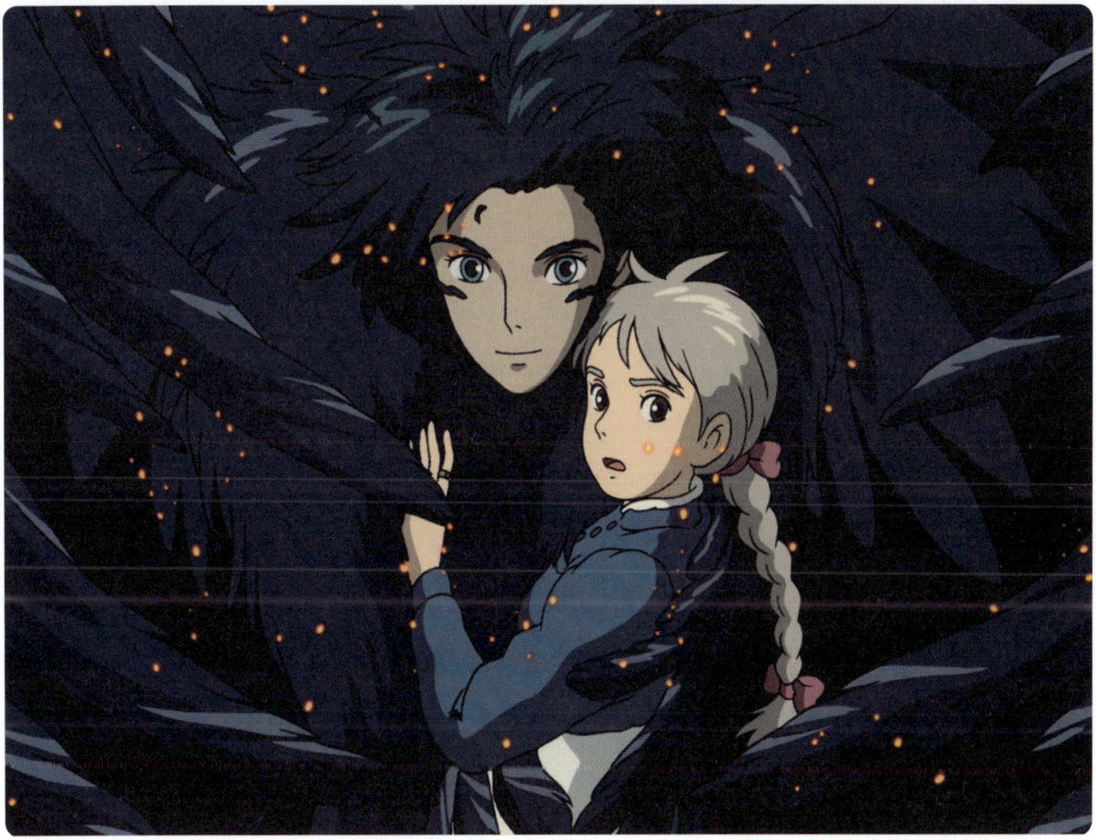

Oben: Eine Verbindung entsteht zwischen den beiden Protagonisten des Films: dem Zauberer Hauro und Sophie, die das unglückliche Opfer eines bösen Fluchs wird.

Gegenüber: Von seinen Türmchen bis hin zu seinen metallischen Hühnerfüßen, das wandelnde Schloss ist eine weitere faszinierende Miyazaki-Schöpfung.

In diesem September wurde angekündigt, dass das nächste Filmprojekt von Studio Ghibli eine Adaption des englischen Jugend-Fantasy-Romans *Das wandelnde Schloss der* walisischen Autorin Diana Wynne Jones werden sollte. Da Miyazaki sich vermeintlich zur Ruhe gesetzt hatte, fiel die Rolle des Regisseurs dem vielversprechenden jungen Filmemacher Mamoru Hosoda zu, dessen Traum von einer Karriere in der Animationsbranche von Miyazakis Spielfilmdebüt *Lupin III – Das Schloss des Cagliostro* von 1979 ausgelöst worden war.

Tatsächlich hatte sich Hosoda bei Ghibli als Animator beworben, hatte aber von Miyazaki persönlich eine Absage erhalten, in der er ihm ans Herz gelegt hatte, seine Talente anderweitig weiterzuentwickeln. Und so verbrachte Hosoda die 1990er bei Toei Animation, wo er seine Animationsfähigkeiten an den Franchises *Dragon Ball Z* und *Sailor Moon* verfeinerte, bevor er 2000 Co-Regisseur des beliebten *Digimon*-Films *Bokura no War Game!* wurde. Könnte er also der nächste Miyazaki sein?

Nicht bei Ghibli, so viel ist sicher. Ende 2002 war Hosoda raus, Miyazaki war wieder drin und das gesamte *Das wandelnde Schloss*-

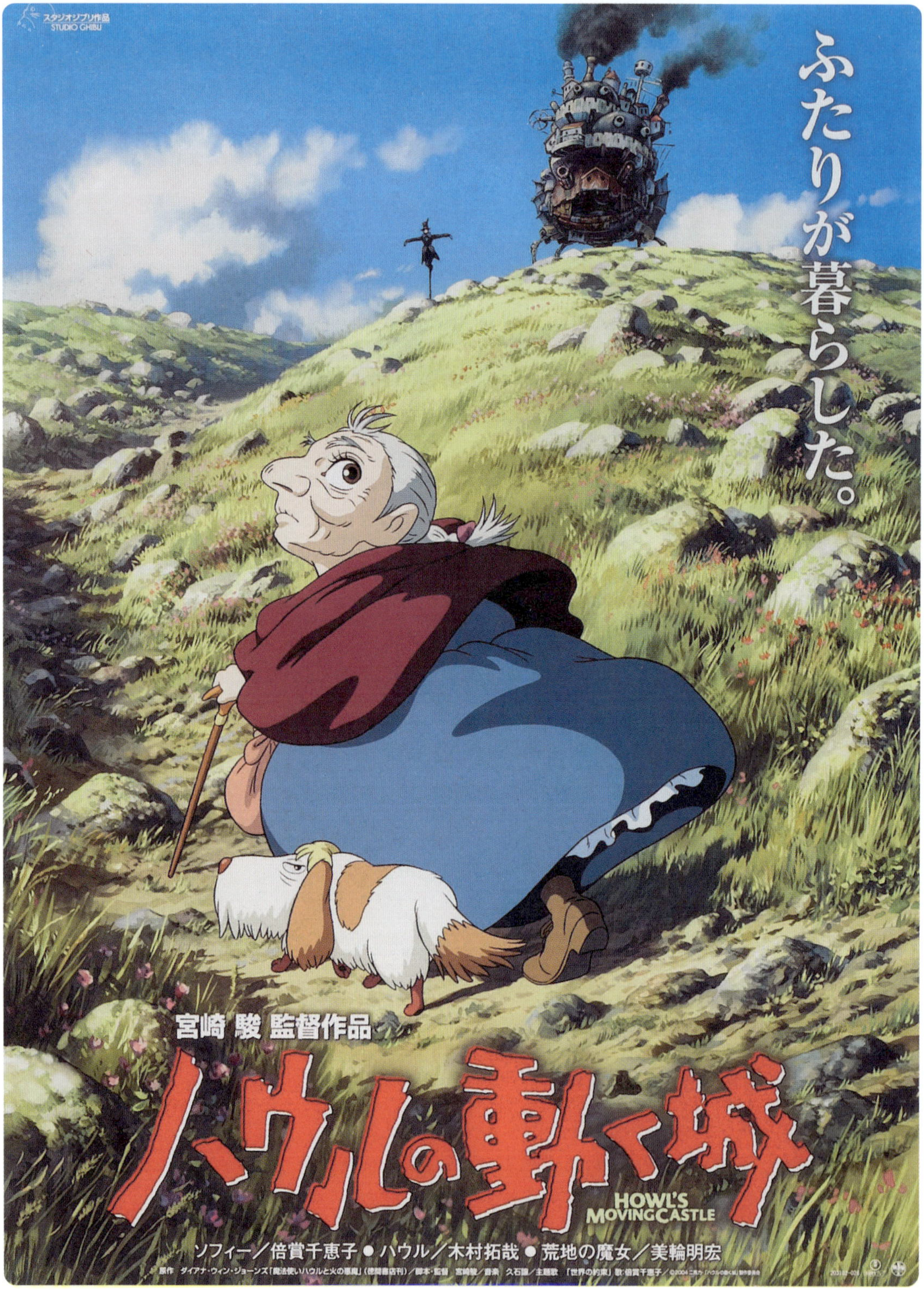
スタジオジブリ作品
STUDIO GHIBLI
ふたりが暮らした。
宮崎 駿 監督作品
ハウルの動く城
HOWL'S MOVING CASTLE
ソフィー／倍賞千恵子 ● ハウル／木村拓哉 ● 荒地の魔女／美輪明宏
原作 ダイアナ・ウィン・ジョーンズ「魔法使いハウルと火の悪魔」（徳間書店刊）／脚本・監督 宮崎駿／音楽 久石譲／主題歌 「世界の約束」歌:倍賞千恵子

Projekt erfuhr einen Richtungswechsel. Die Zeitlinie in Ghiblis *The Art of Howl's Moving Castle* spart die abgebrochene Produktion aus und beschönigt die Geschichte, indem sie mit einer Rechercherreise nach Europa im September 2002 beginnt, gefolgt von Miyazakis eigenem Drehbuch, Storyboards und Konzeptzeichnungen ab November, woraufhin im Februar 2003 die eigentliche Produktion begann.

Doch von *Das wandelnde Schloss* gefeuert zu werden, war nur ein kurzer Rückschlag für Hosoda, der schließlich eine der erfolgreichsten, respektiertesten und originellsten Stimmen der japanischen Animationsbranche wurde, angefangen mit *Das Mädchen, das durch die Zeit sprang* 2006, über *Summer Wars, Ame & Yuki – Die Wolfskinder* und *Der Junge und das Biest*, bis hin zum Oscar-nominierten *Mirai – Das Mädchen aus der Zukunft*. Rückblickend sieht Hosoda die Erfahrung als Schlüsselmoment seines Wachstums als Filmemacher und beschreibt sie als klassischen Fall von kreativen Differenzen: „Mir wurde gesagt, ich sollte [den Film] machen, wie Miyazaki ihn gemacht hätte, aber ich wollte meinen eigenen Film machen, so wie ich ihn machen wollte. Der Unterschied zwischen dem, wie ich den Film machen wollte, und wie sie ihn haben wollten, war einfach zu groß, also musste ich mich von dem Projekt zurückziehen."

Und so stellte sich Miyazakis Ruhestand einmal mehr als kurzlebig heraus und wie damals bei *Kikis kleiner Lieferservice* ging es auf Kosten eines jungen Filmemachers. Als er bei der Premiere des fertigen Films bei den Filmfestspielen von Venedig nach seinen Plänen gefragt wurde, erklärte Miyazaki: „Es gibt da diesen hartnäckigen Teil in mir, der noch ein bisschen weitermachen will."

Das wandelnde Schloss erschien im November 2004 und war ein riesiger Erfolg an den japanischen Kinokassen und auch wenn er nicht mit dem Gesamteinspielergebnis von *Chihiros Reise ins Zauberland* mithalten konnte, war er zum Zeitpunkt des Entstehens dieses Buchs immer noch einer der umsatzstärksten japanischen Filme aller Zeiten. Und das gelang ihm ohne Toshio Suzukis sonst so aggressive Werbekampagnen – angeblich eine Reaktion auf einen Ausbruch Miyazakis, nachdem ein Mitarbeiter bei einer Besprechung angedeutet hatte, dass der Erfolg von *Chihiros Reise ins Zauberland*, zumindest teilweise, auf eine clevere Marketingstrategie zurückzuführen gewesen sei.

Gegenüber: Das japanische Poster zu *Das wandelnde Schloss*.

Unten: Von einem riesigen Vogel und einem jungen Mädchen zu einem schlanken Zauberer und einer ältlichen Haushälterin, Hauro und Sophie verwandeln sich innerhalb des Films.

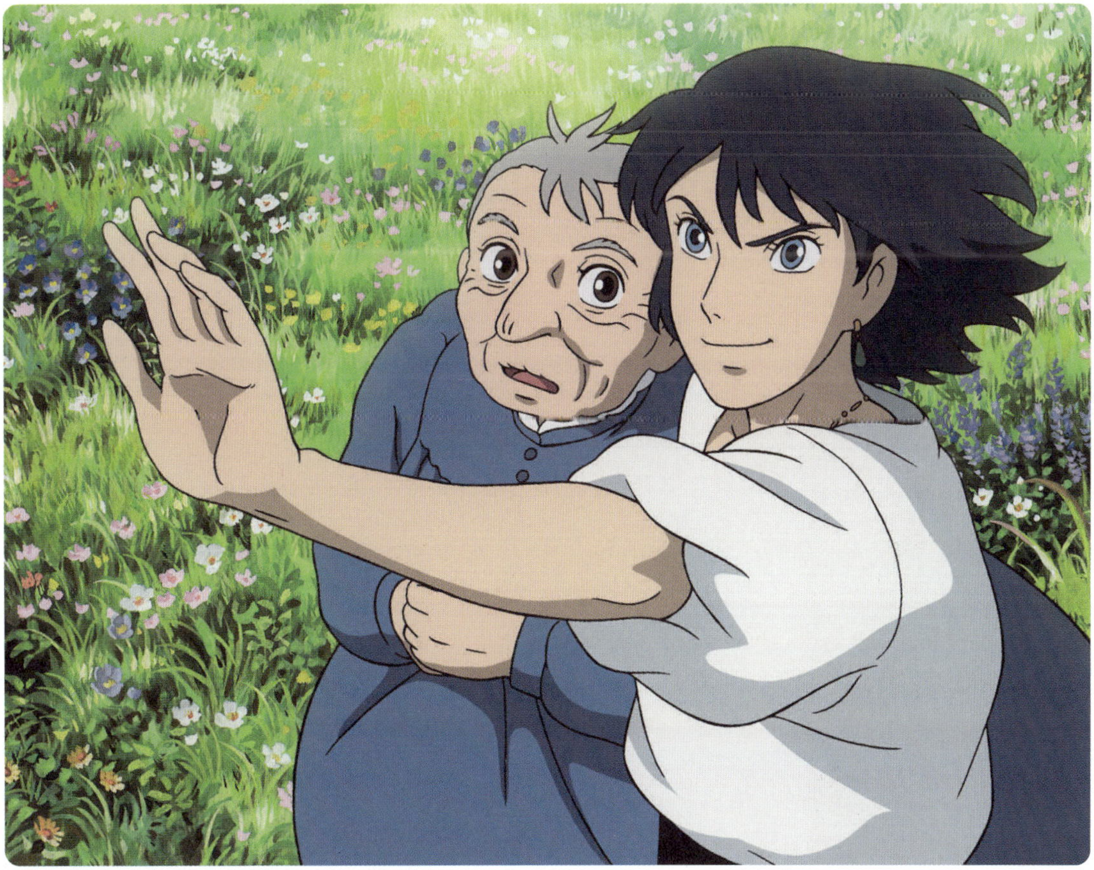

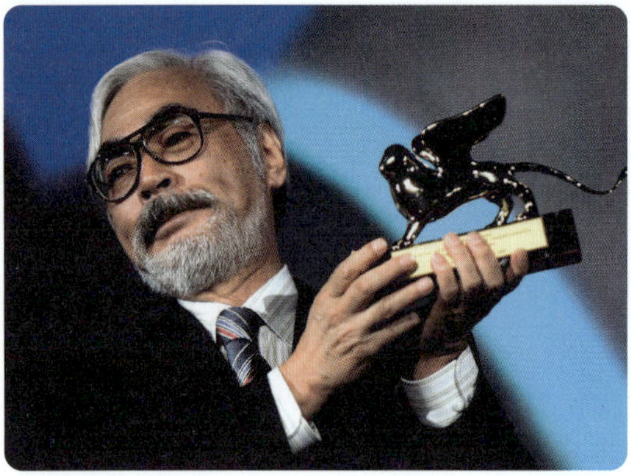

Miyazaki war offensichtlich in einer düsteren Stimmung, die stark geprägt war von den anhaltenden internationalen Konflikten. In einem Interview mit Xan Brooks für den *Guardian*, das eigentlich seinen Erfolg hätte feiern sollen, beschrieb er seine damalige Weltsicht mit finsteren Worten: „Ich persönlich bin sehr pessimistisch. Aber wenn etwa ein Mitarbeiter ein Baby bekommt, kann man ihm natürlich nur eine rosige Zukunft wünschen. Ich kann diesem Kind ja nicht mit auf den Weg geben: ‚Oh, du hättest nicht in diese Welt geboren werden sollen.' Und doch weiß ich, dass die Welt sich in eine falsche Richtung entwickelt. Mit diesen widersprüchlichen Gedanken im Kopf überlege ich also, welche Art von Filmen ich machen sollte."

Dieser unlösbare Konflikt wird mehr als deutlich in *Das wandelnde Schloss*, besonders in Miyazakis Adaption, die in düsterere Territorien vordringt als Wynne Jones' Original. Im Gegensatz zu anderen Autoren, deren Werke von Ghibli adaptiert wurden, hatte Wynne Jones jedoch eine diplomatische und sogar verständige Meinung über den Film: „Miyazaki und ich waren beide Kinder im Zweiten Weltkrieg und wir scheinen auf gegenteilige Art damit umzugehen. Ich neige dazu, den tatsächlichen Krieg auszusparen, wohingegen Miyazaki beides will, er zeigt die Hässlichkeit des Krieges, aber auch die beeindruckenden Szenerien eines Bombenangriffs."

Die nächste englischsprachige Fantasy-Autorin, deren Werk Ghibli adaptierte, sollte nicht ganz so versöhnlich reagieren.

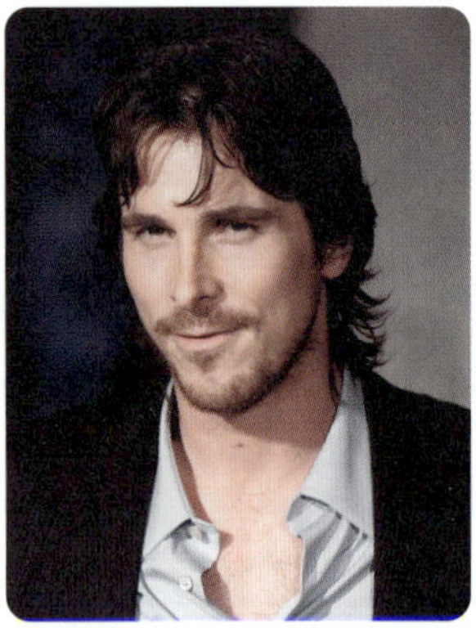

Oben: Hayao Miyazaki hält bei den Filmfestspielen von Venedig den Goldenen Löwen für sein Lebenswerk hoch.

Links: Christian Bale (die Stimme von Hauro) war schon zuvor ein Ghibli-Fan und liebte *Chihiros Reise ins Zauberland*.

Rechts: Hauro hält Calcifer, der sein Herz in seinem Besitz hat. Für viele ist Calcifer auch das Herz des Films.

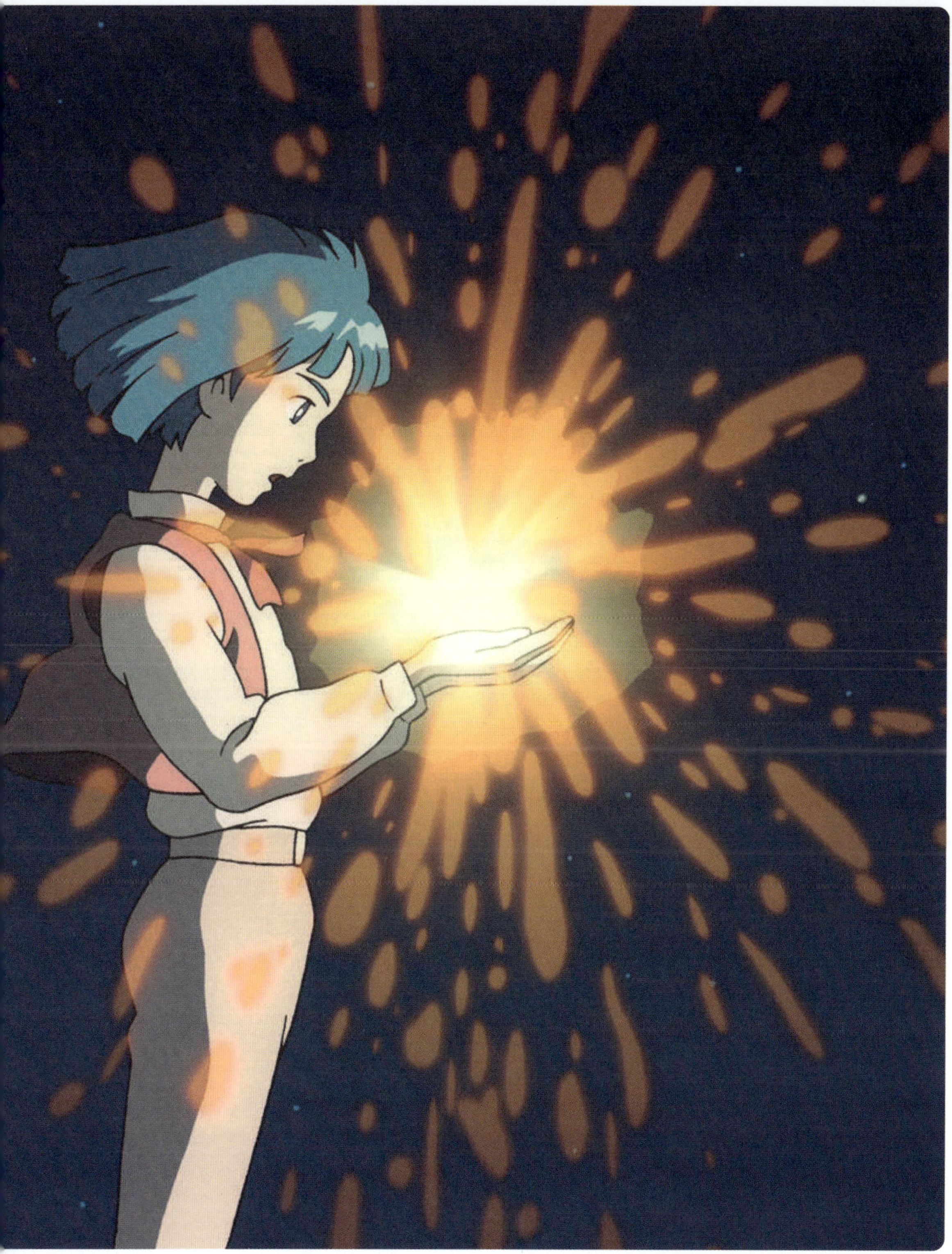

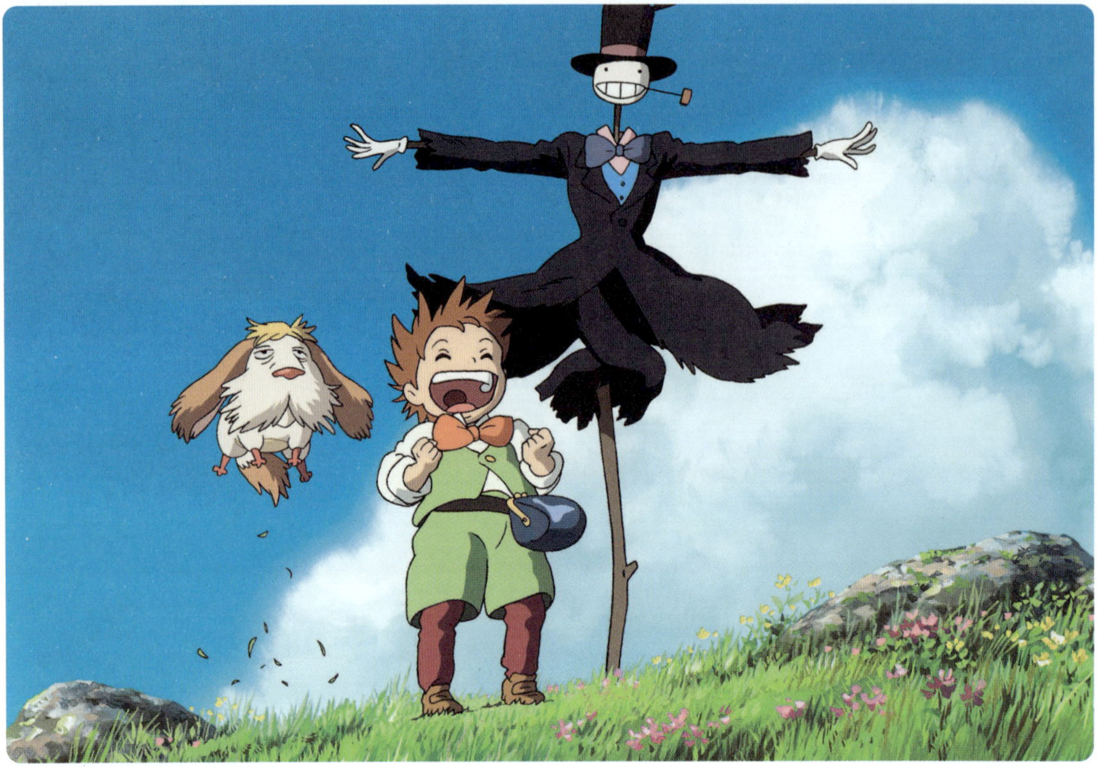

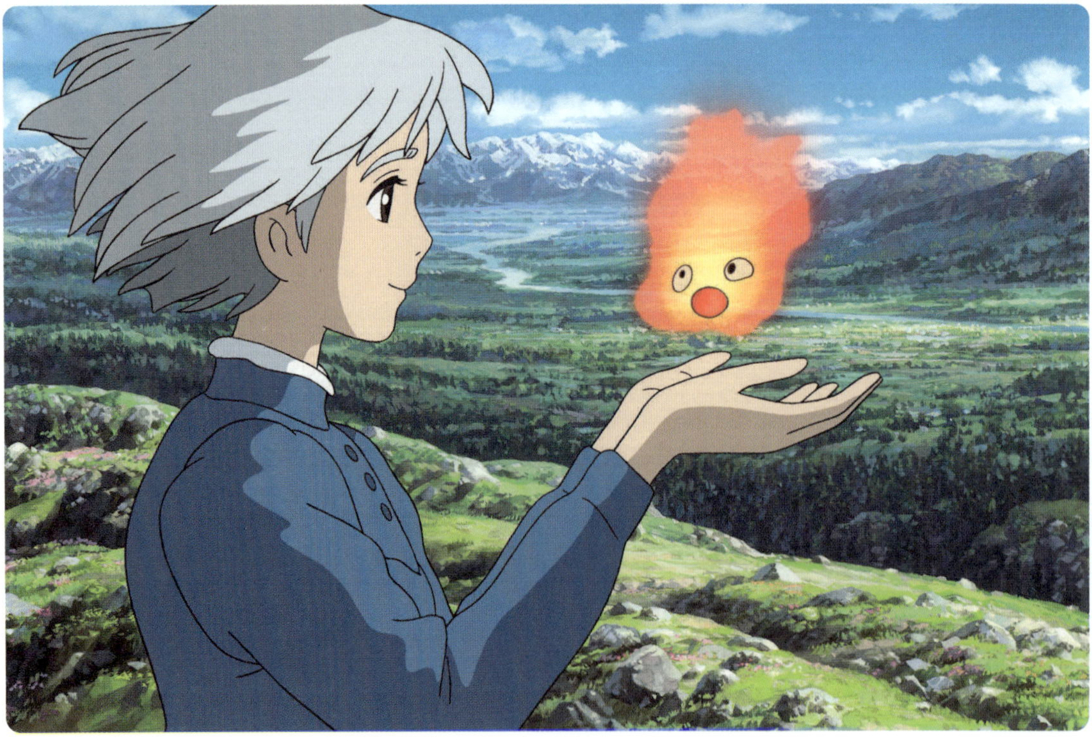

KOMMENTAR: DAS WANDELNDE SCHLOSS

Wie tritt man erfolgreich in die Fußstapfen des ersten nicht englischsprachigen Films, der den Oscar für den besten Animationsfilm gewonnen hat? Gar nicht. Also, zumindest nicht erfolgreich. Vielleicht ist das die Krise, die viele Rentner befällt, aber *Das wandelnde Schloss* fühlt sich an, als wollte Miyazaki die größten Hits seiner jungen Jahre noch einmal durchleben. Man muss zu Ghiblis altbekanntem Territorium jedoch sagen, dass es dort sehr nett ist. Von den europäisch anmutenden Schauplätzen zu den der Schwerkraft trotzenden Fluggeräten und sogar dem köstlichen Frühstück, *Das wandelnde Schloss* bewegt sich durch die herrlich vertrauten Heimeligkeiten, die Ghibli ausmachen, und ist dabei angenehm zu schauen. Aber wer will einen Hayao Miyazaki-Film, der nur okay ist?

Der Film spielt zu Kriegszeiten, in einem Krieg, dessen Details eher verschwommen bleiben. Die Zerstörungen überschatten die eigentlichen Gründe für den Kampf. Vielleicht hatte Miyazaki (angefacht durch den damaligen Irak-Krieg) genau das beabsichtigt: die Verwüstungen des Krieges darzustellen sowie die Verwirrung, Blindheit und aufgeblasenen Egos der Strippenzieher des Konflikts. Der Krieg verkommt jedoch zu einem Hintergrund, vor dem der Regisseur seine geliebten Luftschiffe ins Szene setzen kann, auch wenn sie im Vergleich zu den Figuren unwichtig erscheinen.

Die Schiffe selbst, die an Miyazakis Designs aus *Nausicaä* und *Das Schloss im Himmel* erinnern, verbinden eine seltsame Kombination aus Schwerfälligkeit und Zartheit mit ihren eisernen Rümpfen und ihren metallenen Schmetterlingsflügeln, als wären sie selbst hin- und hergerissen zwischen den Grotesken des Krieges und der natürlichen Schönheit. In ihren bedrohlichen Schatten lebt Sophie, eine junge Hutmacherin, die von einer Hexe – der Hexe aus dem Niemandsland – mit einem Fluch belegt wird, der sie viel älter aussehen lässt, als sie ist. In ihrem selbst auferlegten Exil findet sie Zuflucht in einem seltsamen Gebäude, das scheinbar laufen kann.

Es ist das titelgebende wandelnde Schloss und es ist eine fantastische Kreation. Eine gewaltige Patchwork-Konstruktion aus Eisenplatten, Steintürmchen, bizarren Backsteinfassaden, riesigen Stoffflügeln und unmöglich kleinen metallischen Hühnerfüßen. Trotz seiner Größe kann dieser Koloss von einem Palast sich von einem Augenblick zum nächsten teleportieren und auch transformieren, sodass er zu einer städtischen Ladenfront oder einem Portal zu einem friedlichen grünen Tal wird. Das ist Miyazakis Vision einer utopischen Industrie, ein idealisiertes Heim, zusammengehalten durch Magie, die nicht zusammenpassende künstliche Texturen vereint und sie zu etwas Lebendigem macht.

Hier trifft Sophie ihre neue Familie, einen Jungen namens Markl (der ebenfalls sein äußeres Alter verändert, allerdings gezielt), einen hitzköpfigen Feuerdämon namens Calcifer, der das Schloss am Laufen hält, und das Emo-Idol der 2000er schlechthin, den sturen, unabhängigen Zauberer Hauro. Hauro kämpft im anhaltenden Krieg, indem er einen gefährlichen Fluch anwendet, der ihn in einen riesigen Vogel verwandelt, der zwischen den fliegenden Maschinen und ihren Bomben hindurchgleiten kann. Im Gegensatz zu Ashitaka in *Prinzessin Mononoke*, der Frieden vermitteln will, kämpft Hauro an vorderster Front, was ihn vielleicht ungewollt als Held dastehen lässt, ein unnötiger Märtyrer für eine verwirrende Sache.

Innerhalb der Schlossmauern kann der Film glänzen – im wahrsten Sinne des Wortes, denn Sophie schrubbt es in einer unvergesslichen, befriedigenden Szene von oben bis unten. Es gelingt ihr, Calcifers Flammen zu zähmen, um einen brutzelnden Teller mit Eiern und Speck für das Haus zuzubereiten, der einem das Wasser im Mund zusammenlaufen lässt. Später, als die Hexe aus dem Niemandsland einzieht, die nun ebenfalls steinalt ist, wird Sophie ihre Pflegerin. Es ist eine Beziehung des Respekts und der Menschlichkeit, als der ursprüngliche Fluch der Hexe in einem bewegenden Akt der Fürsorge zu einer vergessenen Nebensächlichkeit wird.

In ihren Versuchen, jenen um sich herum zu helfen und nicht nur sich selbst, zähmt Sophie schließlich auch Hauros glühende Eitelkeit. Doch obwohl ihre Unabhängigkeit offensichtlich ist, wird sie doch definiert über ihre Taten für andere. Verglichen mit den großen Abenteuern von San, Chihiro und Kiki vor ihr und trotz der großen Möglichkeiten von Hauros Welt bleiben Sophies Abenteuer beschränkt auf die Welt der Häuslichkeit.

Wenig überraschend, wenn man bedenkt, an welchem Punkt in seinem Leben Miyazaki angekommen war, ist der Film geprägt von einem großen Respekt für die Älteren. In *Das wandelnde Schloss* bedeutet Alter nicht, dass man zur Nebenfigur verkommt, und Miyazaki sollte sich das zu Herzen nehmen. Er mochte alt geworden sein, er mochte sich sogar zur Ruhe gesetzt haben (wieder und wieder), aber einige seiner zukünftigen Werke sollten seinen Status als Held wieder festigen.

GHIBLI UND AARDMAN

GHIBLI HAT BEKANNTERMASSEN EINE ENGE BEZIEHUNG ZU PIXAR, ABER AUCH EINE GROSSE BEWUNDERUNG FÜR AARDMAN ANIMATIONS. GHIBLI VERÖFFENTLICHT AARDMANS WERKE IN JAPAN UND HAT *WALLACE UND GROMIT* 2006 EINE AUSSTELLUNG IM GHIBLI-MUSEUM GEWIDMET. IRONISCHERWEISE WAR *DAS WANDELNDE SCHLOSS* IN DIESEM JAHR FÜR DEN OSCAR ALS BESTER ANIMATIONSFILM NOMINIERT, WURDE ABER VON AARDMANS *WALLACE UND GROMIT – AUF DER JAGD NACH DEM RIESENKANINCHEN* GESCHLAGEN.

Gegenüber, oben: Der Hund Hin, der Junge Markl und Rübenkopf vervollständigen Hauros fröhliche Reisetruppe.

Gegenüber, unten: Sophie trifft auf Calcifer. Der Feuerdämon wird in der englischen Version von Billy Crystal gesprochen.

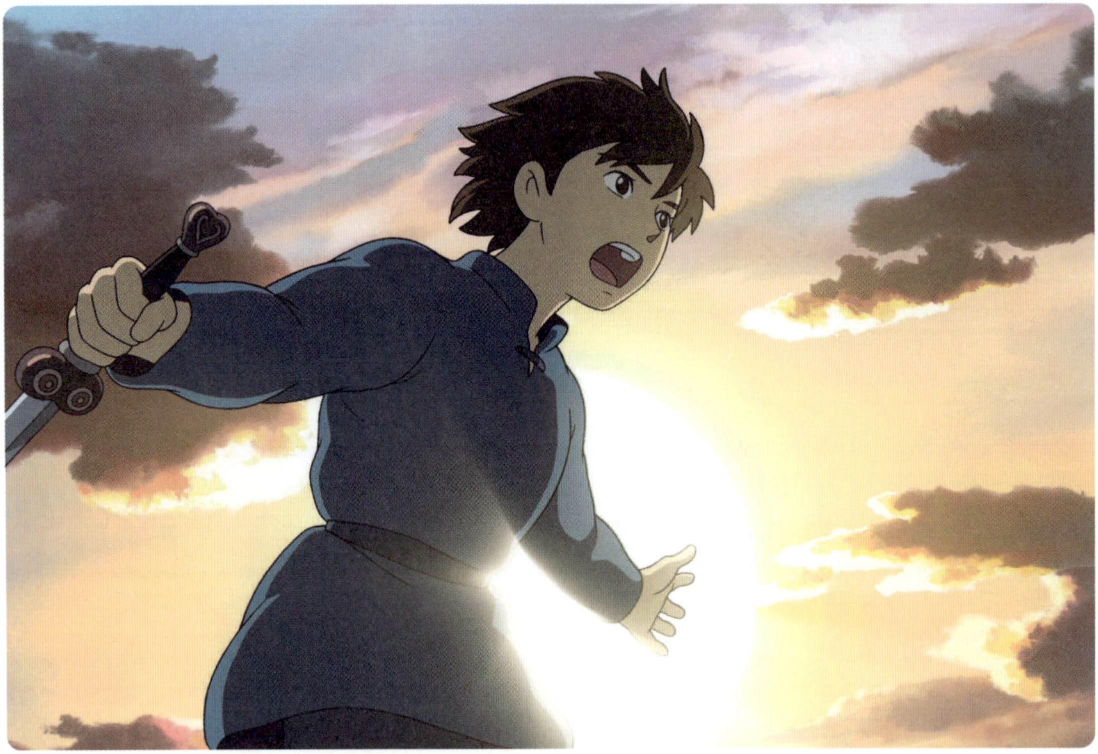

DIE CHRONIKEN VON ERDSEE (GEDO SENKI, 2006)

MIYAZAKI VS MIYAZAKI

REGIE: GORO MIYAZAKI
DREHBUCH: GORO MIYAZAKI
LAUFZEIT: 115 MINUTEN
VERÖFFENTLICHUNGSDATUM (JAPAN): 29. JULI 2006

JA, RICHTIG GERATEN, NACH *DAS WANDELNDE SCHLOSS* KÜNDIGTE HAYAO MIYAZAKI SEINEN RÜCKTRITT AN. UND ZUMINDEST EIN PROJEKT LANG BLIEB ER DABEI. EINER TENDENZ FOLGEND, DIE DIE SPÄTERE GHIBLI-PERIODE DEFINIEREN SOLLTE, WAR AUCH DAS NÄCHSTE PROJEKT DES STUDIOS EINE ADAPTION EINES ROMANS EINER ENGLISCHSPRACHIGEN AUTORIN, DIE EINST EINEN PRÄGENDEN EINFLUSS AUF MIYAZAKI GEHABT HATTE.

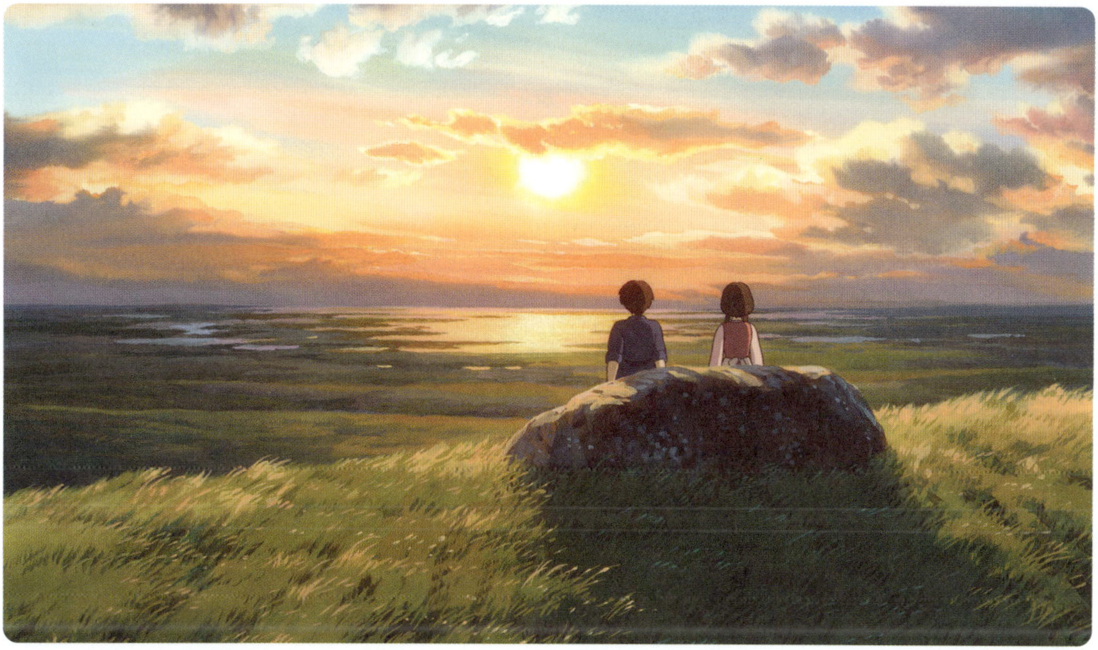

Oben: Wunderschön, aber leer. *Die Chroniken von Erdsee* sieht fantastisch aus, doch es mangelt an der Geschichte.

Gegenüber: Prinz Arren, der Sohn des großen Anführers, trägt die Geschichte im Regiedebüt von Hayao Miyazakis Sohn Goro.

Ursprünglich hatte er in den frühen 1980ern versucht, sich die Rechte für eine Anime-Adaption von Ursula K. Le Guins *Erdsee* zu sichern, war aber gescheitert. Später sagte er, die Bücher der Fantasy-Reihe hätten immer auf seinem Nachttisch gelegen und seine Werke seit *Nausicaä aus dem Tal des Windes* geprägt.

Erst nach dem internationalen Erfolg von *Mein Nachbar Totoro* und *Chihiros Reise ins Zauberland* konnte sich Le Guin für den Gedanken einer Miyazaki-Adaption von *Erdsee* erwärmen und im August 2005 besuchten Miyazaki und Toshio Suzuki die Autorin und erhielten ihren Segen. Der Haken war jedoch, dass der Regisseur des Films nicht Hayao Miyazaki sein würde, sondern ... Goro Miyazaki, sein Sohn.

Wer ist Goro Miyazaki? Zu diesem Zeitpunkt war er Ende dreißig und seinem Vater nicht in die Animationsbranche gefolgt. Tatsächlich sollte dieses Werk sein erstes Filmprojekt überhaupt werden. Es heißt, er hätte immer gern gezeichnet und war ein Anhänger von Anime und Manga, aber er war ausgebildeter Landschaftsarchitekt und gestaltete Parks und Gärten. Seine Beziehung zu Ghibli hatte mit dem Ghibli-Museum begonnen, dessen Projektmanager und erster Direktor Goro von 2001–2005 gewesen war.

Der ältere Miyazaki glaubte, all seine Ideen für eine Adaption von *Erdsee* in seinen früheren Filmen verbraucht zu haben, also hielt er das für eine gute Gelegenheit, neue Talente auszutesten. Aber falls das jetzt nach Vetternwirtschaft klingt, kann ich euch beruhigen: Hayao war strikt gegen Goros Ernennung zum Regisseur des Films. Die größte Unterstützung erhielt der jüngere Miyazaki von Produzent Toshio Suzuki, der seinen alten Kollegen daran erinnerte, dass Inspiration wichtiger sei als Erfahrung. „Ich war mir bewusst, dass es eine gewagte Entscheidung war", erinnert er sich in seinen Memoiren. „Aber er hatte auch das Museum ohne Erfahrung zu großem Erfolg geführt. Also dachte ich, er könnte einen interessanten Film kreieren."

Während der Produktion schrieb Goro Miyazaki einen ausführlichen Blog, in dem er ganze Einträge seiner Beziehung zu seinem Vater widmete. Einer mit dem Titel „Für mich bekommt Hayao Miyazaki null Punkte als Vater, aber volle Punktzahl als Regisseur", zeichnet ein ziemlich bedrückendes Bild der Familie: „Mein Vater war fast nie zu Hause. Mein Vater hat sich vollkommen in die Arbeit gestürzt. Deshalb hatte ich, so lange ich zurückdenken kann, kaum je Gelegenheit, mit meinem Vater zu sprechen."

Goro sagt, er habe keinerlei Ratschläge von seinem Vater erhalten, und tatsächlich gingen sie sich während der gesamten Produktion aus dem Weg. Bei einer internen Vorführung des fertigen Films ging Hayao mittendrin raus, um eine zu rauchen. Und auch wenn Miyazaki Senior zurückkehrte und sich den Rest des Films ansah, sagte er später: „Ich habe mein eigenes Kind gesehen. Er ist nicht erwachsen geworden. Das ist alles. Es ist gut, dass er diesen einen Film gemacht hat. Damit sollte er aufhören." Drei Tage lang erhielt Goro kein direktes Feedback von seinem Vater, bis ihm ein Ghibli-Mitarbeiter eine Nachricht überbrachte, in der stand, der Film „ist mit dem nötigen Ernst gemacht ... Und er ist gut."

Viel wurde spekuliert über den Vater-Sohn-Konflikt der Miyazakis. Helen McCarthy, Anime-Expertin und Autorin von *Hayao Miyazaki: Master of Japanese Animation*, stellte einmal die Theorie auf, dass alles nur Show sei, dass Toshio Suzuki die Gerüchteküche angeheizt habe, um Tickets zu verkaufen. Genauso wie die Vermarktung von Goro als Regisseur seines eigenen Films angeblich inspiriert war von einer Marktumfrage, nach der „Miyazaki" ein anerkannter Markenname war. Ob wir diese Theorien nun glauben oder nicht, feststeht, dass Suzuki, der kurz zuvor (gegen seinen Willen) Präsident des nun unabhängigen Studios Ghibli geworden war, die Zukunft des Studios im Blick hatte.

Der Schachzug zahlte sich aus, doch der Erfolg kam nicht ohne Preis. Als der Film im Juli 2006 erschien, war er ein Hit und am Ende des Jahres der erfolgreichste japanische Film an den heimischen Kinokassen – doch er gewann auch das japanische Äquivalent der Goldenen Himbeere sowohl für den schlechtesten Film als auch für den schlechtesten Regisseur des Jahres. Bei den japanischen Academy Awards verlor er gegen *Das Mädchen, das durch die Zeit* sprang, ein Film von Mamoru Hosoda, der Regisseur, der ursprünglich *Das wandelnde Schloss* hätte machen sollen, bevor Miyazaki ihn gefeuert hatte.

Die Chroniken von Erdsee nimmt nun die einzigartige Position in Ghiblis Filmografie ein, „der Schlechte" zu sein. Von all den gemischten und negativen Reaktionen kam die vernichtendste wohl von Le Guin selbst: „Er hat nicht die feine Sorgfalt von *Totoro* oder den gewaltigen und großartigen Detailreichtum von *Chihiros Reise ins Zauberland* ... Vieles fand ich unzusammenhängend. Die Filmemacher haben die Bücher wie Minen nach Namen und ein paar Konzepten ausgeschlachtet, die aber völlig aus dem Kontext gerissen wurden. Die Geschichte wurde durch einen vollkommen anderen Plot ersetzt, dem es an Verständlichkeit und Zusammenhang mangelt. Die Respektlosigkeit nicht nur gegenüber den Büchern, sondern auch gegenüber den Lesern macht mich sprachlos."

Gegenüber: Das japanische Poster zu *Die Chroniken von Erdsee.*

Unten: Vom Landschaftsarchitekten zum Architekten animierter Fantasy-Welten, Goro Miyazaki folgt seinem Vater ins Familiengeschäft.

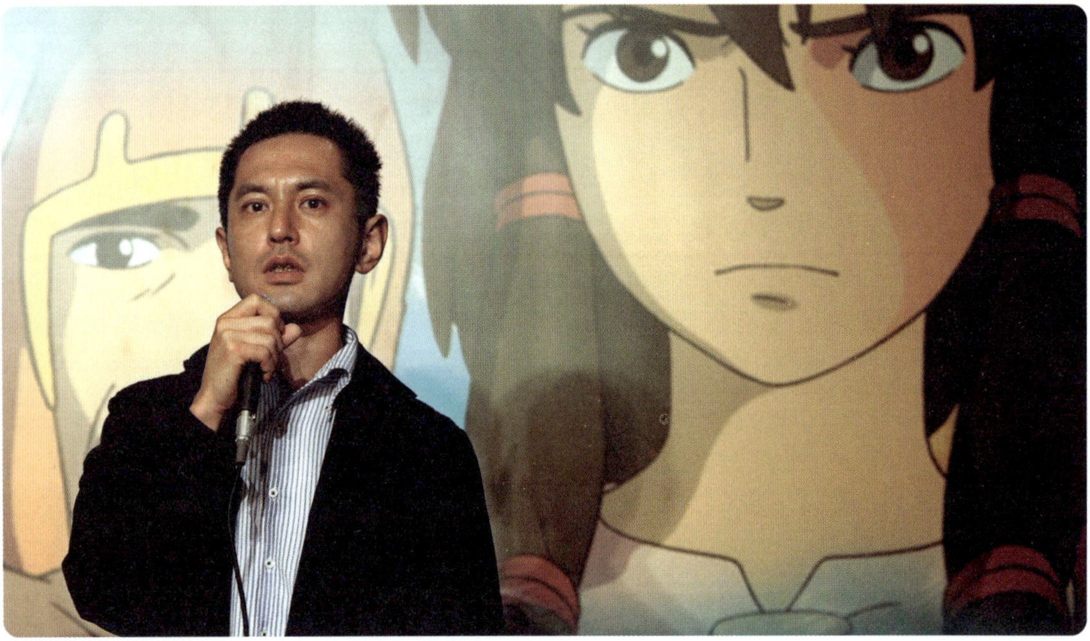

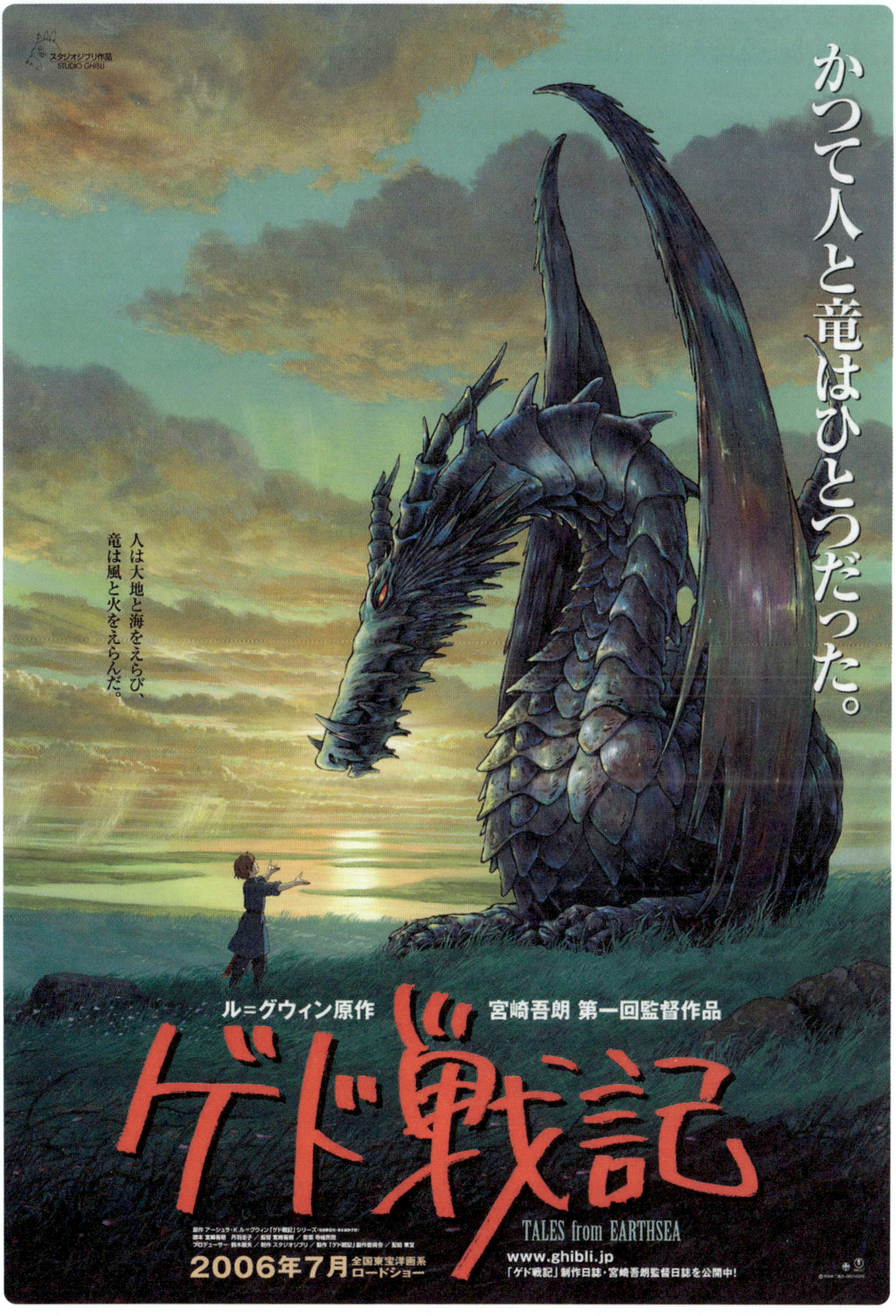
スタジオジブリ作品
STUDIO GHIBLI
かつて人と竜はひとつだった。
人は大地と海をえらび、
竜は風と火をえらんだ。
ル=グウィン原作
宮崎吾朗 第一回監督作品
ゲド戦記
TALES from EARTHSEA
2006年7月
全国東宝洋画系
ロードショー
www.ghibli.jp
「ゲド戦記」制作日誌・宮崎吾朗監督日誌を公開中!

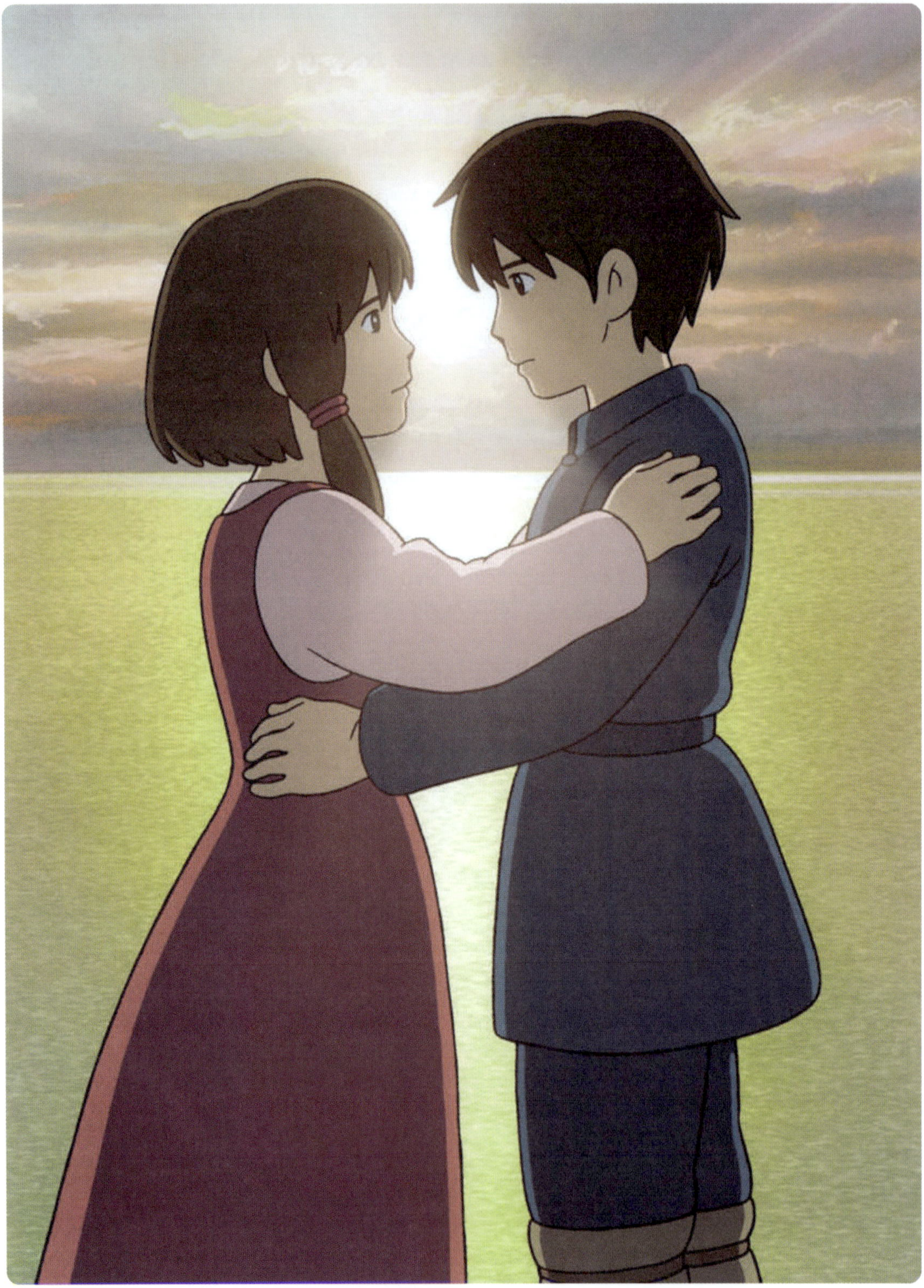

KOMMENTAR: DIE CHRONIKEN VON ERDSEE

Er mag seinem Vater volle Punktzahl als Regisseur geben, aber er selbst hat sich das noch nicht ganz verdient. Doch auch wenn einige das Gegenteil behaupten mögen, verdient sein erster Film *Die Chroniken von Erdsee* zumindest ein Befriedigend. Natürlich hat er seine Fehler und er ringt sowohl mit der Gewichtigkeit der Texte von Ursula K. Le Guin als auch mit der des Namens Miyazaki, doch er bricht nicht unter dieser Last zusammen und verdient seinen Ruf als schwarzes Schaf unter den Ghibli-Filmen nicht. Man muss Goro Respekt dafür zollen, dass er sich an dieses Projekt gewagt hat – vor allem, wenn man den Film sieht und feststellt, dass in einer der ersten Szenen ein Sohn seinen Vater tötet.

Es beginnt mit einem Zitat auf der Leinwand, ein Auszug aus der Weltphilosophie von *Erdsee*, der den enormen Wert des Lichts würdigt, und der Film nimmt sich diese Botschaft zu Herzen und überträgt sie auf seine Himmel, Wellen und Straßen. Lichtfluten, -strahlen und -flecken ziehen sich geschickt und auf fast schon biblische Weise durch den Film. Wäre es ein Stummfilm, könnte man glatt meinen, dass Le Guins Text mit der Ehrfurcht behandelt würde, die er verdient hätte. Wie sich *Erdsee* vor unseren Augen entfaltet, ist magisch. Eine alte Küstenstadt, erfüllt von den baufälligen Schatten alter Konservenfabriken, wirkt wie eine Postkarte aus Cornwall. Riesige goldene Sanddünen sind seltsamerweise übersät von den Leichen einer längst vergessenen Marineflotte. Die Stadt Hort fühlt sich an wie ein städteplanerischer Hybrid aus Istanbul, Venedig und den Hängenden Gärten von Babylon. Die allgegenwärtigen Backsteinfassaden werden ausgeglichen durch sattes Grün, das dazwischen erblüht. Die Schauplätze erstrahlen nicht, ihre Eleganz ist mit der Zeit verblasst, sodass jede neue Szenerie ein echtes historisches Gefühl vermittelt.

Während ein fantastisches Panorama dem nächsten folgt, fühlt sich diese Welt gigantisch an, bis ein kleines Problem alles zum Einsturz bringt: die Geschichte. Trotz seiner Weite scheint Erdsee nur von einer Handvoll Leute bevölkert zu sein, die offenbar direkt nebeneinander leben. Wenn in *Der Herr der Ringe* das Auenland direkt an Mordor grenzen würde, wäre Frodos Reise nicht mehr ganz so spektakulär, oder?

Es gibt einen zentralen Kampf zwischen einem jungen Prinzen, einem jungen Mädchen, einem alten Zauberer und noch einem alten Zauberer und eine Suche nach ewigem Leben, doch obwohl viel darüber geredet wird, wird nicht ganz klar, was passiert oder warum. Das Drehbuch sieht oft vor, dass Figuren versuchen, es zu erklären, doch leider werden sie dabei von der sehr viel stärkeren Bildsprache überschattet, die dasselbe rüberbringen will. Es gibt eine berühmte Regel des Geschichtenerzählens, die besagt „zeigen, nicht erzählen", aber *Die Chroniken von Erdsee* geht auf Nummer sicher und versucht beides. Es ist frustrierend zu sehen, wie der zähe Plot die Herrlichkeit der Animation erstickt.

Wenn man die Geschichte außen vor lässt, gibt es viel Schönes an dem Film und auf jeden Fall steckt auch eine Menge Ghibli darin. Eine Szene von Feldarbeit, die mit Essen belohnt wird, erinnert an die Ethik harter Arbeit und ihrer Belohnung, die sich in *Mein Nachbar Totoro* und *Chihiros Reise ins Zauberland* findet. Ein unvergessliches A-cappella-Stück ist vergleichbar mit Pazus Trompetensolo in *Das Schloss im Himmel* und der finale Schauplatz – ein gotisches Schloss mit schlanken Türmen – könnte denselben Architekten gehabt haben wie das in Hayao Miyazakis Film *Lupin III – Das Schloss des Cagliostro* aus der Prä-Ghibli-Ära. Selbst wenn der Film mit einem Vatermord beginnt, hat Goro Miyazaki seinen Vater damit am Leben erhalten. Gerade so.

Gegenüber: Eine versöhnliche Umarmung: Bei seinem Debütfilm mögen Goro Miyazaki und sein Vater zerstritten gewesen sein, doch seine späteren Ghibli-Filme sollten engere Zusammenarbeiten werden.

Oben: Im Finale des Films offenbart sich Therru als Drache.

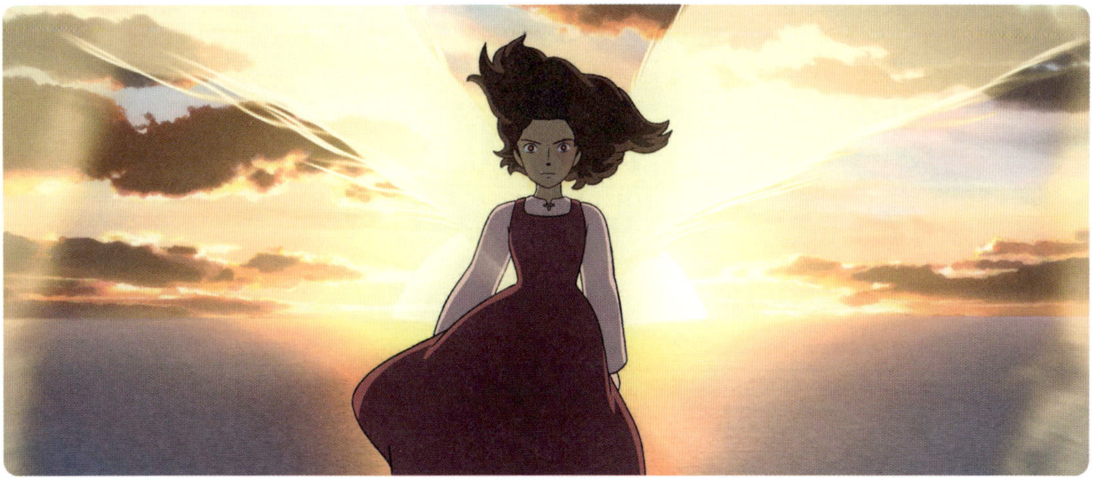

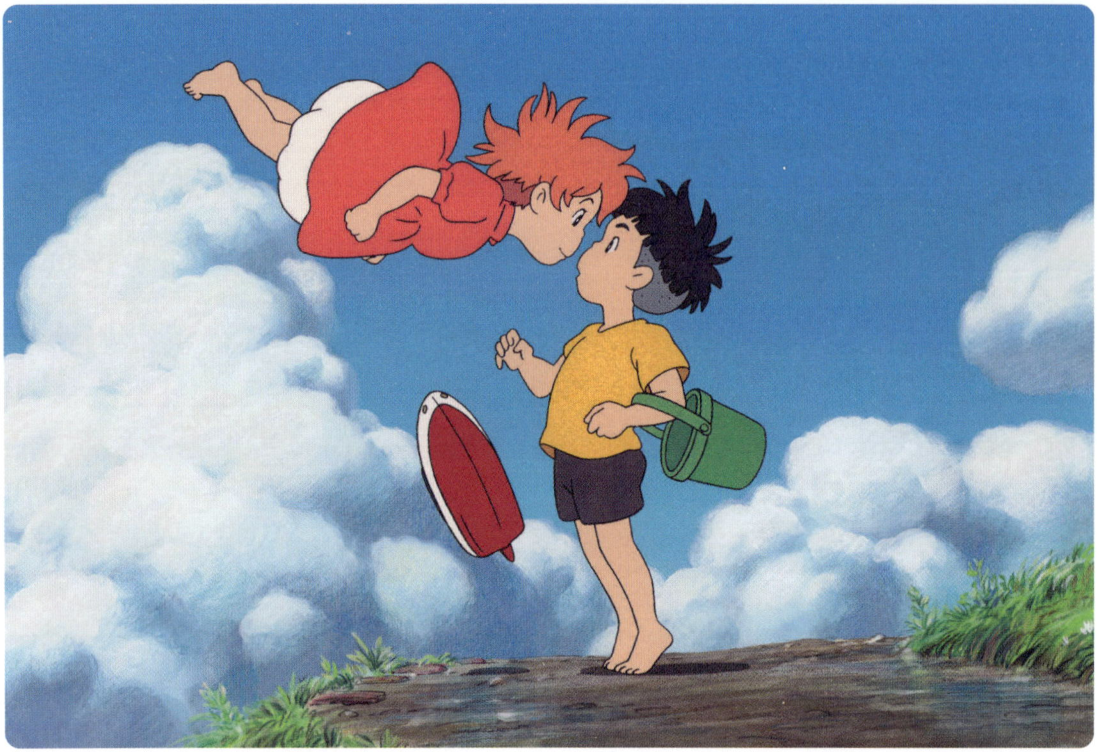

PONYO (GAKE NO UE NO PONYO, 2008)

MIYAZAKI AUF SEE

REGIE: HAYAO MIYAZAKI
DREHBUCH: HAYAO MIYAZAKI
LAUFZEIT: 101 MINUTEN
VERÖFFENTLICHUNGSDATUM (JAPAN): 19. JULI 2008

DAS WANDELNDE SCHLOSS HATTE HAYAO MIYAZAKIS ERFOLGSSTRÄHNE AN DEN JAPANISCHEN KINOKASSEN FORTGESETZT UND DAS NÄCHSTE PROJEKT DES REGISSEURS SOLLTE EINE AMBITIONIERTE KEHRTWENDUNG WERDEN. PRODUZENT TOSHIO SUZUKI ERINNERT SICH, MIYAZAKI VORGESCHLAGEN ZU HABEN, DEM DÜSTEREN UND NACHDENKLICHEN *DAS WANDELNDE SCHLOSS* EINEN FILM FOLGEN ZU LASSEN, DER SICH GEZIELT AN JÜNGERE KINDER RICHTETE. DOCH NACHDEM MIYAZAKI EINST NUR WENIGE MONATE GEBRAUCHT HATTE, UM SEINE FILME VORZUBEREITEN, ZOG SICH DIE VORPRODUKTION VON *PONYO* FAST ZWEI JAHRE HIN, IN DENEN ER NACH INSPIRATION SUCHTE UND GEGEN SCHREIBBLOCKADEN KÄMPFTE.

Suzuki zufolge lag das zum Teil an der Aussicht, ein ähnliches Territorium wie bei Miyazakis bahnbrechendem Anime *Mein Nachbar Totoro* von 1988 zu betreten. „*Totoro* wurde zu Miyazakis Feindbild. Nichts, was Miyazaki machte, konnte je *Totoro* übertreffen. Er war davon besessen. Deshalb war die Entstehung von *Ponyo* ein solcher Kampf."

Ponyo, ein onomatopoetischer Name, der laut Miyazaki „eine Art weiche, schwammartige Weichheit" beschreiben soll, war nur ein Teil des Puzzles, das in der zweijährigen Entstehungsperiode des Films zusammengesetzt werden musste. Miyazaki ließ sich von Hans Christinan Andersens klassischem Märchen *Die kleine Meerjungfrau* sowie dem Seto-Binnenmeer in Südjapan, insbesondere von der Hafenstadt Tomonoura, inspirieren, die der Regisseur diverse Male zu Recherchezwecken besuchte.

Ein Trip nach Großbritannien, beziehungsweise ein Besuch im Kunstmuseum Tate Britain in London, veränderte Miyazakis Blickwinkel auf seinen künstlerischen Schaffungsprozess dramatisch. Als er die Werke der Präraffaeliten wie Sir John Everett Millais' *Ophelia* sah, beeindruckten ihn der Detailreichtum und der Einsatz von Licht. „In diesem Moment wurde mir klar", bemerkt Miyazaki in der Doku-Miniserie *10 Years with Hayao Miyazaki*, „dass wir unseren Animationsstil nicht fortführen konnten wie bisher."

Für seine Produktionsskizzen verwendete Miyazaki weichere Buntstifte und Pastellkreiden und bevorzugte klarere Linien statt der Detailverliebtheit der Vergangenheit. Auch wenn Ghibli weltweit als Bollwerk der 2-D-Animation gefeiert wird, waren Miyazakis Filme von *Prinzessin Mononoke* über *Chihiros Reise ins Zauberland* bis hin zu *Das wandelnde Schloss* mit CG-Effekten aufgewertet worden, um im Angesicht der 3-D-Innovationen von Disney und Pixar

Gegenüber: Junge trifft Fischmädchen. Die Freundschaft zwischen Sosuke und Ponyo ist pure Ghibli-Freude.

Unten: „Das ist ja Schinken!" In *Ponyo* werden aus Fertigramen eine nahrhafte Ghibli-Köstlichkeit.

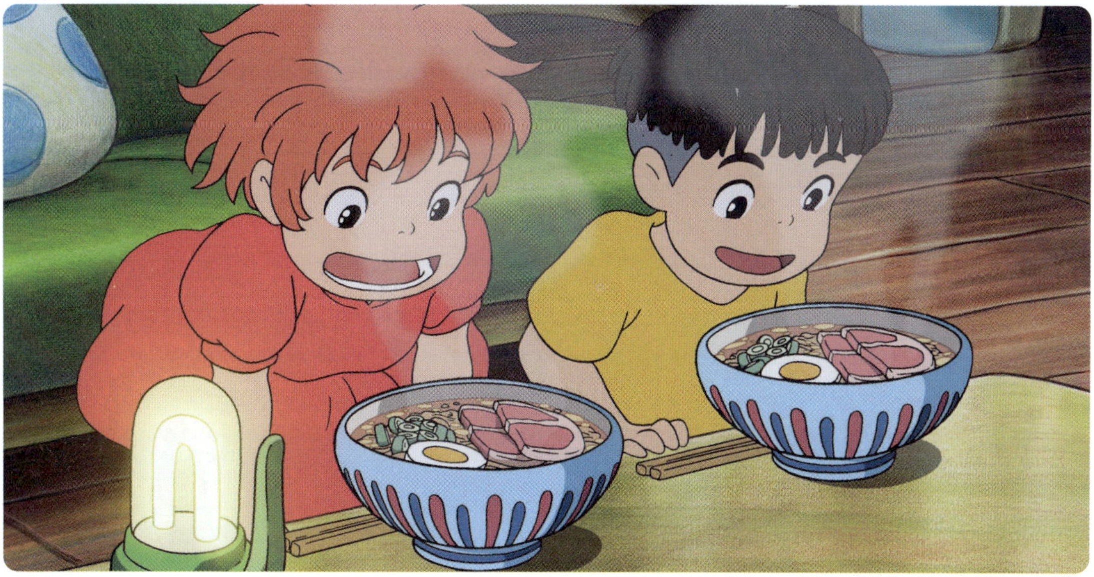

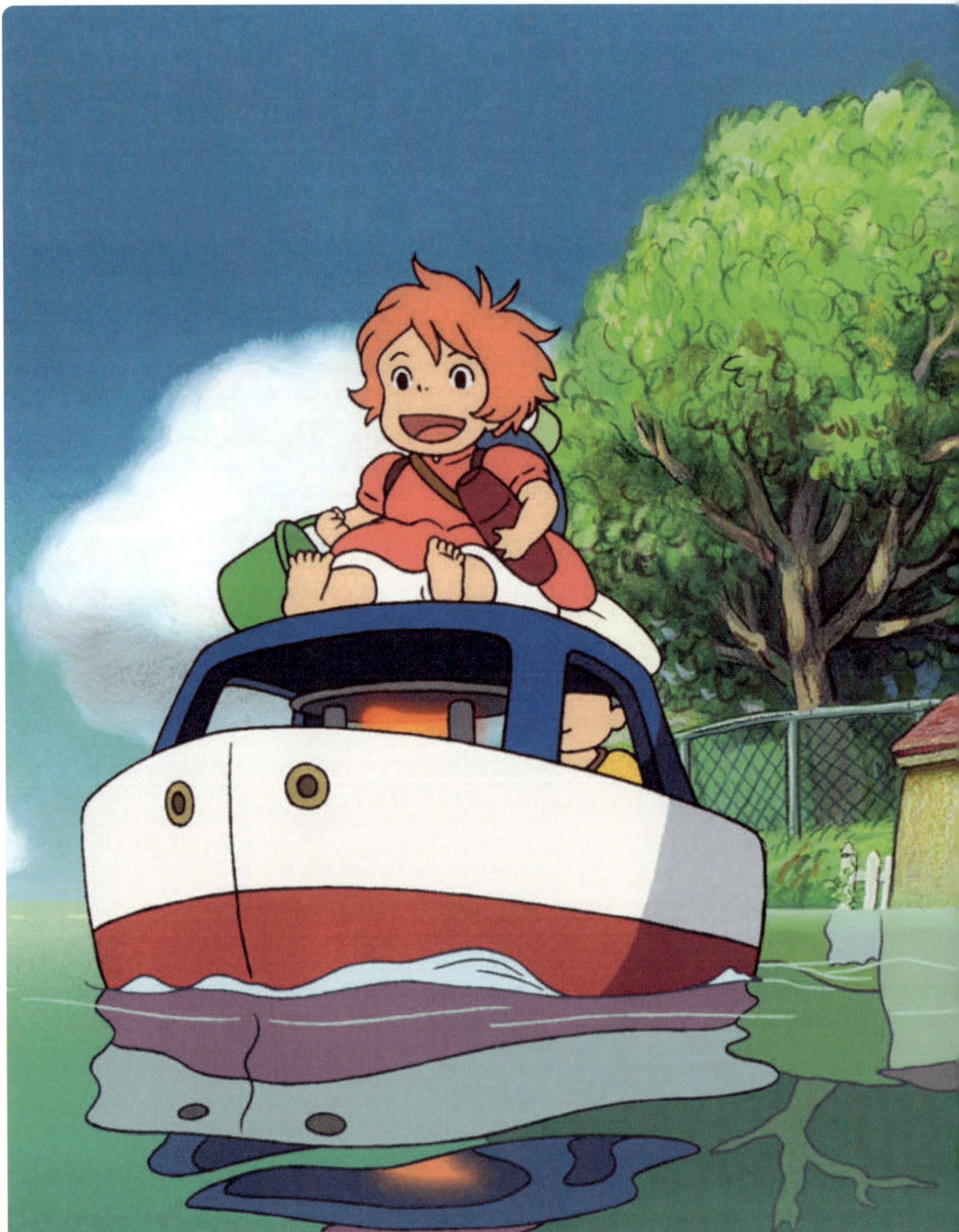

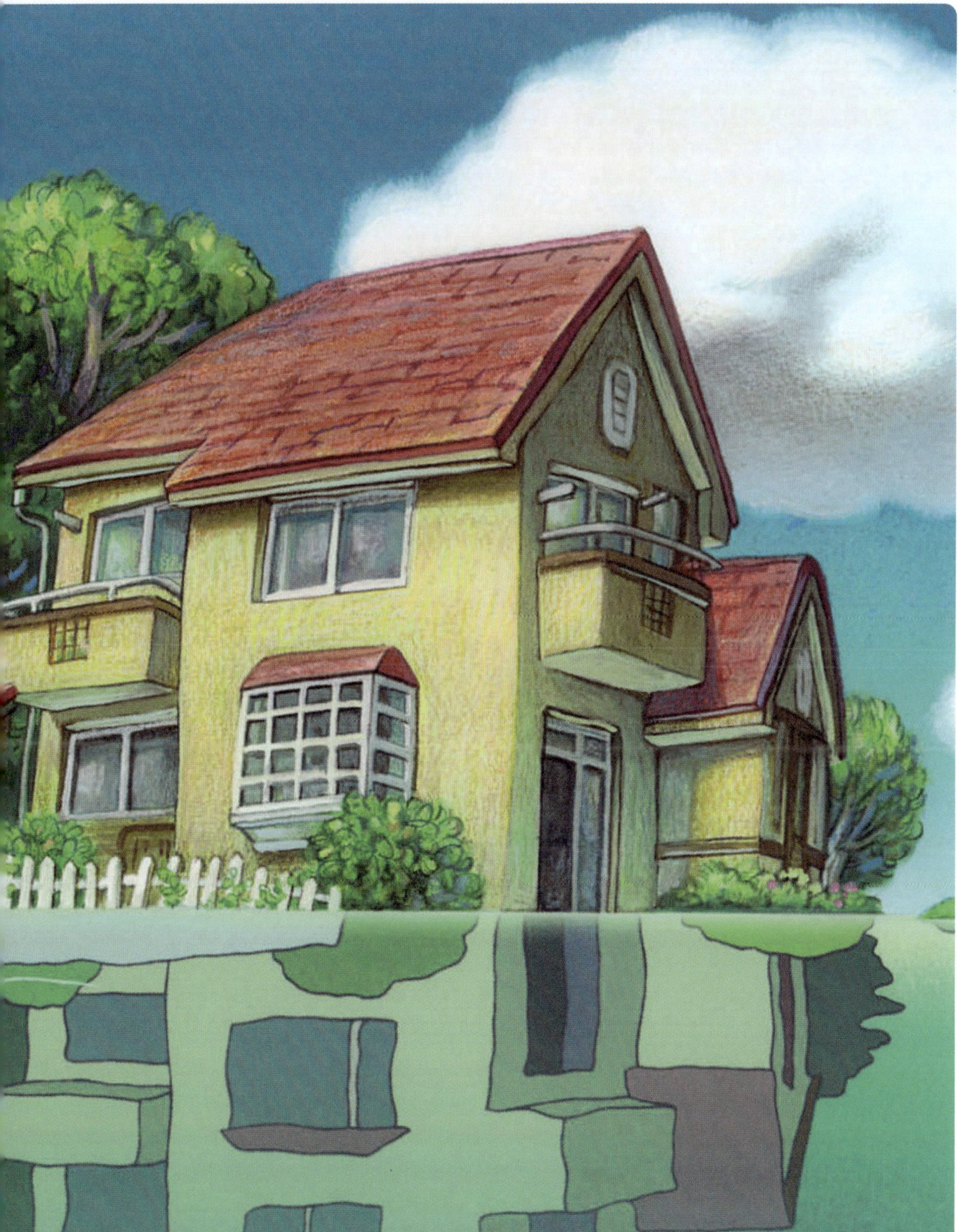

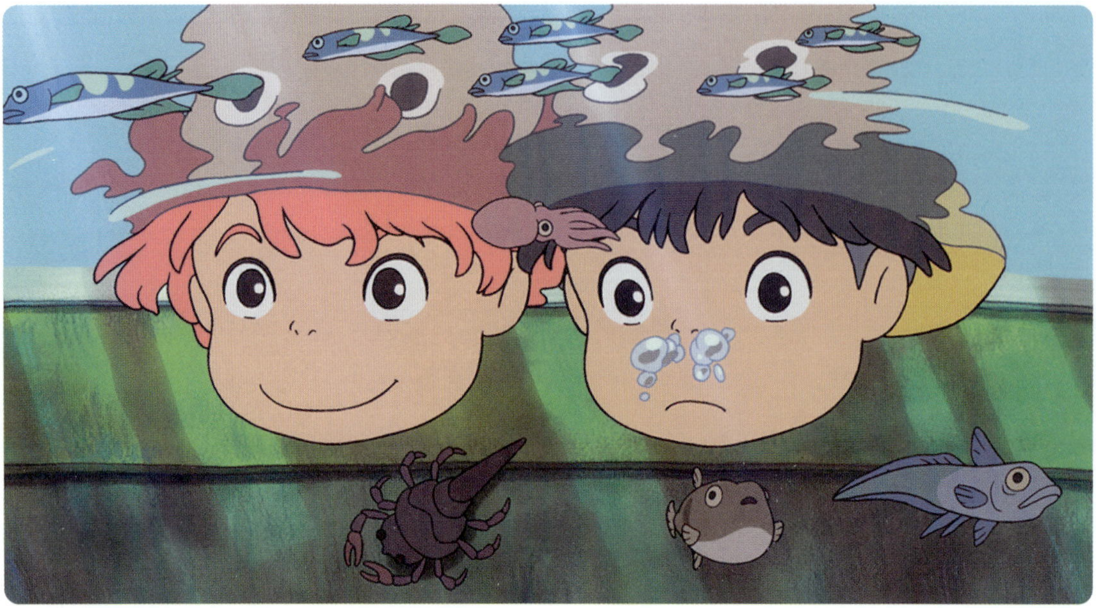

bestehen zu können. *Ponyo* dagegen sollte vollkommen von Hand gezeichnet werden. „Realisten ohne Träume gibt es im Dutzend billiger", erklärte Miyazaki. „Wir müssen idealistische Realisten sein."

Miyazaki, der offensichtlich von der Muse geküsst war, schrieb in seinem Regieleitfaden zu *Ponyo* im Juni 2006 über seinen „geheimen Plan", die 2-D-Animation zu revolutionieren, und stellte seinen Plan vor, mit dem Ghibli-Stil zu experimentieren und von ihm abzuweichen. Er wollte die Details im Charakterdesign reduzieren, aber die Zahl der Zeichnungen in der Animation von Bewegungen erhöhen, gerade Linien verbannen und sie ersetzen durch „sanft geschwungene Linien, die die Existenz von Magie gestatten", und einfache Zeichnungen verwenden, die „sich warm anfühlen und den Zuschauer befreien".

Wenig überraschend führte das zu einem arbeitsintensiven und langsamen Produktionsprozess. Der fertige Film sollte aus 170.000 handgezeichneten Frames bestehen, ein Rekord für Miyazaki-Filme. Der Regisseur zeichnete einen beachtlichen Teil dieser Frames selbst, besonders die Szenen, die im Ozean spielen, oder die Wellen, die Miyazaki unbedingt in eigenständige Figuren verwandeln wollte.

Ponyo ist nicht nur unbestreitbar ein visuelles Spektakel, er wurde auch ein weiterer Kassenhit für Studio Ghibli. Auch wenn er nicht so viel einspielte wie Miyazakis drei vorherige Filme, war *Ponyo* bei Weitem der einnahmenstärkste Film in Japan 2008 mit den doppelten Einnahmen des Zweitplatzierten (die Shojo-Manga-Realadaption *Hana Yori Dango Final*) und dem dreifachen Einspielergebnis des nächsten Hollywood-Konkurrenten *Indiana Jones und der Kristallschädel*.

Die Verbindung zu *Indiana Jones* ist wichtig, weil die US-Veröffentlichung von *Ponyo* durch Walt Disney Pictures von den *Indy*-Produzenten Kathleen Kennedy und Frank Marshall verantwortet wurde. Kennedy und Marshall waren bestens mit Ghibli vertraut. Als ich Kennedy 2012 interviewte, erinnerte sie sich, ihren Kindern Miyazakis Filme gezeigt zu haben, seit diese klein waren, und beschrieb ihn als „das größte Animationstalent der Welt". Außerdem lieferte sie eine interessante Abwandlung seiner Bezeichnung als „japanischer Disney", indem sie Miyazaki „den Steven Spielberg der Animation" nannte.

Toshio Suzuki sagt, er sei seit Jahren mit Kennedy befreundet gewesen und sei mit der Aufgabe an sie herangetreten, nach den schwachen Einspielergebnissen der Ghibli-Filme seit dem bahnbrechenden Vermarktungsdeal mit Disney in den 1990ern, den amerikanischen Markt für sie zu knacken. Kennedy und Marshall

MIT DEM BESTREBEN, DEN PRODUKTIONSPROZESS VON GHIBLI ZU REVOLUTIONIEREN, VERZICHTETE HAYAO MIYAZAKI FÜR *PONYO* AUF CG UND SETZTE STATTDESSEN AUF HANDGEZEICHNETE ANIMATIONEN. DABEI FERTIGTE ER PERSÖNLICH EINEN BETRÄCHTLICHEN ANTEIL DER 170.000 FRAMES DES FILMS AN.

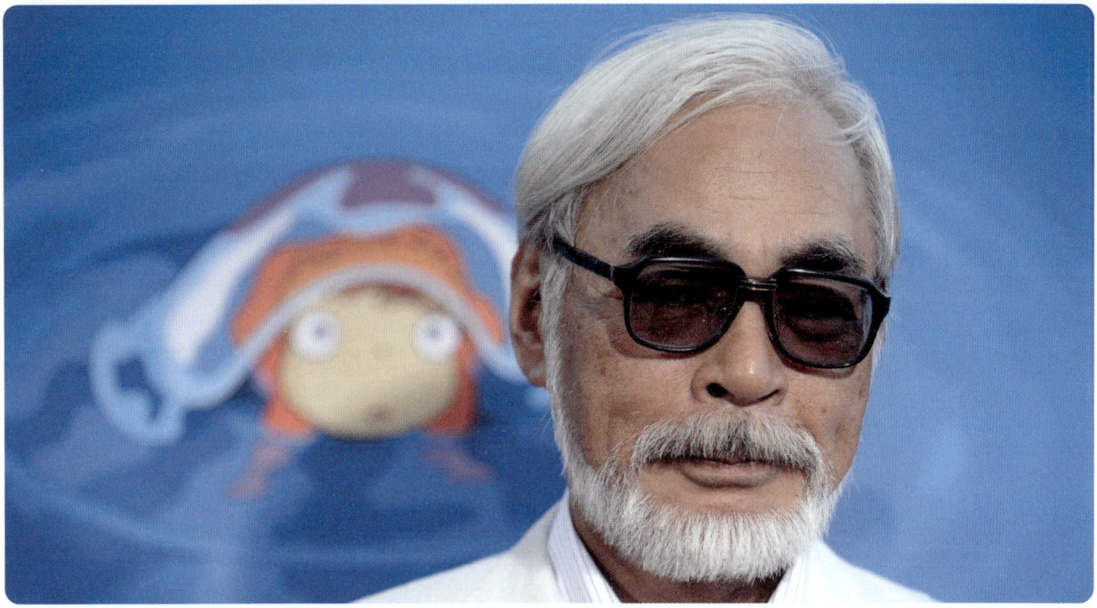

beauftragten Melissa Mathison, die Drehbuchautorin von *E.T. Der Außerirdische*, mit dem englischen Synchro-Drehbuch und arbeiteten mit John Lasseter und seinem Team bei Pixar zusammen, um eine Starbesetzung für die Stimmen zu versammeln, darunter Tina Fey, Liam Neeson, Lily Tomlin, Matt Damon und Cate Blanchett sowie mit Frankie Jonas und Noah Cyrus, Mitglieder zweiter Kinderstardynastien, die die jungen Hauptfiguren Sosuke und Ponyo sprachen.

Ponyo wurde in 927 Kinos in den USA veröffentlicht und spielte respektable, wenn auch nicht spektakuläre 15 Millionen Dollar ein. Es war zweifellos der bis dato erfolgreichste Ghibli-Film in den USA, doch Suzukis Träume von einer Miyazaki-Manie in Amerika blieben weiter unerfüllt. Außerhalb Japans und der wichtigsten asiatischen Märkte blieben die Filme des Studios Kultlieblinge. Sie wurden von den Fans geliebt, aber es war unwahrscheinlich, dass sie die weltweiten Kinokassen erobern würden wie etwa das *Harry Potter*-Franchise oder Pixars *Oben* – der im darauffolgenden Jahr den Oscar für den besten Animationsfilm mit nach Hause nehmen sollte, einer Kategorie, in der auffällig war, das *Ponyo* unter den Nominierten fehlte.

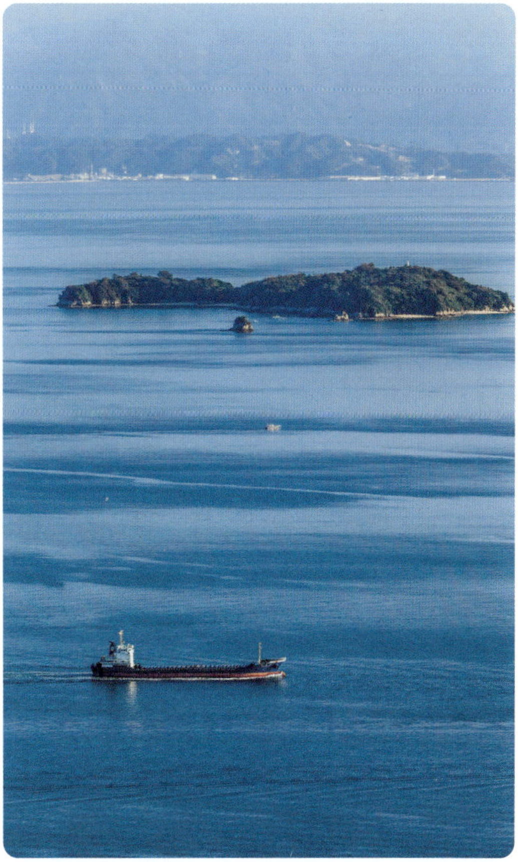

Vorherige Doppelseite: *Ponyos* üppige, skizzenhafte, handgezeichnete Landschaften sind ein Beweis für das Talent der Künstler von Ghibli – wie der langjährige Hintergrunddesigner Kazuo Oga.

Oben: Nachdem er einen Zeh ins Wasser der CG getaucht hatte, holte Hayao Miyazaki Ghibli mit *Ponyo* zurück in die Welt der handgezeichneten Animationen.

Gegenüber: Nachdem sie aus dem Wasser ist, wünscht sie sich, Teil dieser Welt sein zu können. Sosuke betrachtet mit Ponyo die Unterwasserheimat, der sie entkommen ist.

Rechts: Ein Schiff segelt ins Seto-Binnenmeer, die japanische Region, die die Schauplätze für *Ponyo* inspiriert hat.

KOMMENTAR: PONYO

Es mag eine Belastungsprobe gewesen sein, aber die handgezeichneten Animationen in Ghibli-Tradition machen den Film zu einer ihrer größten künstlerischen Errungenschaften. Die wortlose Eröffnungssequenz, in der das Fischmädchen Ponyo dem U-Boot seines Zauberer-Vaters entkommt, ist eine rasante Actionszene und ebenso farbenfroh und expressiv wie *Fantasia*. Oberflächlich betrachtet wird mit Farben und Formen experimentiert, womit Ghibli ein innovatives neues Territorium betritt. Ein flacheres Design mit dickeren Konturen und Farbflächen rückt die Figuren und die Handlung in den Vordergrund. Die Berge und Städte im Hintergrund sind mit weichen Kreiden gezeichnet, als wollte man die jungen Zuschauer in ihre eigene Welt entführen.

Nachdem sie in der Menschenwelt gelandet ist – mit einem Müllfänger, der uns daran erinnert, welchen Schaden die Menschen ihrer Unterwasserheimat antun –, trifft Ponyo einen kleinen Jungen namens Sosuke, leckt ihm einen Blutstropfen vom Finger und fängt an, sich in einen Menschen zu verwandeln. Unglücklicherweise führt das auch zu einem dramatischen Zusammenbruch des Gleichgewichts der Natur. Eine gewaltige Flutkatastrophe ist die Folge, die erst behoben werden kann, als Ponyo sich für eine Spezies entscheidet. Wenn man das so liest, klingt es wie ein Standardmärchenplot, ist es aber mitnichten. Genau genommen wird die gängige Märchenformel, in eine magische Welt, an einen geheimen Ort oder durch einen Kaninchenbau zu reisen, sogar umgekehrt und die magische Welt ist unsere eigene. Aus Ponyos Sicht ist Sosukes kleine Hafenstadt ein einziges großes Erlebnis und das Einzige, was es noch besser machen könnte – ist Schinken!

Ponyo liebt Schinken. Und dass Ponyo Schinken liebt, sorgt für eine weitere Lieblings-Ghibli-Essenszene. Nachdem sie aus der Kälte nach Hause kommen, macht Sosukes Mutter Lisa ihrem Sohn und seiner neuen Fischmenschfreundin Fertigramen. Sie gießt Wasser in die Schüsseln mit den Nudeln und legt Deckel darauf wie ein Magier, der das Geheimnis seines großen Tricks verbirgt. Dann Abrakadabra, da ist sie, glänzend vor Fett und garniert mit Suppengrün, Eiern und Schinken: die warme, tröstliche, befriedigende Schüssel Ramen eurer Träume. Für die kreischende Ponyo ist dieses alltägliche Gericht wahrhaft magisch und den meisten Zuschauern geht es vermutlich genauso.

In einer weiteren großartigen Szene rennt Ponyo über die Wellen, um Sosuke und Lisa im Auto einzuholen. Unter ihren magischen Füßen verwandeln sich die Wellen in walartige Lebensformen. Sie sprüht so vor Lebensenergie, dass sie diese mit jedem Schritt zu verbreiten scheint. Während sie von Welle zu Welle hüpft, schlägt Joe Hisaishis Soundtrack – der bis zu diesem Zeitpunkt in seiner Überschwänglichkeit ebenbürtig zu *Mein Nachbar Totoro* ist – um in eine Version von „Ritt der Walküren". Es ist ein aufregender Moment des Glücks, wenn Ponyos überschäumende Freude auf die brechenden Wellen und das Orchester trifft, der den Einsatz von Wagners Komposition in der Szene des Helikopterangriffs in *Apocalypse Now* vergessen macht und sie ganz für sich beansprucht.

Je mehr Zeit Ponyo als Hybridwesen verbringt, desto mehr gerät die Natur aus dem Gleichgewicht und riesige Wellen, die der von Hokusai Konkurrenz machen könnten, bedecken die Stadt, wobei sie seltsamerweise elegante, riesige, uralte Fische mit sich bringen. Gefangen in dem Chaos wird Lisa – Sosukes Mutter und die vielleicht lustigste, waghalsigste Fahrerin, die je auf Animation gebannt wurde –, die in einem Altersheim voller charakterstarker, lebhafter alter Frauen arbeitet und die der Flutkatastrophe überraschend gelassen begegnen. Lisa ist leidenschaftlich, liebevoll, empathisch (es würde nicht überraschen, Kiki oder Fio aus *Porco Rosso* in ihrem Stammbaum zu finden) und im Gegensatz zu so vielen griesgrämigen Erwachsenen in Kinderfilmen hat sie Vertrauen in die Jugend. Diese Eigenschaft teilt sie mit den meisten Erwachsenen in diesem Film. Als Ponyo und Sosuke mit einem Boot über die überflutete Stadt fahren, um Lisa zu finden, erhalten sie von den Leuten, denen sie auf ihrer unerschrockenen Reise begegnen, Zuspruch und Unterstützung. Miyazakis Filme sind häufig Einladungen an die Jungen, ins Abenteuer aufzubrechen, und in *Ponyo* erinnerte er die älteren Zuschauer freundlich daran, diesen Abenteuergeist zu unterstützen.

Während das Wasser und die Gefahr steigen, verliert man leider jegliche emotionale Verbindung zu den allgemeinen apokalyptischen Ereignissen, aber das liegt nur daran, dass die Geschichte von Sosuke und Ponyo so stark ist – selbst das Ende der Welt verblasst im Vergleich zu ihrer Freundschaft. Glücklicherweise wird das Gleichgewicht der Natur wiederhergestellt, die Flut geht zurück und nach einem glücklichen Kuss, um das Happy End zu besiegeln, folgt der Abspann. Der Zuschauer bleibt so glücklich zurück wie Ponyo mit einem Stück Schinken. Also, wo ist der nächste Ramenladen?

DIE HERRLICHE WACHSMALKREIDENOPTIK DES JAPANISCHEN POSTERS ZU *PONYO* WURDE FÜR DIE AMERIKANISCHE VERÖFFENTLICHUNG GEGLÄTTET, MIT EINEM POSTER (DAS MAN HINTER MIYAZAKI AUF SEITE 141 SIEHT), DAS EHER DEM DISNEY-STIL ENTSPRICHT UND STRENG GENOMMEN STARK AN DAS ARTWORK VON PIXARS *FINDET NEMO* ERINNERT.

Gegenüber: Das japanische Poster zu *Ponyo*.

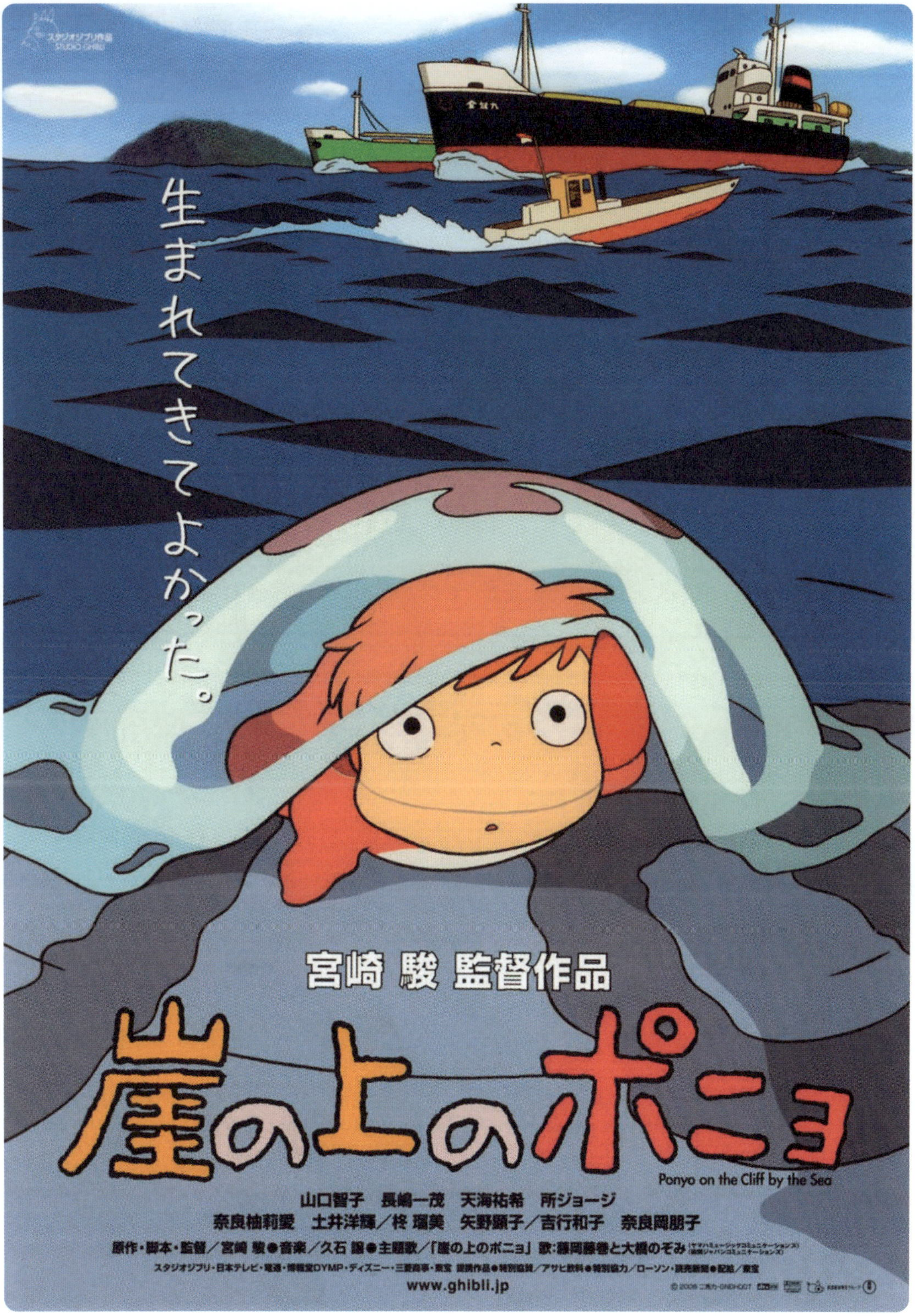
生まれてきてよかった。
宮崎 駿 監督作品
崖の上のポニョ
Ponyo on the Cliff by the Sea
山口智子　長嶋一茂　天海祐希　所ジョージ
奈良柚莉愛　土井洋輝／柊 瑠美　矢野顕子／吉行和子　奈良岡朋子
原作・脚本・監督／宮崎 駿●音楽／久石 譲●主題歌／「崖の上のポニョ」歌：藤岡藤巻と大橋のぞみ
www.ghibli.jp

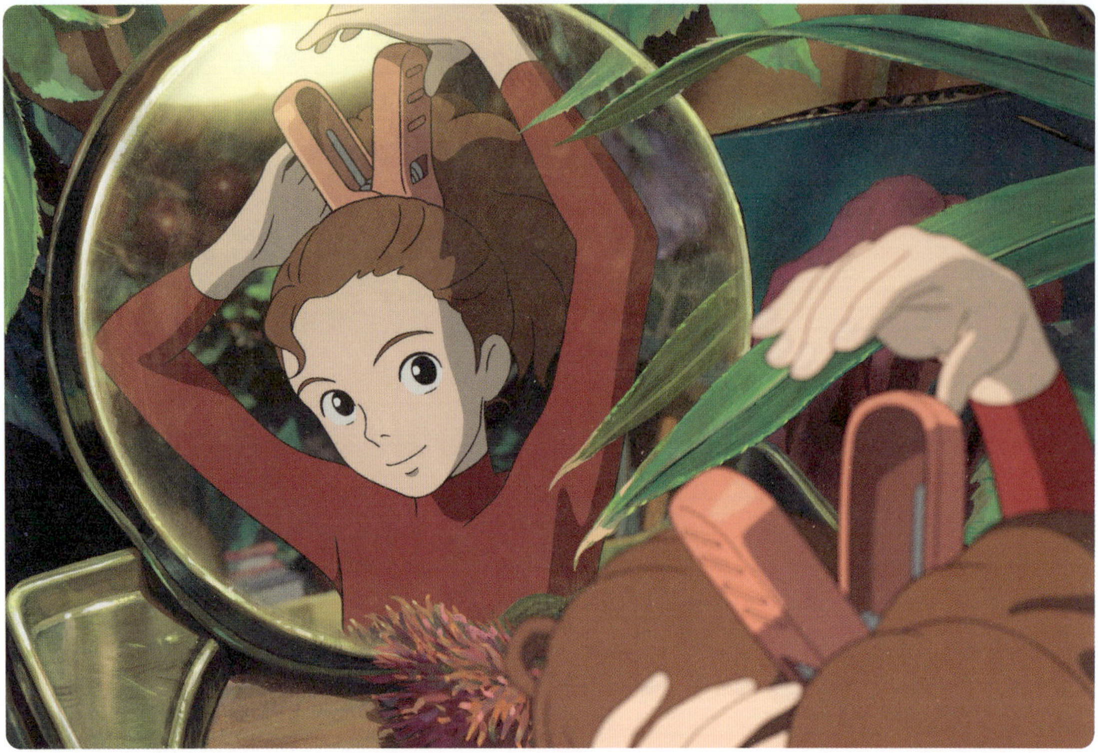

ARRIETTY – DIE WUNDERSAME WELT DER BORGER (KARI-GURASHI NO ARIETTI, 2010)

DIE GEHEIME WELT VON HIROMASA YONEBAYASHI

REGIE: HIROMASA YONEBAYASHI
DREHBUCH: HAYAO MIYAZAKI & KEIKO NIWA
LAUFZEIT: 94 MINUTEN
VERÖFFENTLICHUNGSDATUM (JAPAN): 17. JULI 2010

NACH DEM ERFOLG AN DEN KINOKASSEN VON *PONYO* KAM HAYAO MIYAZAKI MIT EINEM FÜNFJAHRESPLAN AUF PRODUZENT TOSHIO SUZUKI ZU. MIYAZAKI WOLLTE SICH AUS DER REGIE ZURÜCKZIEHEN UND STATTDESSEN EHER DIE ROLLE EINES „PLANUNGSPRODUZENTEN" EINNEHMEN, SODASS ZWEI JÜNGERE FILMEMACHER DIE ZÜGEL BEI EINEM SPIELFILMPROJEKT ÜBERNEHMEN KONNTEN. DIESE BEIDEN PROJEKTE SOLLTEN *DER MOHNBLUMENBERG*, GESCHRIEBEN VON MIYAZAKI UND UNTER DER REGIE SEINES SOHNES GORO, UND *ARRIETTY – DIE WUNDERSAME WELT DER BORGER*, EIN PROJEKT BASIEREND AUF MARY NORTONS *DIE BORGER*, WERDEN.

Es heißt, sowohl Miyazaki als auch Isao Takahata hätten schon seit Jahren überlegt, *Die Borger* zu adaptieren, doch die Rolle des Regisseurs sollte dem 36-jährigen Ghibli-Veteranen Hiromasa Yonebayashi zufallen. Yonebayashi, der unter den Mitarbeitern sehr beliebt und oft bei seinem Spitznamen Maro genannt wurde, lieferte die Keyframe-Animation für verschiedene von Miyazakis Kurz- und Spielfilmen, angefangen bei *Chihiros Reise ins Zauberland*. Er erinnert sich, dass der erste Frame, den er für dieses Projekt gezeichnet hat, Chihiros Vater war, der einen Teller Frühlingsrollen in sich hineinschlingt.

Seine Beförderung vom Animator zum Regisseur ging jedoch nicht von seinem Mentor Miyazaki aus, sondern von Toshio Suzuki, der Potenzial in dem jungen Angestellten sah. Suzuki beschrieb ihn als „Ghiblis besten Animator", aber zögerlichen Regisseur. Als Miyazaki und Suzuki ihm den Job anboten, war er „überwältigt ... er war wahrscheinlich nie auch nur auf die Idee gekommen, Regie zu führen".

Yonebayashi, der sich eher als „Stage Manager" ohne Allüren erwies statt als unverwechselbarer, belehrender Autorenfilmer wie Hayao Miyazaki, war perfekt geeignet für ein Projekt wie *Arrietty*, für das Miyazaki in Zusammenarbeit mit Keiko Niwa (die, nachdem sie das Drehbuch für *Flüstern des Meeres* geliefert hatte, nach fünfzehn Jahren zu Ghibli zurückkehrte) das Skript schrieb. Der junge Regisseur bekam jedoch einen gewissen Spielraum beim Erstellen des Storyboards. Suzuki hielt es sogar für angebracht, ihm ein eigenes Büro zu geben, wo er Miyazakis prüfendem Blick entkommen konnte.

Es war schön und gut, dass Miyazaki selbst vorgeschlagen hatte, den Regiestuhl an die jüngere Generation zu übergeben,

Gegenüber: Das Gesicht einer neuen Generation. *Arrietty* ist das Spielfilmdebüt von Regisseur Hiromasa Yonebayashi.

Unten: Im Gegensatz zur Größe der Figuren war *Arrietty* keine klein angelegte Produktion.

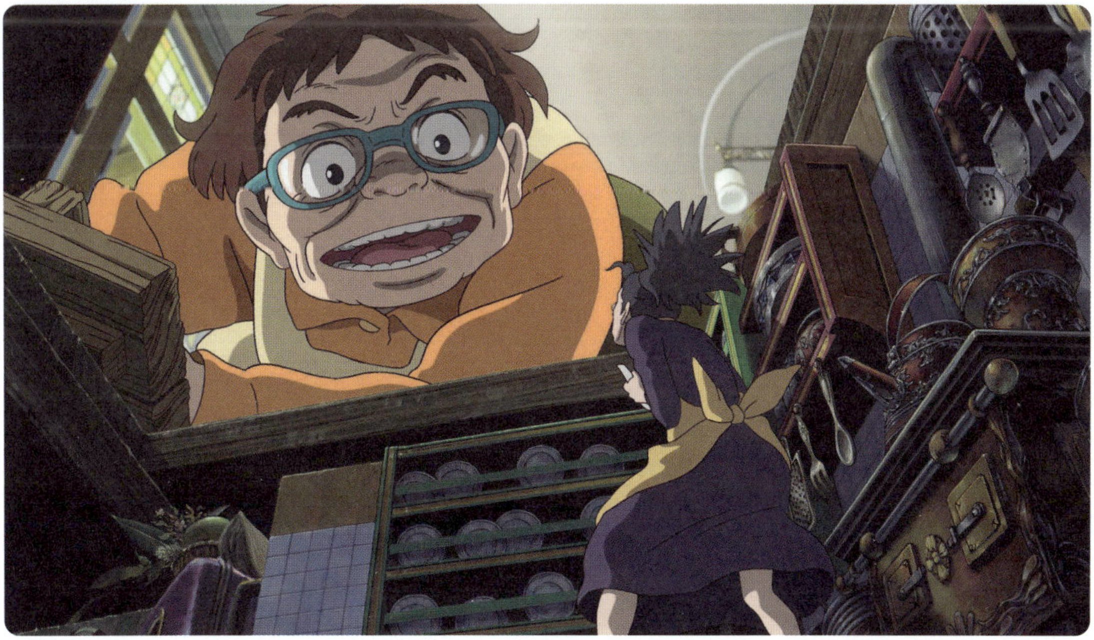

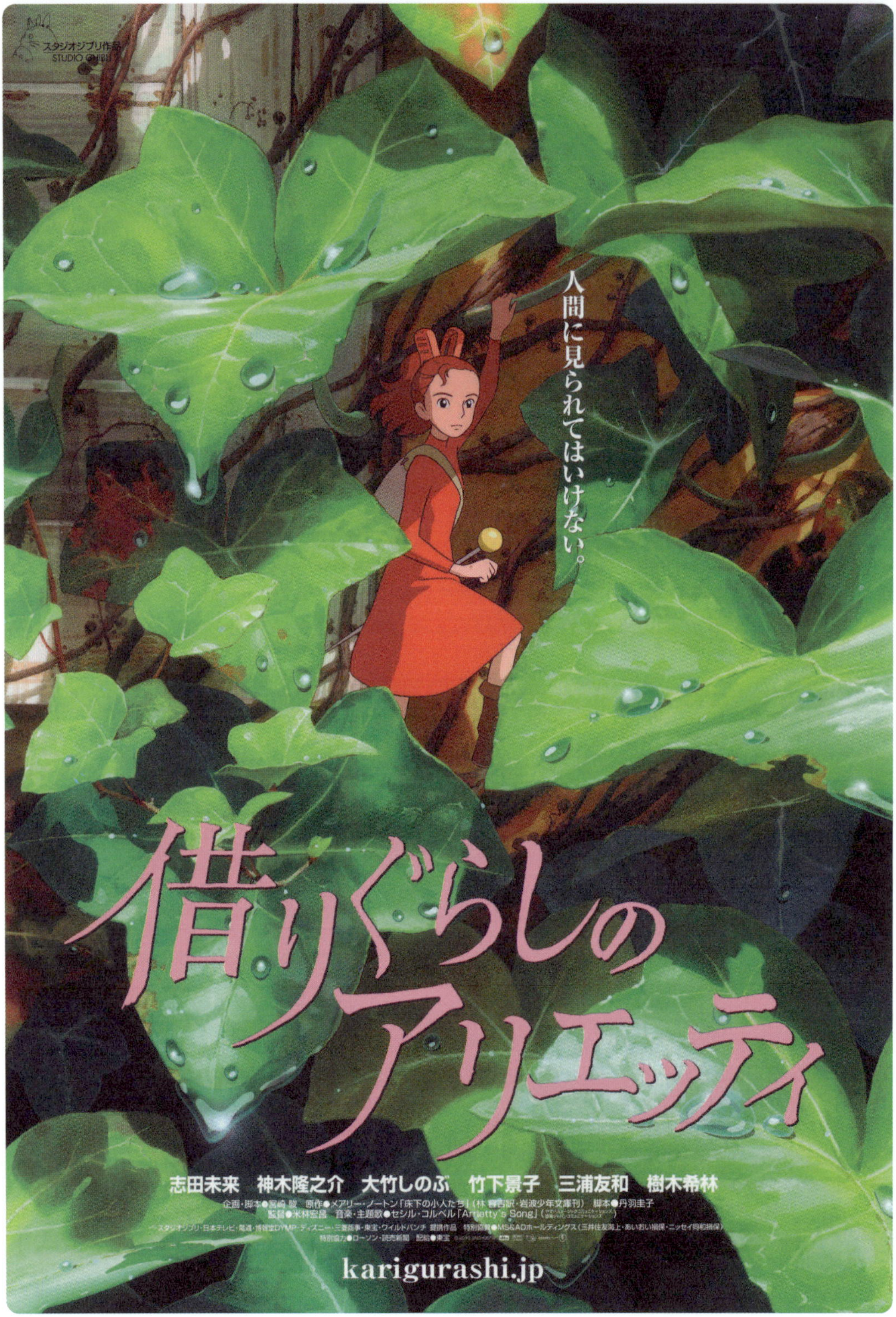
スタジオジブリ作品
STUDIO GHIBLI
人間に見られてはいけない。
借りぐらしのアリエッティ
志田未来　神木隆之介　大竹しのぶ　竹下景子　三浦友和　樹木希林
企画・脚本●宮崎 駿　原作●メアリー・ノートン「床下の小人たち」（林 容吉訳・岩波少年文庫刊）　脚本●丹羽圭子
監督●米林宏昌　音楽・主題歌●セシル・コルベル「Arrietty's Song」
スタジオジブリ・日本テレビ・電通・博報堂DYMP・ディズニー・三菱商事・東宝・ワイルドバンチ 提携作品　特別協賛●MS&ADホールディングス（三井住友海上・あいおい損保・ニッセイ同和損保）
特別協力●ローソン・読売新聞　配給●東宝
karigurashi.jp

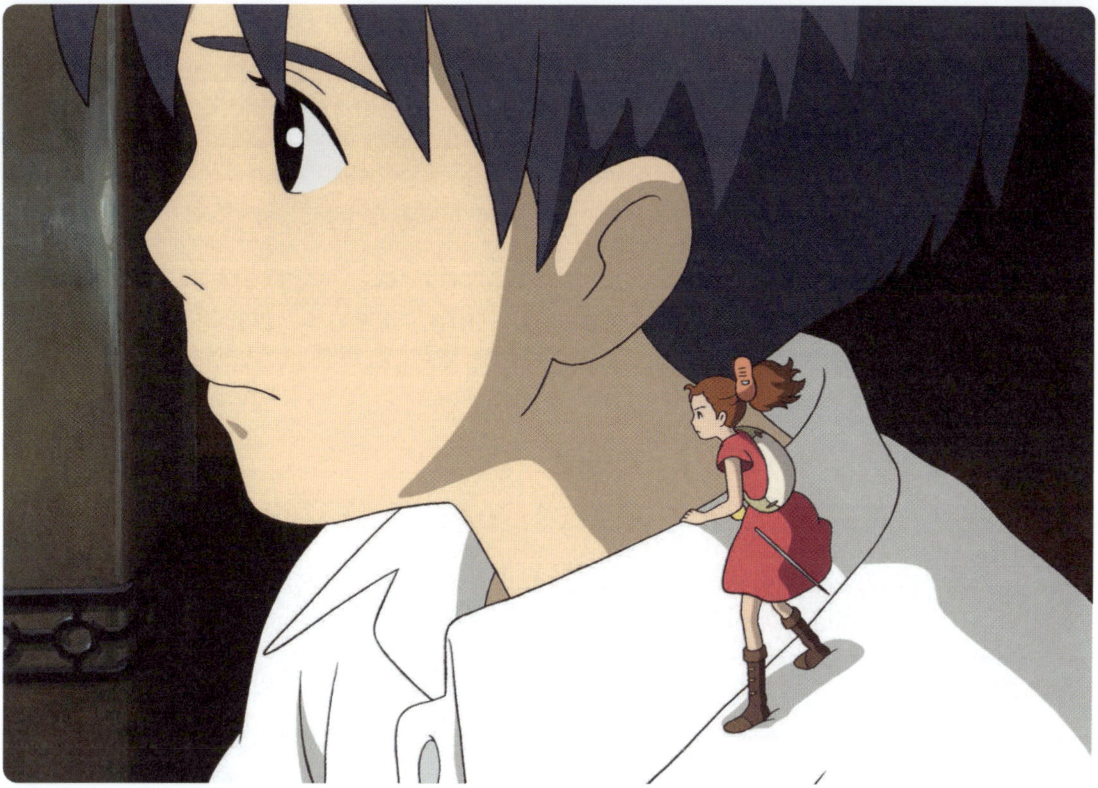

aber wie wir alle inzwischen wissen, verlief diese Machtübergabe nie glatt. In einem Promo-Interview, das verwirrenderweise auf der DVD und Blu-ray von *Arrietty* enthalten ist, baut sich Miyazaki schlecht gelaunt vor der Kamera auf und nutzt die Plattform, die eigentlich das Regiedebüt seines Protegés bewerben sollte, um Dampf abzulassen: „Ich hatte mir vorgestellt, dass wir viele neue Talente heranziehen würden", erklärt Miyazaki mit der Zigarette in der Hand. „Leute, die ambitioniert waren und über unerschöpfliche Ideen verfügten. Aber das haben wir nicht. Also haben wir Maro den Job gegeben, der gerade dastand und Däumchen drehte." Mit einem Grinsen wirft er einen verschlagenen Blick an der Kamera vorbei zu Suzuki. „Bin ich zu ehrlich? Er ist ein guter Junge, aber das allein macht noch keinen guten Film. Es bringt nichts, ihm Honig um den Bart zu schmieren. Wie Sie sehen, eignet er sich nicht für öffentliche Auftritte. Wir verstecken ihn lieber, als ihn allein herumirren zu lassen."

Konkurrenz belebt das Geschäft und vielleicht schreckte Suzuki nicht davor zurück, die Spannungen zwischen den Generationen ein bisschen anzuheizen, wenn es half, den Film zu verkaufen, aber im Fall von Yonebayashis Interview sitzen die Wunden tief. Der Regisseur erinnert sich daran, wie er bei Ghibli anfing und den weltberühmten Miyazaki angehimmelt hatte – zumindest bis er sich eine gewaltige Standpauke anhören musste. „Seine Worte treffen einen direkt ins Herz."

Ob diese ganze Werbescharade nun Wirkung zeigte oder nicht, *Arrietty* schlug sich gut an den Kinokassen des Jahres 2010, auch wenn er nicht den Blockbuster-Olymp von Miyazakis eigenen Filmen erreichte. Am Ende des Jahres erzielte er das dritthöchste Einspielergebnis in Japan, hinter Tim Burtons *Alice im Wunderland* und Pixars *Toy Story 3* (in dem es zufällig ein Cameo von Totoro gab). Wo Yonebayashis Debüt die Filme seines Mentors jedoch um Längen schlug, war in den USA. Von Disney unter dem Titel *The Secret World of Arrietty* veröffentlicht und mit einem (für Ghibli) nie zuvor erreichten Start in 1.500 Kinos, spielte der Film knapp 20 Millionen Dollar ein. Vielleicht nur ein Taschengeld für Titanen wie Disney und Pixar, aber für Ghibli ist *Arrietty* (Stand 2021) immer noch der erfolgreichste Film in den USA. Mit der Ausnahme von *Wie der Wind sich hebt* erhielten alle zukünftigen Ghibli-Filme einen bescheidenen Start in ausgewählten Kinos in den USA durch den auf Animationen spezialisierten Verleih GKIDS, ein Unternehmen, das sich eher auf den Prestigestatus des Studios in der Anime-Welt, auf der Weltbühne und in den Arthaus-Kreisen konzentriert als darauf, einen Blockbuster zu schaffen.

Oben: Auf den Schultern von Riesen. *Arrietty* (und Regisseur Hiromasa Yonebayashi) müssen sich in einer Welt zurechtfinden, die zuvor von größeren Figuren gelenkt wurden.

Gegenüber: Das japanische Poster zu *Arrietty – Die wundersame Welt der Borger*.

KOMMENTAR: ARRIETTY – DIE WUNDERSAME WELT DER BORGER

Arrietty verändert sich je nach Blickwinkel. Man kann es als kleines Werk innerhalb der großen Ghibli-Filmografie betrachten, aber es ist auch ihr größter Erfolg auf der internationalen Bühne, was eine nicht zu unterschätzende Leistung ist. Man könnte sagen, dass er sich auf der Vertrautheit der früheren Kreationen des Studios ausruht, aber man kann auch den technischen Fortschritt hervorheben, der ihn auf eine neue Stufe hebt. Wie die kleine Borgerin Arrietty ist auch Regisseur Hiromasa Yonebayashi jung und wird in eine große, neue Welt geworfen und beide müssen sowohl im wörtlichen wie im übertragenen Sinne mit neuen Perspektiven fertigwerden.

Der Film beginnt auf wohlvertrautem Ghibli-Territorium. Es gibt einen blauen Himmel und eine grüne Landschaft. Wie in *Mein Nachbar Totoro*, *Tränen der Erinnerung* und Yonebayashis nächstem Film, *Erinnerungen an Marnie*, lernen wir eine Figur kennen, die aufs Land flüchtet, um zu heilen. Und natürlich gibt es dort eine Katze mit einem Sinn fürs Abenteuer. Es ist schnell klar, von welchem Studio dieser Film stammt, aber es ist auch vieles anders.

Yonebayashi schafft eine Realfilmqualität, die vielleicht inspiriert ist von Isao Takahatas gelegentlich dokumentarischem Blickwinkel und visuelle Techniken anwendet, die man sonst eher bei Kameraaufnahmen finden würde, nicht in Animationen. Ein niedriger Blickwinkel und der wechselnde Fokus zwischen den Handlungsebenen unterstreichen die Distanz zwischen Arrietty und den Objekten um sie herum und betonen den Größenunterschied zwischen ihrer Miniaturwelt und der des neu angekommenen Menschenjungen Sho. Später im Film gibt es sogar eine Dolly-Kamerafahrt, ein effektives Mittel, um Angst zu erzeugen, dessen berühmtester Einsatz wohl in *Der weiße Hai* zu sehen ist und in der Vorder- und Hintergrund des Bildes verzerrt werden und ineinander übergreifen. Die Proportionsunterschiede des Films werden auch über die Vertonung erzeugt. Es ist eine Welt, in der ein Luftzug aus einer Steckdose zu einem heulenden Wind wird oder das Echo einer Uhr, das durch eine Küche tickt, diese wie eine gewaltige Bergkette wirken lässt.

Auch der Einsatz von Licht und Farben ist ein weiterer Schritt weg von der Ghibli-Palette und ein erstes Anzeichen dafür, wohin die Reise für den Regisseur noch gehen sollte. Sanfte Lichtflecken ziehen sich über den Film und reduziertere, wie Aquarell anmutende Schattierungen erfüllen den Hintergrund. Diese zurückgenommene, wolkenhafte Optik sollte in Yonebayashis nächstem Film *Erinnerungen an Marnie* sogar noch schöner umgesetzt werden. Ein weiterer kreativer Vorgeschmack ist das Design des mutigen, wilden Borgers Spiller, der die gleiche DNA, oder zumindest denselben Designer, wie die kleinen Kreaturen in Yonebayashis Kurzfilm *Ponoc, Kanini & Kanino*, zu haben scheint.

Vielleicht konzentriert sich *Arrietty* zu sehr auf die kleinen Dinge, denn die schönsten Szenen sind Arriettys einfachere Interaktionen mit den großen Gegenständen der Menschenwelt, es fehlt jedoch spürbar die Dramatik. Die Haushälterin Haru soll da Abhilfe schaffen. Sie wird als Bösewicht der Geschichte vorgestellt und tut alles, um die geheime Existenz der Borger zu offenbaren, doch ihr Verhalten ist unberechenbar und ihre Motivation unklar. Vor dem Hintergrund von Ghiblis gängigerem Ansatz, auf einen Antagonisten zu verzichten, ist schon allein ihr Vorhandensein eine Überraschung, und letztlich auch eine Enttäuschung. Aber trotz dieses Mankos ist das Miniaturabenteuer von *Arrietty* ein großer Teil der Studio Ghibli-Geschichte und bleibt dem Gedanken des Studios treu, die Magie im Alltäglichen zu finden – es hängt alles nur vom Blickwinkel ab.

Gegenüber: Nichts verraten, Sho. Eine Freundschaft entsteht zwischen einem Menschen und einer Borgerin.

Links: Im Pantheon der Ghibli-Katzen bietet *Arrietty* ein seltenes Beispiel eines beängstigenden Katzenschurken.

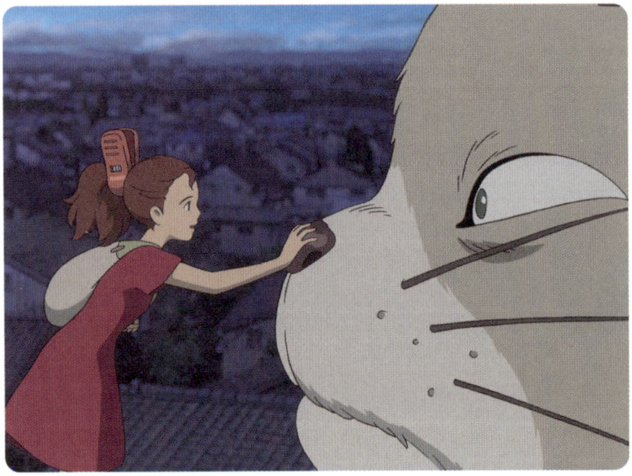

„ICH SAH MICH SELBST IN ARRIETTY, ALS ICH DEN FILM GEMACHT HABE", SAGT REGIENEULING HIROMASA YONEBAYASHI, „WEIL SIE SICH DINGE VON GROSSEN MENSCHEN AUSBORGEN MUSSTE."

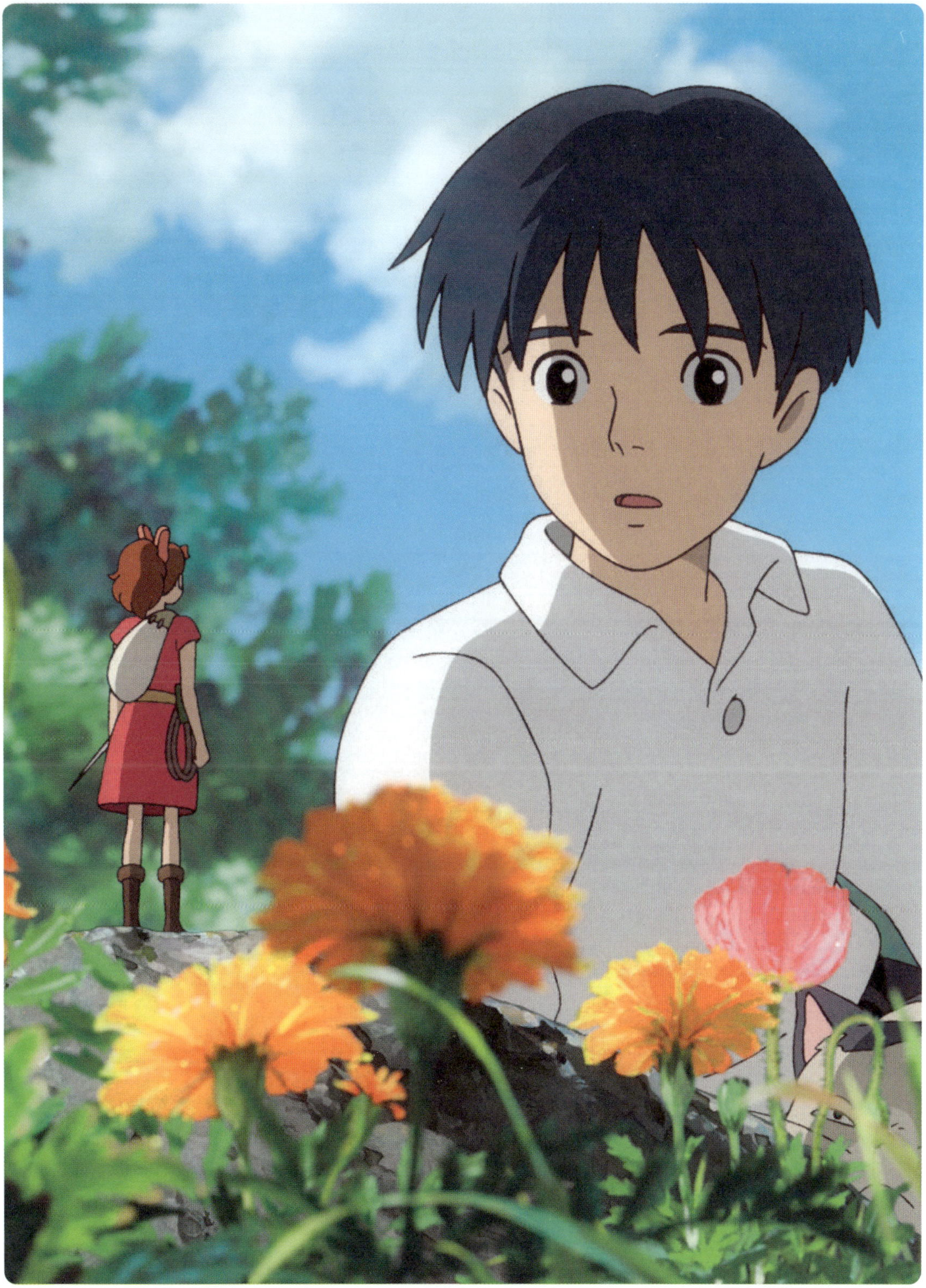

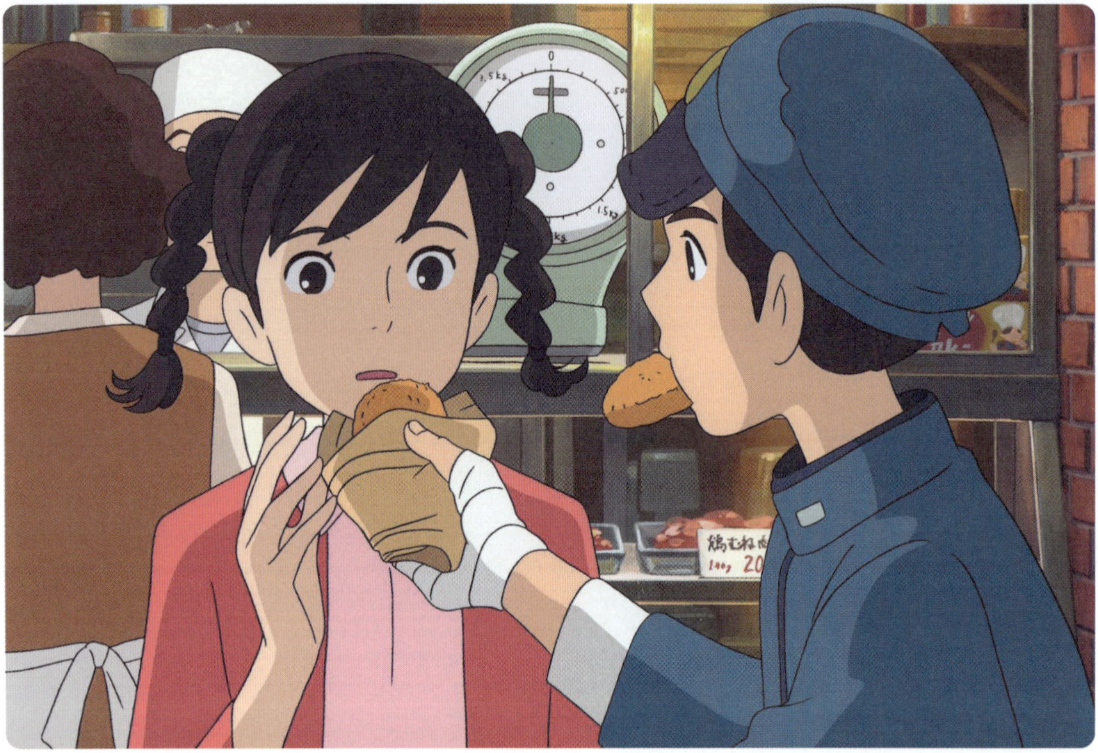

DER MOHNBLUMENBERG (KOKURIKO-ZAKA KARA, 2011)

MIYAZAKI UND SOHN

REGIE: GORO MIYAZAKI

DREHBUCH: HAYAO MIYAZAKI & KEIKO NIWA

LAUFZEIT: 91 MINUTEN

VERÖFFENTLICHUNGSDATUM (JAPAN): 16. JULI 2011

DER ZWEITE FILM IN HAYAO MIYAZAKIS FÜNFJAHRESPRODUKTIONSPLAN BILDETE EINEN STARKEN STILISTISCHEN KONTRAST ZU *ARRIETTY*. DIESER WAR EIN FANTASY-ABENTEUER AUS DEM GEWOHNTEN GHIBLI-GUSS GEWESEN, WOHINGEGEN *DER MOHNBLUMENBERG* EIN HERZERGREIFENDES DRAMA IST, DAS LOSE AUF DEM SHOJO-MANGA DER FRÜHEN 1980ER VON TETSUO SAYAMA UND CHIZURU TAKAHASHI BASIERT. MIYAZAKI HATTE SCHON ZUVOR DARÜBER NACHGEDACHT, DIE GESCHICHTE ZU ADAPTIEREN, WAR JEDOCH NICHT ÜBERZEUGT GEWESEN, DASS DIE EMOTIONALEN SZENERIEN DES SHOJO-MANGA-GENRES SICH AUF DIE GROSSE LEINWAND ÜBERTRAGEN LASSEN WÜRDEN.

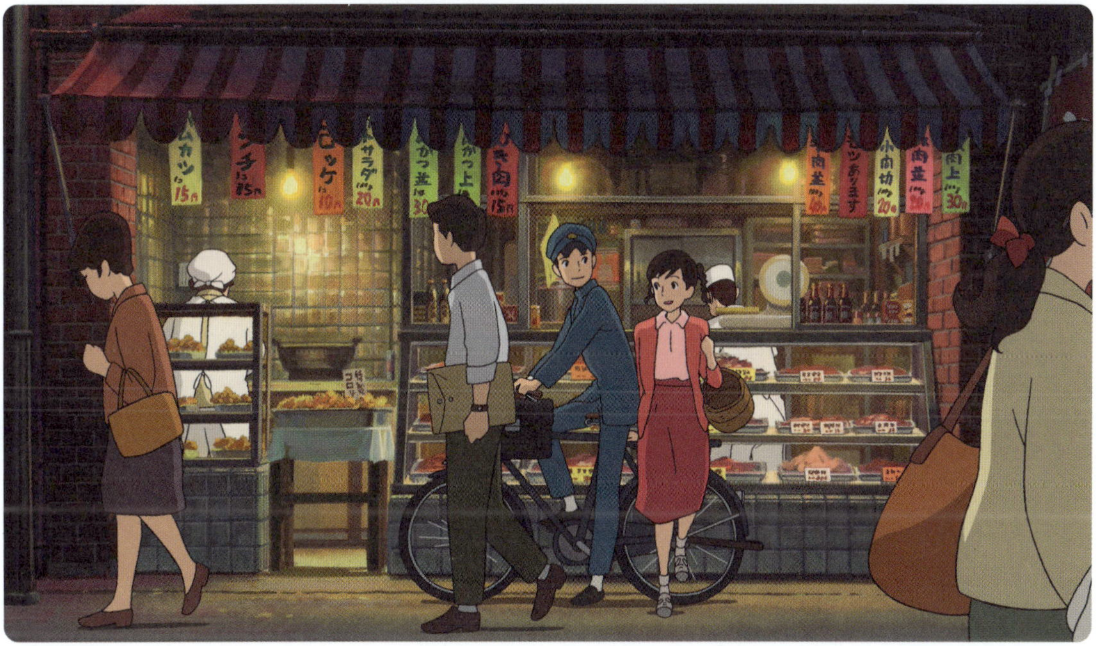

Natürlich hatte *Stimme des Herzens* 1995 schon das Gegenteil bewiesen, doch es sollte noch eine ganze Weile dauern, bis das 1960er-Jahre-Setting des Mangas eine stärkere Nostalgiewirkung hatte und *Der Mohnblumenberg* es wieder auf die Produktionsliste schaffte. Die Regie sollte Goro Miyazaki zufallen, der, nachdem er bei seinem Debüt *Die Chroniken von Erdsee* keinerlei Einmischungen oder Ratschläge von seinem Vater erhalten hatte, nun ein Projekt übernahm, das von diesem vorgeschlagen, geplant und mitgeschrieben worden war. Wie schon bei *Arrietty* verfasste Keiko Niwa das Drehbuch mit Hayao Miyazaki und ihr fiel die Aufgabe zu, die oft widersprüchlichen kreativen Ideen des Regisseurs in eine Form zu pressen, mit der man arbeiten konnte. „Die meisten Drehbuchautoren wären durchgedreht", erklärt Produzent Toshio Suzuki. „Aber Keiko Niwa fand es spannend. Sie schien seinen Denkprozess – die Denkweise eines Genies – ungemein faszinierend zu finden und sie liebte es, mit ihm zu arbeiten. Sie war die perfekte Partnerin für Miya-san."

Auf einer Pressekonferenz im Dezember 2010 wurde der Welt *Der Mohnblumenberg* als nächster Ghibli-Film vorgestellt und sollte im Juli 2011 erscheinen. Dieser Plan wurde jedoch durch das Tohoku-Erdbeben und die darauffolgende Atomkatastrophe im Fukushima-Daiichi-Kraftwerk im März 2011 gefährdet. Bei einer Pressekonferenz nach dem Unglück, das die gesamte japanische Gesellschaft betraf, versprach Hayao Miyazaki persönlich,

Oben: Dieser herzige Moment einer Radtour zweier junger Liebender erinnert an *Stimme des Herzens* und ist einer der ruhigsten und bewegendsten Momente in *Der Mohnblumenberg*.

Gegenüber: Kroketten und Rock 'n' Roll. Angesiedelt in den 1960ern, ist der Film voller nostalgischer Referenzen von Popmusik bis hin zu Köstlichkeiten.

DAS KLUBHAUS IM ZENTRUM VON *DER MOHNBLUMENBERG* ERINNERT SOWOHL AN DAS MAGISCHE BADEHAUS AUS *CHIHIROS REISE INS ZAUBERLAND* ALS AUCH AN DIE HEKTISCHE, CHAOTISCHE KREATIVITÄT EINES ANIMATIONSSTUDIOS.

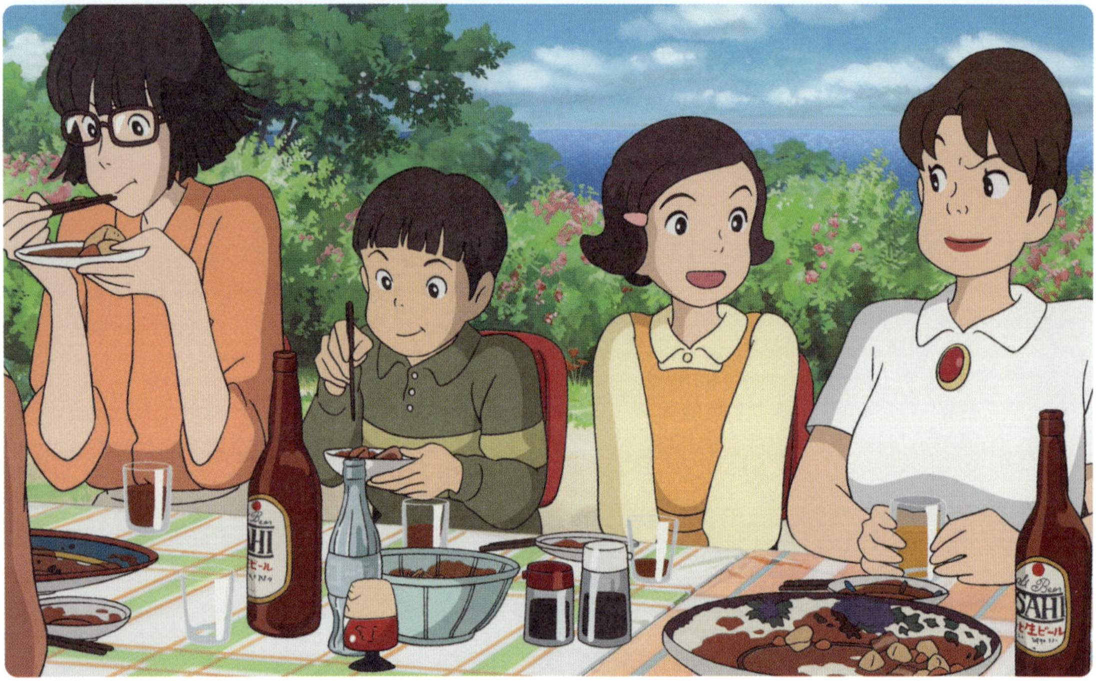

dass *Der Mohnblumenberg* zum versprochenen Datum in den Kinos anlaufen würde. „Der Postbote bringt weiter die Post und der Busfahrer fährt weiter den Bus, also werden wir einen Film machen."

Um diese Deadline zu schaffen, musste das Team von Ghibli richtig ranklotzen, Doppelschichten fahren und immer wieder Stromausfälle meistern. Letztlich erschien der Film wie geplant. Er kam bei den Kritikern besser an als *Die Chroniken von Erdsee* und gewann sogar den Preis für den besten Animationsfilm bei den japanischen Academy Awards, doch auch wenn er der erfolgreichste japanische Film an den heimischen Kinokassen war, betrugen die Gesamteinnahmen weniger als die Hälfte von dem, was *Arrietty* im Vorjahr eingespielt hatte. Trotzdem wertete Suzuki ihn als Erfolg, denn nicht nur hatte die Katastrophe zu Beginn des Jahres der Kinolust des Landes einen Dämpfer verpasst, Ghibli war für dieses „gewagte Experiment" auch aus seinem zu erwarteten Weltenfluchtstil ausgebrochen.

Aber natürlich ist die wichtigste Meinung von allen die von Hayao Miyazaki. Die Blu-ray zu *Der Mohnblumenberg* enthält Aufnahmen der studiointernen Aufführung des fertigen Films und zeigt Miyazaki, wie er erst das Team dafür lobt, dass der Film rechtzeitig fertig geworden ist („hier liegt Ghiblis wahre Stärke"), bevor er einige scharfe Kritiken am Film vorbringt. „Das Werk hat gute und schlechte Passagen", sagt er. „Es ist eine unausgereifte Arbeit." Dann kritisiert er die Hintergründe, den Stil und das Timing und die Animationen der Bewegungen der Figuren. „Ich weiß nicht, wer diese technischen Fehler gemacht hat, der Animator oder der Regisseur", erklärt er, während sich die Aufmerksamkeit unweigerlich auf Goro richtet, „aber es ist ein grundlegender Fehler."

Oben: Die Figuren aus *Der Mohnblumenberg* teilen eine Mahlzeit. Neben dieser gibt es im Film eine Menge Neuzugänge zu Ghiblis umfangreichem Menü an animierten Köstlichkeiten.

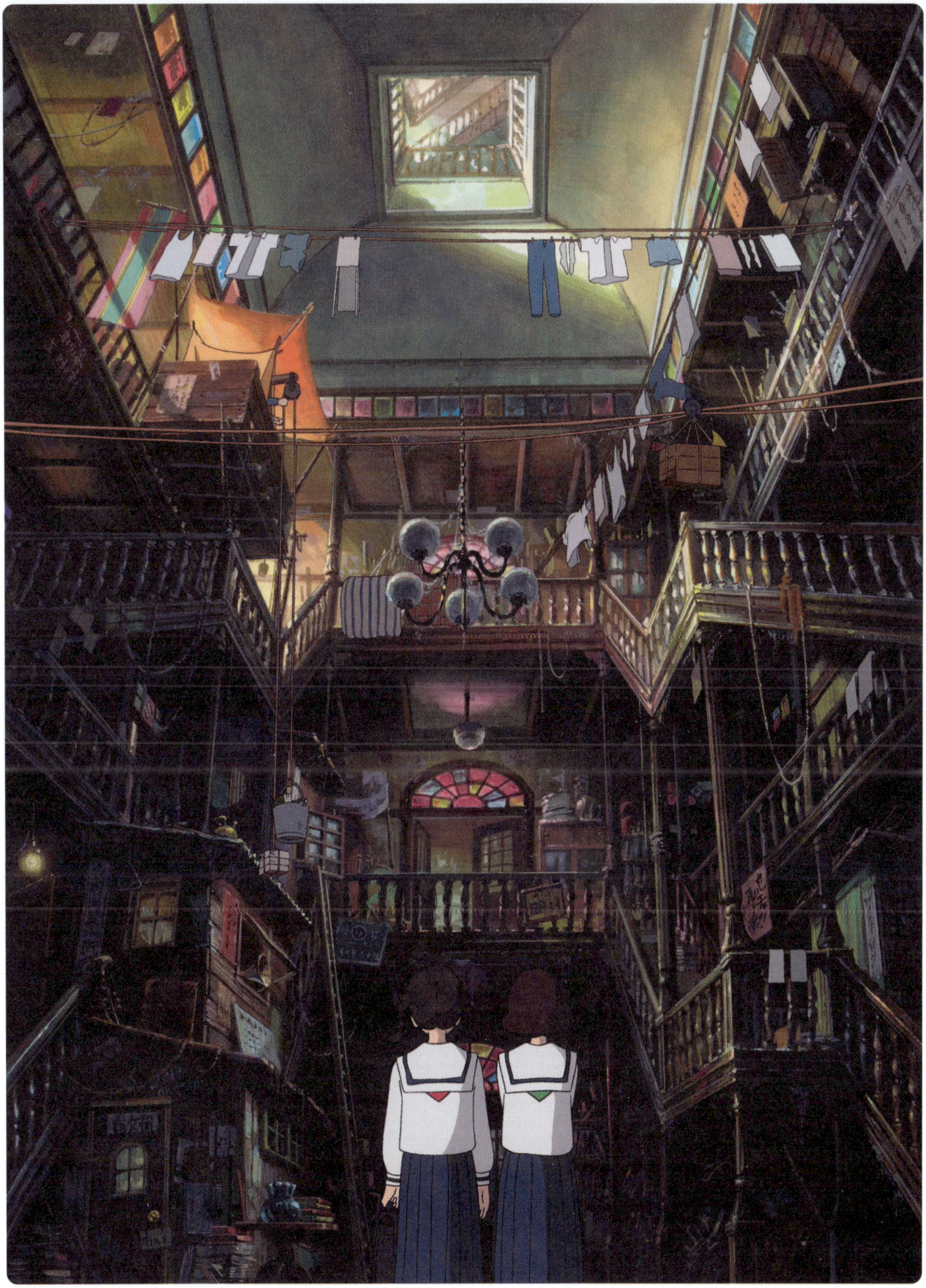

KOMMENTAR: DER MOHNBLUMENBERG

Der Mohnblumenberg ist ein leichter und fröhlicher Film, der sicher seine Macken hat, aber mit großer Hingabe gemacht wurde. Was immer sein Vater sagen mag, Goro Miyazakis Zweitlingswerk ist ein Erfolg, mit reichen visuellen und akustischen Details und einem großen Herzen, und auch wenn die Geschichte ihre Schwächen haben mag, konnte er nur das Drehbuch umsetzen, das ihm gegeben wurde. Der Plot um ein paar Teenager, die mit der ersten aufkeimenden Liebe fertigwerden und dabei auch noch ihr Schulklubhaus retten müssen, mag nicht an die epischen oder intimen Fantasy-Geschichten einiger früherer Ghibli-Werke heranreichen, aber wenn man sie erkennt, kann man die zurückhaltende Magie von *Der Mohnblumenberg* durchaus genießen.

Der Mohnblumenberg ist gefangen in einer Zeit des Zwiespalts für Ghibli: Die Geschichte ist gestaltet vom alten Meister, doch die Umsetzung obliegt der jungen Generation. Diese Spaltung findet sich auch im Film selbst. Angesiedelt in der Übergangsperiode der Showa-Zeit, als Japan stärker die westliche Kultur adaptierte (man sieht sogar Figuren Johnny-Walker-Whiskey trinken), sind die Bewohner und die Stadt sowohl nostalgisch als auch zukunftsorientiert. Die Schüler im Zentrum der Geschichte sind unglaublich leidenschaftlich und darauf konzentriert, ihr Klubhaus zu retten, seit Generationen ein Hort kreativer Ambitionen, doch nun bröckeln die hohen roten Wände und die labyrinthartigen Treppenhäuser wie eine gealterte Version des Badehauses aus *Chihiros Reise ins Zauberland*. In einer herrlichen Putzszene, die ebenfalls an *Chihiro* erinnert, wird der alte Glanz des Klubhauses dank der Tüchtigkeit und der Bemühungen der neuen Schüler wiederhergestellt. Es scheint, als wären in dieser Zeit des Übergangs für Ghibli Hayao Miyazakis eigene Bedenken und Ziele in das Drehbuch von ihm und Keiko Niwa hineingeflossen.

Wahrscheinlich ist es am besten, sich auf die inspirierte Klubhausgeschichte zu konzentrieren, wenn man sich den Inhalt von *Der Mohnblumenberg* in Erinnerung ruft. Die Romanze, die die zweite Hälfte des Films dominiert, versucht zwar, die Höhen von *Stimme des Herzens* zu erreichen (sogar mit ihrer eigenen Fahrradszene), schafft es aber nicht. Die Teenager Umi und Shun sind charmant und unsicher, aber ihre simpel gestrickte Romanze wird von einem verwirrenden Twist gestört, als plötzlich ein möglicher Inzest ihre aufkeimende Beziehung bedroht. Das ist extrem melodramatisch – was auch das Drehbuch selbst einräumt – und auch wenn es ein gängiges Mittel im Shojo-Manga sein mag, stürzt dieser erzählerische Schlenker den Film in ein halsbrecherisches Tempo, das die herrlich einfühlsame erste Stunde zunichtemacht.

Ein weiterer mutiger (wenn auch weniger kontroverser) Schachzug, der perfekt zur Geschichte leidenschaftlicher Teenager passt, ist, dass *Der Mohnblumenberg* einen der wildesten Soundtracks der Ghibli-Geschichte hat. Der Pop-Rock-Song „Sukiyaki" von Kyu Sakamoto versetzt uns mitten in die frühen 1960er und beleuchtet einmal mehr die transpazifische Vermischung der Kulturen, denn der Song war nicht nur ein Hit in Japan, sondern auch der erste nicht europäischsprachige Titel in den US-*Billbord-Charts*. Ein noch größeres Highlight ist jedoch Satoshi Takebes Original-Soundtrack, der die Romanze mit sanften Jazzeinlangen einrahmt und die Klubhausszenen mit einem bombastischen Blechbläserorchester, das eher zu einem Spionagefilm passen würde als zu einer Teenie-Lovestory, untermalt. Es ist eine Kombination aus Kenny G und John Barry und, wie der Film selbst, eine großartige und einzigartige Ergänzung der Ghibli-Filmografie.

Die detailreichen Schauplätze, das köstliche Essen und der Abenteuergeist Ghiblis sind alle vertreten. Nach dem turbulenten Entstehungsprozess und den Reaktionen auf *Die Chroniken von Erdsee* ist Goro Miyazaki mit diesem Film noch nicht ganz aus dem Schatten seines Vaters herausgetreten, aber er ragt nicht mehr ganz so groß über ihm auf. Wenn das Ghibli-Klubhaus neue Leute braucht, um es zu erhalten, hat sich Goro als würdiger Nachfolger erwiesen, auch wenn er es nicht ganz makellos hinterlassen hat.

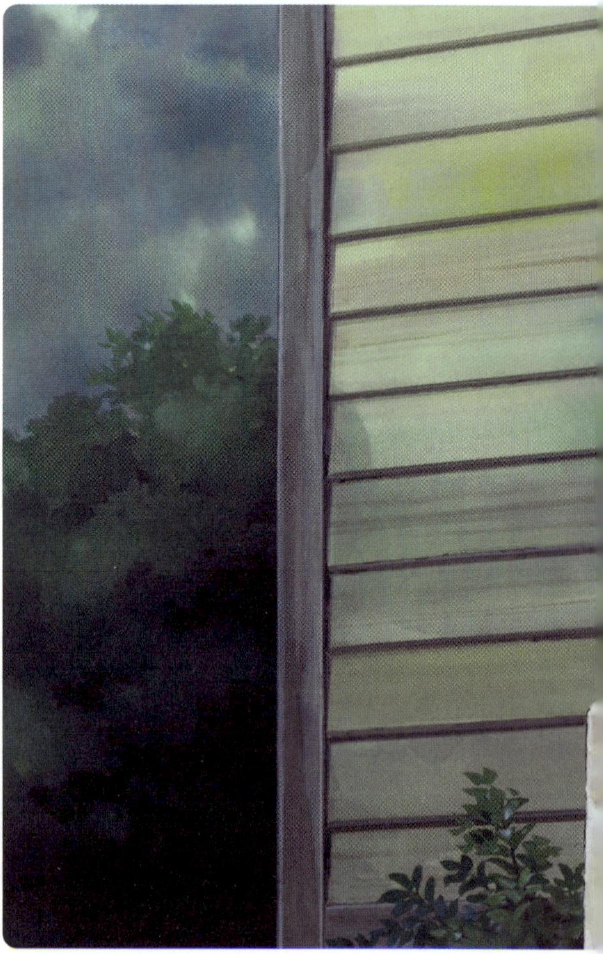

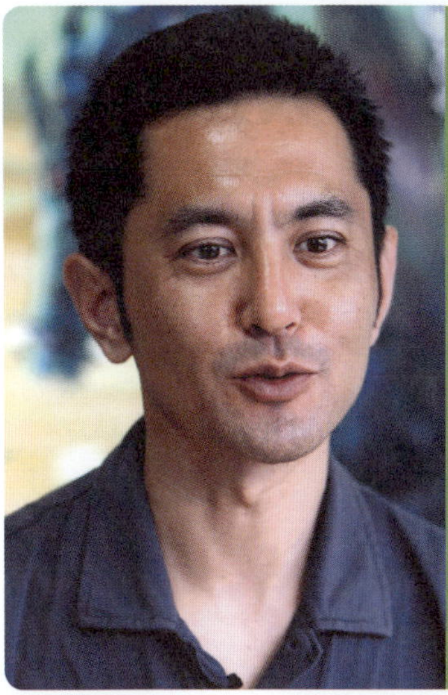

IN SEINEN REGIEANMERKUNGEN BESCHREIBT GORO MIYAZAKI *DER MOHNBLUMENBERG* ALS FILM, DER IHN ZU EINEM VOLLWERTIGEN FILMEMACHER GEMACHT HAT. „ICH WOLLTE MICH NICHT VOM DREHBUCH MEINES VATERS BEZWINGEN LASSEN", SCHREIBT ER. „ALS JUNGE HATTE ICH VON DER ANIMATIONSBRANCHE GETRÄUMT. ABER MIT MEINEM VATER DIREKT VOR DER NASE HATTE ICH DEN TRAUM IN MEINER JUGEND AUFGEGEBEN UND TIEF IN MEINER SEELE BEGRABEN. ICH GAB DER ZEIT UND MEINER GENERATION DIE SCHULD, ABER EIGENTLICH WAR ICH ES, DER ZU FEIGE GEWESEN WAR UND AUFGEGEBEN HATTE."

Unten: So wie Umi und ihre Freunde in die Zukunft Japans des 20. Jahrhunderts blicken, stellt auch *Der Mohnblumenberg* den Aufstieg einer neuen Generation von Ghibli-Filmemachern dar.

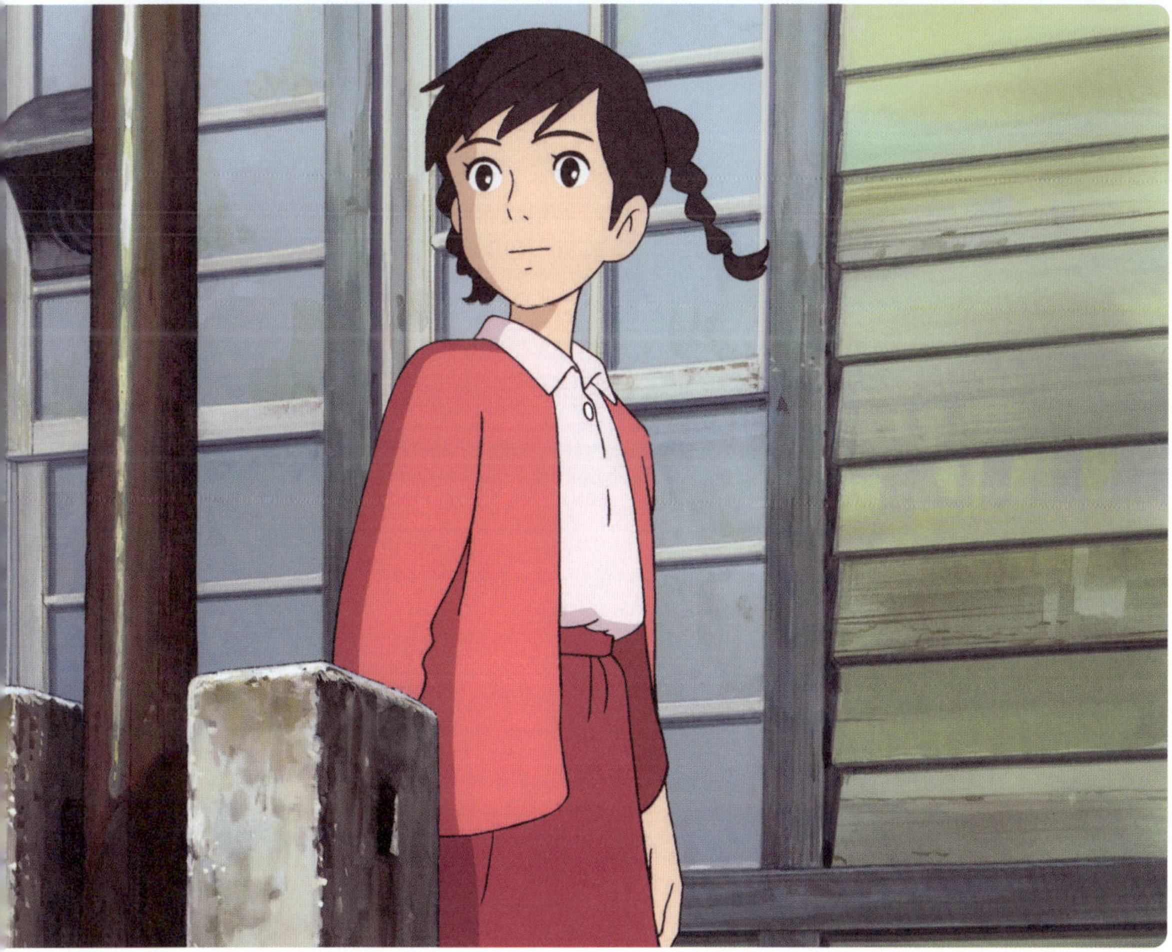

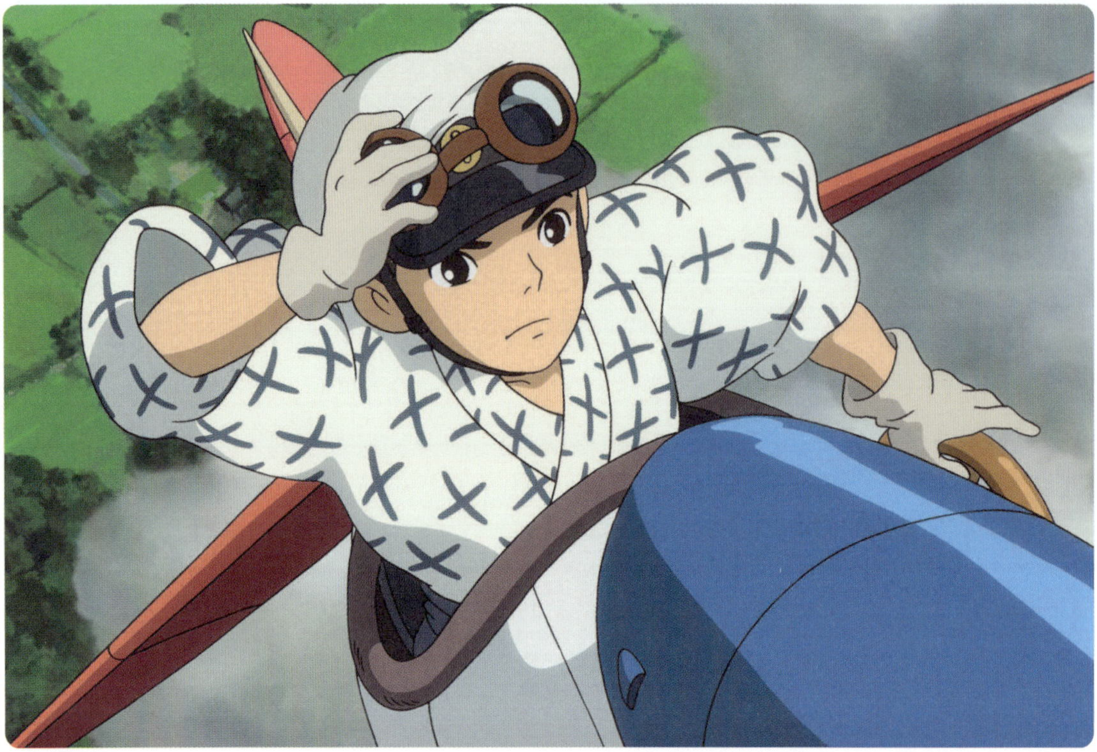

WIE DER WIND SICH HEBT (KAZE TACHINU, 2012)

WUNDERSCHÖNE, VERFLUCHTE TRÄUME

REGIE: HAYAO MIYAZAKI
DREHBUCH: HAYAO MIYAZAKI
LAUFZEIT: 126 MINUTEN
VERÖFFENTLICHUNGSDATUM (JAPAN): 20. JULI 2013

NACH *ARRIETTY* UND *DER MOHNBLUMENBERG*, ZWEI FILME VON GHIBLIS JÜNGEREN FILMEMACHERN, BILDETE EIN NEUER FILM VON HAYAO MIYAZAKI DEN ABSCHLUSS DES FÜNFJAHRESPRODUKTIONSPLANS DES STUDIOS. UNVORHERSEHBAR WIE EH UND JE, SPIELTE MIYAZAKI URSPRÜNGLICH MIT DEM GEDANKEN, EINE FORTSETZUNG ZU *PONYO* ZU MACHEN ODER ZUMINDEST EINEN FILM MIT EINER ÄHNLICHEN THEMATIK, DOCH PRODUZENT TOSHIO SUZUKI HATTE ANDERE PLÄNE.

„Nachdem ich fünfunddreißig Jahre mit ihm zusammengearbeitet hatte, gab es eine Sache, die mir auf der Seele brannte", schreibt Suzuki in *Mixing Work with Pleasure* und bezieht sich damit auf eine zentrale Dichotomie, die sich in fast allen Filmen Miyazakis findet: „Er hatte detailliertes Wissen über den Krieg und liebte es, Kampfflugzeuge und Panzer zu zeichnen. Gleichzeitig war er ein großer Verfechter des Weltfriedens und hatte sogar an Demonstrationen gegen den Krieg teilgenommen. Ich wollte, dass er einen Film machte, der diesen scheinbaren Konflikt lösen würde."

Nach *Ponyo* war Miyazaki zu seiner liebsten Beschäftigung zwischen zwei Filmprojekten zurückgekehrt: für das *Model Graphix*-Magazin Manga und illustrierte Essays zu verfassen. Er veröffentlichte eine Geschichte über Jiro Horikoshi, den Ingenieur, der die Mitsubishi A6M Zero entworfen hatte, die die Kaiserlich Japanische Marine im Zweiten Weltkrieg eingesetzt hatte. Wie schon bei *Porco Rosso* zuvor diente die Serie als Startpunkt für seinen nächsten Film, *Wie der Wind sich hebt*.

Seit 2010 hatte Suzuki Miyazaki gedrängt, den Manga als Film umzusetzen, aber der Regisseur zögerte zunächst. Er hatte einen Animationsfilm für Kinder machen wollen, etwas, das seinem Enkel gefallen würde. 2011 allerdings hatte er seine Meinung geändert und reichte im Januar einen Projektvorschlag ein, der einen ambitionierten Plan für einen einzigartigen Film im Ghibli-Kanon vorstellte: ein historisches Melodrama mit biografischen Elementen, das mit den kreativen Impulsen eines Genies rang. „Ich will etwas schaffen, das realistisch, fantastisch, manchmal karikiert, aber insgesamt ein wunderschöner Film ist", schrieb Miyazaki. „Ich will ein hingebungsvolles Individuum zeigen, das seinen Traum verfolgt. Träume besitzen ein Element des Wahnsinns und ein solches Gift darf nicht eingeschlossen werden. Sich nach etwas zu Schönem zu sehnen, kann einen ruinieren. Der Hang zur Schönheit kann einen hohen Tribut fordern."

Wie der Wind sich hebt ist jedoch nicht einfach nur eine Biografie. Der Titel ist einem Roman von Autor Tatsuo Hori entlehnt, in dem er den Verlust seiner Frau durch Tuberkulose verarbeitet. Miyazaki verbindet große Teile von Horis Lebensgeschichte mit der von Horikoshi und schafft so eine Mischung aus Fakten und Fiktion, die eine verlorene Generation zeigen soll, die in den 1930ern

Gegenüber: Jiro träumt vom Fliegen: Der angehende junge Ingenieur stellt sich vor, selbst ein Flugzeug zu fliegen.

Unten: Mit ihren präzisen Zeichnungen und individuellen Schreibtischen mussten die hart arbeitenden Animatoren bei Ghibli vermutlich nicht lange nach Inspiration für diesen Frame der Flugzeugentwickler in *Wie der Wind sich hebt* suchen.

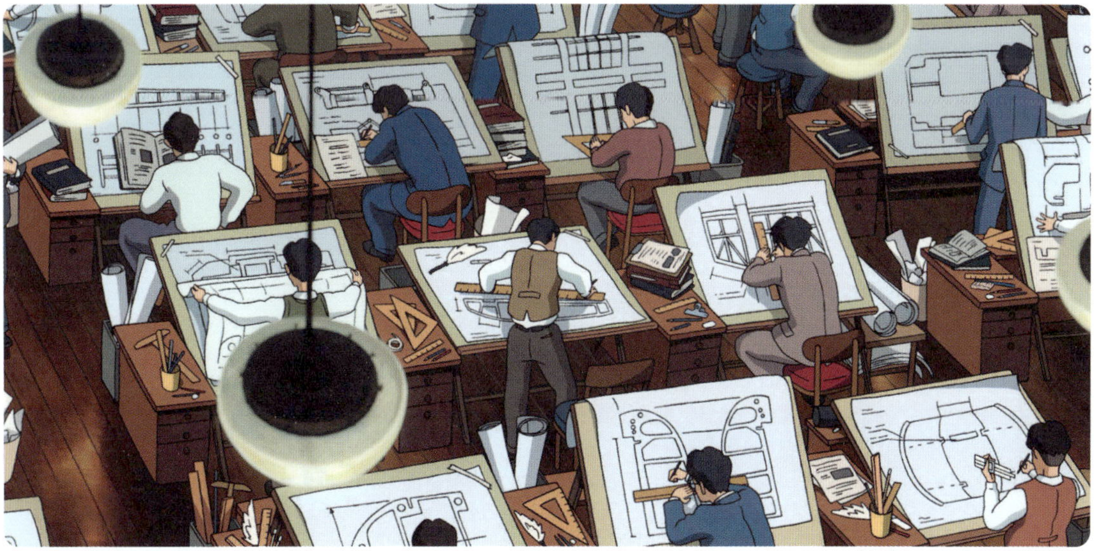

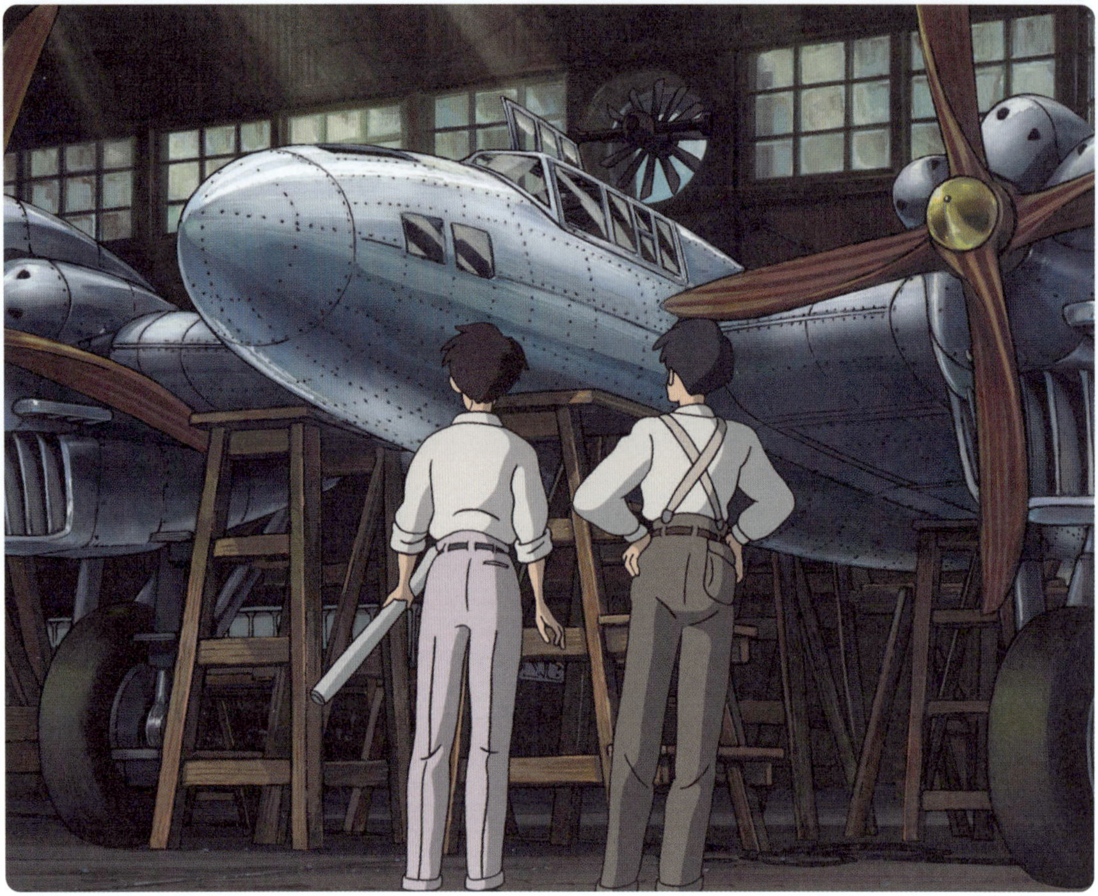

erwachsen wurde, und ihren Kampf in „einer Zeit der Rezession, der Arbeitslosigkeit, des Hedonismus und des Nihilismus, des Krieges, der Krankheit, der Armut, des Modernismus und der Rückschläge, während des unaufhaltsamen Strauchelns und Stürzens des Kaiserreichs".

Die Entstehung von *Wie der Wind sich hebt* ist in intimen Details in Mami Sunadas hervorragender Filmdokumentation *The Kingdom of Dreams and Madness* festgehalten. Sie gibt einen Einblick in Miyazakis Kampf gegen eine, wie er es später nennen würde, „höllische" Produktion, während Zweifel und Dilemmas den Regisseur bei seinem persönlichsten und radikalsten Film plagten. Das Ergebnis ist ein komplexer, experimenteller Mix aus bahnbrechenden stilistischen Schnörkeln und einer fast schon allumfassenden Neubewertung von Miyazakis Arbeiten bis zu diesem Zeitpunkt. Wie in *Stimme des Herzens* werden alltägliche Szenen von Ghibli-Magie durchdrungen, um so eine tiefere Wahrheit zu erzielen, während die technische, historische und empirische Detailtreue – von den Senknieten eines Flugzeugflügels bis hin zur präzisen höflichen Verbeugung – an die methodische, „aufwendige Recherche" eines Isao Takahata erinnert.

Auch Figuren aus der Vergangenheit kehrten in den Schoß des Studios zurück. Steve Alpert, der „hauseigene Ausländer", der Ghibli einst in die ganze Welt gebracht hatte, wurde aus der Rente zurückgeholt, um sein Aussehen und seine Stimme der mysteriösen Figur Castrop zu leihen. Und dann, nur wenige Monate vor der Veröffentlichung, nachdem Miyazaki sich nicht für einen Synchronsprecher für den reservierten, stoischen Jiro hatte entscheiden können, kam ihm ein ungewöhnlicher Kandidat in den Sinn: Miyazakis einstiger Protegé und *Neon Genesis Evangelion*-Schöpfer Hideaki Anno. Fast dreißig Jahre nachdem der junge Anno in Miyazakis Büro spaziert war, in der Hoffnung, einen Job bei *Nausicaä aus dem Tal der Winde* zu ergattern, arbeiteten sie erneut zusammen.

Das geplante Veröffentlichungsdatum am 20. Juli 2013 hatte eine besondere Bedeutung. *Wie der Wind sich hebt* lief in den

Oben: Mit einer wahrlich nerdigen Detailverliebtheit gelingt es *Wie der Wind sich hebt*, Senknieten und anderen Aspekten des Flugzeugsbaus Mayazaki-Magie einzuimpfen.

Gegenüber: Das japanische Poster zu *Wie der Wind sich hebt*.

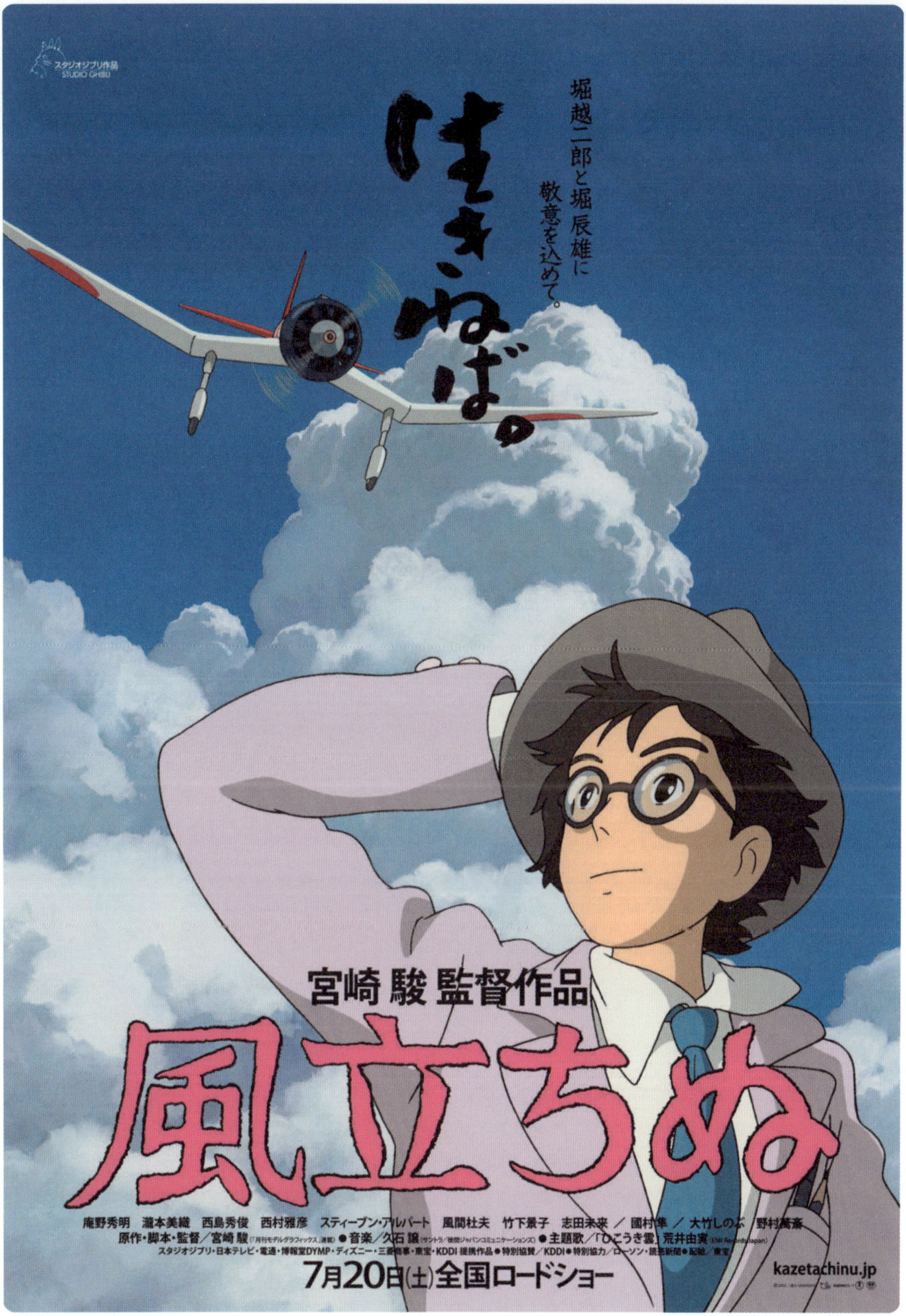
スタジオジブリ作品
STUDIO GHIBLI
生きねば。
堀越二郎と堀辰雄に敬意を込めて。
宮崎 駿 監督作品
風立ちぬ
庵野秀明　瀧本美織　西島秀俊　西村雅彦　スティーブン・アルパート　風間杜夫　竹下景子　志田未来 ／ 國村隼 ／ 大竹しのぶ　野村萬斎
原作・脚本・監督／宮崎 駿 ●音楽／久石 譲 ●主題歌／「ひこうき雲」荒井由実
7月20日(土)全国ロードショー
kazetachinu.jp

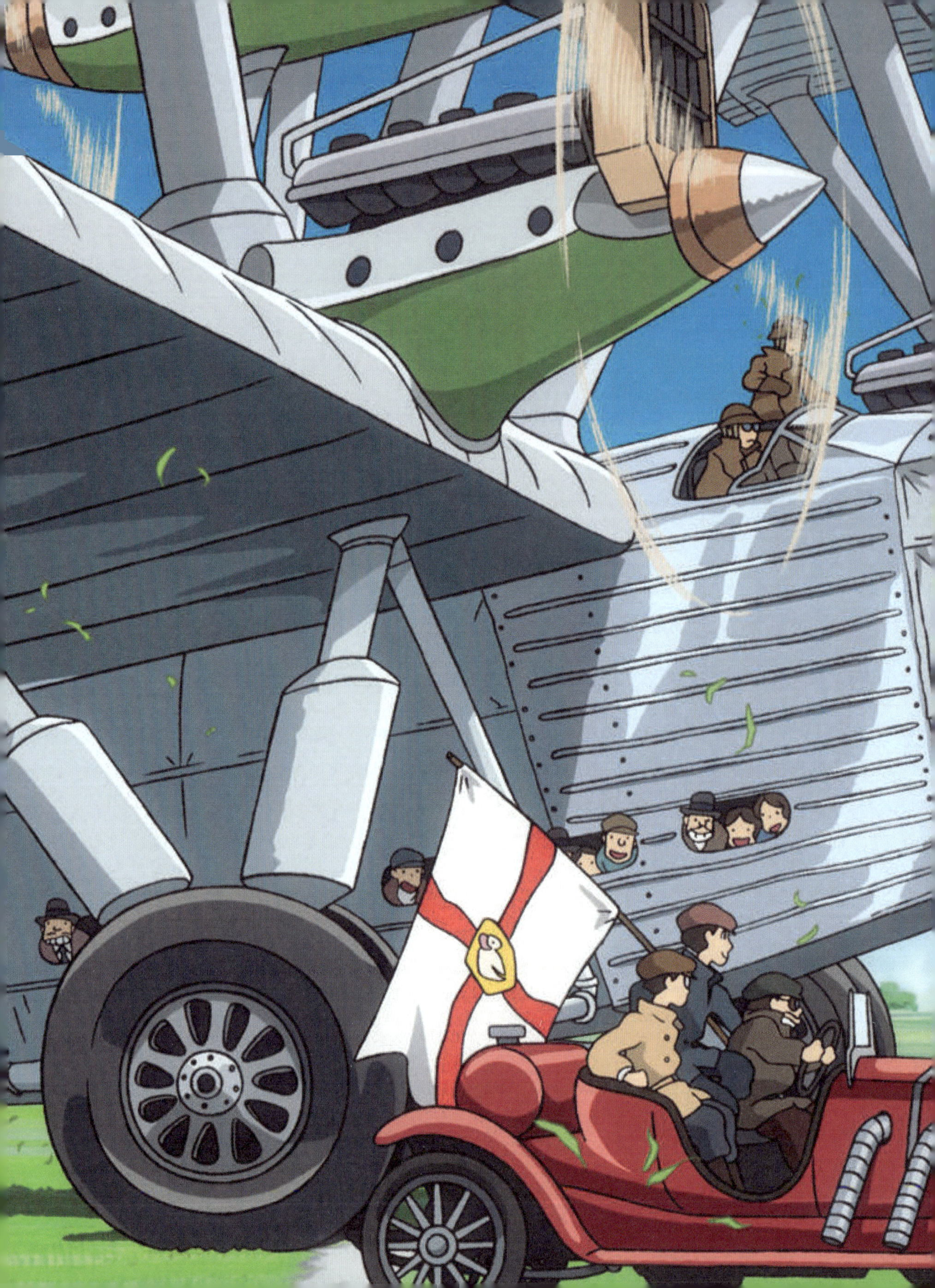

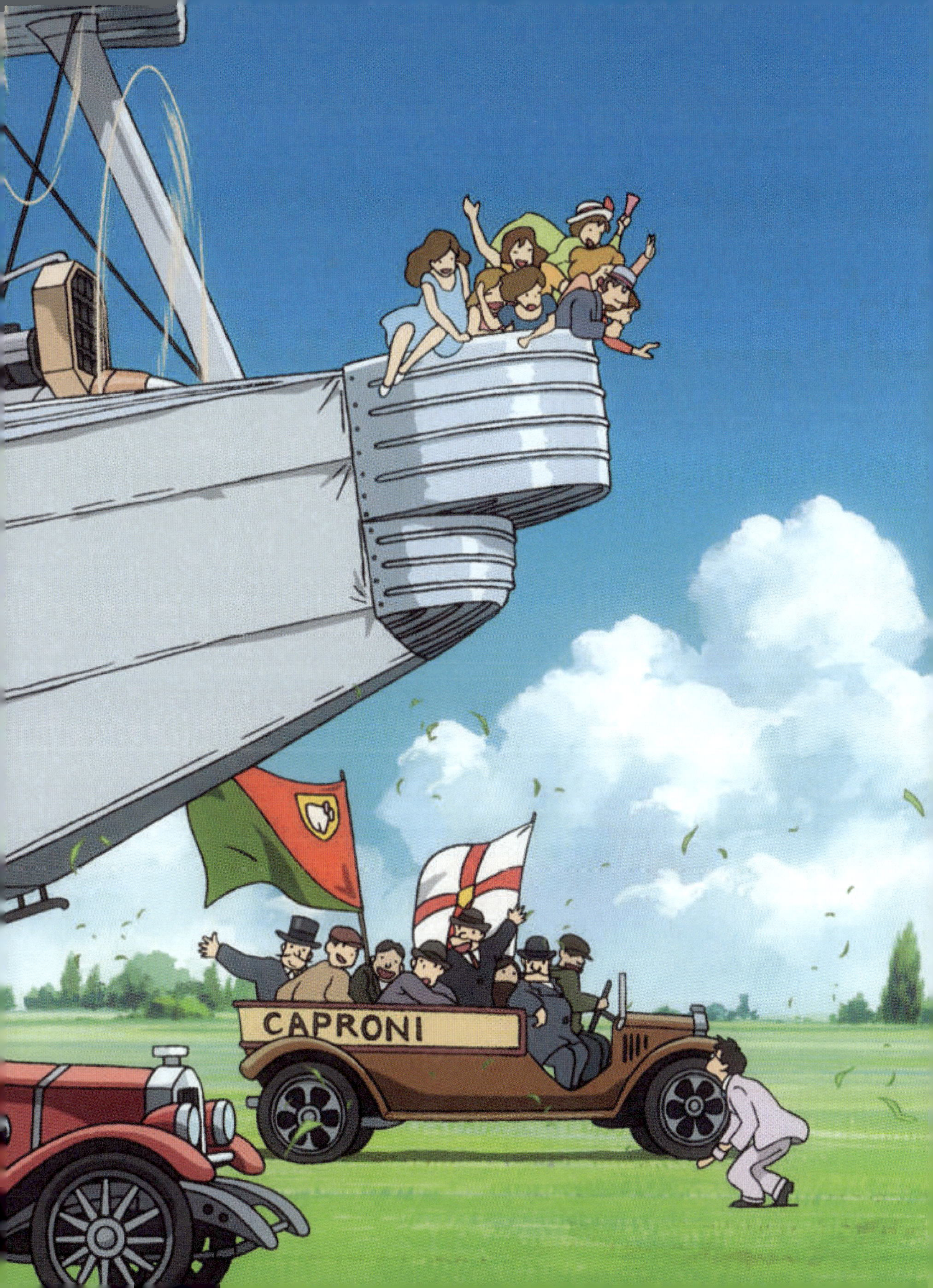
CAPRONI

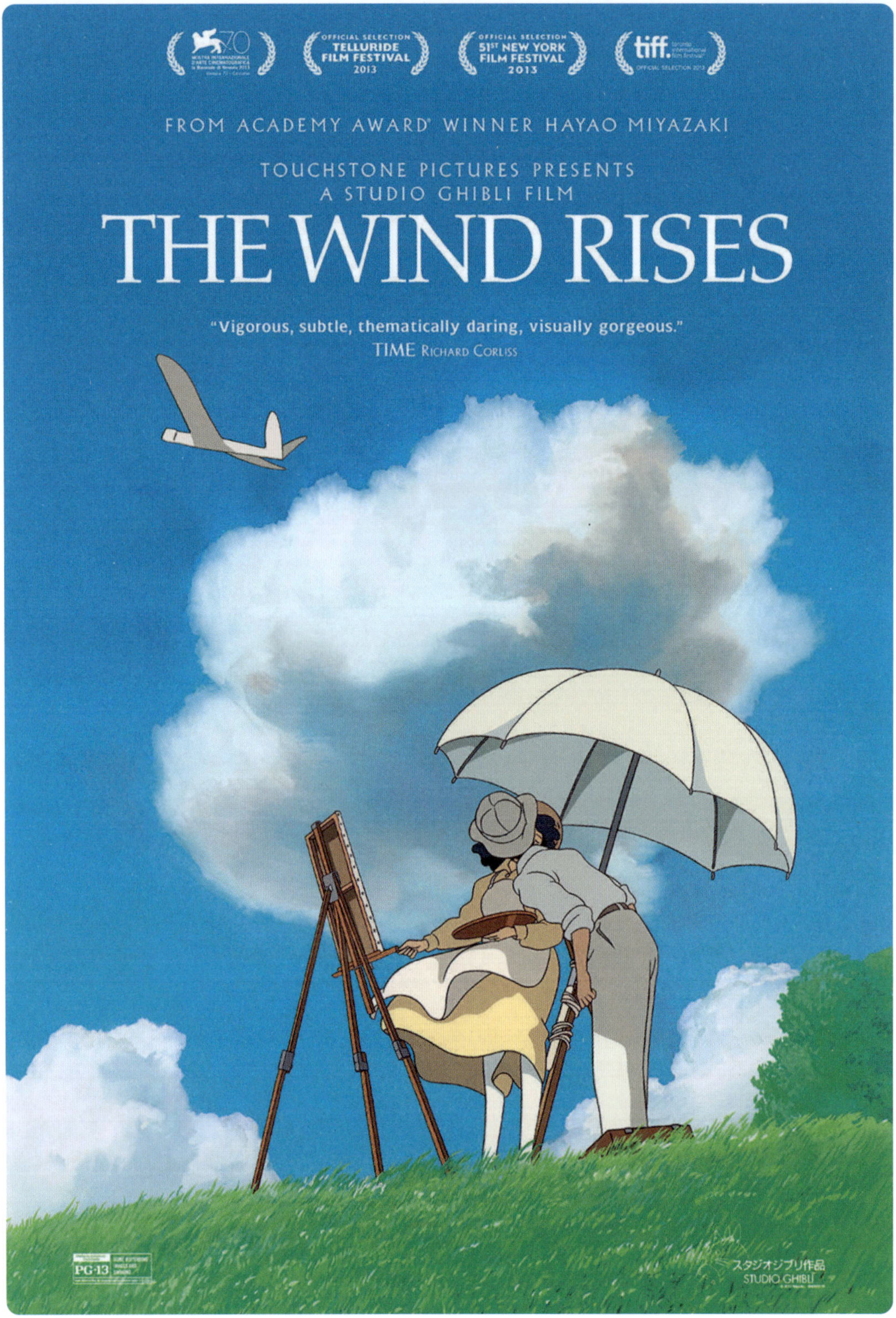
OFFICIAL SELECTION TELLURIDE FILM FESTIVAL 2013
OFFICIAL SELECTION 51ST NEW YORK FILM FESTIVAL 2013
tiff. OFFICIAL SELECTION 2013
FROM ACADEMY AWARD® WINNER HAYAO MIYAZAKI
TOUCHSTONE PICTURES PRESENTS
A STUDIO GHIBLI FILM
THE WIND RISES
"Vigorous, subtle, thematically daring, visually gorgeous."
TIME RICHARD CORLISS
PG-13
スタジオジブリ作品
STUDIO GHIBLI

japanischen Kinos fünfundzwanzig Jahre nach der Premiere von *Mein Nachbar Totoro* an. Ursprünglich war geplant, dass er zusammen mit Isao Takahatas neuem Film *Die Legende der Prinzessin Kaguya* erscheinen sollte, um die Doppelveröffentlichung von 1988 von *Totoro* und *Die letzten Glühwürmchen* zu wiederholen, da beide Regisseure am Ende ihrer Karriere standen. Toshio Suzuki zufolge spornte Miyazaki die Paarung mit seinem alten Mentor an, während Takahata wie üblich in seinem eigenen Tempo vor sich hin werkelte und die Deadline riss, sodass *Wie der Wind sich hebt* allein abheben musste.

Jegliche Bedenken, dass ein so ernster, seriöser Stoff Miyazakis Hoffnungen an den Kinokassen zunichtemachen könnten, erwiesen sich als unbegründet. *Wie der Wind sich hebt* war ein Durchstarter an den japanischen Kinokassen, landete mit deutlichem Abstand an der Spitze der Kinocharts des Jahres 2013 und wurde einer der erfolgreichsten japanischen Filme aller Zeiten. Außerhalb Japans erhielt der Film die Prestigebehandlung – eine Premiere bei den Filmfestspielen von Venedig, gefolgt von einem weltweiten Kinostart

Vorherige Doppelseite: Träume: wunderschön, aber verflucht. Jiros Träume von herrlich fantastischen Flugzeugen machen einige der spektakulärsten Szenen des Films aus.

Gegenüber: Das englische Poster zu *Wie der Wind sich hebt*.

Unten: Der Auftritt von Giovanni Caproni ist nicht nur aufgrund seiner einflussreichen Arbeiten im Bereich der Flugzeugkonstruktion bedeutend, sondern auch wegen einem bestimmten Flugzeug: der Caproni Ca.309, auch bekannt als Ghibli.

und einer Oscar-Nominierung –, obwohl die Diskussion um die komplexe und konfliktbehaftete Politik des Films das Werk selbst oft überschattete.

Auch Miyazaki selbst stahl *Wie der Wind sich hebt* die Show. Am 4. September 2013, nur Tage vor der Premiere in Venedig, kündigte der Regisseur an, sich aus dem Spielfilmgeschäft zurückzuziehen, um sich auf andere Projekte zu konzentrieren, und dieses Mal schien es ihm ernst zu sein. „Ich möchte weiterarbeiten, solange ich noch zwischen meinem Zuhause und dem Studio pendeln kann“, schrieb er. „Es hat fünf Jahre gedauert, *Wie der Wind sich hebt* fertigzustellen. Wird es beim nächsten sechs oder sogar sieben Jahre dauern? Das Studio kann nicht auf mich warten und ich würde meine gesamten Siebziger dafür verbrauchen.“

Prinzessin Mononoke hatte einst als Höhepunkt von Miyazakis Karriere gegolten, aber *Wie der Wind sich hebt* ist ein überzeugenderes finales Meisterwerk. Miyazaki brachte ein ganzes Leben voller Kunstfertigkeit und Arbeit ein, um neue Gefilde des Stils und der Bedeutungsebene zu erkunden. Bei der internen Vorführung des fertigen Films hatte er Tränen in den Augen – sehr zur Freude von Hideaki Anno, der diese Tatsache bei einer Pressekonferenz erwähnte und es sichtlich genoss, seinen alten Mentor zu quälen.

Mit *Wie der Wind sich hebt* hatte Miyazaki sich und sein Medium an ihre Grenzen gebracht, um etwas Persönliches und Tiefgreifendes zu schaffen, das alle Erwartungen an Studio Ghibli untergrub – und er hatte einmal mehr Erfolg damit. Nun, wie er in seinem Ruhestandsstatement schrieb, „bin ich frei“.

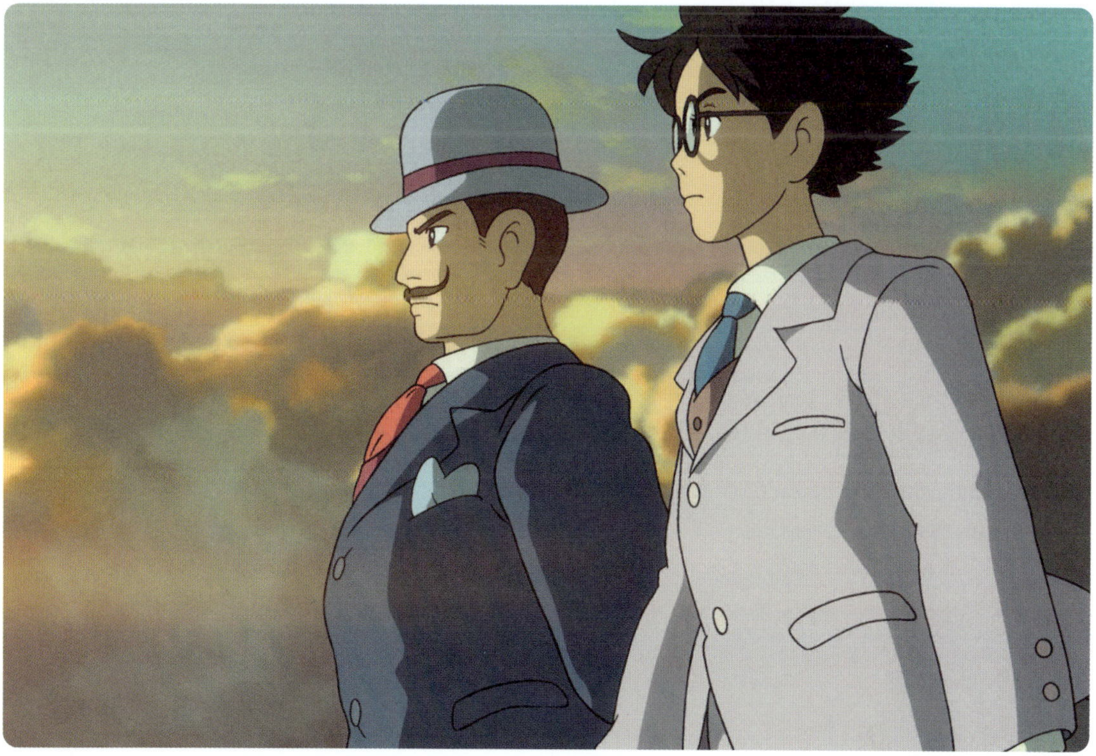

KOMMENTAR: WIE DER WIND SICH HEBT

Wie der Wind sich hebt hat keine Waldgeister, Hexen oder wandelnden Schlösser, es könnte aber trotzdem der ultimative Hayao Miyazaki-Film sein. Nachdem er immer davon fasziniert war, Flugmaschinen zu zeichnen, und diese Passion immer wieder in seine Arbeiten bei Ghibli eingestreut hatte, mag diese fiktionale Biografie vielleicht inspiriert sein von den Leben von Flugzeugentwickler Jiro Horikoshi und Autor Tatsuo Hori, aber es ist genauso ein Film über Miyazaki selbst.

Er spielt hauptsächlich in unserer Welt im frühen zwanzigsten Jahrhundert, mit gelegentlichen Ausflügen ins Reich der Träume, und es ist ein einmaliges Erlebnis, einen der großen Fantasy-Schöpfer des Kinos in der Realität arbeiten zu sehen. Die Hauptfigur Jiro (eine Kombination aus Jiro Horikoshi und Tatsuo Hori) gibt sich voll und ganz seiner Kunst der Flugzeugkonstruktion hin. Damit ähnelt er Miyazaki nicht nur in Bezug auf das Objekt seiner Leidenschaft, sondern auch in seiner Arbeit. Er achtet auf jedes kleinste Detail, arbeitet ohne Unterlass und opfert für die Arbeit Zeit mit seiner Familie. Er ist ein geborener Ghibli-Animator. Wenn er an seine Entwürfe denkt, hebt Jiros Schreibtisch in die Lüfte ab, als wäre seine Arbeit selbst ein Fluggerät. Papiere wirbeln um ihn herum, wenn sie vom Auftrieb seiner Gedanken erfasst werden. Man kann sich richtig vorstellen, wie ähnliche Papiere, die um ihn herum verstreut sind, in die Triebwerke des großen Animators gesogen werden, wenn Miyazaki einen seiner kreativen Höhenflüge hat.

Vom Charakter her spiegelt Jiro Miyazaki wider, aber die Art, wie seine Kunst auf der Leinwand dargestellt wird, scheint direkt Isao Takahatas Lehrbuch entsprungen zu sein, und zwar in einer kreativen Wende, die sich auch in Takahatas letztem Film, *Die Legende der Prinzessin Kaguya*, wiederfindet. Die Rhythmen und Details von Natur und Kunst ziehen sich durch Takahatas Arbeit – ob es nun die Stadtentwicklung eines Vororts im Westen Tokios in *Pom Poko* ist oder die Färberdistelernte in *Tränen der Erinnerung* – und in *Wie der Wind sich hebt* scheint Miyazaki sich in der Darstellung der Flugzeugentwicklung vom dokumentarischen Blick seines Mentors inspirieren zu lassen. Eine anhaltende Faszination für die Form von Makrelenknochen ergreift Besitz von Jiros Fantasie, bis er sie in einem Flugzeugdesign einsetzen kann, was die Natur direkt mit dem Krieg verbindet und damit Miyazakis Zwang, seine gegensätzlichen Leidenschaften zu verbinden, entgegenkommt. Dabei legt er eine an Takahata erinnernde Betonung auf die Entstehung der Kunst. Eine nähere Beleuchtung der aerodynamischen Vorteile von Senknieten (im Gegensatz zu erhabenen) im Rumpf eines Flugzeugs ist mit so viel Begeisterung und Freude dargestellt, dass man sich kurz vorstellen kann, die Flugzeuge durch die Augen von Jiro, Miyazaki und vielleicht sogar Takahatas Augen zu sehen.

Diese detaillierten Einblicke in die Welt der Flugzeugkonstruktion mögen wie sinnlose Schlenker klingen, aber sie sind entscheidend, um Jiros Wissen und Leidenschaft zu zeigen, während er mit seinen Obsessionen kämpft, die sowohl an seinen persönlichen als auch an seinen philosophischen Idealen zehren. In einer für den Regisseur überraschend experimentellen Entscheidung wird die lineare Realität der Geschichte gelegentlich von Jiros Ausflügen in eine Traumwelt opulenter Himmel, fantastischer Flugzeuge und Überlegungen über das Leben unterbrochen. Diese Welt teilt er mit einem italienischen Flugzeugentwickler mit beeindruckendem Schnurrbart namens Caproni. Wie Jiro ist Caproni von einer realen Persönlichkeit inspiriert, deren Arbeit zur Entwicklung des Flugzeugs Caproni Ca.309 führte, auch bekannt als Ghibli. In diesen Unterhaltungen diskutieren die beiden die widersprüchlichen Früchte ihrer Arbeit und Caproni beschreibt Flugzeuge als „wunderschöne, aber verfluchte Träume", während sie mit der Schönheit und Komplexität ihrer Arbeit in Verbindung mit der Militarisierung und der Macht zu zerstören hadern – an einem Punkt im Film sagt Jiro sogar, dass man das Gewichtsproblem seines ambitionierten Designs beheben könnte, indem man die Waffen entfernt. Sieht man Jiro als Avatar für Miyazaki, können diese Unterhaltungen auch als eine Betrachtung seiner Arbeit als Animator gelesen werden, als eine Diskussion zwischen dem Schöpfer des Namens Ghibli und seines prominentesten Standartenträgers. Auch wenn die Animation keine Kugeln verschießt, hat sie definitiv Miyazakis Leben dominiert und vielleicht stellt er das hier infrage.

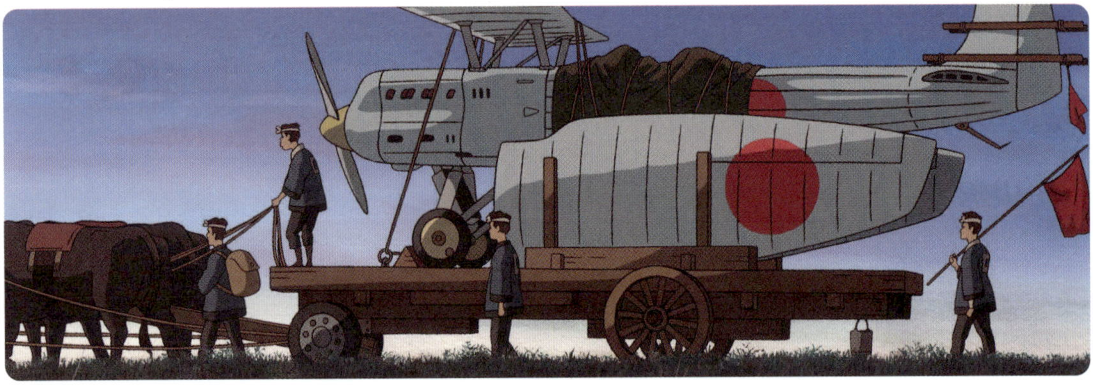

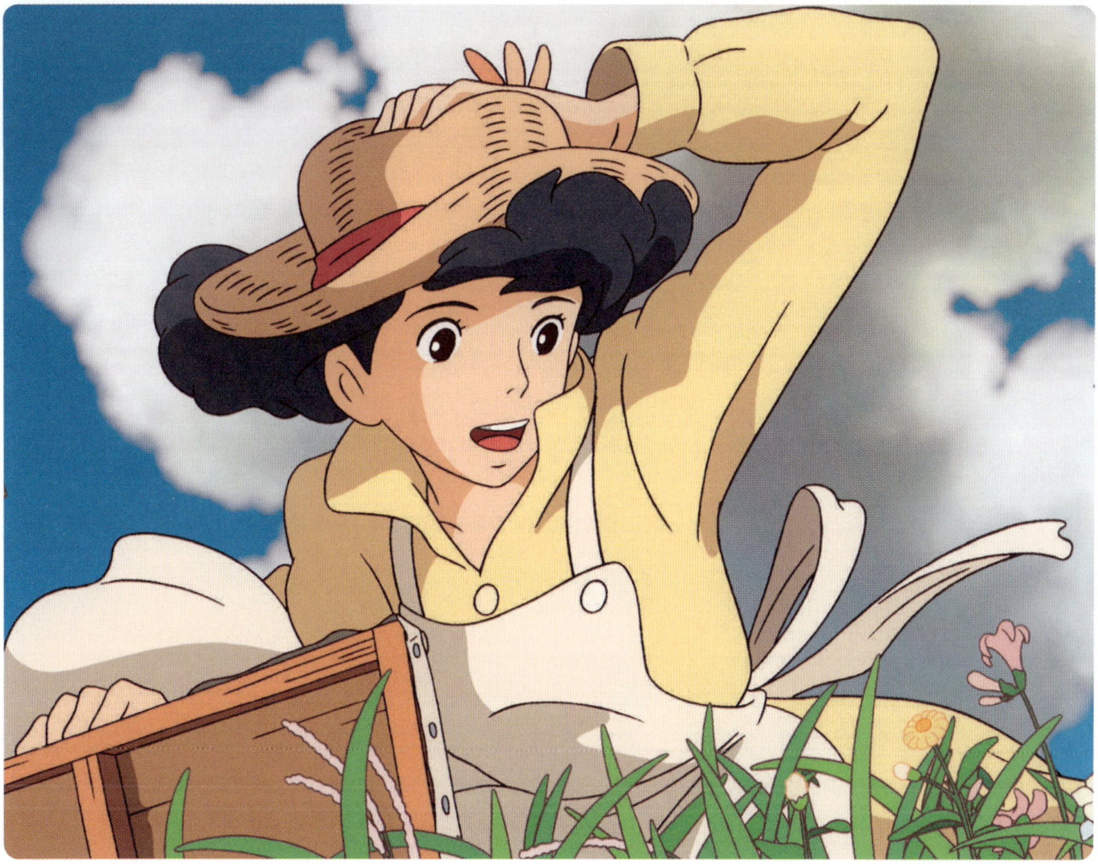

Auch wenn der Film die Folgen von Jiros Obsession beleuchtet, ist seine Herzensdame Naoko (eher inspiriert von der Geschichte von Tatsu Hori als von der von Jiro Horikoshi) leider nicht genug ausgearbeitet, um als Argument zu dienen, sein Privatleben über sein Berufsleben zu stellen. Eine spektakuläre Darstellung des großen Kanto-Erdbebens mit Wellen der Vernichtung und erschreckenden Feuerstößen, die die komplette Leinwand einnehmen, bildet den Hintergrund ihrer romantischen ersten Begegnung. Jiro trägt die verletzte Naoko durch die Zerstörung in Sicherheit, bevor er verschwindet. Jahre später werden sie in einem Bergkurort wiedervereint, wo Jiro sich nach einem gescheiterten Testflug erholt und Naoko ihre Tuberkulose auskuriert. Eine spielerische Szene mit Papierfliegern in waghalsigen Flugmanövern vereint sie in unschuldiger Freude, doch letztlich bekommt Naoko nicht viel mehr Charakterisierung außer ihrer Schwärmerei für Jiro. Momente komplexer Intimität, wie wenn Jiro im Bett arbeitet, während er der kranken Naoko die Hand hält, sind wunderschön in Szene gesetzt, bleiben aber emotional distanziert. Ironischerweise reduziert ausgerechnet der Regisseur, der uns zuvor so viele starke, unabhängige weibliche Figuren gebracht hat, Naoko zu einer enttäuschend passiven Muse.

Oben: Jiros geliebte Frau Naoko hat die letzte Dialogzeile im Film, deren Text Miyazaki kurz vor Ende der Produktion von „Komm" zu „Lebe" geändert hat, wodurch aus der tragischen Wiedervereinigung im Jenseits ein Aufruf wird, auch schwere Zeiten durchzustehen.

Gegenüber: Miyazakis anhaltendes Interesse an der Natur und am Fliegen treffen aufeinander, als Kühe eins von Jiros Flugzeugen ziehen.

Gegen Ende des Films sehen Jiro und Caproni zu, wie ein Geschwader von Mitsubishi A6M Zeros aus dem Himmel herabsticht, um sich anderen Flugzeugen in einem himmlischen Konvoi anzuschließen. Dieser himmlische Flug ist ein Bild, das Miyazaki auch schon in *Porco Rosso* verwendet hat, und es ist weiterhin wunderschön, doch hier bleibt die Botschaft, obwohl der Himmel klar ist, verschwommen. Es gibt keine einfache Wiedergutmachung für Jiros Taten. Das Beste, was er tun kann, ist, wie eine Vision von Naoko ihm sagt, zu leben.

In *Kikis kleiner Lieferservice*, als die junge Hexe ihr unabhängiges Leben beginnt, spielt im Radio ein Lied der Sängerin Yumi Arai, während sie triumphierend durch die Lüfte fliegt. Im Abspann von *Wie der Wind sich hebt* bedient sich Miyazaki erneut an Arais Musik, genau genommen an einer melancholischen Ballade mit dem Titel „Vapor Trail". Diese zwei Momente fühlen sich an wie die akustischen Endstücke einer Kariere, die vom Fliegen geprägt war, vom unschuldigen Abheben bis hin zur Landung, und anhand ihrer Kondensstreifen können wir diese Reise nachverfolgen.

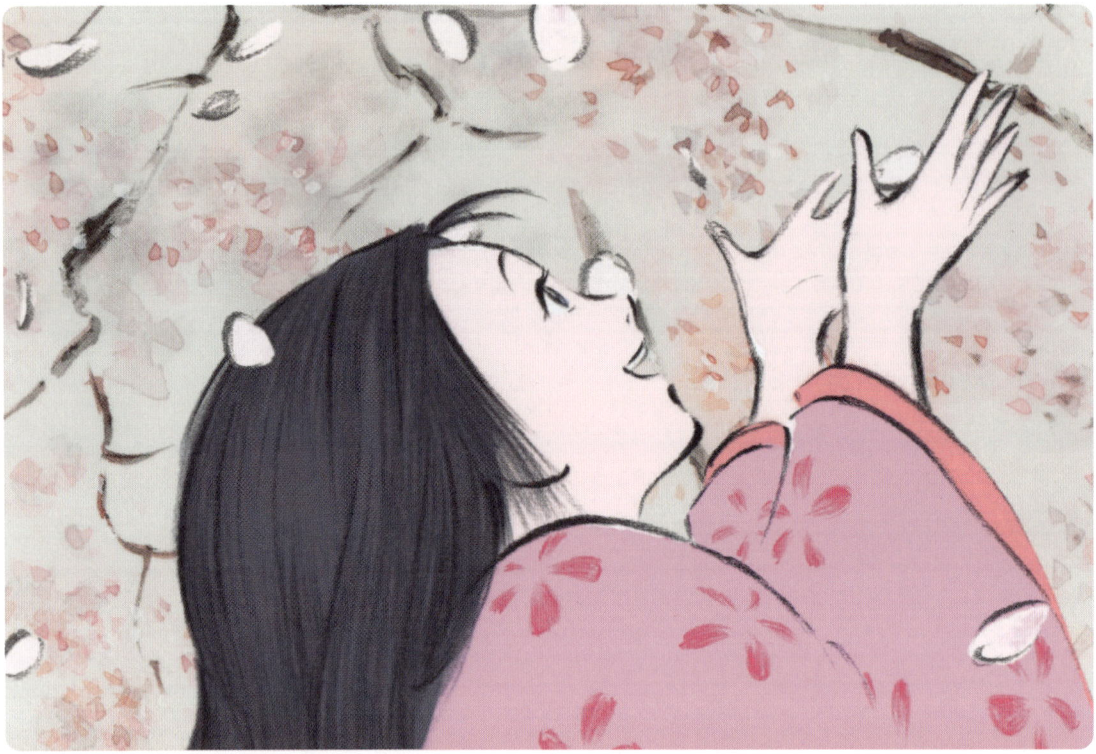

DIE LEGENDE DER PRINZESSIN KAGUYA (KAGUYA-HIME NO MONOGATARI, 2013)

DIE MÜHLEN MAHLEN

REGIE: ISAO TAKAHATA
DREHBUCH: ISAO TAKAHATA & RIKO SAKAGUCHI
LAUFZEIT: 137 MINUTEN
VERÖFFENTLICHUNGSDATUM (JAPAN): 23. NOVEMBER 2013

IMMER DAS SCHEUE, ZÖGERLICHE GENIE VON STUDIO GHIBLI, BRAUCHTE ISAO TAKAHATA VIERZEHN JAHRE, UM DEN NACHFOLGER VON *MEINE NACHBARN DIE YAMADAS* VON 1999 FERTIGZUSTELLEN. MIT DIESEM FILM HATTE ER SICH BEREITS VOM KOMMERZIELLEN FILMEMACHEN DISTANZIERT UND EINE EHER EXPERIMENTELLE WELT BETRETEN, IN DER DEADLINES, BUDGETS UND EINSPIELERGEBNISSE IM KOPF DES GROSSEN REGISSEURS KAUM NOCH EINE BEDEUTUNG HATTEN. ES WAR SEIN GLÜCK, DASS ER, WIE SO VIELE KÜNSTLER VOR IHM, EINEN UNTERSTÜTZER HATTE, DER SEINE VISION FINANZIERTE.

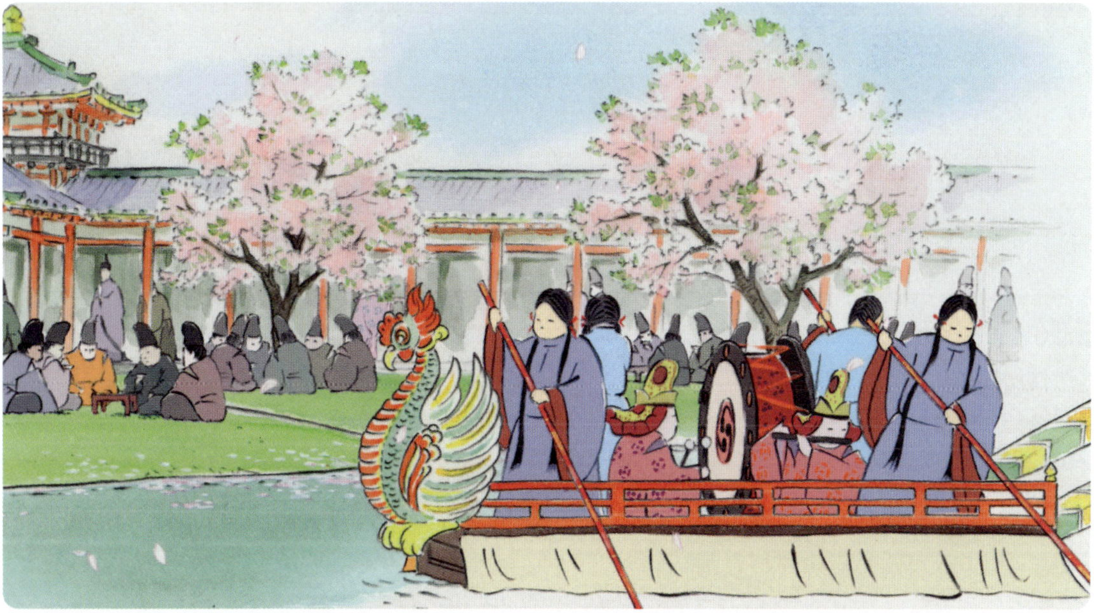

Oben: Mit seinen Aquarelltexturen und der Bleistiftskizzenästhetik lässt sich *Die Legende der Prinzessin Kaguya* mit nichts anderem aus dem Ghibli-Kanon vergleichen.

Gegenüber: In einer fröhlichen Szene eines überraschend melancholischen Films tanzt Prinzessin Kaguya unter rosa Kirschblüten.

Seiichiro Ujiie, Vorsitzender von Nippon Television, war ein langjähriger Unterstützer von Studio Ghibli und trat ab *Flüstern des Meeres* immer wieder als Produzent ihrer Filme in Erscheinung. Zudem half er bei der Finanzierung des Ghibli-Museums und arrangierte viele Ghibli-bezogene Ausstellungen in seiner Funktion als Direktor des Museums für zeitgenössische Kunst in Tokio. Doch vor allem war er ein begeisterter Fan von Takahata und diese Begeisterung ging so weit, dass er dem Filmemacher die Finanzierung für einen weiteren Film zusicherte.

Takahata ließ sich Zeit. Toshio Suzuki erzählt, dass eine Adaption des Samurai-Epos *Heike Monogatari* in Arbeit war, jedoch verworfen wurde, als Takahatas Wunsch-Animationsregisseur Osamu Tanabe sich weigerte, an einem Projekt voller Gewaltszenen zu arbeiten. Stattdessen besann sich Takahata auf ein Projekt, das er ursprünglich in den 1960ern seinen Vorgesetzen bei Toei Animation gepitcht hatte, eine Adaption der Volkssage *Die Geschichte vom Bambussammler und dem Mädchen Kaguya* aus dem zehnten Jahrhundert.

Das Projekt startete 2005 zögerlich. Langzeitproduzent Suzuki beschloss, in die „Planungsrolle" zurückzukehren, und übertrug seine Produzentenpflichten anfangs seinem jungen Assistenten Taku Kishimoto. Kishimoto, dem Suzuki den Spitznamen Nayo gegeben hatte, hatte zuvor an *Die Chroniken von Erdsee* gearbeitet und sich darum beworben, das Drehbuch zu *Arrietty* zu schreiben, doch Hayao Miyazaki hatte abgelehnt. Stattdessen fiel ihm nun die Aufgabe zu, Isao Takahata in der Vorproduktion seines neuen Filmprojekts zu unterstützen. Doch Takahata zauderte und zog andere Ansätze und Geschichten in Betracht, bevor er sich schließlich vollends auf *Die Legende der Prinzessin Kaguya* festlegte.

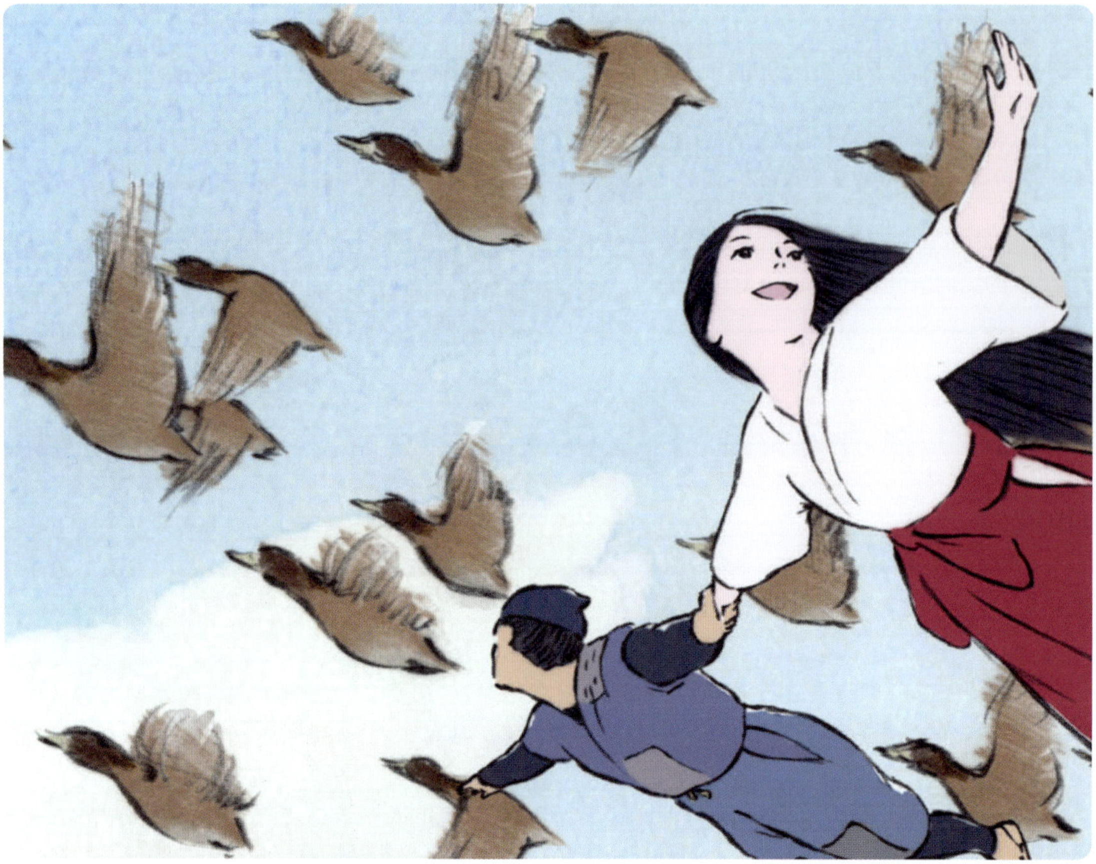

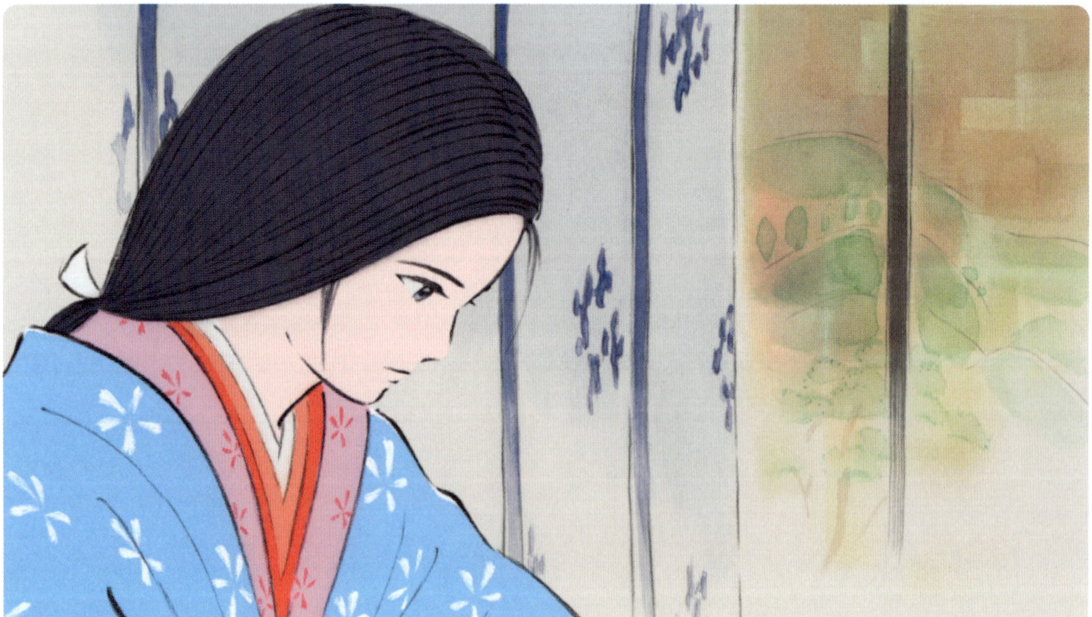

Studio Ghiblis Präsident Koji Hoshino kündigte im Februar 2008 an, dass ein neuer Takahata-Film in der Mache sei, während Takahata selbst seine Pläne enthüllte, als er 2009 den Ehrenleoparden auf dem Locarno Film Festival bekam. Zu diesem Zeitpunkt hatte Kishimoto jedoch bei Ghibli gekündigt, um seine Pläne als Drehbuchautor zu verfolgen. Sein kurzes Zwischenspiel bei Ghibli ist nun nur noch eine Fußnote in einer langen und erfolgreichen Karriere, in der er unter anderem den beliebten Volleyball-Anime *Haikyu!!* geschrieben hat. Die Lücke füllte ein weiteres junges Mitglied der Ghibli-Redaktion, Yoshiaki Nishimura, der zuvor bei *Das wandelnde Schloss* Herstellungsleiter gewesen war. Nishimura war Mitte zwanzig, als er zum Projekt stieß, und als *Die Legende der Prinzessin Kaguya* schließlich in den Kinos anlief, war er verheiratet, hatte zwei Kinder und ein Drittel seines Lebens Takahatas Vision gewidmet.

Takahatas ursprüngliches Drehbuch war dreieinhalb Stunden lang und das Erstellen der Storyboards allein verschlang mehrere Jahre. An einem Punkt berechnete Nishimura, dass sie in einem Tempo von zwei Minuten Film pro Monat arbeiteten, was Takahatas bevorzugte Geschwindigkeit war. Um die Dinge zu vereinfachen, gab Suzuki der Produktion ihr eigenes Studio, weit entfernt von der üblichen Ghibli-Hektik, einen kleinen Stab von Freiberuflern und eine entspannte Atmosphäre, die dem Regisseur sehr entgegenkam.

Dass *Die Legende der Prinzessin Kaguya* aus dem Hauptstudio auszog, war sehr passend, da er nahezu alle Konventionen des Studios brechen sollte. Wie schon bei *Meine Nachbarn die Yamadas* wollte Takahata mit Formen experimentieren. Er wollte sich vom erwarteten Ghibli-Stil größtenteils abwenden und ihn mit einer skizzenhaften Ästhetik ersetzen, in deren Zentrum handgezeichnete Konturen hinter jeder Figur und Aquarellhintergründe standen, die in den negativen Weißraum ausliefen. In einem Interview 2013 formulierte Takahata es folgendermaßen: „Ich sage oft, diese groben Skizzen und unausgefüllten Räume ermöglichen es den Leuten, ihre Fantasie spielen zu lassen. Aber da ist auch noch der Aspekt, die Freude zu vermitteln, die ein Künstler empfindet, wenn er eine schnelle Skizze anfertigt. Diese Art der Lebendigkeit ist also Teil des Films und das freut mich wirklich sehr."

Etwas so Organisches und Menschliches auf Animation zu bannen, erforderte eine Menge Arbeit. Um den Geist der groben Skizzen zu bewahren, mussten die Inbetweener die Pinselstriche

Gegenüber, oben: Eine junge, weibliche Figur im Flug, im Einklang mit der Natur. Ist es etwa doch eigentlich ein Hayao Miyazaki-Film?

Gegenüber, unten: Obwohl sie in einem Palast sitzt, der extra für sie erbaut wurde, sehnt sich Prinzessin Kaguya nach ihrem früheren Leben, das näher an der Natur war.

Unten: Isao Takahata (fünfter von links) leitet eine Pressekonferenz für *Die Legende der Prinzessin Kaguya*, nachdem der Film nach langen Jahren endlich fertig ist.

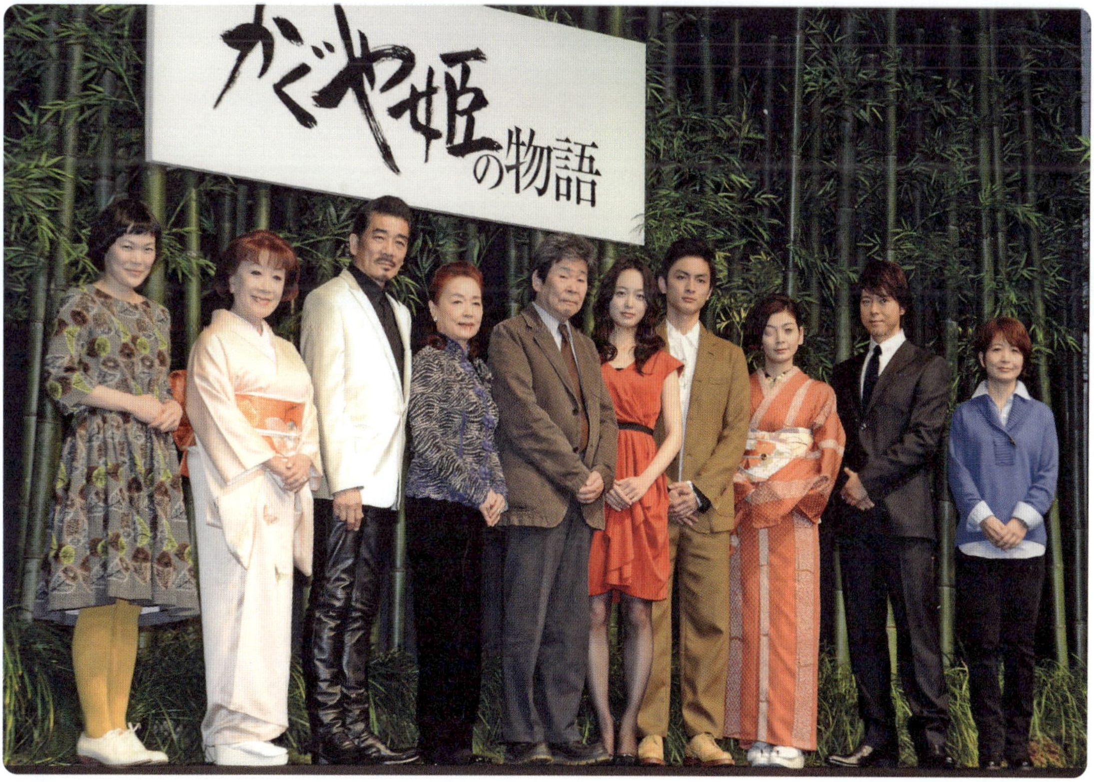

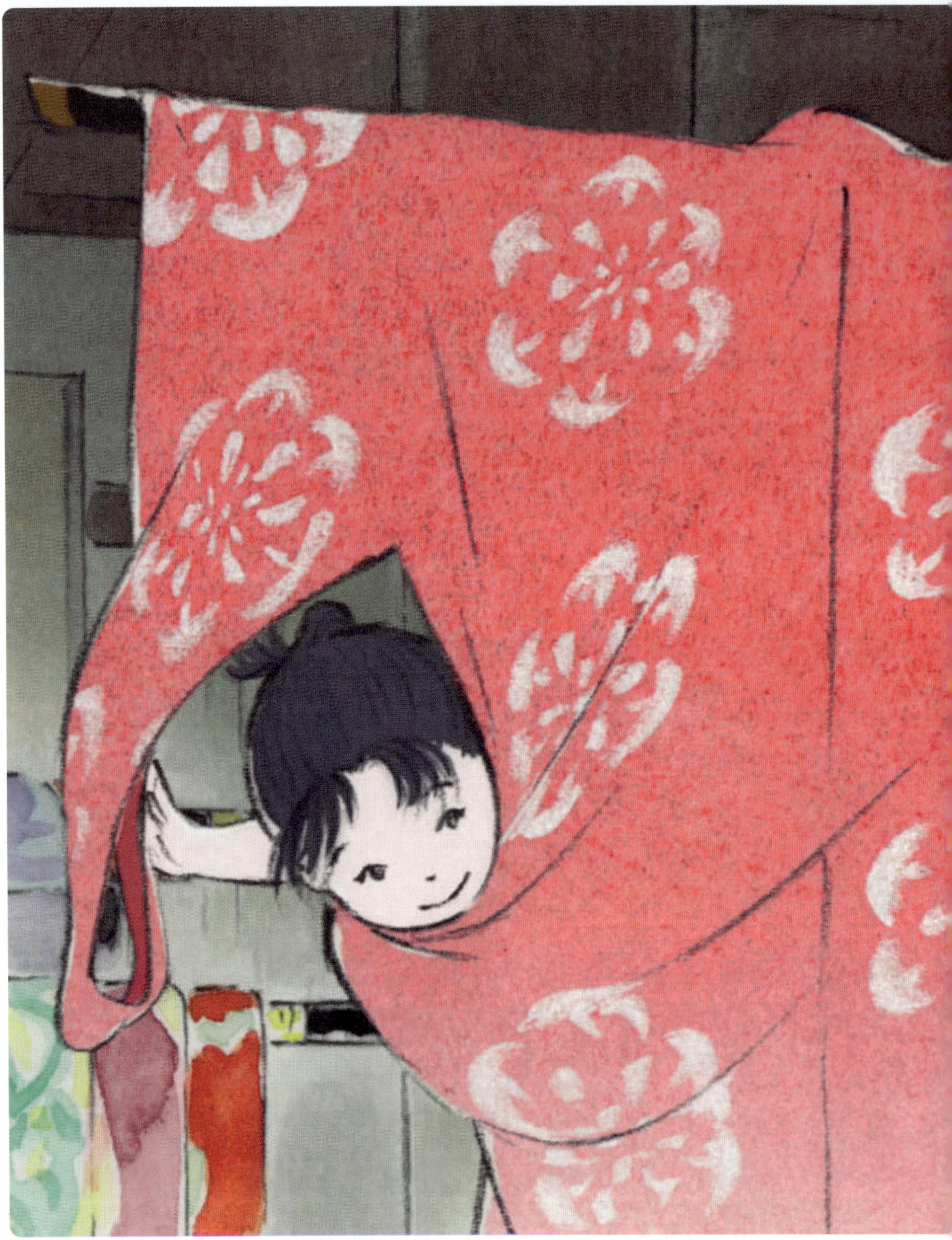

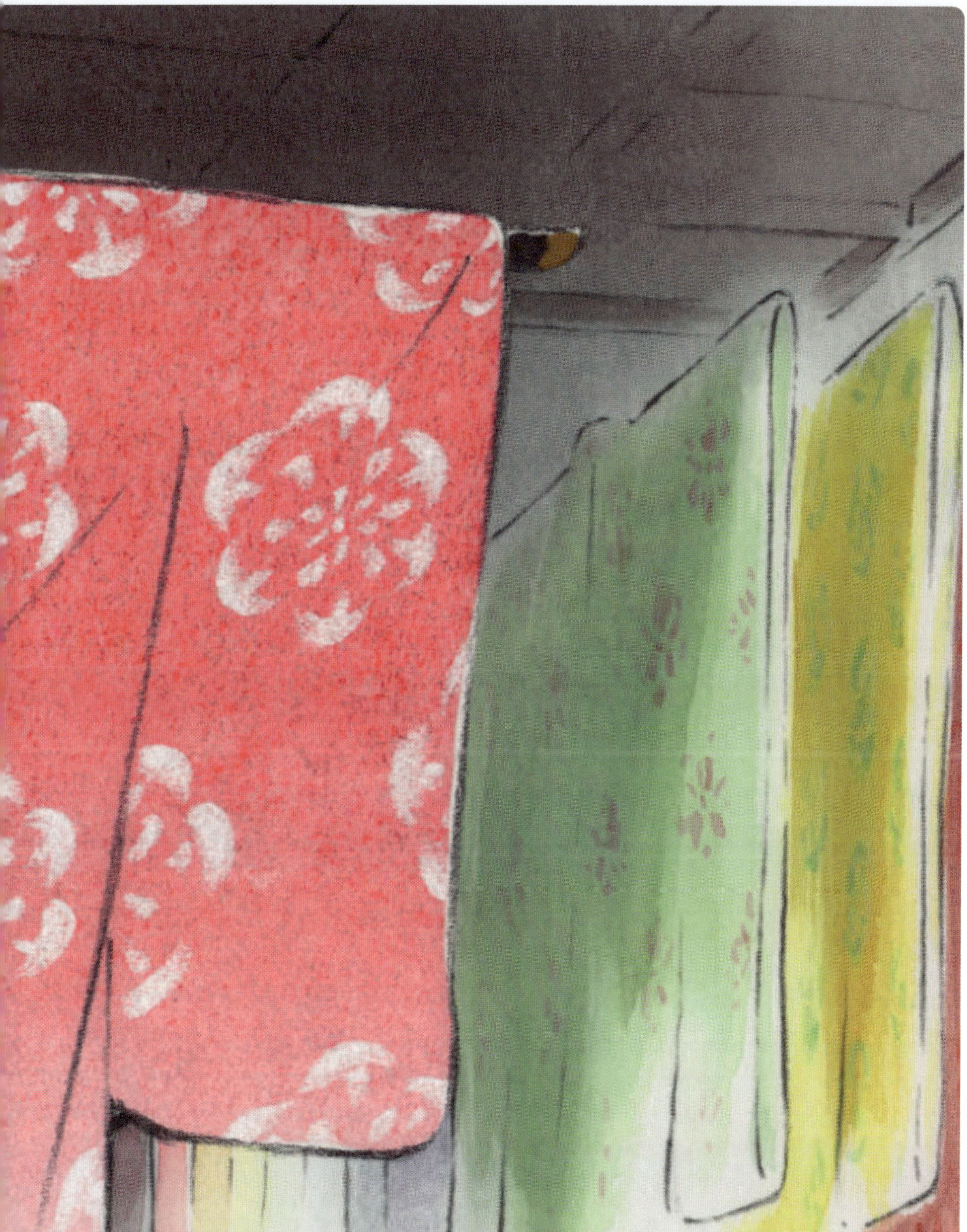

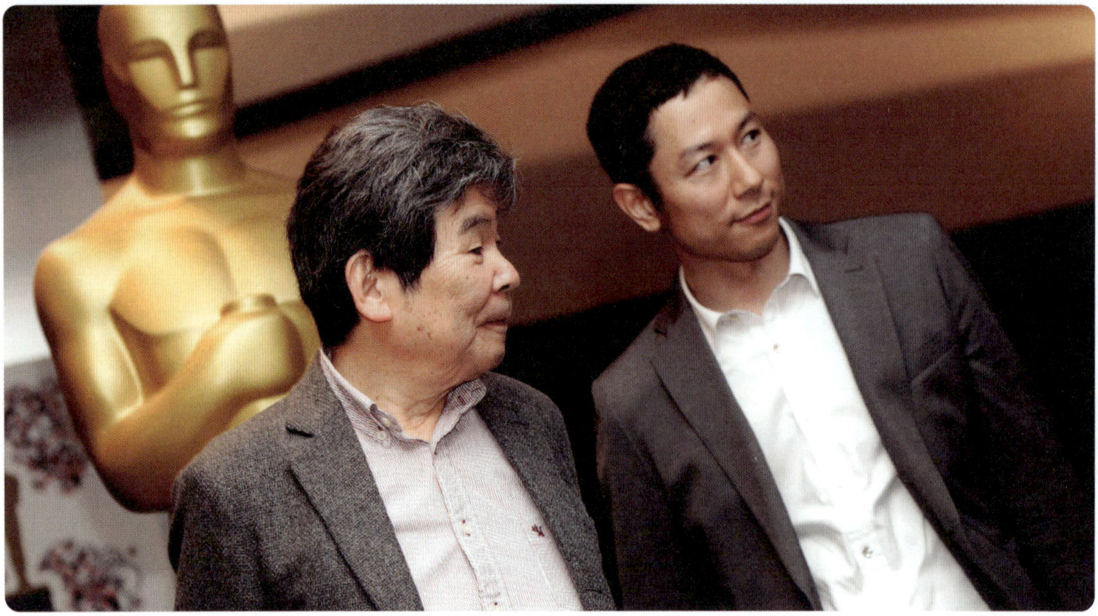

der Keyframe-Animatoren nachziehen und in jeder Einstellung genau die Dicke und Weichheit ihrer Linien kopieren. Das Ergebnis war beeindruckend, doch Toshio Suzuki rechnete aus, dass diese Methode viermal so lange dauerte wie traditionellere Animationen. Sie wäre perfekt für einen experimentellen Kurzfilm gewesen, aber Takahata war völlig irre, diesen Ansatz für einen Spielfilm zu wählen. Zum Glück hatte Takahata Unterstützung: Animationsregisseur Osamu Tanabe und Art Director Kazuo Oga stellten sich der Herausforderung und fünf Milliarden Yen Investment von Seiichiro Ujiie hielten den Film in der langwierigen Produktion über Wasser. Ujiie starb 2011. Es war sein Wunsch gewesen, mit einem weiteren Takahata-Projekt abzutreten, doch letztlich konnte er nur noch das Drehbuch lesen und einen Teil der fertigen Storyboards sehen.

Die Legende der Prinzessin Kaguya verpasste sein geplantes Veröffentlichungsdatum im Sommer 2013 und Nishimura nahm nicht nur die Verantwortung auf sich, die Verschiebung anzukündigen, sondern stellte sich auch Suzukis spielerischen Sticheleien bei der Pressekonferenz. Stattdessen kam der Film im November 2013 in die Kinos, wo er weniger als die Hälfte seiner Produktionskosten einspielte und nur gut ein Fünftel des Einspielergebnisses von *Wie der Wind sich hebt*. International durfte Takahata zum ersten Mal Filmfestivalluft schnuppern. Der Film feierte 2014 Premiere bei der Quinzaine des Réalisateurs in Cannes, eröffnete das Festival d'Animation Annecy und lief beim Toronto International Film Festival. *Die Legende der Prinzessin Kaguya* war auch der erste und einzige Film Takahatas, der für einen Oscar nominiert wurde, verlor aber gegen Disneys *Baymax*.

Im Gegensatz zu Miyazaki setzte sich Takahata nie offiziell zur Ruhe. *Die Legende der Prinzessin Kaguya* mag von der Melancholie, sein letztes Meisterwerk zu sein, geprägt sein, aber er ist ein eindrucksvolles Testament dessen, was Takahata in der Welt der Animation erreichen wollte. Nach dem Abschluss des Projekts arbeitete Takahata mit Michaël Dudok de Wit als „künstlerischer Produzent" an *Die Rote Schildkröte* und unterstützte Yoshiaki Nishimura, als dieser sein eigenes Unternehmen, Studio Ponoc, aufbaute. Nishimura enthüllte später, dass er mit der Idee auf den Regisseur zugekommen war, einen Kurzfilm zu Ponocs *Modest Heroes*-Anthologie beizutragen, ein Projekt, das durch Takahatas Tod im April 2018 für immer auf Eis gelegt wurde.

Nachdem sich die Nachricht von Takahatas Tod verbreitet hatte, kamen Beileidsbekundungen von Animatoren und Filmemachern aus der ganzen Welt, darunter Peter Lord von Aardman Animations, Lee Unkrich von Pixar, Sylvain Chomet, Tomm Moore und Michel Ocelot, die alle seine Arbeit und seinen prägenden Einfluss würdigten. Bei seiner Beerdigung hielt Miyazaki eine Trauerrede, die die fünfundfünfzig Jahre ihrer Freundschaft, ihre Zusammenarbeit und ihre Rivalität aufgriff und ihre erste Begegnung an einem Ghibli-würdigen Ort beschrieb: einer Bushaltestellte im Regen. „Ich hatte solches Glück, einem Mann von so seltenem Intellekt begegnet zu sein", sagte er.

Oben: Isao Takahata (links) und Yoshiaki Nishimura (rechts) bei einem Empfang für die Nominierten in der Kategorie bester Animationsfilm bei den Oscars. Nishimura gründete später sein eigenes Animationsunternehmen, Studio Ponoc.

Gegenüber: Das japanische Poster zu *Die Legende der Prinzessin Kaguya*.

Vorherige Doppelseite: In einer Sequenz leuchtender Farben und großer Bewegung verheddert sich Prinzessin Kaguya in den üppigen Stoffen, die ihr neues Leben am Hofe prägen, ein Leben, das zu einem tragischen Gefängnis für sie wird.

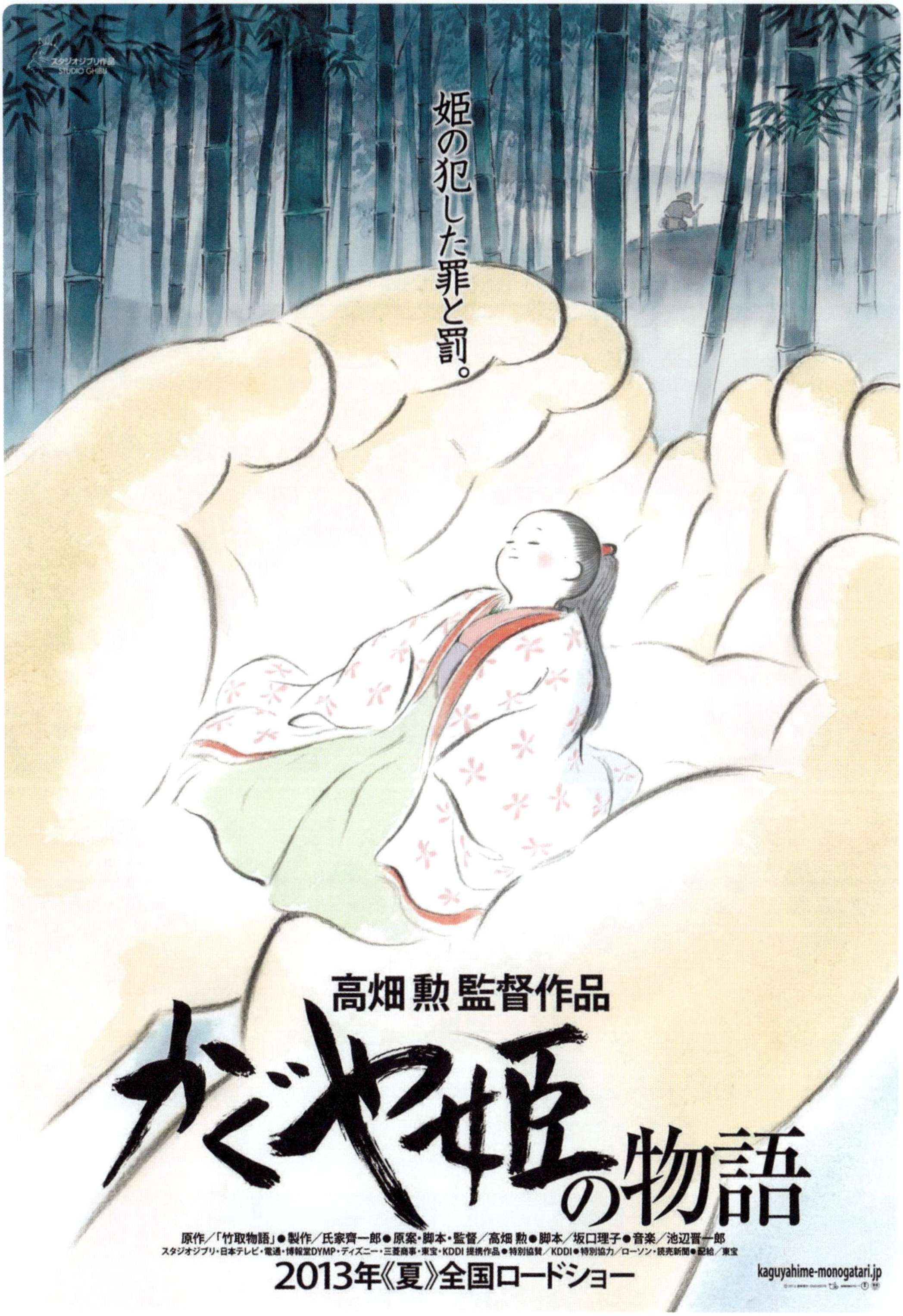
スタジオジブリ作品
STUDIO GHIBLI
姫の犯した罪と罰。
高畑 勲 監督作品
かぐや姫の物語
原作／「竹取物語」●製作／氏家齊一郎●原案・脚本・監督／高畑 勲●脚本／坂口理子●音楽／池辺晋一郎
スタジオジブリ・日本テレビ・電通・博報堂DYMP・ディズニー・三菱商事・東宝・KDDI 提携作品●特別協賛／KDDI●特別協力／ローソン・読売新聞●配給／東宝
2013年《夏》全国ロードショー
kaguyahime-monogatari.jp

KOMMENTAR: DIE LEGENDE DER PRINZESSIN KAGUYA

Die Legende der Prinzessin Kaguya ist ein Film, an dem Isao Takahata sein ganzes Leben gearbeitet hat. Die Produktion mag erst 2008 begonnen haben, aber von den stilistischen Referenzen bis hin zum Einfluss des entspannten Arbeitstempos des Schöpfers, in *Die Legende der Prinzessin Kaguya* kommen Jahrzehnte von Takahatas einzigartiger Arbeit zusammen und bilden einen perfekten Nachruf für einen der Meister der Animation.

Vom ersten Pinselstrich an ist klar, dass diese Animation etwas Neues ist, der „Ghibli-Stil" ist nicht zu finden, stattdessen dominieren skizzenhafte Linien, die jedem Frame die Energie eines inspirierten Künstlers einflößen, der es kaum erwarten kann, Farbe auf die Leinwand zu bringen. Nur die essenziellen Elemente jeder Einstellung werden dargestellt, sodass um die Handlung herum oft große Freiflächen bleiben, was es uns ermöglicht, uns auf das Wichtigste zu konzentrieren, während wir uns gleichzeitig vorstellen können, was diese fantastische Welt sonst noch bevölkern könnte. Mit ihren Kohlezeichnungen und Aquarellen füllen Takahata und sein Team die Leinwand nicht aus, sondern versehen sie mit einer konzentrierten emotionalen Textur. Die Geschichte eines Bambussammlers und einer mystischen Prinzessin, die er in einem Baumstamm findet, mag tausend Jahre alt sein, aber die Lebendigkeit des Filmstils verleiht ihr eine greifbare Dringlichkeit.

Nachdem der Bambussammler und seine Frau die Prinzessin entdeckt haben, sehen sie zu, wie sie innerhalb weniger Augenblicke vom Neugeborenen zur jungen Erwachsenen heranwächst. Die Animation übergeht elegant die Freuden des Aufwachsens, was viele Eltern unter den Zuschauern an ihre eigenen Kinder erinnern dürfte, die scheinbar viel zu schnell und unbemerkt erwachsen werden. Die Lichtung, auf der die Familie lebt, ermöglicht es Takahata, seine Faszination für die Natur und die Landwirtschaft auf eine Art auszuleben, die an seine früheren Filme erinnert, während er sie gleichzeitig mit einem neuen Stil und thematischer Bedeutung verjüngt. Eine Lektion in traditioneller Töpferkunst ist ein Äquivalent zur Färberdistelernte in *Tränen der Erinnerung*, ein Vogel, der in den Blüten singt, erinnert an ein sehr ähnliches Bild aus *Meine Nachbarn die Yamadas* und das Aufschneiden einer Melone greift auf dieselbe Szene aus *Die letzten Glühwürmchen* zurück (weil Takahata der Meinung war, er hätte es beim ersten Mal nicht richtig eingefangen). Durch die Feldarbeit stirbt jedoch der Wald und die Bewohner müssen ihr Dorf verlassen, um der Natur eine Brachphase zu geben, um sich zu erholen, was ein Gefühl der zyklischen Sterblichkeit vermittelt, das sich durch den gesamten Film zieht.

Obwohl die Prinzessin ihr ländliches Zuhause liebt, ermöglicht ein Goldfund in einem anderen Bambus es ihrem Vater, ihr einen Palast in der Stadt zu bauen, um ihr das Heim zu geben, das sie seiner Meinung nach verdient, und schließlich auch Verehrer für seine Tochter anzuziehen. Innerhalb der Mauern dieses Palastes entsteht die eigentliche Melancholie des Films, während die Ideale von Vater und Tochter aufeinanderprallen. Und es ist genau dieses Aufeinanderprallen, das diesen Film Takahatas denen seines großen Protegés Hayao Miyazaki am ähnlichsten macht.

Im Geiste von Kiki, Chihiro, San und all den anderen lehnt sich Kaguya gegen das Patriarchat auf, während sie sich zu ihrem Leben in der Natur zurücksehnt. Nachdem sie als Schatz bezeichnet

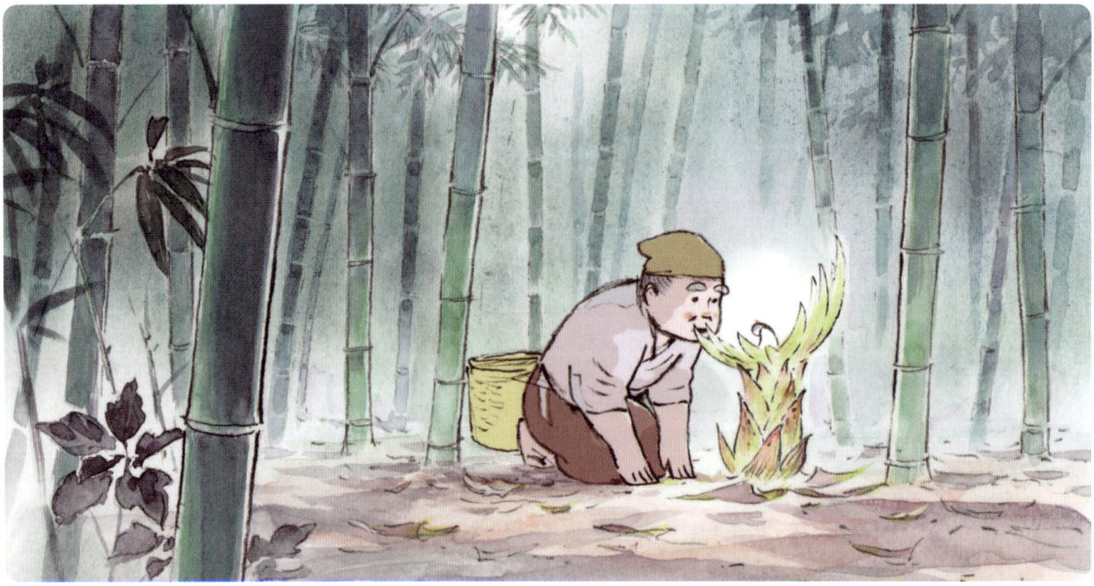

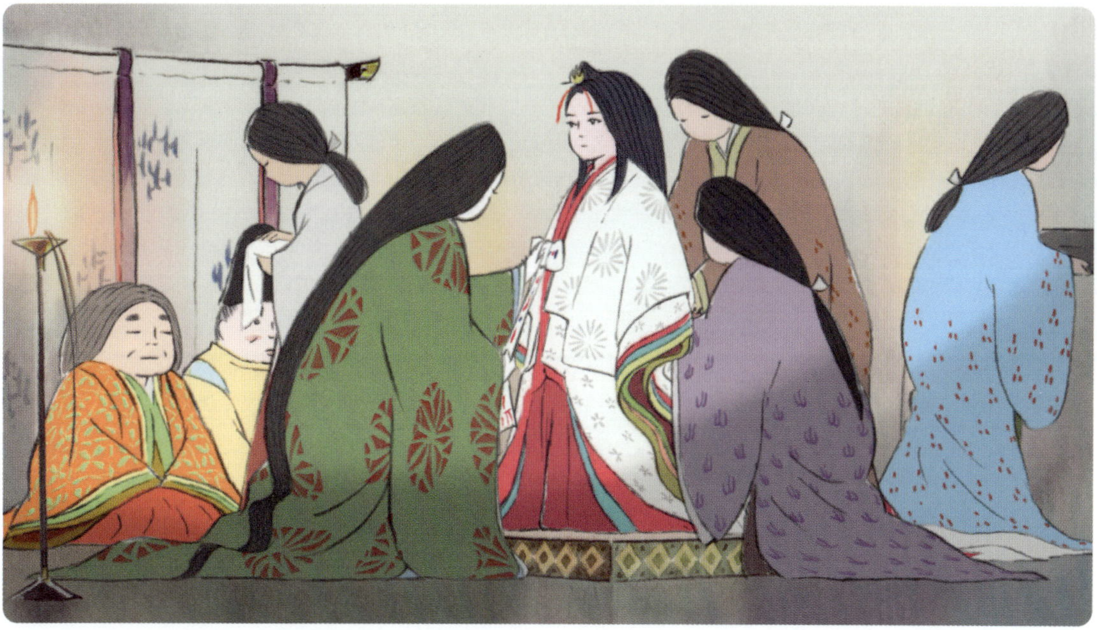

wurde, schickt sie ihre Verehrer los, um einen mythischen (und nicht existenten) Schatz zu finden und ihr Herz zu erobern, was ihre Objektifizierung und den Materialismus, der mit ihrem sozialen Aufstieg einhergeht, hervorhebt. In den Lektionen, in denen sie lernen soll, sich wie eine Adelige zu verhalten, zeichnet sie Cartoons statt Kaligrafie – vielleicht eine Hommage an die Kunstform, in der ihre Geschichte erzählt wird. Sie lehnt sich gegen die weiblichen Verhaltensweisen ihrer Zeit auf, die sie zur Emotionslosigkeit zwingen würden, und ihre Lebensfreude steht immer wieder in starkem Kontrast zu dem einengenden und kargen Palast.

In der vielleicht denkwürdigsten Szene bricht sie aus und eilt in den Wald zurück, während die Animation sich bemüht, mit ihr Schritt zu halten. Aus den eleganten Linien werden hingeworfene Kohleskizzen und eine Abstraktion von Kaguya springt durchs Bild, als würde sie versuchen, aus ihrer eigenen Geschichte auszubrechen.

Diese Darstellung der Frustration kontrastiert eine spätere Sequenz, in der Kaguya elegant davonfliegt (eine weitere Reminiszenz an Takahatas *Tränen der Erinnerung*). Die Wiedervereinigung mit einem alten Freund aus Kindertagen lässt sie auf ihren Gefühlen dahingleiten, anmutig umrundet sie ihr altes Zuhause in einem fröhlichen Anflug von Nostalgie, der in seiner Herrlichkeit mit jeder Flugszene von Miyazaki mithalten kann.

Im letzten Akt des Films werden ihr das Palastgefängnis, seine Bewohner und Gäste zu viel und Kaguya ruft verzweifelt nach Hilfe. In einer späten Wendung stellt sich heraus, dass ihre Retter die Wesen sind, die sie ursprünglich in die Obhut des Bambussammlers übergeben hatten, das Mondvolk. Auch wenn das direkt aus dem Original entnommen ist, ist dieser Zusatz etwas störend und in Anbetracht der insgesamten Experimentierfreude hätte ein früherer Hinweis auf ihre Mondfamilie diese Enthüllung harmonischer eingefügt. Nachdem man das jedoch akzeptiert hat, bieten die letzten Szenen des Films eine beeindruckende Reflexion des Lebens, während Takahata seine eigene Sterblichkeit thematisiert. Trotz des Schmerzes, den sie als Mensch erfahren hat, würde Kaguya lieber diesen erdulden, als zum kalten Mond zurückzukehren, der, wie wir erfahren, ein Ort ohne Emotionen ist. Auf einer Wolke trifft das Mondvolk als geisterhafte Parade ein, wie dereinst die Tanuki in Takahatas *Pom Poko*, begleitet von erschreckend fröhlicher Musik. Sie steht in starkem Kontrast zu Kaguyas Melancholie und verstärkt diese dadurch noch, bejaht jedoch schließlich die menschliche Erfahrung, indem Takahata uns versichert, dass es genug ist, einfach nur zu fühlen.

Die Legende der Prinzessin Kaguya gelingt es, gleichzeitig eine mutige neue Richtung einzuschlagen und eine Zusammenfassung von Takahatas größten Hits zu sein. Ständig betritt der Film neues Territorium, während er auf frühere Werke verweist. Als letzte Regiearbeit ist es der perfekte Abschied für Takahata. Ohne zu ahnen, dass sein eigener Abgang so kurz bevorstand, zog er in seiner Arbeit mit dem jungen Produzenten Yoshiaki Nishimura ein neues Talent heran, sodass keine Lücke entstand, sondern nur eine Brachphase, damit der Kreislauf der Animation weitergehen kann.

Oben: Die üppigen Stoffe, die Kaguya einst erfreuten, werden zum Symbol dafür, wie die patriarchale Gesellschaft Frauen einengt. Voll ausstaffiert muss sie drinnen bleiben, um Verehrer zu empfangen.

Gegenüber: Die jahrhundertealte Figur des Bambussammlers. Er hat auch einen Auftritt in Takahatas Film *Meine Nachbarn die Yamadas*. Auf Seite 106 sieht man Herrn Yamada in derselben Rolle.

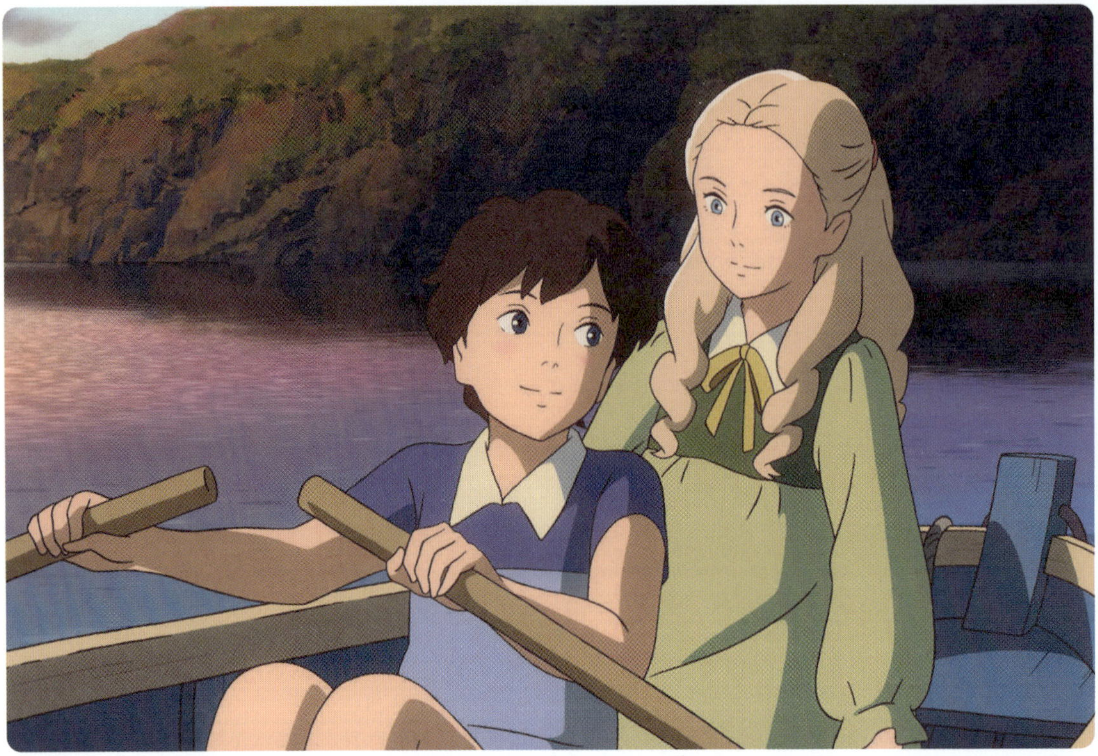

ERINNERUNGEN AN MARNIE (OMOIDE NO MĀNĪ, 2014)

AUSSEN HUI

REGIE: HIROMASA YONEBAYASHI
DREHBUCH: HIROMASA YONEBAYASHI, KEIKO NIWA & MASASHI ANDO
LAUFZEIT: 102 MINUTEN
VERÖFFENTLICHUNGSDATUM (JAPAN): 19. JULI 2014

MIT *ARRIETTY* HATTE SICH REGISSEUR HIROMASA YONEBAYASHI GEGEN HAYAO MIYAZAKIS VORBILD – UND SEINE SPIELERISCHEN STICHELEIEN – AUFGELEHNT UND EINEN HIT ABGELIEFERT. ER HATTE SOGAR DEN MEISTER PERSÖNLICH BEEINDRUCKT: „ER WAR GUT", SOLL MIYAZAKI GESAGT HABEN. „ICH HABE GEWEINT." NACH DER VERÖFFENTLICHUNG DES FILMS KEHRTE YONEBAYASHI ZU SEINER ROLLE ALS EINER VON GHIBLIS KEYFRAME-ANIMATOREN ZURÜCK UND ARBEITETE AN *DER MOHNBLUMENBERG* UND *WIE DER WIND SICH HEBT*. DOCH, ZWEIFELLOS BEFLÜGELT VOM ERFOLG VON *ARRIETY*, TRAT DER EINST ZÖGERLICHE REGISSEUR SCHLIESSLICH MIT DEM FÖRMLICHEN GESUCH AN PRODUZENT TOSHIO SUZUKI HERAN, BEI EINEM ZWEITEN FILM REGIE FÜHREN ZU DÜRFEN.

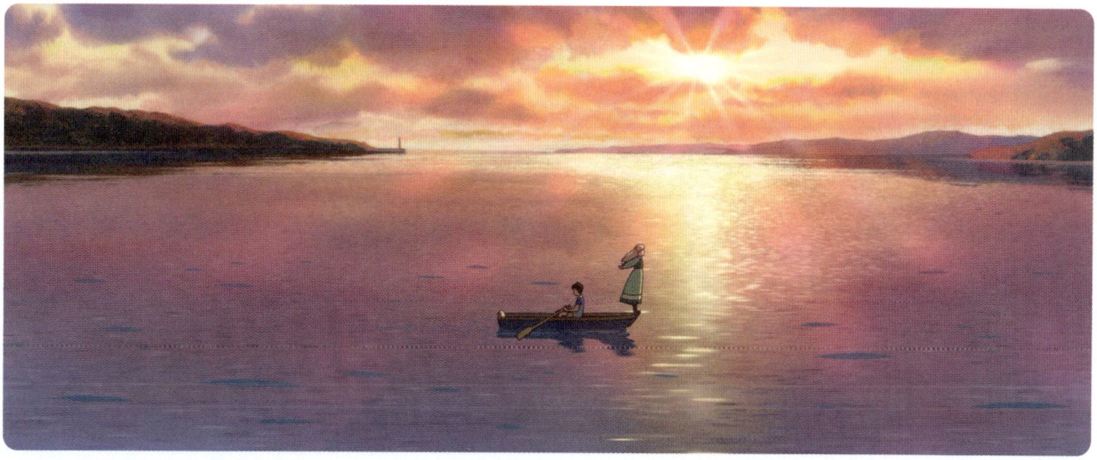

Oben: Ein atemberaubendes Beispiel der „perlmuttfarbenen" Himmel, die Hiromasa Yonebayashi in seinem zweiten Film für Ghibli einfangen wollte.

Gegenüber: *Erinnerungen an Marnie* führt Ghibli in bisher unerforschte emotionale Gewässer.

Suzuki reichte Yonebayashi eine Ausgabe von Joan G. Robinsons mit der Carnegie Medal ausgezeichnetem Roman *When Marnie Was There* von 1964. Es war eins der Lieblingsbücher von Hayao Miyazaki und stand auf der Liste seiner 50 Kinderbuchempfehlungen, doch Suzuki hielt Yonebayashi für die perfekte Wahl, um es für die große Leinwand zu adaptieren. In seinem Buch *Mixing Work with Pleasure: My Life at Studio Ghibli* erklärt Suzuki seine Beweggründe: „[Miyazaki] konnte einen Film wie Marnie nicht machen. [Yonebayashi] war deutlich sensibler als Miya-san und er war jünger. Ich wusste instinktiv, dass dieser Film eine andere Anziehungskraft haben würde als Miya-sans Fantasy-Filme."

Zudem würde sich der Film um zwei Protagonistinnen drehen, ohne ein Mitglied des anderen Geschlechts, das Konflikt, eine Romanze oder Spannungen in den Plot hätte bringen können – etwas, das Suzuki für „sehr modern" hielt und das seiner Meinung nach Yonebayashis Interessen entgegenkam. „Genauso wie Miya-san es liebte, Kampfflieger zu zeichnen, hatte Maro [Yonebayashi] eine Passion dafür, Mädchenfiguren zu zeichnen. Ich war also sicher, dass es ihm Spaß machen würde, die beiden Figuren herauszuarbeiten."

Suzuki selbst zog sich aus seiner üblichen Rolle als Produzent zurück und fungierte stattdessen als Generaldirektor, der die richtigen Teammitglieder versammelte. Yoshiaki Nishimura, der sich um die Produktion von *Die Legende der Prinzessin Kaguya* gekümmert hatte, wurde Produzent von *Erinnerungen an Marnie*, während Animator Masashi Ando, ein Veteran aus Projekten mit Miyazaki (*Prinzessin Mononoke, Chihiros Reise ins Zauberland*) und Isao Takahata (*Pom Poko, Die Legende der Prinzessin Kaguya*) als Animationsregisseur und Charakterdesigner an Bord geholt wurde. Ando arbeitete auch mit Yonebayashi und Ghibli-Urgestein Keiko Niwa am Drehbuch.

Damit wurde *Erinnerungen an Marnie* die einzigartige Ehre zuteil, der erste große Spielfilm Ghiblis ohne die direkte Beteiligung von Miyazaki oder Takahata zu sein. Und da auch Suzuki sich zurücknahm, wirkte es fast, als wäre das Ziel des Studios, den Staffelstab an die nächste Generation zu übergeben, endlich erreicht worden. Um es mit Yonebayashis Worten zu sagen, *Marnie würde „ohne die Hilfe der Riesen" entstehen müssen.*

Yonebayashi, Ando und ihr Team hatten verschiedene Schlüsselbildideen, die die Ghibli-Schablone sprengen sollten. Die Gesichtsausdrücke der Figuren sollten detaillierter werden, während die Landschaft des Films in einem fast fotorealistischen Stil dargestellt werden sollte. Das Kreativteam suchte sich Schauplätze in Hokkaido im nördlichen Japan, vor allem in den Sumpfgebieten dieser Region, eine Szenerie, die zuvor noch in keinem Ghibli-Film zu sehen gewesen war. Die blauen Himmel und grünen Hügel, die das Markenzeichen von Miyazakis Filmen waren, wurden ersetzt durch wolkige, dunstige, nuancierte Himmel in überlappenden Farben und sanften Schattierungen, die Yonebayashi als „perlmuttfarben" beschrieb.

Erinnerungen an Marnie kam Juli 2014 in die japanischen Kinos, nur acht Monate nach dem verspäteten Erscheinen von *Die Legende der Prinzessin Kaguya*. Der Film war eine Enttäuschung an den Kinokassen und spielte nur ein Drittel der Einnahmen von *Arrietty* 2010 ein. Am Ende des Jahres schaffte er es gerade so in die Liste der zehn erfolgreichsten japanischen Filme.

Was dem Film beim Publikum sicher nicht half, war eine Ankündigung im August, dass Studio Ghibli, nachdem Miyazaki sich nach *Wie der Wind sich hebt* zur Ruhe gesetzt hatte, einen Produktionsstopp – eine „Verschnaufpause", wie Suzuki sich ausdrückte – einlegen würde. Wie sich herausstellte, war Miyazakis Ruhestand nicht von Dauer und 2016 arbeitete er schon wieder an einem neuen Film, *Der Junge und der Reiher* – allerdings im Schneckentempo, sodass die Produktion sich bis ins nächste Jahrzehnt hinziehen sollte.

Doch Produzent Yoshiaki Nishimura ließ sich nicht beirren, nahm sich ein Beispiel an seinen Mentoren und machte sich selbstständig. Im April 2015 gründete Nishimura Studio Ponoc, ein völlig neues Unternehmen, das Ghiblis Tradition hochwertiger Animationen, die Kinder wie Erwachsene genießen konnten, fortsetzen sollte.

Nishimuras erstes Spielfilmprojekt war eine Adaption eines weiteren englischsprachigen Kinderbuchs, Mary Stewarts *Der verhexte Besen*, und er sicherte sich Yonebayashi als Regisseur sowie einen Produktionsstab, in dem es vor Ghibli-Veteranen nur so wimmelte und der an Schreibtischen arbeitete, die aus einem der stillgelegten Studios ihrer alten Firma stammten.

Mary und die Blume der Hexen mit seiner eigensinnigen angehenden Hexe mit dem Besen in der Hand und der schwarzen Katze an ihrer Seite verweist an so einigen Stellen auf die Arbeiten von Hayao Miyazaki und Isao Takahata, doch Nishimuras und Yonebayashis Ambitionen gingen über die bloße Imitation hinaus. Der Name des Studios ist Programm: Abgeleitet vom kroatischen Wort für „Mitternacht", sollte es eine Zeitenwende in der japanischen Animationsbranche einleiten, ähnlich wie Ghiblis Anspielung an den Schirokko-Wind für den frischen Wind stand, der fast dreißig Jahre zuvor durch die Branche geweht war.

Gegenüber: Marnies Anwesen im westlichen Stil macht Eindruck in diesem radikalen Ghibli-Film.

Unten: Charakterstudien zu Anna und Marnie.

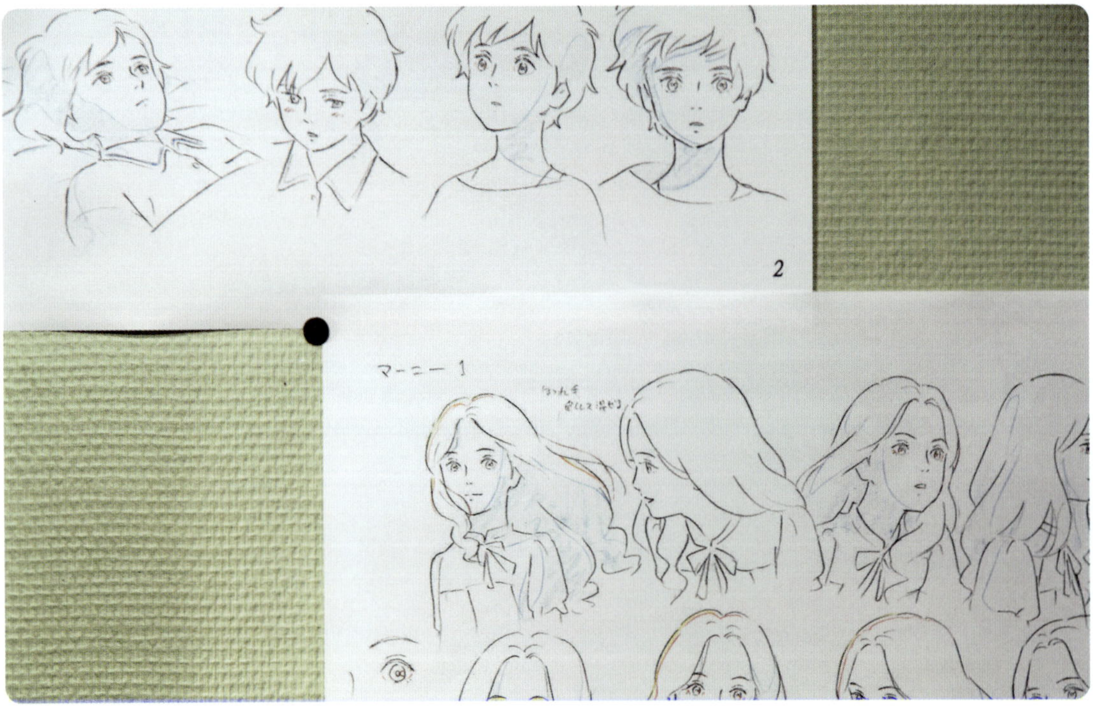

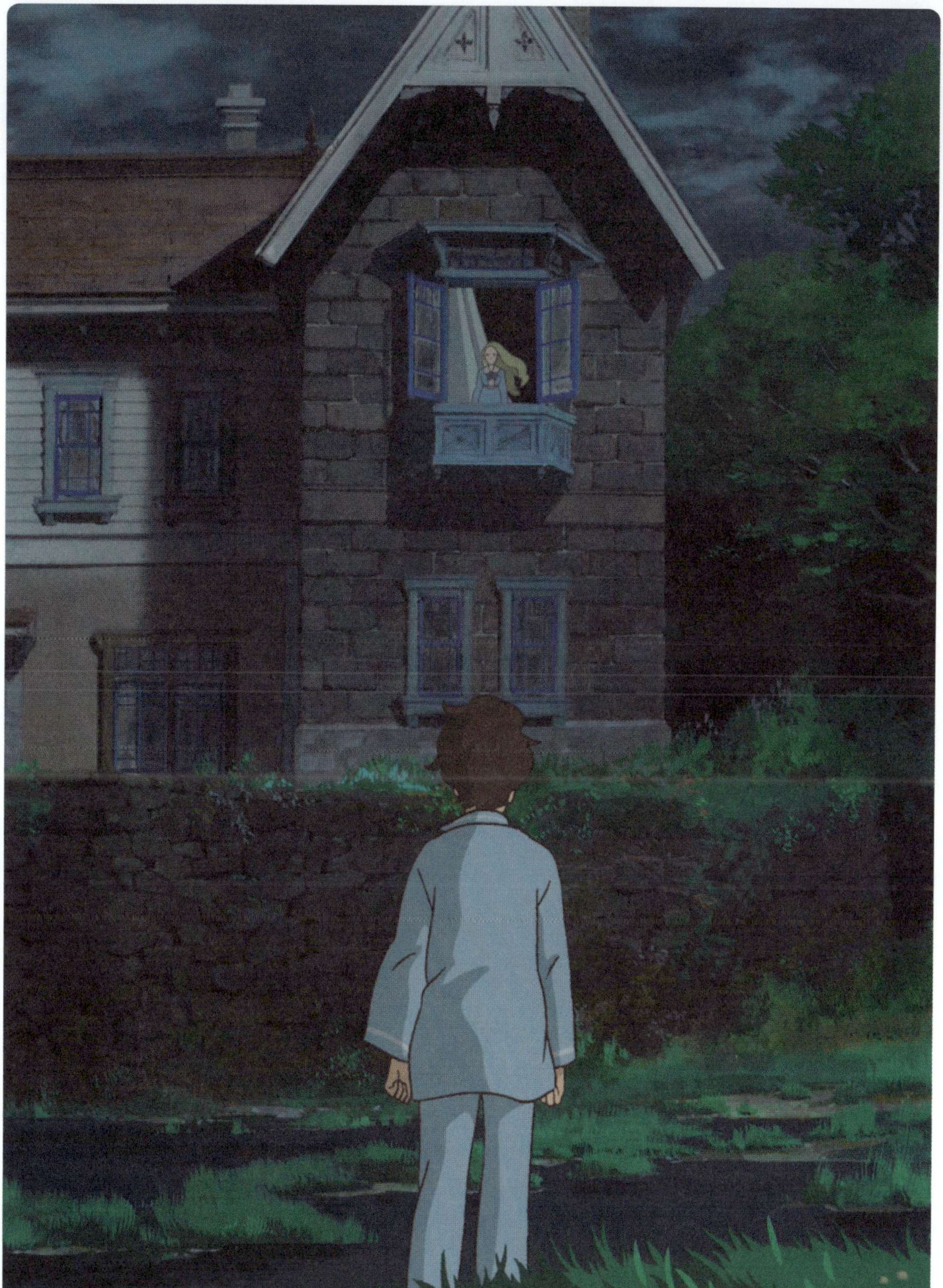

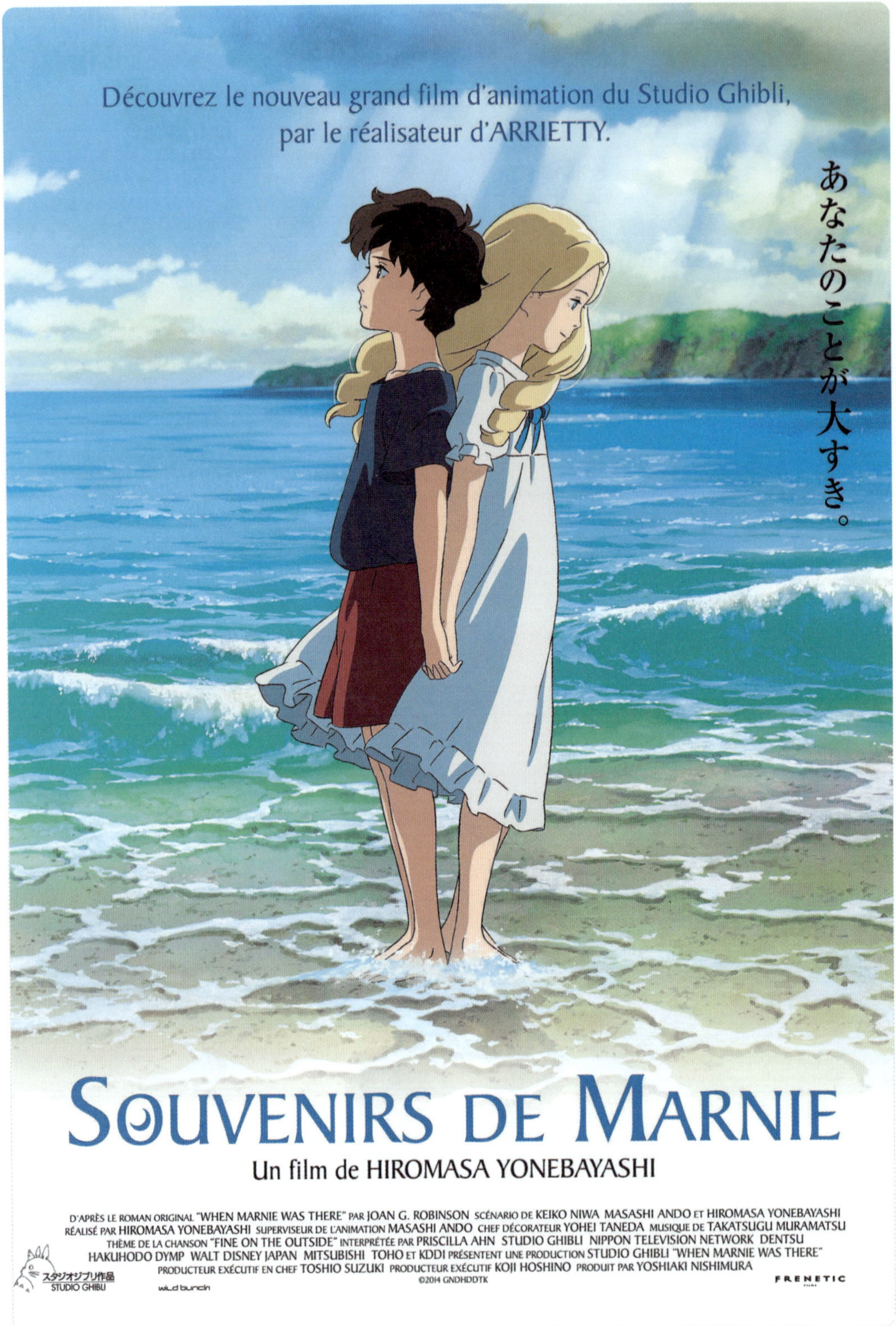

Découvrez le nouveau grand film d'animation du Studio Ghibli,
par le réalisateur d'ARRIETTY.
あなたのことが大すき。
SOUVENIRS DE MARNIE
Un film de HIROMASA YONEBAYASHI
D'APRÈS LE ROMAN ORIGINAL "WHEN MARNIE WAS THERE" PAR JOAN G. ROBINSON SCÉNARIO DE KEIKO NIWA MASASHI ANDO ET HIROMASA YONEBAYASHI
RÉALISÉ PAR HIROMASA YONEBAYASHI SUPERVISEUR DE L'ANIMATION MASASHI ANDO CHEF DÉCORATEUR YOHEI TANEDA MUSIQUE DE TAKATSUGU MURAMATSU
THÈME DE LA CHANSON "FINE ON THE OUTSIDE" INTERPRÉTÉE PAR PRISCILLA AHN STUDIO GHIBLI NIPPON TELEVISION NETWORK DENTSU
HAKUHODO DYMP WALT DISNEY JAPAN MITSUBISHI TOHO ET KDDI PRÉSENTENT UNE PRODUCTION STUDIO GHIBLI "WHEN MARNIE WAS THERE"
PRODUCTEUR EXÉCUTIF EN CHEF TOSHIO SUZUKI PRODUCTEUR EXÉCUTIF KOJI HOSHINO PRODUIT PAR YOSHIAKI NISHIMURA
スタジオジブリ作品
STUDIO GHIBLI
©2014 GNDHDDTK
FRENETIC

KOMMENTAR: ERINNERUNGEN AN MARNIE

Um ihre Angststörungen zu lindern, wird die junge Anna zu ihren Verwandten aufs Land geschickt. Als sie dort ankommt, stellt sie ihre Tasche unbewusst auf eine Schnitzerei des Worts „Liebe", sodass es erst einmal vor ihr verborgen ist. Es ist eine Geste, die auf die diffusen, unsicheren, zuvor unerforschten Emotionen hinweist, die Ghibli in diesem Film beleuchtet. Anna hat sich von der Welt zurückgezogen, sie ist nicht distanziert, sondern isoliert. Sie hasst sich selbst und ist eher ein Außenseiter als unabhängig. Sie ist keine typische Ghibli-Protagonistin und *Erinnerungen an Marnie* ist kein typischer Ghibli-Film.

Zu Beginn des Films hat Anna eine Panikattacke, was hervorzuheben ist, weil Ghibli nicht nur psychische Probleme auf eine nuancierte, reflektierte Art behandelt, sondern auch, weil die Panikattacke auftritt, als Anna ihre Skizzen mit anderen teilen will. Sie ist eine Künstlerin, und zwar eine nach Yonebayashis Verständnis, nicht nach Miyazakis. Der notorisch kaltherzige Miyazaki ist nicht so expressiv oder emotional wie sein junger Protegé. In *Stimme des Herzens* aus Miyazakis Feder ist Kunst ein Handwerk, das über lange Zeit verfeinert wird, für Yonebayashi ist sie ein emotionaler, kreativer Ausdruck, der Verletzlichkeit vermittelt. Annas Ängste erwachen in ihren Zeichnungen zum Leben und als sie versucht, sie zu teilen, wird sie abgewiesen und fällt in ein tiefes Loch, von wo aus sie ihre Reise beginnen muss.

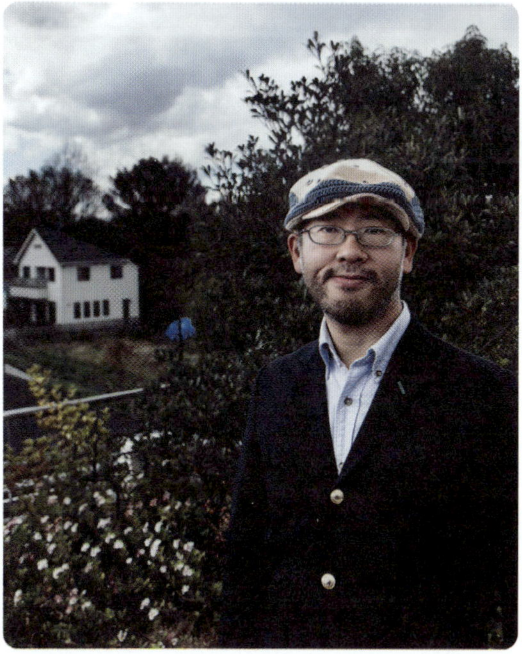

Aber wir sind immer noch in einem Ghibli-Film, also ist die Natur natürlich immer ein probates Mittel gegen Leiden jeder Art und so fängt auch Anna draußen in den Sumpfgebieten Hokkaidos an, sich selbst besser zu verstehen. Kissakibetsu, das kleine Küstenstädtchen, in das Anna reist, ist wunderschön dargestellt. Der realistische Stil macht Ghiblis Liebe zur Natur greifbar wie nie, die umgebenden Wälder streichen über die Arme, der Sumpf quatscht unter den Füßen und die frische Seeluft weht über die Leinwand. Die perlmutternen Himmel ersetzen das klare, heimelige Ghibli-Blau, oft wunderschön gespiegelt im Wasser, die farbigen Schattierungen und bedrückenden Grautöne sind ein passenderer und realistischer Rahmen für den Aufruhr des Heranwachsens. Als Anna am Ufer des Wassers steht, blickt sie über den Sumpf und sieht, umgeben von Licht, ein riesiges Haus und im Fenster ein Mädchen, das sie später als Marnie kennenlernen soll.

Marnie und Anna verbindet sofort eine innige und intensive Freundschaft. Beide tragen eine tiefe Traurigkeit in sich. Während Anna deutlich vor sozialen Kontakten zurückschreckt, bleiben Marnies Verlustängste, die durch die Misshandlung in ihrem perfekten Zuhause ausgelöst werden, unter einer fröhlichen Fassade verborgen, doch zwischen ihnen entsteht eine tiefe Verbindung. Eine Bootsfahrt der beiden über den vom Sonnenuntergang pink gefärbten See, inklusive der *Titanic*-Pose und aufrichtiger Liebesbekundungen, ist herzzerreißend romantisch, doch leider darf ihre Liebe nicht sein. Nicht, weil die Gesellschaft ihre Beziehung nicht akzeptieren würde, sondern weil die beiden trotz ihrer idyllischen Darstellung kein Paar sind. Natürlich ist Marnie eigentlich ein Geist, der Geist von Annas Großmutter.

Das ist keine vollkommen abwegige Entscheidung, da die familiäre Verbindung die wundersame, fast schon spirituelle Zuneigung der beiden zueinander erklärt, doch nachdem man eine womöglich inzestuöse Romanze schon Jahre zuvor in *Der Mohnblumenberg* abgehandelt hatte, kommt sie doch überraschend. Und wie auch in diesem Film ist es nicht der dritte Akt, in dem *Erinnerungen an Marnie* glänzen kann. Es ist vielleicht Ghiblis emotionalster Film, nicht, weil es der ist, der einen die meisten Tränen vergießen lässt (diesen Titel wird für immer *Die letzten Glühwürmchen* innehaben), sondern weil er so voller Gefühle ist. Verlorene oder verwirrte Zuschauer werden in den beiden jungen Protagonistinnen Trost finden, genauso wie sie vielleicht Inspiration in Kiki oder Nausicaä finden. Wie die meisten Teenager erleben Anna und Marnie die Welt sehr intensiv, sowohl das Licht als auch die Schattenseiten und alle Schattierungen dazwischen.

Links: *Erinnerungen an Marnie*. Regisseur Hiromasa Yonebayashi erhielt von seinen Kollegen den Spitznamen Maro.

Gegenüber: Das französische Poster zu *Erinnerungen an Marnie*.

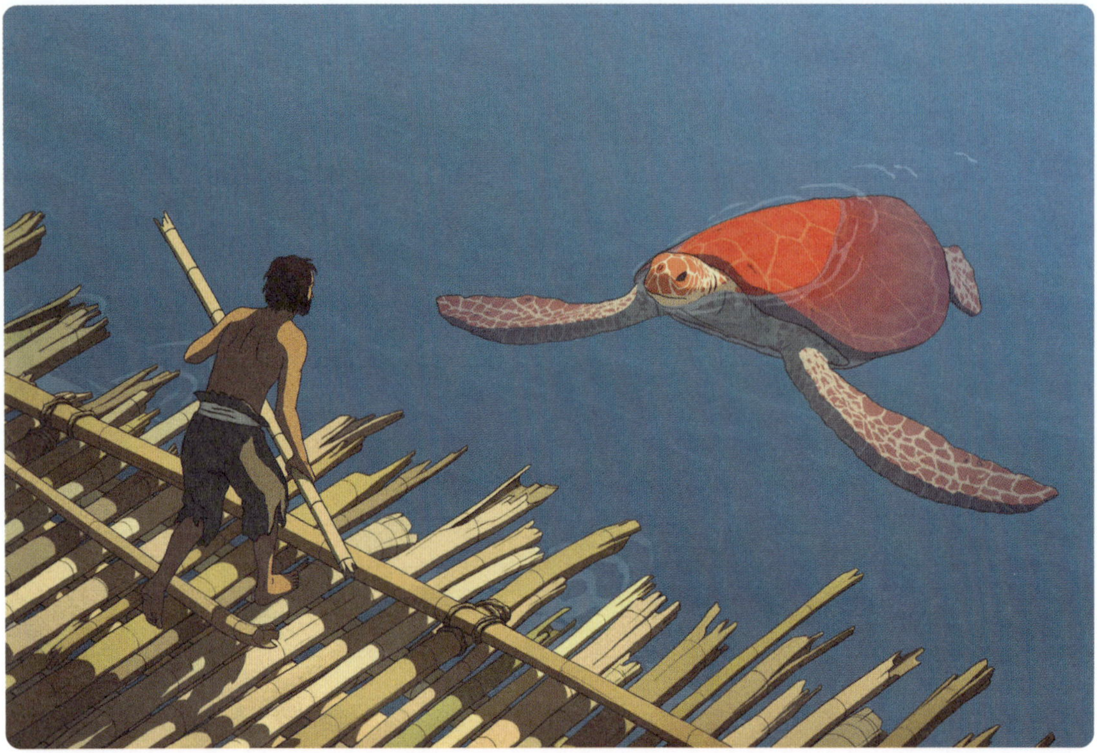

DIE ROTE SCHILDKRÖTE (LA TORTUE ROUGE, 2016)

EURO-GHIBLI

REGIE: MICHAËL DUDOK DE WIT
DREHBUCH: MICHAËL DUDOK DE WIT
LAUFZEIT: 81 MINUTEN
VERÖFFENTLICHUNGSDATUM (JAPAN): 17. SEPTEMBER 2016

WENIGER ALS ZWEI JAHRE NACHDEM TOSHIO SUZUKI DIE „VERSCHNAUFPAUSE" VON STUDIO GHIBLI ANGEKÜNDIGT HATTE, ZIERTE 2016 DAS UNVERKENNBARE TOTORO-LOGO DIE LEINWAND DES DEBUSSY-THEATERS BEI DEN FILMFESTSPIELEN VON CANNES. NUR DASS ES DIESES MAL NICHT DAS BERÜHMTE GHIBLI-BLAU HATTE, SONDERN ROT WAR.

Die Rote Schildkröte war bei Weitem nicht das erste Mal, dass Ghibli ein Projekt koproduziert hatte – unter anderem hatte das Studio seinen kulturellen Einfluss genutzt, um Mamoru Oshii dabei zu helfen, das Budget für *Ghost in the Shell 2 – Innocence* aufzubringen –, aber das Logo war bedeutsam. Genauso wie die Anwesenheit der Produzenten Isao Takahata und Toshio Suzuki, die den Film und seinen Regisseur Michaël Dudok de Wit bei der internationalen Premiere als Teil der Sektion Un Certain Regard in Cannes unterstützten.

Der in den Niederlanden geborene, aber in London lebende Dudok de Wit hatte 2001 für den wunderschönen *Father and Daughter* den Oscar für den besten animierten Kurzfilm gewonnen und 2006 trat das Team des Ghibli-Museums an ihn heran, um den Kurzfilm in Japan zu veröffentlichen. In diesem Zusammenhang kam auch eine andere Idee auf: dass er mit Studio Ghibli an einem Spielfilm arbeiten sollte. Dudok de Wit, der sich nur allzu bewusst war, wie schwierig es ist, die Finanzierung und Unterstützung für einen Animationsfilm in Spielfilmlänge zu bekommen, reizte Ghiblis Angebot. „Ich weiß noch, dass ich dachte: ‚Wenn es jemals den richtigen Zeitpunkt gab, einen Spielfilm zu machen, dann jetzt. Sie machen Autorenfilme.'"

Das Projekt wurde produziert von Toshio Suzuki, Isao Takahata (der als „künstlerischer Produzent" fungierte) und Vincent Maraval des französischen Filmverleihs Wild Bunch. Während er das Drehbuch entwickelte, traf sich Dudok de Wit sowohl in Japan als auch in Frankreich, wo der Film produziert werden sollte, mit Takahata und Suzuki. In diesen Diskussionen mit Takahata entstand die radikalste kreative Idee: auf Sprache zu verzichten und den Film vollkommen dialogfrei zu gestalten.

Die Rote Schildkröte heimste in Cannes einen Sonderpreis ein und wurde schließlich bei den Oscars 2017 als bester Animationsfilm nominiert. In der Reihe der Ghibli-Produktionen mag er herausstechen wie, na ja, eine riesige rote Schildkröte, aber der Film ist sowohl ein Tribut an die europäischen Einflüsse Ghiblis, die oft unerwähnt bleiben, als auch ein Beleg für Takahatas Weisheit als Filmemacher. In einem Gespräch mit dem British Film Institute erinnerte sich Dudok de Wit an ihre Zusammenarbeit: „Mit Takahata zu arbeiten, war die fantastischste Erfahrung ... Immer wieder wurde mir seine Weisheit und sein scharfer Instinkt bewusst. Wenn ich ihm zuhörte, wusste ich, dass ich vor einem großen Meister stand."

Gegenüber: Dem Schicksal ins Auge sehen. Der Mann steht der titelgebenden Schildkröte gegenüber.

Unten: Synchronschwimmen. Der Junge und die Schildkröten gleiten durchs Wasser.

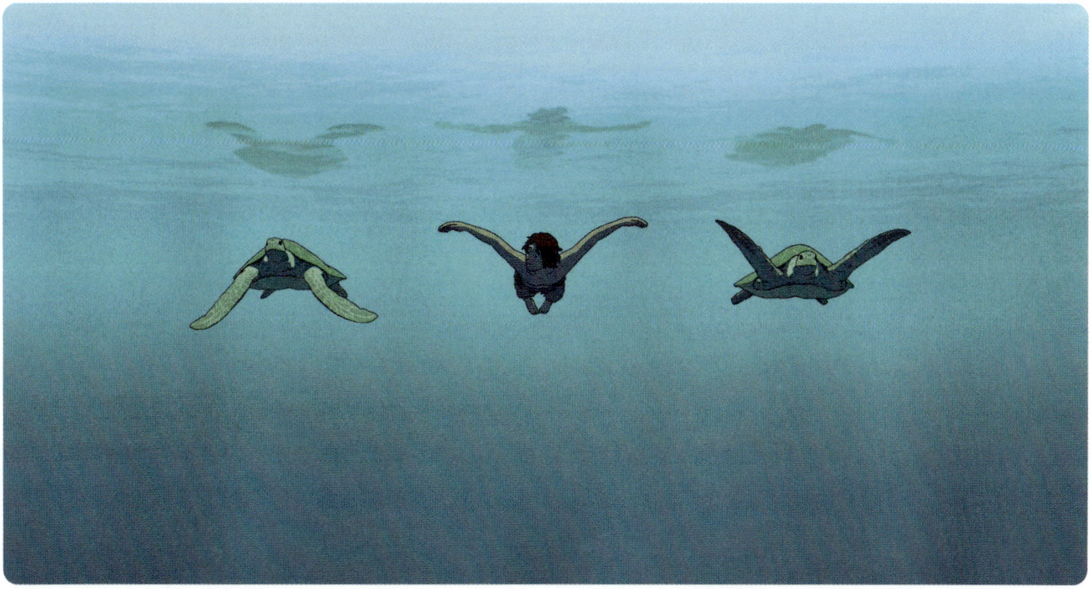

KOMMENTAR: DIE ROTE SCHILDKRÖTE

Lasst euch nicht beirren, *Die Rote Schildkröte* ist trotz des roten Logos zu Beginn ein Studio Ghibli-Film. Und wenn man sich auf die Reise einlässt, entdeckt man ein Meisterwerk. Es ist eine Überlebensgeschichte über das Sterben. Das Leben eines vollkommen anonymen Mannes von seinem ersten verängstigten Luftholen bis zu seinem zufriedenen letzten Atemzug. Er ist nicht gefangen, er ist einfach ein Mensch mit der Aufgabe zu leben. Was *Die Rote Schildkröte* im Vergleich zu anderen Einsame-Insel-Geschichten so großartig macht, ist, dass es nicht darum geht, zu entkommen.

Die Liste der Figuren mag kurz sein, aber die Geschichte sprüht vor Leben, und dieses Leben erfährt die Würdigung, die wir von Ghibli erwarten. In einem reduzierteren, aber präziseren Stil verglichen mit anderen Ghibli-Filmen bekommen Fische, Krabben, Echsen, Frösche und Tausendfüßler wunderschöne Auftritte – selbst eine Fledermaus tritt auf und, vielleicht zum ersten Mal in der Geschichte ihrer Spezies, wird sie nicht gruselig dargestellt. Und dann ist da natürlich die Schildkröte. Bei ihrem ersten Auftritt verstört sie das behelfsmäßige Floß und wirkt, versteckt unter den Wellen, zunächst bedrohlich. Als sie jedoch richtig gezeigt wird, wie sie in der blauen Umgebung des Ozeans treibt, offenbart sich ihre faszinierende Eleganz. Sie blickt tief in die Augen des Mannes und füllt die gesamte Leinwand aus, als wollte sie die Unausweichlichkeit ihrer Anwesenheit deutlich machen.

Als die Schildkröte an Land gespült wird, greift der Mann sie an und aufgrund der behutsamen Behandlung, die die Tiere der Insel bisher erfahren haben (und die wir vom Studio erwarten), ist dieser Akt der Gewalt unglaublich schockierend. Doch er wehrt sich gegen das Schicksal und seine Verkörperung und ist sich nicht bewusst, welche Freuden dieses bereithalten kann. Als der Panzer aufbricht, fühlt es sich an wie ein Gletscherabgang in einem Katastrophenfilm, doch was folgt, ist keine Katastrophe, sondern etwas sehr viel Größeres und Intimeres: eine Familie.

Die Magie der Natur versorgt den Menschen. Eine Frau steigt aus der Schildkröte und schließt sich dem Mann auf der Insel an. Anfangs ist sie verständlicherweise zurückhaltend, doch sie nähern sich auf eine Art an, die nicht ghibliesker sein könnte: durch Essen. Es ist einer der berührendsten Essensmomente des Studios, und zwar aufgrund der Berührung. Die Frau sammelt Muscheln, bereitet sie zu und reicht eine dem Mann – und es ist diese Geste der Versorgung, die ihre wachsende Vertrautheit widerspiegelt.

Bald bekommt das Paar einen Sohn und die Freude und Schrecken der Insel werden extremer, während die Eltern ihre Umgebung durch die Augen ihres Jungen sehen. Diese Gefühle werden gekonnt durch Laurent Perez Del Mars großartigen Soundtrack vermittelt. Auch wenn der Schauplatz klein sein mag, ist Del Mars Musik gewaltig und nuanciert, wie man es sich für eine Parabel über ein gesamtes Leben nur wünschen kann. Das fröhliche Patschen von kleinen Füßchen am Strand, die Gefahr des Ertrinkens, der Stolz und Schmerz, das Nest zu verlassen (oder von der Insel wegzuschwimmen) und sogar der Tod werden alle perfekt durch das zarte Zupfen der Saiten und die gewaltigen Bogenstriche der Streicher untermalt.

In einer Szene der Zerstörung, an die nur das Bombardement aus *Die letzten Glühwürmchen* und das Erdbeben in *Wie der Wind sich hebt* heranreichen, wird fast das gesamte Leben von einer Flutwelle von der Insel getilgt. Es ist schwindelerregend, wenn Wasser, Pflanzen und Menschen über die Leinwand wirbeln. Doch auch dieses apokalyptische Ereignis überlebt die Familie und trotz ihrer Verluste geht sie erstarkt daraus hervor. In goldenes Licht getaucht, das die Trümmer der Schattenseiten des Lebens hervorhebt, teilen sie gemeinsam eine Mahlzeit.

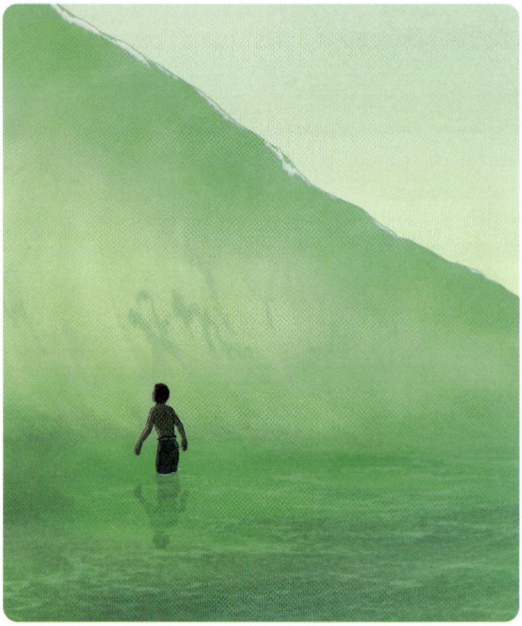

Oben: Wasserwand. In einer der denkwürdigsten Einstellungen des Films erstarrt eine gewaltige Welle in der Bewegung.

DAS JAPANISCHE POSTER ZU *DIE ROTE SCHILDKRÖTE*. OBACHT: DAS FRANZÖSISCHE POSTER, DAS BEI DER PREMIERE IN CANNES UND SPÄTER FÜR DIE KINOS VERWENDET WURDE, ENTHÄLT EINEN GEWALTIGEN SPOILER.

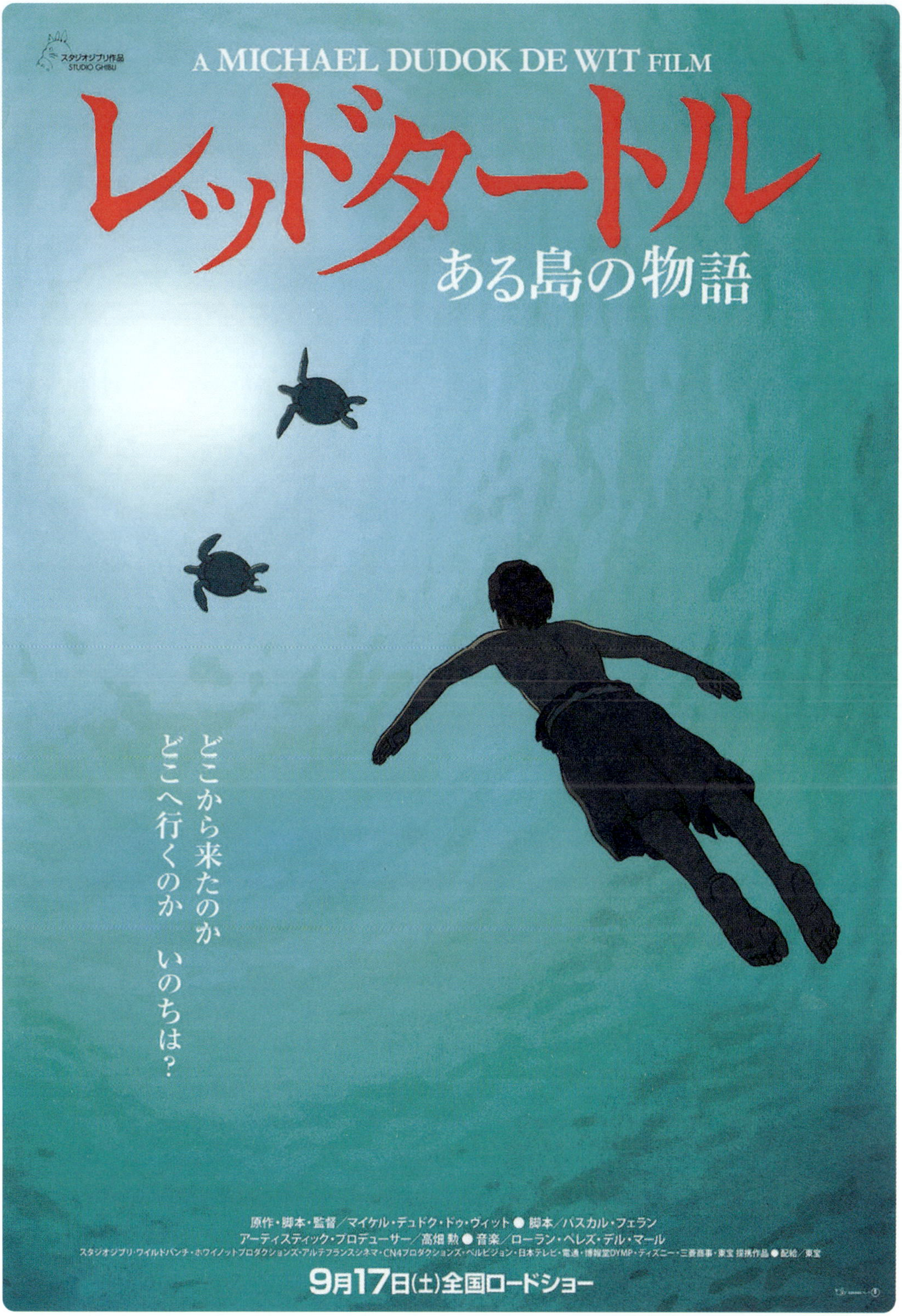
スタジオジブリ作品
STUDIO GHIBLI
A MICHAEL DUDOK DE WIT FILM
レッドタートル
ある島の物語
どこから来たのか
どこへ行くのか　いのちは？
原作・脚本・監督／マイケル・デュドク・ドゥ・ヴィット ● 脚本／パスカル・フェラン
アーティスティック・プロデューサー／高畑 勲 ● 音楽／ローラン・ペレズ・デル・マール
スタジオジブリ・ワイルドバンチ・ホワイノットプロダクションズ・アルテフランスシネマ・CN4プロダクションズ・ベルビジョン・日本テレビ・電通・博報堂DYMP・ディズニー・三菱商事・東宝 提携作品 ● 配給／東宝
9月17日(土)全国ロードショー

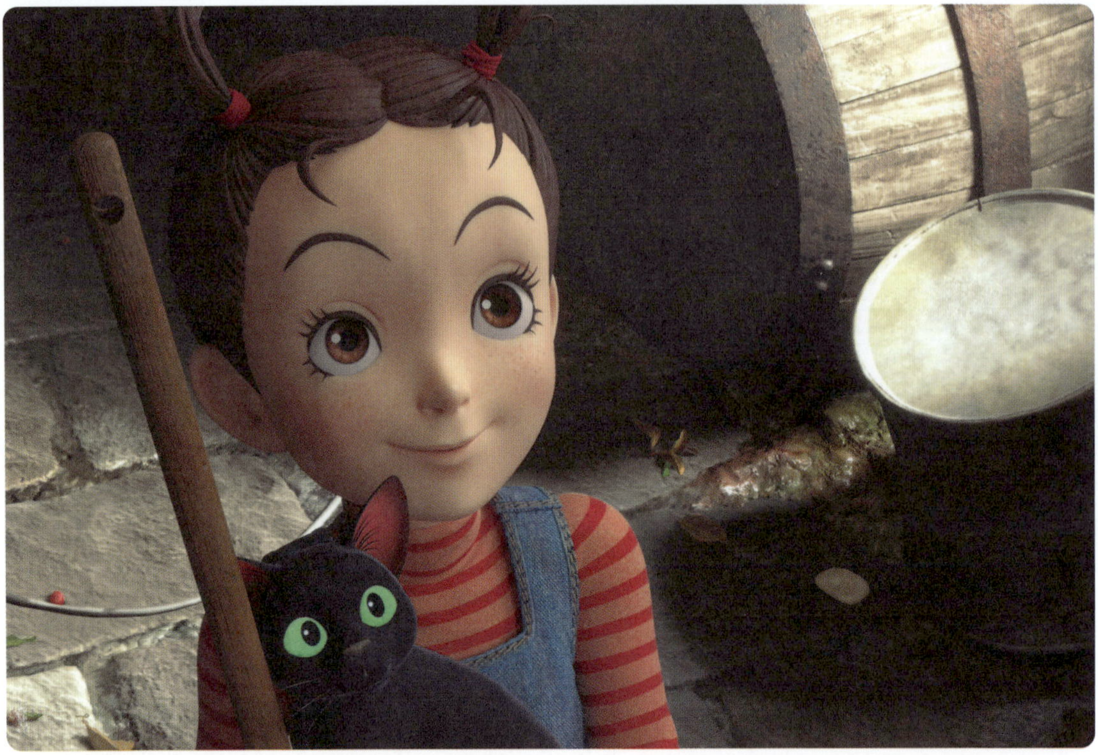

AYA UND DIE HEXE (ĀYA TO MAJO, 2020)

GHIBLI BETRITT DIE DRITTE DIMENSION

REGIE: GORO MIYAZAKI
DREHBUCH: KEIKO NIWA & EMI GUNJI
LAUFZEIT: 82 MINUTEN
VERÖFFENTLICHUNGSDATUM (JAPAN): 30. DEZEMBER 2020 (TV)

STUDIO GHIBLI – VIELE JAHRE LANG DIE LETZTE BASTION DER TRADITIONELLEN, HANDGEZEICHNETEN ANIMATION – HATTE SICH LANGE ZEIT NUR VORSICHTIG AN DIGITALE TECHNOLOGIEN HERANGEWAGT. WIE WIR GESEHEN HABEN, HATTEN SICH SEIT DEN 1990ERN IMMER WIEDER COMPUTERUNTERSTÜTZTE TECHNIKEN IN DEN ANIMATIONSPROZESS VON GHIBLI EINGESCHLICHEN, DOCH DAS STUDIO BEHARRTE IMMER DARAUF, DASS SIE IN ERSTER LINIE 2-D-ANIMATOREN SEIEN UND IM GEGENSATZ ZU IHREN KOLLEGEN BEI PIXAR KEIN INTERESSE AN DER KUNST DER 3-D-CG-ANIMATION HÄTTEN.

Es ist allgemein bekannt, dass Hayao Mizayaki ein großer Skeptiker dieser Technik war. Die Dokumentation *Never-Ending Man: Hayao Miyazaki* von 2016 zeigt nicht nur, wie der alte Meister damit haderte, CG-Animation in seinen Kurzfilm *Boro The Caterpillar* von 2018 zu integrieren, sondern enthält auch eine inzwischen berühmt-berüchtigte Szene, in der ein Tech-Unternehmen ein neues System präsentiert, das theoretisch lebensechte Animationen schaffen soll, ohne dass ein Künstler Hand anlegen muss. Miyazakis vernichtende Reaktion darauf ist zu einem allgegenwärtigen Meme geworden: „Ich bin überzeugt, dass das eine Beleidigung des Lebens selbst ist."

Ghiblis anderer Miyazaki dagegen erwärmte sich für die 3-D-CG-Technologie. 2014 feierte *Ronja Räubertochter* Premiere, eine 3-D-animierte TV-Serie koproduziert von Ghibli, bei der Goro Miyazaki für die Regie verantwortlich war und die Storyboards zeichnete. Offensichtlich war das eine positive Erfahrung, denn Goros nächstes Projekt sollte, entgegen allen Erwartungen, Ghiblis erster 3-D-CG-Film werden.

Die Ankündigung von *Aya und die Hexe* 2020 war eine große Überraschung. Das Interesse an Ghibli war auf einem Höhepunkt, nachdem der Katalog weltweit von den Streamingdiensten Netflix und HBO Max zugänglich gemacht worden war, während gleichzeitig die Neuigkeiten über den Hayao Miyazaki-Film *Der Junge und der Reiher* und den lange auf der Kippe stehenden Ghibli-Themenpark die Fans von der nahen Zukunft träumen ließen. Doch sie hatten keine Ahnung, dass ein neuer Film bereits fertig war und in den Startlöchern stand.

Aya und die Hexe war hinter verschlossenen Türen entstanden und von Hayao Miyazaki vorgeschlagen worden, der in einem Buchladen über das Originalwerk, eine posthum veröffentlichte Kurzgeschichte von *Das wandelnde Schloss*-Autorin Diana Wynne Jones, gestolpert war. Produzent Toshio Suzuki schlug Goro für das Projekt vor und regte an, dass dies nach *Ronja* das ideale Projekt für eine 3-D-Animation sein könnte. Der Grundstein war gelegt. Einige Ghibli-Veteranen leisteten ihren Beitrag zu *Aya und die Hexe* (Katsuya Kondo lieferte die Charakterdesigns, während Keiko Niwa am Drehbuch mitschrieb und Satoshi Takebe den Soundtrack komponierte), doch in der Hauptsache wurde der Film von einem jungen und internationalen Team animiert, das zum ersten Mal für das Studio arbeitete.

Goro Miyazaki hatte immer mit äußeren Einflüssen zu kämpfen gehabt, die seine Filme störten. Bei seinem Debüt *Die Chroniken von Erdsee* war er vom Vermächtnis seines Vaters in den Schatten gestellt worden und *Der Mohnblumenberg* hatte während der wiederkehrenden Stromausfällen nach dem Fukushima-Unglück 2011 produziert werden müssen. Dann brach 2020 die Covid-19-Pandemie über die Welt herein und überall wurden die Kinos geschlossen, sodass es so aussah, als gäbe es nicht einmal eine Plattform, um *Aya und die Hexe* zu zeigen.

Als das Projekt jedoch im Juni 2020 von Toshio Suzuki enthüllt wurde, wurde angekündigt, dass *Aya* nicht in den Kinos, sondern im TV laufen würde. Die Premiere sollte während der Festtage Ende Dezember stattfinden. Später in diesem Monat wurde zudem enthüllt, dass der Film bei den Filmfestspielen von Cannes seine Weltpremiere gefeiert hätte, wäre das Festival nicht aufgrund der Pandemie verschoben worden. Er mag eine glamouröse Premiere auf dem roten Teppich an der Französischen Riviera verpasst haben, aber Goro hatte es dennoch geschafft, den ersten japanischen Ghibli-Film zu machen, der in der prestigeträchtigen offiziellen Auswahl in Cannes hätte laufen sollen.

Doch die Frage blieb: Was würde die Welt von *Aya und die Hexe* und Ghiblis Richtungswechsel halten? Nach fünfunddreißig Jahren unverkennbarer handgezeichneter Animationen wirkte der Film wie ein Ausbruch aus der etablierten, geliebten Norm.

Aya erschien 2021 auf den Bildschirmen der englischsprachigen Welt. Erst brachte GKIDS den Film im Februar in ausgewählte US-Kinos, gefolgt von einer Streamingpremiere auf HBO Max und einer britischen Kinoveröffentlichung durch das neue Unternehmen Elysian Film Group, wodurch es der erste Film seit Jahrzehnten war, der nicht von StudioCanal veröffentlicht wurde. Es war auch der erste Ghibli-Film, der im großen Stil in den westlichen Kinos lief, bevor er in den heimischen Kinos anlief – was er schließlich im April tat.

Die Kritiken waren die vernichtendsten, die je über einen Ghibli-Film geschrieben worden waren. Kristy Puchko von *Pajiba* beschrieb den Film als „billigen Abklatsch von Studio Ghibli", während Simon Abrams, der für die Website zu Ehren von Ghiblis größtem Verfechter, Roger Ebert, schreibt, *Aya* „eine ungelenke Coverversion von Hayaos größten Hits" nannte.

Aya und die Hexe ist ohne Frage ein gewagtes Experiment unter der Ghibli-Dachmarke, aber Goro Miyazaki wurde im Schatten seines Vaters und seiner die Welt erobernden Filme einmal mehr unfair bewertet.

Gegenüber: Ein junges, dunkelhaariges Mädchen mit Besen, schwarzer Katze und neugierig auf Magie mag wie vertrautes Ghibli-Territorium wirken, aber Obacht: Die freche Aya ist keine Kiki!

KOMMENTAR: AYA UND DIE HEXE

Aya und die Hexe dürfte wohl Studio Ghiblis experimentellster Film sein. Liest man jedoch das Drehbuch, fragt man sich, warum, denn die Geschichte einer jungen Hexe und ihrer Katze vor einer europäischen Kulisse klingt wie eine Seite aus dem klassischen Ghibli-Rezeptbuch. Aber nach dem ersten Blick auf den Film ist sofort klar: Dies ist nicht nur ein neuer Film für Ghibli, sondern eine völlig neue Dimension.

Der Vorstoß des Studios in die computergenerierte 3-D-Animation ist eine seltsame, fast schon verstörende Erfahrung. Die Hintergründe aus blauen Himmeln, grünen Hügeln und Meereshorizonten bieten eine Basis vertrauter Bilder, doch die Figuren, die diese neue Welt bevölkern, sind alles andere als herzerwärmend. Statt der ausdrucksstarken, fast schon greifbaren Kunst, an die man gewohnt ist, scheinen die Figuren hier aus den Schablonen einer Puppenfabrik gepresst worden zu sein. Ihre Haut ist zu glatt, ihre Mimik roboterhaft und ihr Haar so steif wie das eines Lego-Männchens. In Szenen, in denen Gefühle vermittelt werden müssen, wird bei Aya und ihren 3-D-Mitmenschen ein gängiger „Anime"-Stil eingesetzt, die Augen weiten oder verengen sich in extremem Maße und der Mund füllt beim Schreien das gesamte Gesicht aus. Diese cartoonhaften Verzerrungen mögen nicht zu schlimm klingen, doch an anderer Stelle des Films sind die Dinge mit einem solchen Detailreichtum gestaltet (wie etwa ein zugegebenermaßen köstlich aussehender Teller Fish 'n' Chips), dass hier Realitäten aufeinanderzuprallen scheinen und eine irritierende stilistische Dissonanz entsteht.

Unter der Oberfläche, über die man in diesem Fall besser hinwegsehen sollte, köcheln ein paar interessante Ideen im kreativen Kessel des Films. Hauptsächlich dreht sich die Geschichte um die freche kleine Waise Aya, die von einem bösartigen magischen Duo namens Bella Yaga und Mandrakus adoptiert wird. Sie versprechen ihr, dass sie ihr beibringen werden, Zaubertränke zu brauen, doch in Wahrheit muss sie die Töpfe schrubben. Ihre Zaubersprüche und Tränke stehen in einem Kochbuch. Wir haben schon zuvor gesehen, wie magisch eine Ghibli-Küche sein kann, aber in diesem Fall ist sie es wortwörtlich. Aya kann den Anweisungen folgen, um Zauber zu erschaffen und so die Zauberkunst zu erlernen. Dadurch wird die Magie demokratisiert und für alle zugänglich gemacht, die bereit sind, die nötige Arbeit zu investieren. Auch wenn die Geschichte eingangs wie ein Pendant zum magischen Abenteuer von *Kikis kleiner Lieferservice* wirkt, erinnert sie philosophisch eher an die Lektionen über harte Arbeit und kreative Übungen, die sich in der realen Welt von *Stimme des Herzens* finden.

Aya bekommt schließlich ihre Magie, setzt sie aber enttäuschenderweise wie die Rotzgöre ein, die sie schon immer war, und der Film endet plötzlich, bevor sie irgendeine Lektion lernen konnte. Man kann nur hoffen, dass es bei Studio Ghibli nicht so läuft und man die Lektionen aus diesem Ausflug in die Welt der 3-D-CG verinnerlicht hat. Auch wenn einige sich sicher wünschen, dass diese kleine Exkursion genauso abrupt endet wie der Film, sollte die Aussicht auf Experimente aus dem Hause Ghibli immer aufregend sein. Lassen wir sie im magischen Kessel rühren, wer weiß, was als Nächstes kommt, es könnte köstlich sein.

Gegenüber: Das englische Poster zu *Aya und die Hexe.*

Unten: Volle Punktzahl als Zauberer, null Punkte als Stiefvater. Der Zauberer, Möchtegernautor und einstige Rockband-Keyboarder Mandrakus, die zweite Hälfte von Ayas finsteren Stiefeltern.

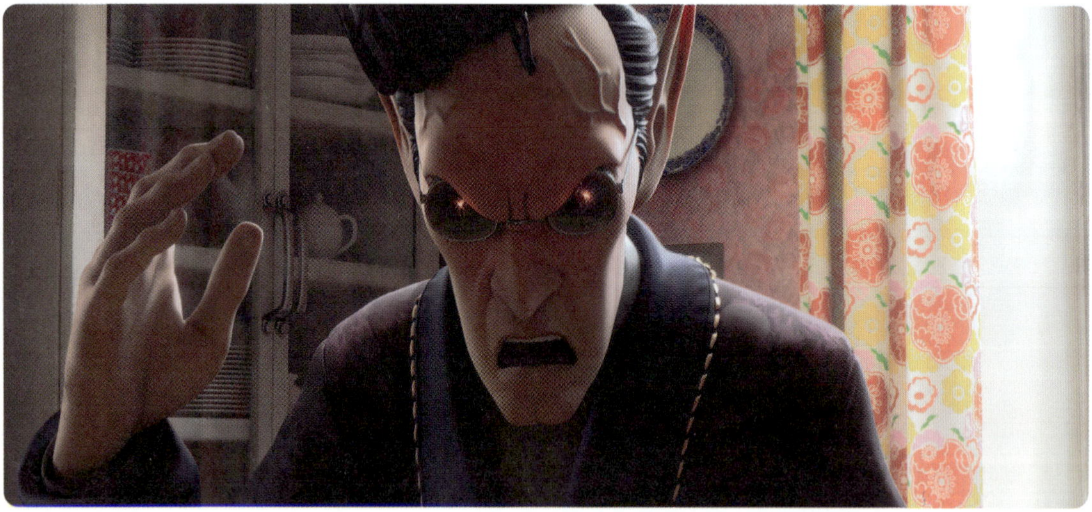

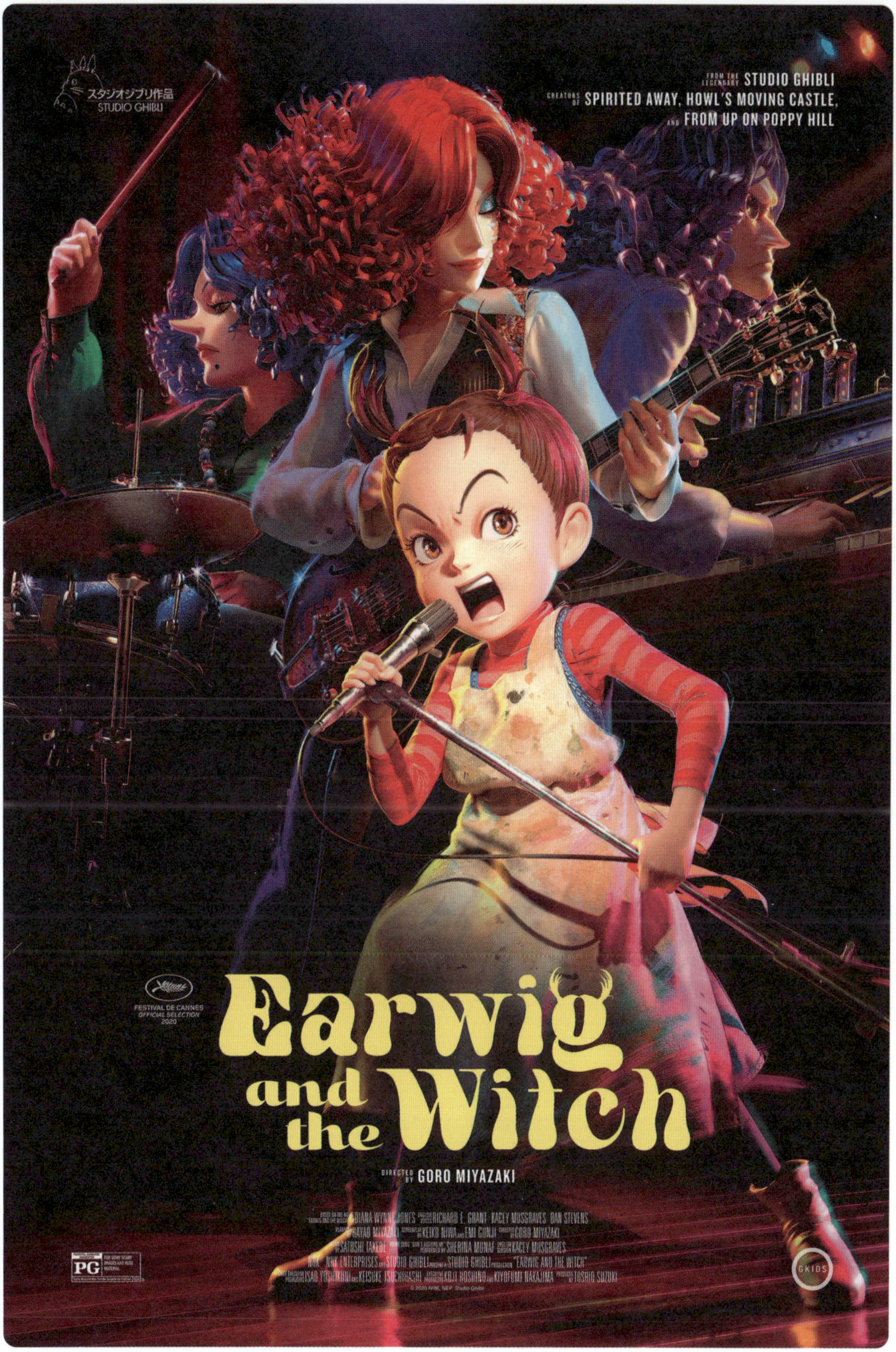
スタジオジブリ作品
STUDIO GHIBLI
FROM THE LEGENDARY STUDIO GHIBLI
CREATORS OF SPIRITED AWAY, HOWL'S MOVING CASTLE,
AND FROM UP ON POPPY HILL
FESTIVAL DE CANNES
OFFICIAL SELECTION
2020
Earwig and the Witch
DIRECTED BY GORO MIYAZAKI
© 2020 NHK, NEP, Studio Ghibli
PG
GKIDS

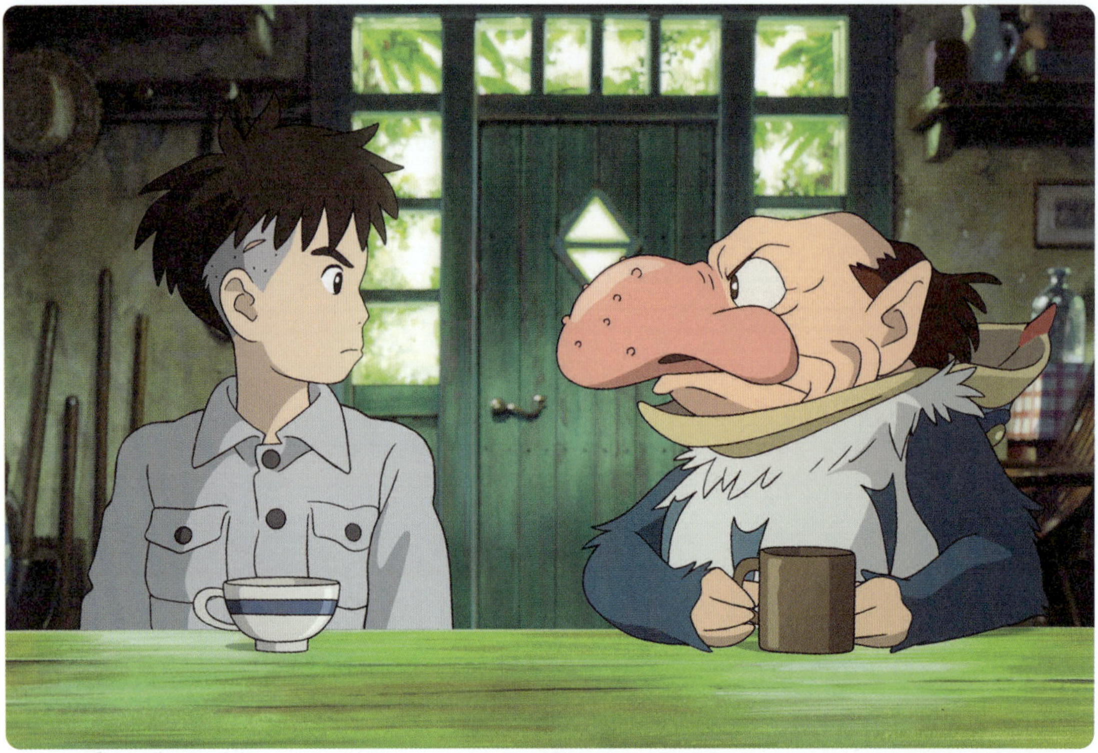

DER JUNGE UND DER REIHER (KIMITACHI WA DŌ IKIRU KA, 2023)

DER LETZTE FLUG?

REGIE: HAYAO MIYAZAKI
DREHBUCH: HAYAO MIYAZAKI
LAUFZEIT: 124 MINUTEN
VERÖFFENTLICHUNGSDATUM (JAPAN): 14. JULI 2023

ES HATTE DEN ANSCHEIN, ALS WÜRDE DIESER TAG NIEMALS KOMMEN. DAS ERSTE MAL HÖRTEN WIR IM OKTOBER 2017, DASS HAYAO MIYAZAKI AUS SEINEM VORÜBERGEHENDEN RUHESTAND ZURÜCKKEHREN WOLLTE, UM EINEN NEUEN FILM ZU MACHEN, UND DASS ER IRGENDWIE VON GENZABORU YOSHINOS ROMAN *HOW DO WE LIVE?* INSPIRIERT SEIN SOLLTE, WEITERE INFORMATIONEN WAREN ALLERDINGS RAR GESÄT. MIYAZAKI HATTE SEINEN KOLLEGEN ISAO TAKAHATA EINST ALS „ABKÖMMLING EINES RIESENFAULTIERS" BESCHRIEBEN, DOCH NUN WAR ER ES, DER SICH ZEIT LIESS.

„Es gibt nichts Armseligeres", schrieb Miyazaki in seinem ersten Projektvorschlag 2016, „als der Welt anzukündigen, dass man sich aufgrund seines Alters zur Ruhe setzt, um dann doch wieder zurückzukommen." Und dennoch wollte er einmal mehr Regie führen. In einem seiner seltenen Interviews, das er 2021 der *New York Times* gab, wurde Miyazaki gefragt, ob der Film die Frage beantworten würde, die der Titel des Quellmaterials aufwirft: Wie leben wir? Er entgegnete: „Ich mache diesen Film, weil ich keine Antwort darauf habe." Dem Produzenten Toshio Suzuki zufolge hatte er noch einen anderen Beweggrund: Der Film sollte ein Geschenk an künftige Generationen, insbesondere an Miyazakis Enkel, sein, um ihm zu vermitteln: „Opa begibt sich bald in eine andere Welt, aber er hinterlässt dir diesen Film."

Während die Produktion im Geheimen langsam voranschritt, war Studio Ghibli präsenter denn je. Nach dem bahnbrechenden Deal mit Netflix, mit dem sich der Dienst die (fast) weltweiten Streamingrechte an 21 Filmen aus dem Katalog des Studios sicherte, folgten ständig neue Bestrebungen, den Markennamen weiter ins öffentliche Interesse zu rücken. Dazu gehörten Lizenzvereinbarungen mit Modelabels wie Loewe und Levi's, gefeierte Theateraufführungen von *Chihiros Reise ins Zauberland* und *Mein Nachbar Totoro*, die Eröffnung des Ghibli Park in Nagoya und eine etwas merkwürdige Zusammenarbeit mit Lucasfilm und Disney+, aus der der Kurzfilm *Zen: Grogu und die Rußmännchen* hervorging. Durch die zunehmende Präsenz von Studio Ghibli in den sozialen Medien wurden die Erwartungen weiter angeheizt. Auf dem japanischsprachigen Twitteraccount wurden täglich Perlen der Weisheit gepostet, aber auch Tweet-Alongs zur Ausstrahlung der Ghibli-Filme im Rahmen der Friday Roadshow-Reihe auf Nippon TV wurden organisiert.

Den Höhepunkt erreichte das Ganze am 13. Dezember 2022 – zufällig Michaels Geburtstag –, als Ghibli ein Poster für den kommenden Film veröffentlichte und sein japanisches Premierendatum

Gegenüber: Die beiden gleichnamigen Helden des Films, der kleine Junge Mahito und der seltsame „Reiher", den er in seinem neuen Zuhause trifft.

Unten: Miyazakis erster Kinostart seit einem Jahrzehnt *Der Junge und der Reiher* sah sich einer gänzlich anderen Kinolandschaft gegenüber.

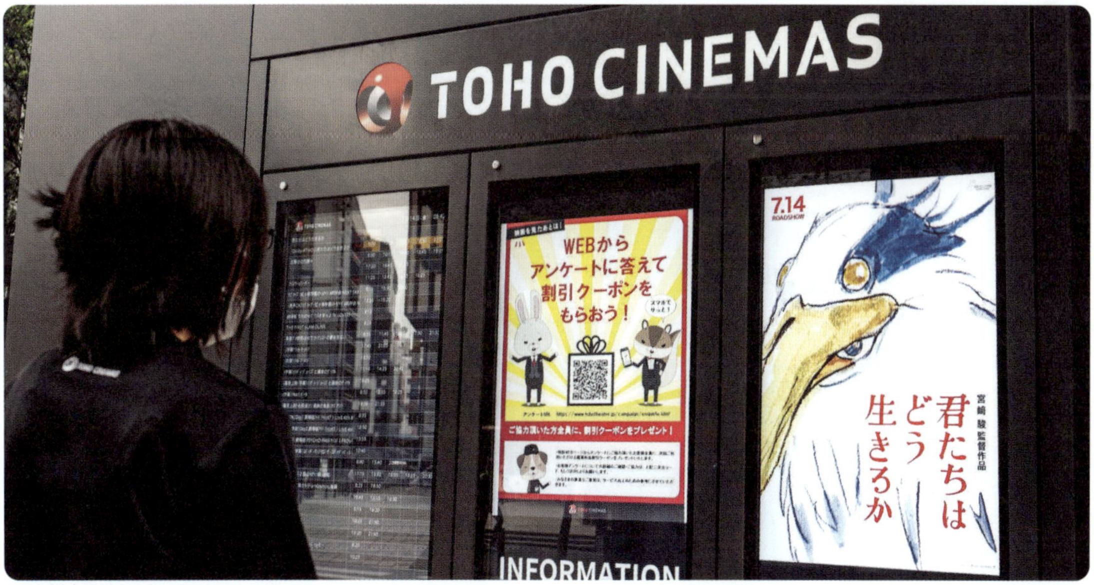

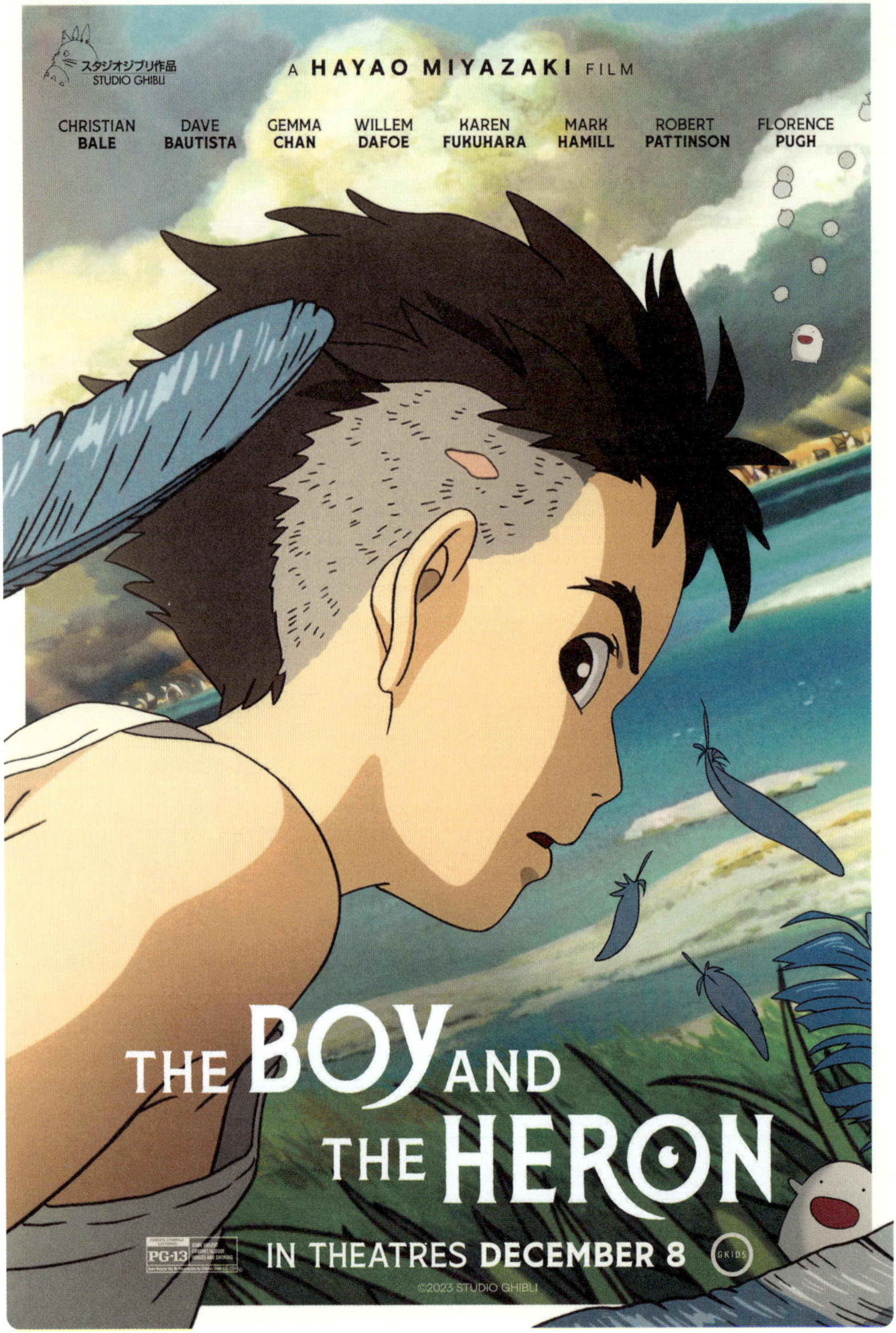
スタジオジブリ作品
STUDIO GHIBLI
A HAYAO MIYAZAKI FILM
CHRISTIAN BALE
DAVE BAUTISTA
GEMMA CHAN
WILLEM DAFOE
KAREN FUKUHARA
MARK HAMILL
ROBERT PATTINSON
FLORENCE PUGH
THE BOY AND THE HERON
PG-13
IN THEATRES DECEMBER 8
GKIDS
©2023 STUDIO GHIBLI

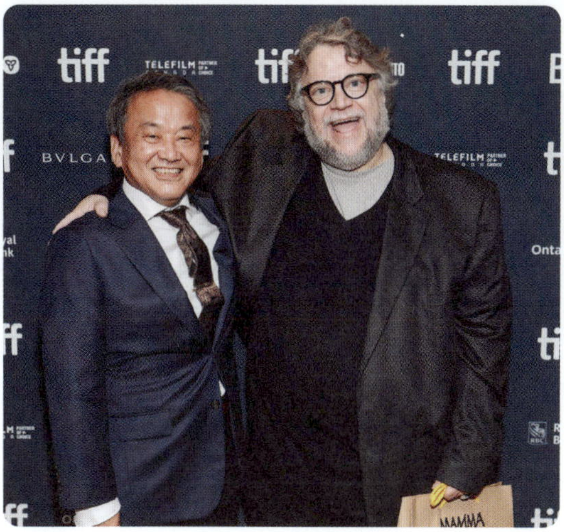

bestätigte: den 14. Juli 2023. Damit kehrte Hayao Miyazaki zu dem Veröffentlichungsmonat zurück, der sich schon bei *Kikis kleiner Lieferservice, Prinzessin Mononoke, Chihiros Reise ins Zauberland, Ponyo* und *Wie der Wind sich hebt* bewehrt hatte. Die Fans rätselten über das geheimnisvolle Poster, das den Titel – *Kimitachi wa do ikaru ka* – und eine verwirrende Zeichnung eines Vogels zeigte, aus dessen Schnabel ein blaues Auge zu linsen schien.

Und sie sollten weiterhin rätseln, denn dieses Poster war das einzige Promo-Material, das vor dem japanischen Filmstart veröffentlicht wurde. Es war eine mutige Entscheidung, ihn im Vorfeld nur mit einem Minimum an Marketing und PR zu bewerben, die ermöglicht wurde, weil der Film (dank solcher Deals wie der Partnerschaft mit Netflix) allein von Studio Ghibli finanziert wurde. Es gab keine Trailer, keine Stills oder sonstige zusätzliche Produkte wie die offiziellen Hochglanzhefte, die normalerweise einen Filmstart in Japan begleiten. Das Publikum in der Premierennacht erlebte den Film, ohne davor je etwas davon gesehen zu haben.

Eine so mutige Veröffentlichungsstrategie hatte es nie zuvor gegeben. Um etwas Vergleichbares zu finden, müsste man sich der Musikbranche zuwenden, in der große Stars wie Beyoncé und Taylor Swift ihre Alben gern in einem „Surprise Drop" veröffentlichen oder David Bowie sein Abschiedsopus *Blackstar* dereinst im Geheimen aufnahm. In den Kinofoyers hing das Poster neben Hollywood-Schwergewichten wie *Mission: Impossible – Dead Reckoning Teil Eins* und *Indiana Jones und das Rad des Schicksals* mit Marketingbudgets in Millionenhöhe. Das wiederum wirft die Frage auf: Könnte irgendein anderer Filmemacher als Hayao Miyazaki in einem anderen Land als Japan einen Film allein aufgrund der Zugkraft des Titels, des Posters und seines eigenen Namens in die Kinos bringen?

Doch es war ein cleverer Schachzug, der dem neuen Miyazaki-Film einen Seltenheitswert verlieh, durch den er sich von der neuen Ära der Anime-Blockbuster abhob. In den zehn Jahren seit Miyazakis letzter Veröffentlichung war *Chihiros Reise ins Zauberland* von Makoto Shinkais *Your Name.* und dem Franchise-Megahit *Demon Slayer: Kimetsu no Yaiba – The Movie: Mugen Train* vom Thron als Japans umsatzstärkster Film aller Zeiten gestürzt worden. Allein 2022 erreichten drei weitere Animationsproduktionen – *Suzume, The First Slam Dunk* und *One Piece Film: Red* Sphären in den Charts, die nur zehn Jahre zuvor allein Ghibli-Filmen vorbehalten waren.

Gegenüber: Für die internationalen Märkte wurden die Plakate etwas weniger schräg gestaltet. Dieses US-Plakat zeigt Mahito und die super-süßen Warawaras.

Oben: Superfan (und Oscar-prämierter Filmemacher) Guillermo del Toro neben Junichi Nishioka von Ghibli bei der Premiere des Films in Toronto.

Unten: Das magische Mädchen Himi sorgt für einen weiteren herausragenden Ghibli Essensmoment: eine einfache, aber saftige Portion Brot, Butter und Marmelade.

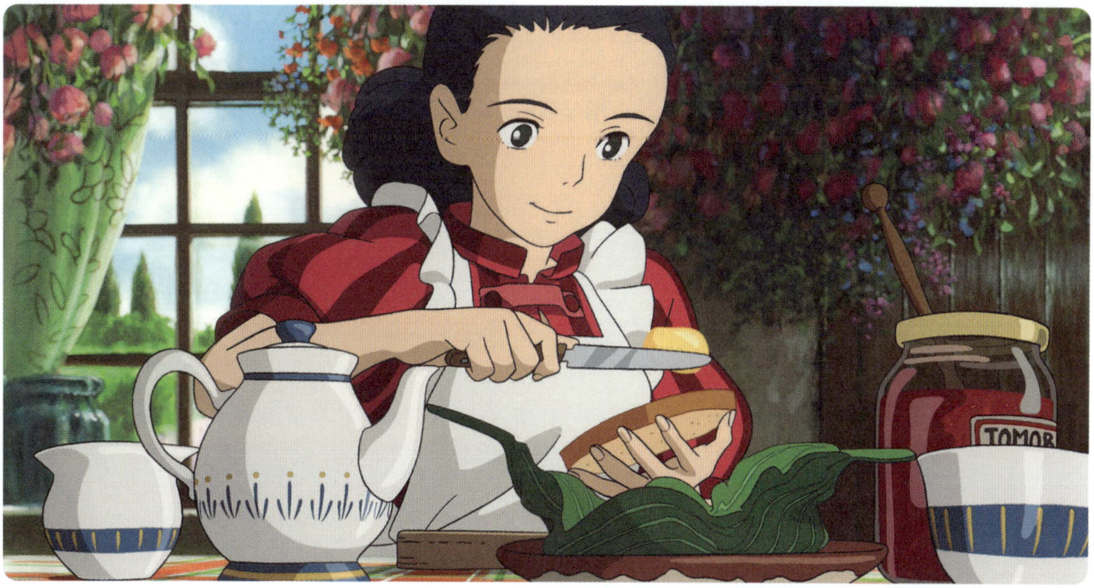

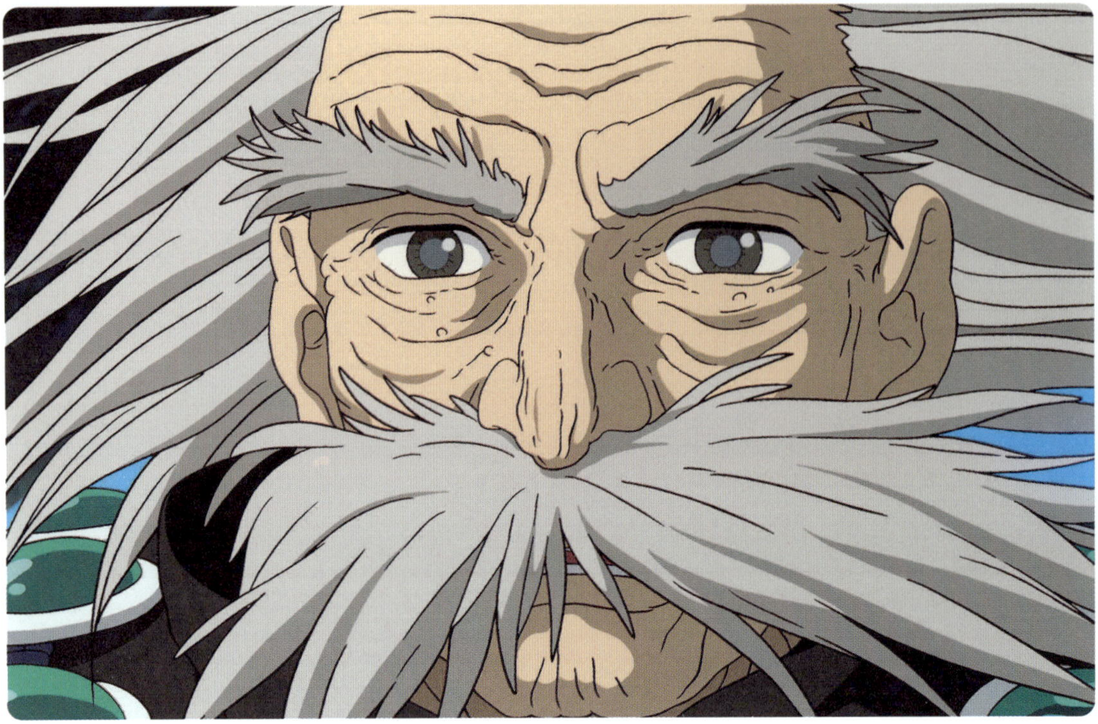

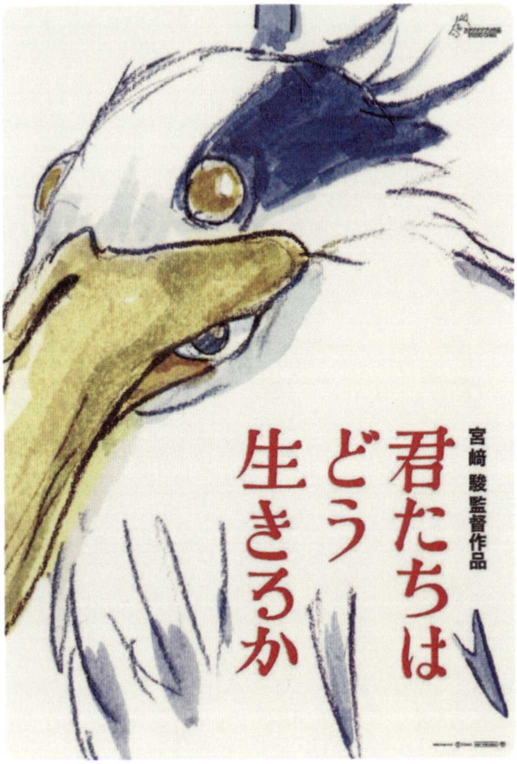

Oben: Der mysteriöse Großonkel ist in seiner eigenen Welt gefangen und sucht nach einem Nachfolger. Kommt einem das nicht bekannt vor?

Gegenüber: Auf dem Vormarsch. In der realen Welt rüsten sich die Bewohner des Landhauses, um ihr Heim zu verteidigen.

IST ES EIN VOGEL? IN EINER ÄUSSERST UNKONVENTIONELLEN AKTION VERÖFFENTLICHTE STUDIO GHIBLI FÜR *DER JUNGE UND DER REIHER* NUR EIN EINZIGES RÄTSELHAFTES PLAKAT, BEVOR DER FILM IN DIE JAPANISCHEN KINOS KAM. DAMIT WURDEN DIE FANS SOWOHL ÜBER DEN STIL ALS AUCH ÜBER DEN INHALT VON HAYAO MIYAZAKIS MIT SPANNUNG ERWARTETEN FILM IM UNKLAREN GELASSEN.

Die Strategie ging auf, zumindest am Startwochenende, das alle Rekorde brach und Ghibli den bis dato erfolgreichsten Filmstart bescherte. Und auch wenn der Film sich nicht zu einem Blockbuster entwickelte, sorgte er doch für Diskussionsstoff und blieb so in aller Munde. Die Fans interpretierten die reichhaltige Bildsprache und vielfältigen Motive und freuten sich über jede Veröffentlichung des zusätzlichen Materials, das nach und nach erschien – vom Titelsong des erfolgreichen jungen Produzenten Kenshi Yonezu und dem Soundtrack von Joe Hisaishi über ein Set von Stills bis hin zu einem vollständigen Abspann, der ein All-Star-Team von Künstlerveteranen offenbarte (darunter die Ghibli-Urgesteine Kazo Oga, Katsuya Kondo, Hiromasa Yonebayashi und Masashi Ando), das unter der Leitung von Animationsregisseur Takeshi Honda (*Neon Genesis Evangelion*, *Millenium Actress*, *The Animatrix*) am Film mitgewirkt hatte.

Es folgte eine konventionellere internationale Veröffentlichung mit regionalen Premieren bei den Filmfestivals von Toronto, San Sebastian, New York und London, bevor der Film gegen Ende des Jahres in den Kinos anlief. Auch für die englische Synchronisation wurde ein prominentes Ensemble gecastet. Neben alten Bekannten wie Christian Bale (*Das wandelnde Schloss*), Willem Defoe (*Die Chroniken von Erdsee*), Mark Hamill (*Das Schloss im Himmel*, *Nausicaä aus dem Tal der Winde*) und Dan Stevens (*Aya und die Hexe*) sind auch Neulinge in der Welt von Ghibli dabei wie Florence Pugh, Gemma Chan, Dave Bautista und Robert Pattinson, wobei Letzterer die Titelrolle des Reihers übernimmt.

Bei der Premiere in Toronto sagte Guillermo del Toro, der ebenso begeistert wie die Zuschauer war: „Wir haben das Privileg, in einer Zeit zu leben, in der Mozart Symphonien komponiert oder Van Gogh Gemälde malt, denn Miyazaki ist ein Meister von ähnlichem Format."

Miyazaki selbst war nicht anwesend, was Gerüchte befeuerte, dass er sich vielleicht endgültig zur Ruhe gesetzt haben könnte. Diese verpufften jedoch schnell, als bekannt wurde, dass der Regisseur bereits wieder in seinem Büro sei und an zukünftigen Ausstellungen für den Ghibli Park sowie an einem potenziellen neuen Film arbeite. „Ich werde ihn nicht mehr zurückhalten", sagte Produzent Toshio Suzuki der französischen Zeit *Libération*. „Er ist 82 und ich denke, er wird weitermachen, bis er 90 ist. Und ich werde ihm zur Seite stehen."

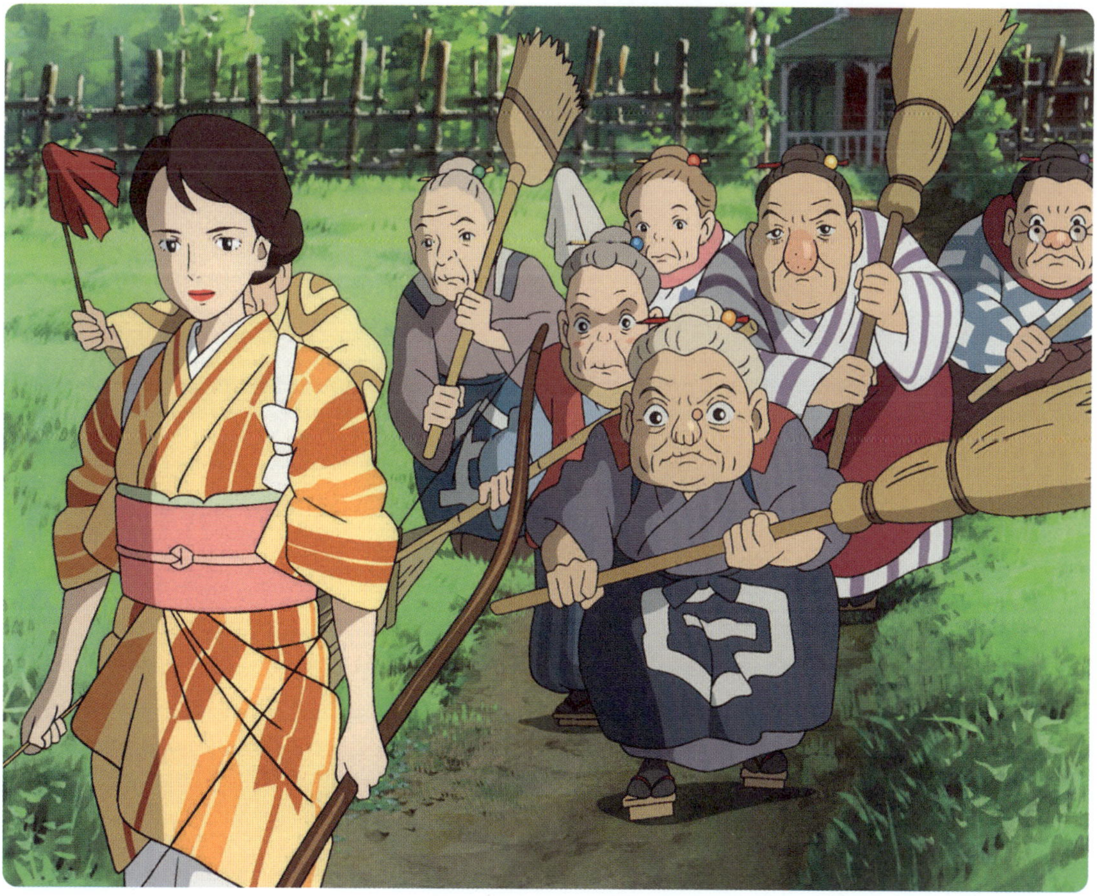

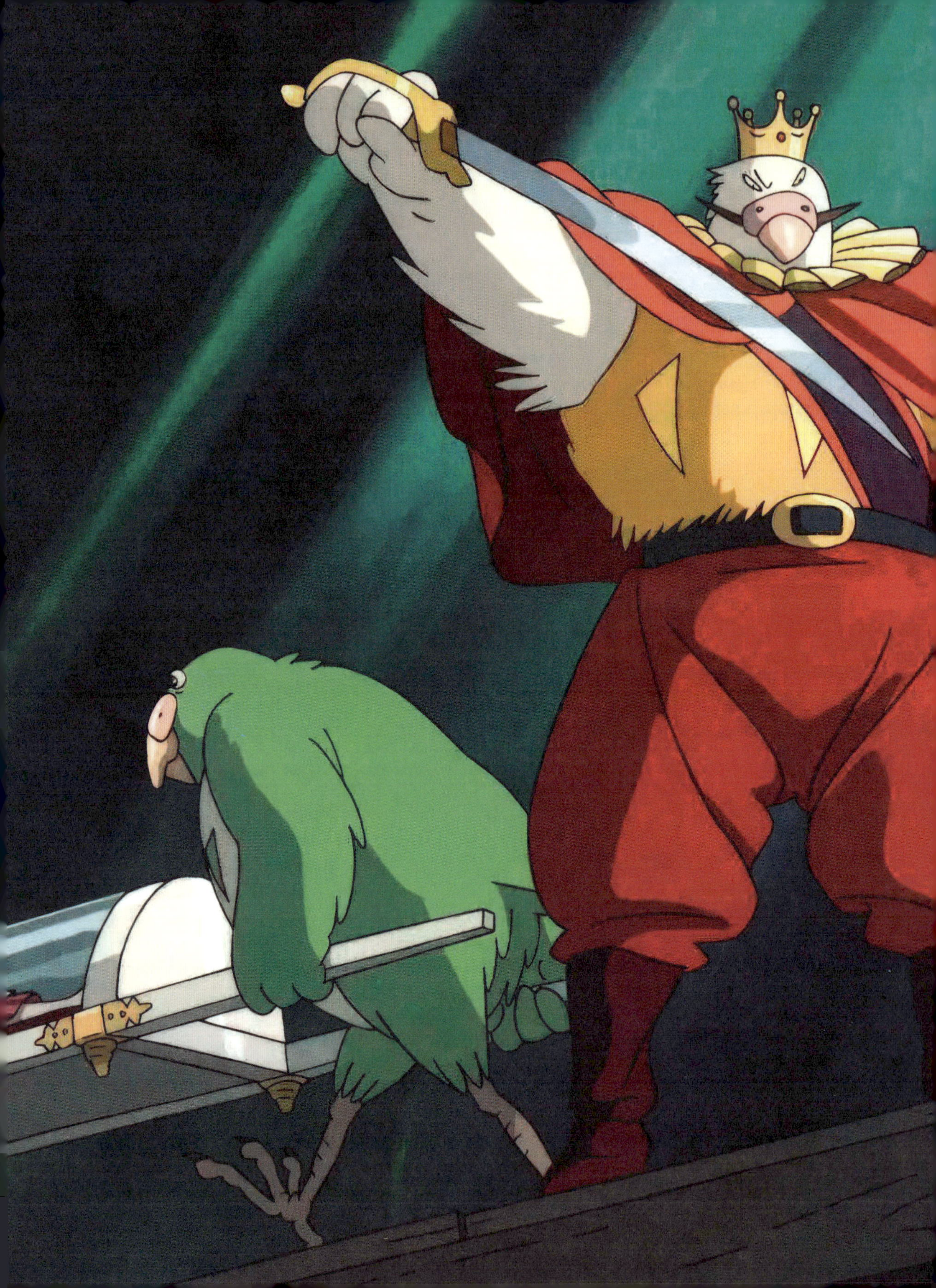

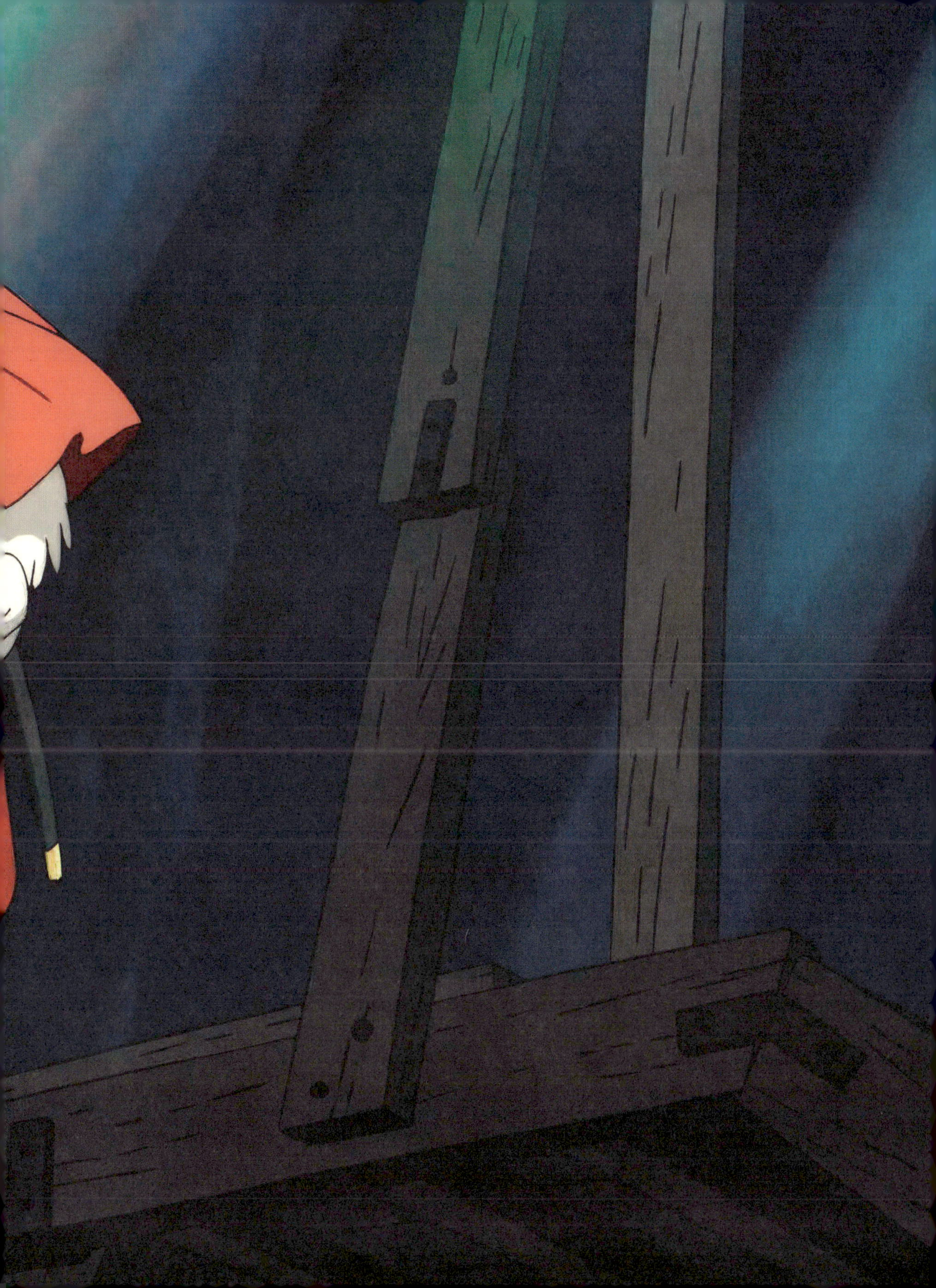

KOMMENTAR: DER JUNGE UND DER REIHER

In seinem einschüchternden neuen Zuhause auf dem Land, weit weg von den Gefahren des Krieges, kriecht ein kleiner Junge, dessen Mutter gestorben ist und dessen neue Mutter im Erdgeschoss wartet, ins Bett. Man beachte das Design der Decke: Sind das Blumen oder Flugzeugpropeller? Findet man in diesem Bett Trost in der Schönheit der Natur oder in den Klingen des Luftkriegs? Sofort ist man wieder in der vertrauten Dichotomie von Hayao Miyazakis Fantasie. Sein neuester, und hoffentlich nicht letzter, Film *Der Junge und Der Reiher* ist eine erstaunliche Geschichte über einerseits das erdrückende, verstörende Vermächtnis der Trauer und andererseits das bejahende, komplexe Vermächtnis eines Künstlers, der nur eine begrenzte Anzahl von Geschichten zu erzählen hat.

Der Junge im Bett heißt Mahito. Er ist mit seinem Vater (ein komisch wirkender Hüne, der im Gegensatz zu den üblichen „sanften" Ghibli-Vätern steht) aus Tokio geflohen. Dieser leitet eine Flugzeugfabrik und hat die Schwester seiner verstorbenen Frau, Natsuko, geheiratet. Ihr neues Zuhause besteht aus einer Reihe von Gebäuden: eine Holzhütte für die Angestellten, ein Wohnhaus aus rotem Backstein für die Familie und ein Turm, erbaut von einem mysteriösen, brillanten Großonkel, der inzwischen von der üppigen Vegetation verschlungen wurde. Schon bei Mahitos Ankunft liegt Verunsicherung in der Luft. Vom Schatten des Krieges gezeichnet, schleicht er durch das fremde Haus, entdeckt Bücher, die seine verstorbene Mutter ihm hinterlassen hat (darunter auch Genzaburo Yoshinos *How Do You Live?*) und ist mit seiner Tante konfrontiert, die eine ständige Erinnerung an den Tod darstellt. In der Schule prügelt er sich mit den anderen Schülern und schlägt sich selbst brutal einen Stein gegen den Kopf, sodass eine blutende Wunde zurückbleibt. Zudem hat er einen tiefen Hass auf den Reiher, der durch den Garten streift und mit musikalischen Flügelschlägen und Steppschuhklauen herumstolziert und mit einem an die *Looney Tunes* erinnernden Comedy-Timing in dem bedrohlichen Turm verschwindet.

Doch es ist kein gewöhnlicher Reiher: Unter seinem Schnabel scheinen sich ein vollständiges Gebiss und vielleicht sogar eine lange Nase zu befinden und wenn er mit einem ohrenbetäubenden Kreischen nach Mahitos Mutter ruft, wird seine Unnatürlichkeit besonders verstörend. Dies ist eine von vielen gruseligen Szenen in einem Film, der Miyazakis bisher unheimlichste Bildsprache enthält. Mahitos Erinnerungen, wie er auf der Suche nach seiner Mutter durch eine brennende Stadt rennt, sind in verzerrten, zerstörten Bildern umgesetzt, bei denen die Gesichter verzogen sind, als wären die Animations-Cells selbst versengt worden. In einer späteren Szene sieht man, wie eine Kopie von Mahitos Mutter in seinen Händen zerfließt, eine andere, ein Schwenk über die Verbrennungsstation eines Krankenhauses, erinnert an Boris Karloffs Mumie. Miyazaki wirft uns in ein Fegefeuer des Krieges und des Leids, neben dem sogar *Die letzten Glühwürmchen* harmlos erscheint.

Eines Tages verschwindet Natsuko und Mahito begibt sich auf die Suche nach ihr. Nachdem er zuvor in einer Hommage an die

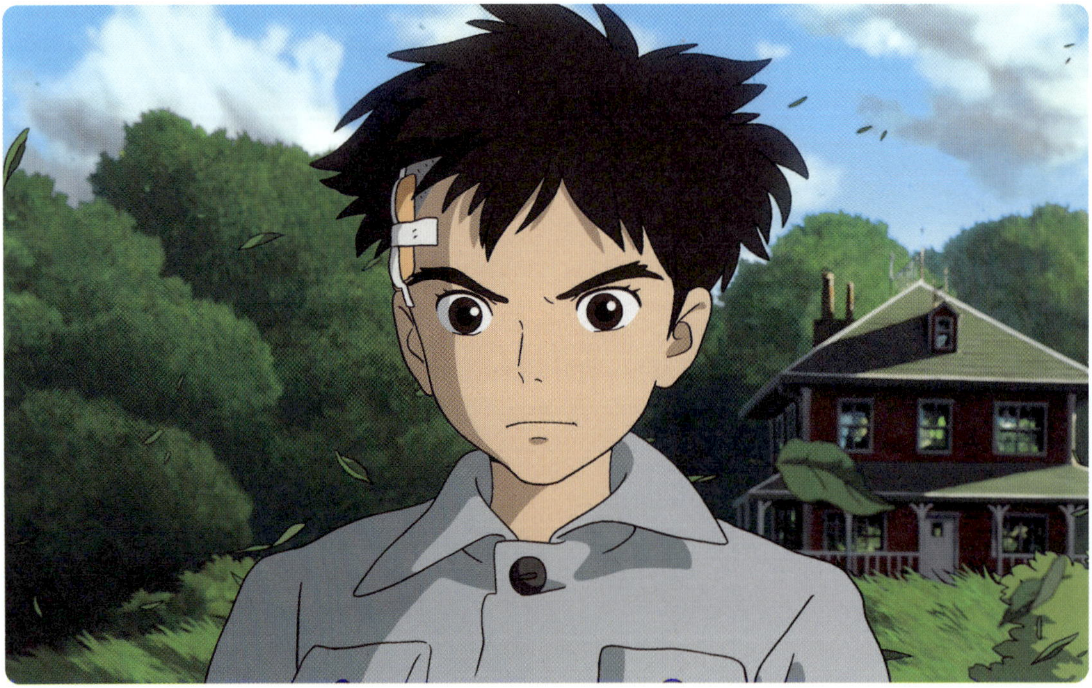

Gebrüder Grimm einer Spur von Reiherfedern zum Turm gefolgt ist, entdeckt er, dass dessen Tür das Tor zu einer anderen Welt ist, die von seinem allmächtigen Ahnen bewahrt wird. An diesem Ort könnte sich auch seine Mutter befinden. Dieser Tunnel in eine andere Welt, in der die Fantasie zum Greifen nah ist, erinnert an *Mein Nachbar Totoro* und *Chihiros Reise ins Zauberland*. Beide beleuchten ebenfalls einschneidende Veränderungen im Leben. Doch auch Miyazakis englischsprachige Einflüsse sind hier spürbar. Man muss an Frances Hodgson Burnetts *Der geheime Garten* denken, das Miyazaki zuvor schon als eines seiner liebsten Kinderbücher bezeichnet hatte, mehr noch aber an C. S. Lewis' *Narnia*-Reihe, in der die Kinder während der traumatischen Evakuierung eine neue Welt entdecken, in der, genau wie in diesem Fall, das Leben ganz anders ist.

In dieser Tür erscheint der Reiher, nachdem er sich aus einem Wandgemälde geschält hat, halb Vogel, halb Mann, ein lebendig gewordenes Bild (die Tür ziert ein lateinisches Zitat aus Dantes *Inferno* und der Reiher dient sowohl als wachsamer Begleiter als auch als Figur gewordener Erzähler). Der Herr des Turms schickt den Jungen und den Reiher auf ein episodisches Abenteuer in einer Meereswelt. Dort hofft Mahito, seine Liebsten wiederzufinden. Beobachtet wird er dabei vom Turmherrn, der auf der Suche nach einem Lehrling ist, um sein Reich zu übernehmen.

In den folgenden Kapiteln kann Miyazaki alle Register ziehen. Oft überwältigt er Mahito mit einer feindlichen, opulenten Fauna, von einer Flutwelle aus Pelikanen bis hin zu einer Explosion von Fischinnereien. Das Leben spült zappelnd über ihn hinweg, bis an die Ränder der Leinwand, und erstickt den trauernden, innerlich leeren Jungen. Kiriko, eine Seefahrerin (und interessanterweise die jüngere Version einer der Hausangestellten bei Mahito zu Hause), trägt die Geschichte über einen friedlichen Horizont goldener Schiffe im Fegefeuer, die die transzendente Flugzeughimmelszene aus *Porco Rosso* imitiert. Von dort geht es weiter zu einer Insel, die selbst wie ein Schiff geformt ist. Von ihrer segmentierten Erzählweise bis hin zu den beweglichen Schauplätzen ist diese Geschichte ständig in Bewegung und dreht sich um eine Botschaft der Unbeständigkeit. Auf jener Schiffsinsel konfrontiert uns Miyazaki mit einer herausragenden Szene – sie sticht nicht nur aus diesem Film hervor, sondern vielleicht aus all seinen Werken.

Auf der Insel leben die Warawaras, niedliche Kreaturen, die sogar Baby-Ponyo Konkurrenz machen könnten. Sie sind klein, rund und weiß, mit weichen Gliedern und Wangen und breitem Lächeln – wie die Kodamas aus *Prinzessin Mononoke* gekreuzt mit einem Marshmallow. In einem friedlichen Moment klettern die Warawaras auf die Reling des Schiffs, saugen so viel Luft wie möglich ein und schweben in den Nachthimmel hinauf, um dort oben als Menschen „geboren" zu werden. Die Kreaturen schwirren und wirbeln in synchronisierten Konstellationen herum, wie niedliche Säulen der Schöpfung. Diese Darstellung der Schöpfung beweist die Macht der Animation und ist einfach nur beeindruckend.

Gegenüber: Gequälter als vielleicht jeder andere Studio-Ghibli-Held bisher trägt der junge Mahito sowohl innere als auch äußere Narben.

Unten: *Der Junge und der Reiher* mag verwirrend sein, aber im Kern ist es eine emotionale Geschichte über Verlust und Verbundenheit.

Vorherige Seiten: Der machthungrige Sittichkönig wird auf Japanisch von dem Schauspieler Jun Kunimura (*The Wailing*) gesprochen und auf Englisch von dem Marvel-Star Dave Bautista synchronisiert.

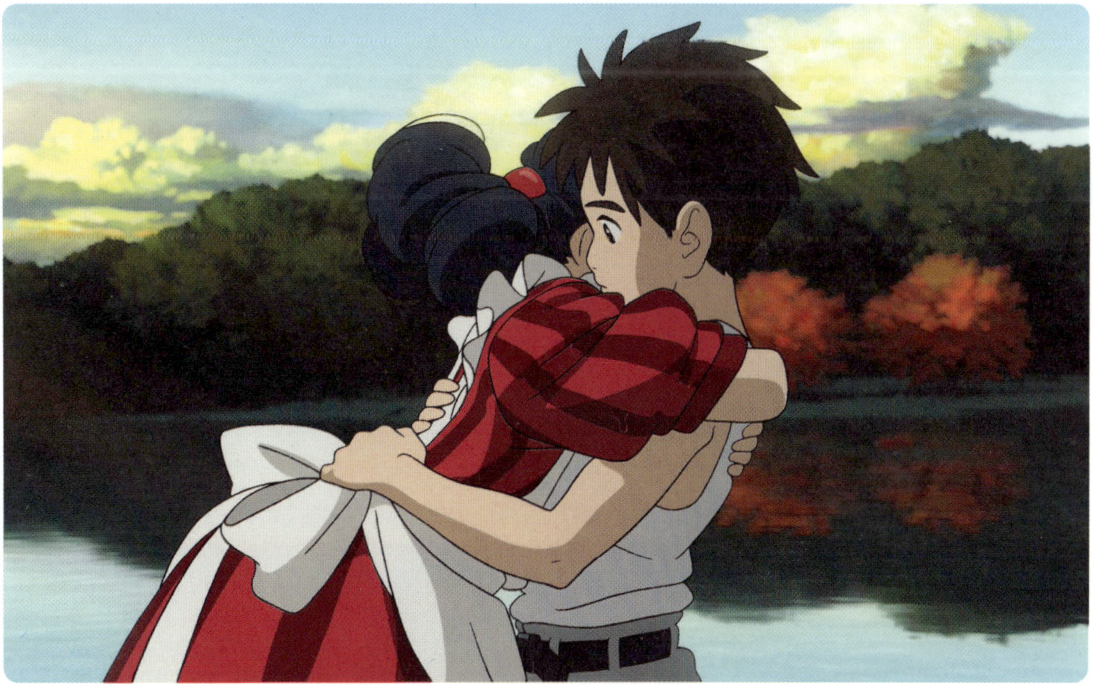

Verglichen mit den blutigen, dialogarmen Szenen in der Heimat kommen hier Action und Erklärungen Schlag auf Schlag. Kurz darauf folgen ein Kampf mit einer urkomischen Armee menschenfressender Sittiche, Reisen durch verlassene Flure, Sprünge durch Zeitportale und Klettertouren auf steinige Hügel. Diese Szenen zeigen die konzentrierte Macht der Vorstellungskraft, voller faszinierender Kreaturen und Schauplätze. Unterstrichen wird das Ganze von Joe Hisashis Soundtrack, der besser denn je die Bandbreite von Tongewaltigkeit bis hin zu herzergreifender Einfachheit durchläuft. Und all das, um dem Schöpfer zu begegnen, dem Turmherrn, dem Schöpfer der Welt, der nun auf der Suche nach einem Nachfolger ist, der seiner Blutlinie entstammen muss. Diese unheimliche Figur ist ein Spiegelbild des Filmemachers. In der Isolation bewahrt er seine Schöpfung, indem er statt Stift, Farbe und Cells kleine Steine verwendet, um seinen abstrakten Turm zu bauen. Doch wenn dieser einstürzt, ist das das Ende der Welt.

Die Galionsfigur eines für seine fantastischen Welten berühmten Studios, dessen Nachfolge bis heute offen ist, beleuchtet hier ihr Vermächtnis in einer epischen, explosiven Weise. Und genau wie schon damals bei *Das Schloss im Himmel*, dem ersten Film, den er nach der Gründung von Studio Ghibli gemacht hat, reagiert er auf dieses

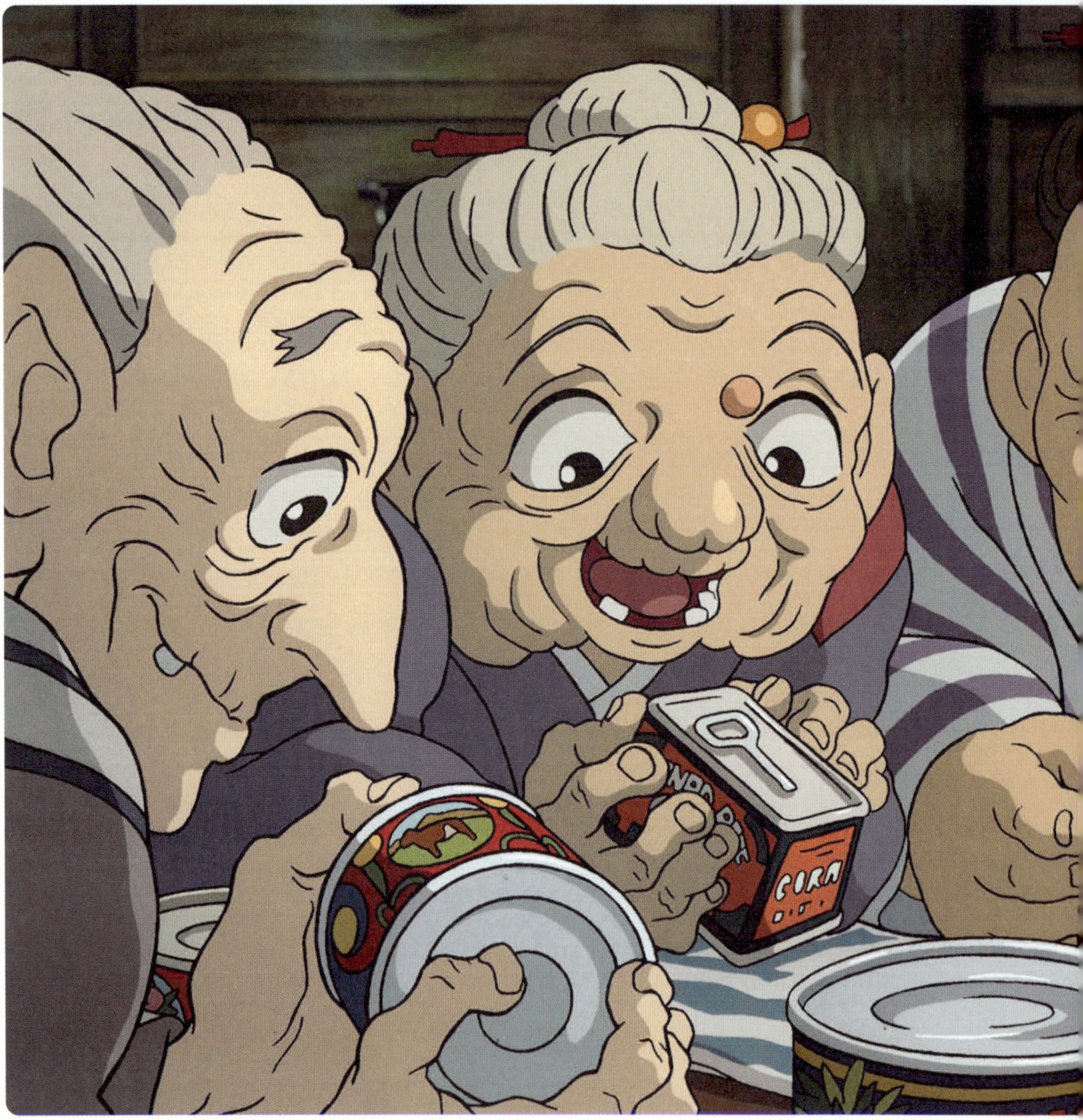

erdrückende Vermächtnis, indem er den Turm zerstört. Bedenkt man, dass der Film für seinen Enkel sein soll, mag diese Botschaft zunächst fatal und verwirrend anmuten, doch sie soll ihn – und Mahito – daran erinnern, das Leben so zu leben, wie er es für richtig hält, ohne sich von der Trauer oder dem gewaltigen kulturellen Fußabdruck eines Filmemachers zurückhalten zu lassen. In dieser Hinsicht ist es auch eine Botschaft an die Ghibli-Fans. Auch wenn es rein genetisch gesehen natürlich einen weiteren filmemachenden Miyazaki gibt (der ein paar gute Filme gemacht hat!), kann es keinen zweiten Hayao geben. *Der Junge und der Reiher* führt Fans, die sich danach sehnen, dass er den Staffelstab weitergibt oder das Studio einen Nachfolger ernennt, eine Erkenntnis vor Augen, die immer offensichtlich war: Wenn es so einfach wäre, ihn zu ersetzen, würden sich seine Arbeiten weniger direkt und persönlich anfühlen. Niemand wird je an seine Kunst, diesen Turm, heranreichen. Es wird nie einen zweiten Hayao Miyazaki geben, weil niemand je so gut sein kann.

Unten: Alte Leute in Miyazaki-Filmen sind immer ein großer schrulliger Spaß. Und diese wundervollen Dienstboten sind keine Ausnahme, wie auch Yubaba, die Hexe aus dem Niemandsland und die Bewohner des Altersheims in Ponyo.

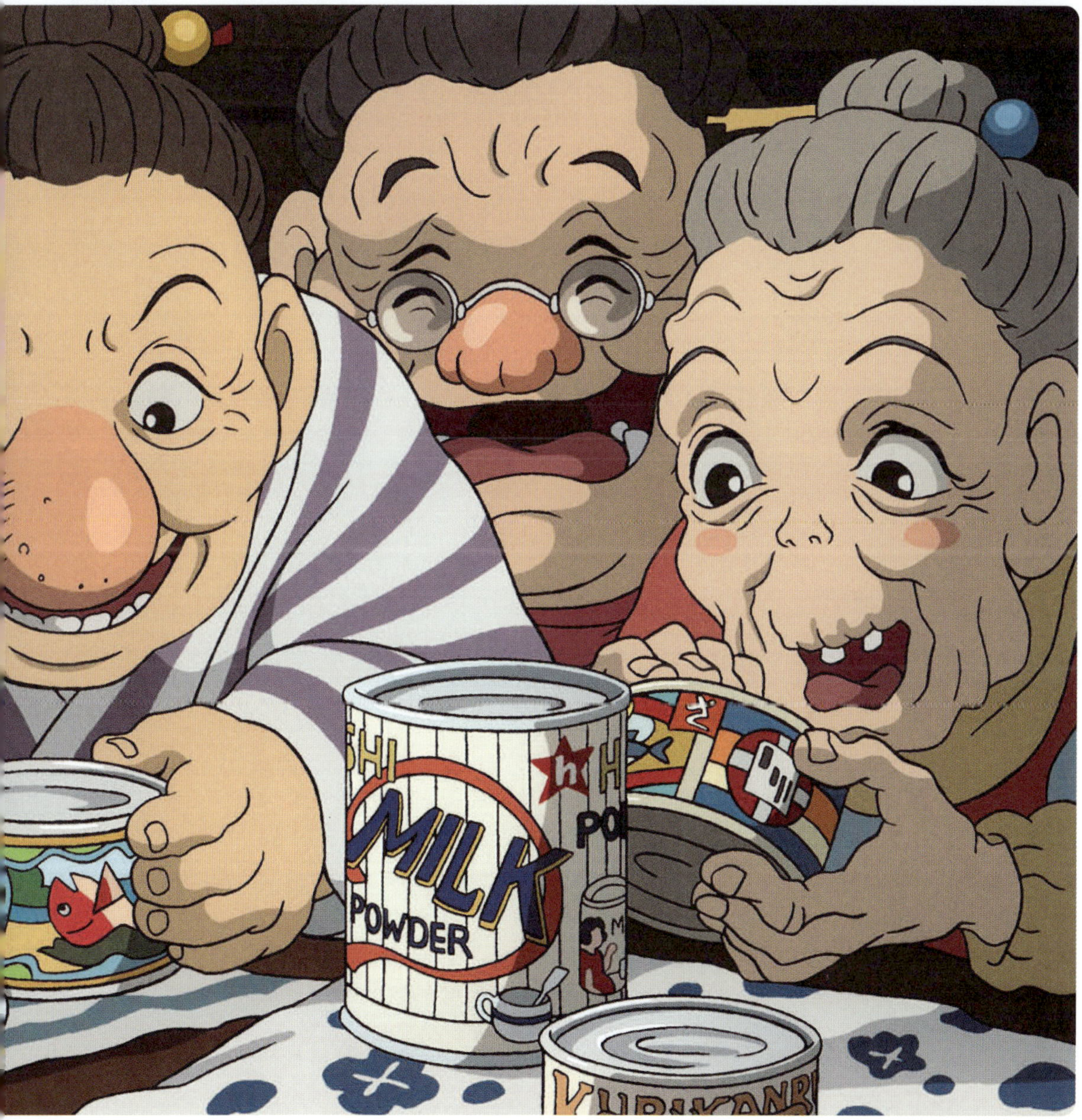

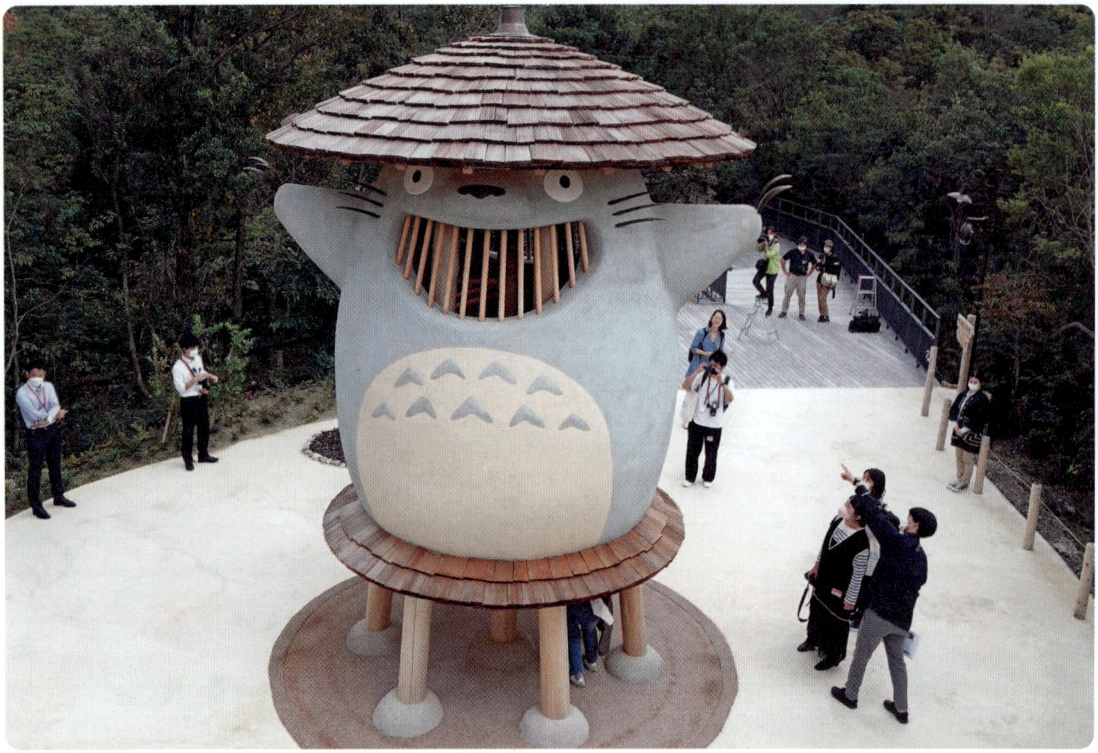

NACHWORT

STUDIO GHIBLI FOREVER

WENN ES NACH MIYAZAKI GINGE, WÄRE ES VIEL SCHWIERIGER, DIE FILME VON STUDIO GHIBLI ZU SEHEN. ALS SEINE FILME IN DEN 1990ERN ZUNEHMEND BELIEBTER WURDEN, HATTE ER SORGE, DASS SIE DIE ZUSCHAUER VON DER WELT DA DRAUSSEN ABLENKEN WÜRDEN. ER SCHRIEB, DASS SIE „INTERESSANTER ALS DIE REALITÄT" WERDEN KÖNNTEN. ER WAR DER MEINUNG, WENN DIE FANS WIEDER UND WIEDER FILME WIE *PRINZESSIN MONONOKE* SEHEN WÜRDEN, WÜRDEN SIE ETWAS VERPASSEN – STATT IHRE LEBEN ZU BEREICHERN, WÜRDEN DIE FILME LEDIGLICH EINE LEERE AUSFÜLLEN.

„Sie kaufen die Videokassetten unserer Filme, um sie immer wieder zu sehen", erklärte er. „Sie denken, dass es ihren Kindern gut geht, weil sie wieder und wieder gute Filme sehen. Das ist lächerlich. Statt einen Film fünfzigmal zu sehen, sollten die Kinder die übrigen neunundvierzig Male etwas anderes unternehmen."

Vielleicht hatte er damit nicht ganz unrecht. Die Filme von Studio Ghibli nur gelegentlich zu genießen verleiht ihnen etwas Mystisches, das aus der Seltenheit entsteht. Wenn man *Chihiros Reise ins Zauberland* einmal im Jahr sieht, vorzugsweise auf der großen Leinwand, verstärkt das die Magie nur: So ist es etwas Besonderes. Und doch ist es einer der faszinierenden Widersprüche im Herzen von Studio Ghibli, dass Miyazaki, der große Konsumgegner, sich dem kommerziellen Erfolg versperrt, während seine Kollegen genau darauf aus sind. Er konnte seine Kunst nur machen, weil hinter den Kulissen gierige Geschäftsmänner dafür gesorgt haben, dass Geld in die Kasse kommt.

Spulen wir vor in die Gegenwart. Die Filme von Studio Ghibli sind auf der ganzen Welt in verschiedenen Formaten erhältlich oder bei den Streamingdiensten Netflix und HBO Max nur einen Knopfdruck entfernt (soweit die Rechte nicht erloschen sind oder an andere vergeben wurden, bis ihr das hier lest). Das Studio besitzt das Ghibli Museum und den Ghibli Park, zwei Schreine der Kreativität und der Vorstellungskraft, die dennoch vor offiziellem Merchandise aus allen Nähten platzen, und begeisterte Fans verlassen sie mit vollen Taschen. Ob es nun inspirierende Tattoos sind oder T-Shirts, die Filme von Studio Ghibli und ihre Figuren und Schöpfungen sind weniger eine Ablenkung vom Leben, als vielmehr ein integraler Bestandteil davon.

Wir gestehen, dass wir an dieser Stelle nicht ganz subjektiv sind. Wären die Ghibli-Filme dem internationalen Publikum nicht zugänglich gemacht worden, um sie ständig wieder zu sehen, hätten wir weder unseren Podcast starten noch dieses Buch schreiben oder

Gegenüber: Der Ghibli Park ist weniger ein Themenpark als vielmehr ein Ort, der die Schauplätze und Figuren der Filme zum Leben erweckt, einschließlich dieses riesigen Totoro-Klettergerüsts.

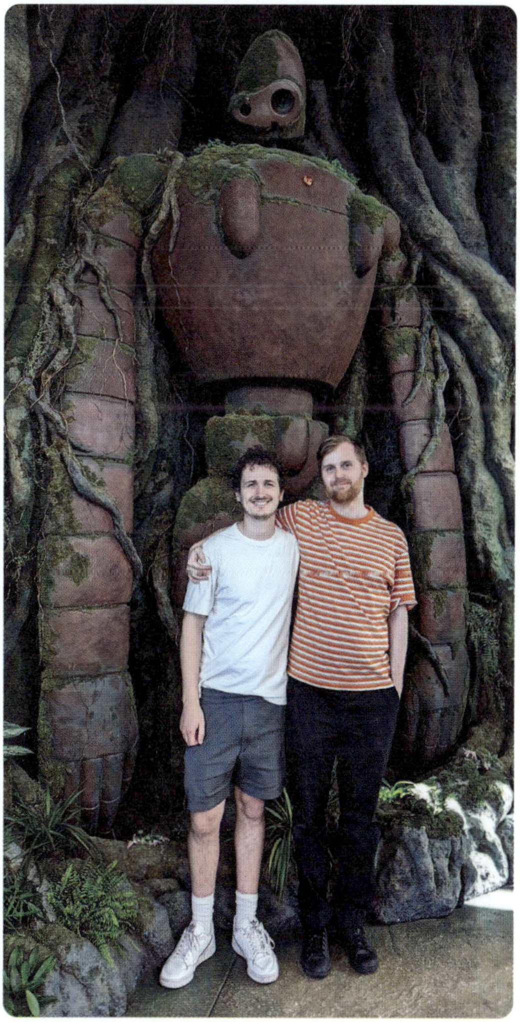

Rechts: Das große Lagerhaus von Ghibli bietet zahlreiche Fotomöglichkeiten: Hier posieren Michael und Jake mit einem Roboter aus *Das Schloss im Himmel*.

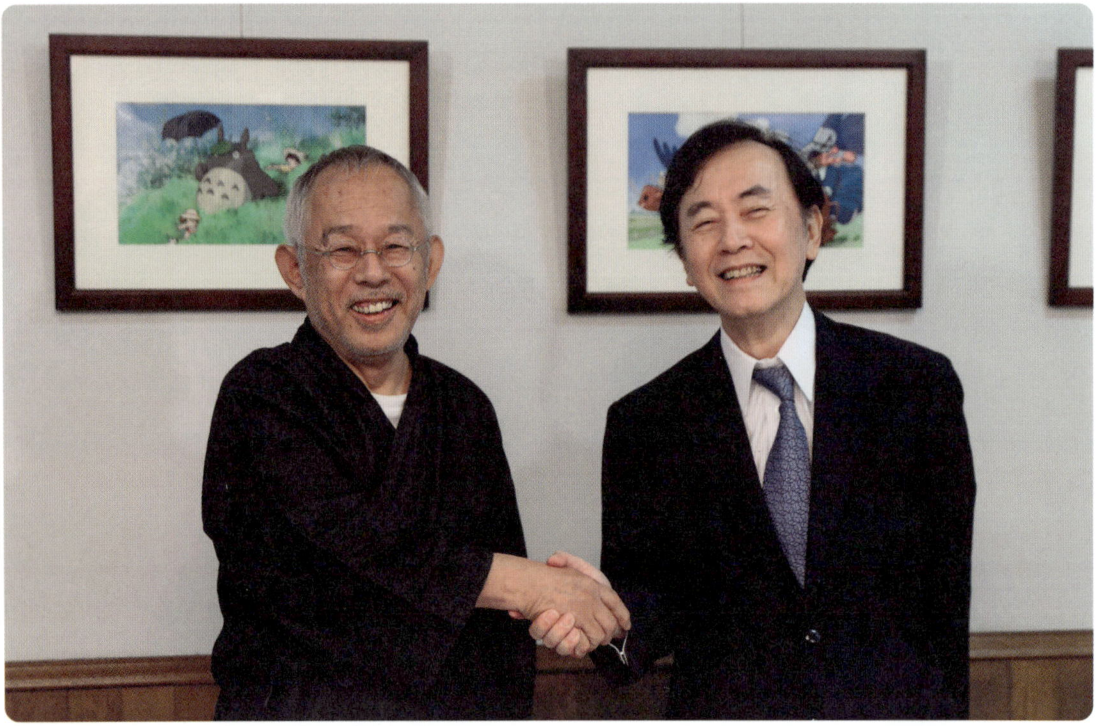

Kinovorstellungen und Conventions in ganz Großbritannien moderieren können. Unsere Beweggründe hinter der *Ghibliothek* sind heute noch dieselben wie 2018. Einzeln betrachtet sind die Filme von Studio Ghibli Säulen der Qualität: durchdacht, gut gemacht und fesselnd, wie es nur wenige Filme für alle Altersgruppen schaffen. Betrachtet man aber die gesamte Filmografie, erzählt sie die Geschichte zweier erfahrener Filmemacher und der für sie arbeitende Weltklassekünstler, die das Potenzial des Animationsfilms erforschen, und die Geschichte des Aufstiegs eines Studios zum Ruhm, sowohl im In- als auch im Ausland.

Wir geben zu, 20 plus Filme auf die Watchlist zu setzen ist eine einschüchternde Art, sich mit dem Kino auseinanderzusetzen. Bei Vorführungen und Signierstunden werden uns immer wieder Fragen gestellt, deren Antwort eigentlich ganz einfach sein sollte: Wo soll ich anfangen? Was ist euer Lieblingsfilm? Welcher ist der *Beste*? Wir versuchen nicht, der Antwort auszuweichen, wenn wir sagen, es gibt verschiedene Wege, sich an dieses Thema heranzuwagen: Die Freuden von Studio Ghibli sind etwas, das ihr für euch selbst entdecken müsst, wie auch immer ihr das anstellen wollt. Daher ist es völlig egal, wo ihr anfangt. Es gibt keine richtigen Antworten.

Das erste Mal hinterlässt einen bleibenden Eindruck und es ist für jeden von uns anders. In Großbritannien ist es oft eine Frage des Alters: Vielleicht habt ihr *Das Schloss im Himmel* bei einer der seltenen TV-Ausstrahlungen gesehen oder ihr wart zur rechten Zeit am rechten Ort, um 2003 *Chihiros Reise ins Zauberland* bei seiner großen Kinoveröffentlichung zu sehen (wie Michael). Vielleicht war *Das wandelnde Schloss* oder *Das Königreich der Katzen* euer erstes Abenteuer oder Freunde, Verwandte oder Lehrer haben euch *Mein Nachbar Totoro* oder *Kikis kleiner Lieferservice* gezeigt. Ob ihr nun zufällig auf Studio Ghibli gestoßen seid oder gezielt auf diesen Weg geführt wurdet, wir sind alle auf einer gemeinsamen Reise.

Als wir den Giblioteque-Podcast gestartet haben, sind wir auf der Welle einer kompletten Studio-Ghibli-Retrospektive auf dem britischen Sender Film4 geschwommen. Entsprechend führte Michael Jake in diese unbekannte neue Welt ein, indem er sich erst auf die großen Hits, die wichtigsten Filme und seine persönlichen Lieblinge konzentriert hat. Die ersten Episoden des Podcasts boten einen Einstieg, der mit *Chihiros Reise ins Zauberland* begann, für viele der Höhepunkt der Veröffentlichungen des Studios. Dann beschäftigten wir uns mit *Mein Nachbar Totoro, Prinzessin Mononoke, Die letzten Glühwürmchen, Stimme des Herzens* und *Tränen der Erinnerung*, bevor wir in die Tiefe gingen. Wir verfolgten einen lehrplanhaften Ansatz, den wir später verwarfen, als wir uns daran machten, dieses Buch zu schreiben. Stattdessen entschieden wir uns für eine chronologische Reise, die die Geschichte Stück für Stück zusammenfügte.

Natürlich haben wir unsere persönlichen Lieblinge. Michael wird immer *Stimme des Herzens* als herzergreifendes Werk empfehlen, das mehr Aufmerksamkeit verdient, während Jake einen geistigen Vertrauten in Isao Takahata und seiner stets neugierigen Leidenschaft gefunden hat, das Künstlerische der natürlichen Welt zu zeigen. Dazu muss allerdings gesagt werden, dass Jake erst durch das Schreiben dieses Buches einen richtigen Zugang zur komplexen, ambivalenten moralischen Landschaft von *Prinzessin Mononoke* gefunden hat und dass Michael im allgemeinen Kontext von Hayao Miyazakis Karriere eine tiefere Liebe zu *Wie der Wind sich hebt* entdeckt hat. Es ist nur

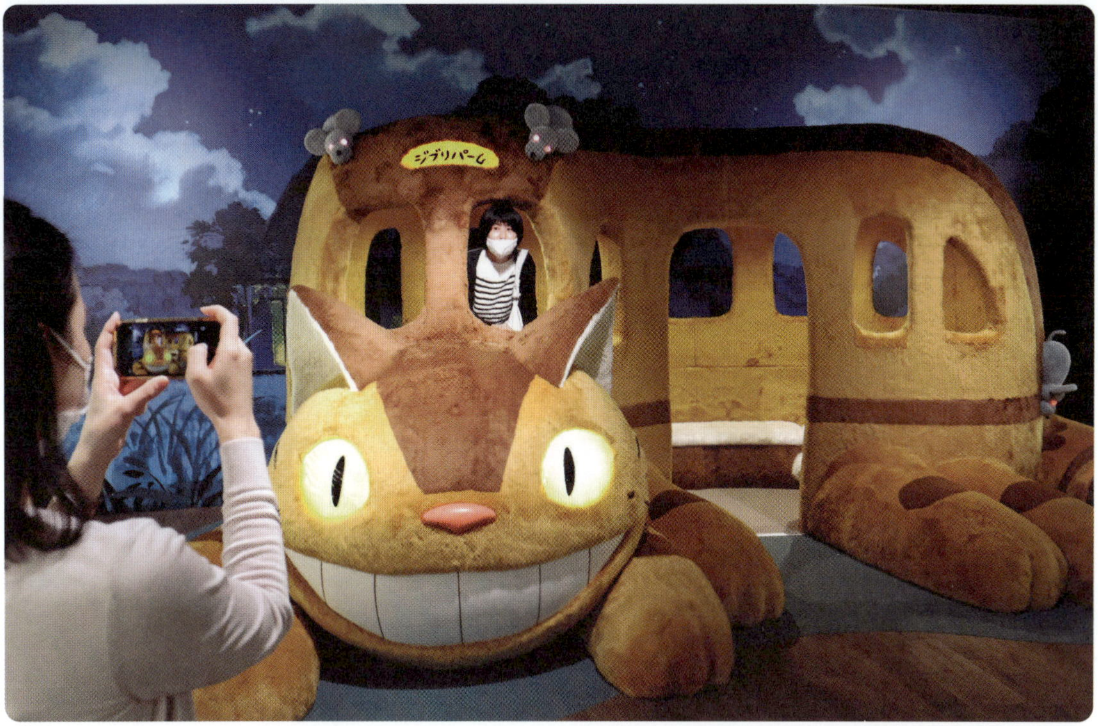

ein weiterer magischer Trick, dass Kunstwerke mit den Jahren neue Gestalt annehmen können, indem man beim erneuten Betrachten auf neue Facetten und Bedeutungen stößt. Die Filme selbst haben sich nicht verändert und doch ergibt sich plötzlich ein neuer Liebling. Würde man uns allerdings die Pistole auf die Brust setzen, würden wir beide *Mein Nachbar Totoro* als Miyazakis größtes Meisterwerk herausstellen. Der Film ist ein Wunder, das mit jedem Jahr seltener und besonderer zu werden scheint.

Es war nie einfacher, sich in der Welt von Studio Ghibli zu verlieren. Es ist eine zugängliche Welt, die so viel enthält – was man schon allein daran sieht, dass wir selbst nach all den Jahren, die wir nun schon über die Filme reden und schreiben, immer noch nicht fertig sind. Nach wie vor bleibt die Zukunft des Studios ungewiss. Als wir die erste Ausgabe dieses Buches schrieben, schien ein neuer Miyazaki-Film in weiter Ferne, wenn nicht gar undenkbar zu sein. Doch dann 2023 erschien schließlich *Der Junge und der Reiher*. Während wir das hier schreiben, heißt es immer noch, dass Miyazaki jeden Tag in seinem Atelier arbeitet, während die finanzielle Zukunft des Studios dank eines Aufkaufs des Langzeitpartners Nippon TV gesichert zu sein scheint.

Wird es weitere Filme geben? Wer weiß das schon. Was auch kommen mag, wir haben immer noch all die existierenden, außergewöhnliche Filme von Studio Ghibli, die wir wieder und wieder sehen können, ob es Hayao Miyazaki passt oder nicht.

Und wir werden über sie reden.

Michael und Jake
Irgendwo zwischen Tokio und London, Oktober 2023

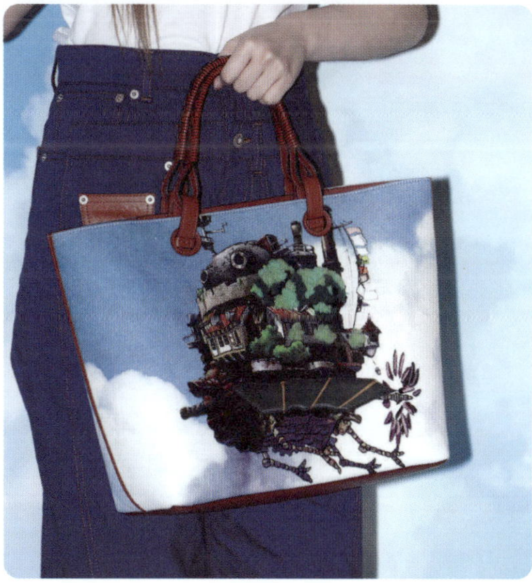

Gegenüber: Toshio Suzuki schüttelt die Hand des Vorsitzenden von Nippon TV Yoshikuni Sugiyama, um den Erwerb von Studio Ghibli zu feiern.

Ganz Oben: Im Gegensatz zu den strengen „Kids-only"-Regeln des Ghibli Museums, können im Ghibli Park auch Erwachsene in den Catbus einsteigen.

Oben: Mit der Zusammenarbeit zwischen Studio Ghibli und der Modemarke Loewe wurde ein ganz neues Level in Sachen Stil erreicht – und auch in Sachen Preisschild.

WEITERFÜHRENDE LEKTÜRE UND DOKUMENTATIONEN

Dass wir die Produktionsgeschichte und die Hintergrundinformationen für dieses Buch zusammentragen konnten, verdanken wir einer Reihe von Autoren, Quellen, Dokumentationen und übersetzter Texte, die nachfolgend aufgelistet sind. Außerdem haben wir aus zehn Jahren persönlicher Recherchen geschöpft, darunter unsere eigenen Interviews mit Isao Takahata, Toshio Suzuki, Goro Miyazaki, Hiromasa Yonebayashi, Yoshiaki Nishimura, Kathleen Kennedy, Michaël Dudok de Wit, Mami Sunada und Steve Alpert. Danke auch an StudioCanal, GKIDS und Elysian Films für die Pressematerialien, die entscheidend waren, um die Geschichte von Studio Ghibli zusammenzusetzen. Die Platzierungen an den Kinokassen und Statistiken stammen von der Motion Picture Producers Association of Japan (Eiren.org) und jeder Studio Ghibli-Fan muss die unschätzbare Arbeit von *GhibliWiki* (Nausicaa.net) und *Buta Connection* (Buta-connection.net) würdigen, die unerschöpfliche und für jeden zugängliche Informationsdatenbanken in allen Ghibli-Fragen pflegen.

BÜCHER

Alpert, Steve, *Sharing a House with the Never-Ending Man* (Berkley, Stone Bridge Press, 2020)

Clements, Jonathan & McCarthy, Helen, *The Anime Encyclopedia*, 3rd Revised Edition: A Century of Japanese Animation (Berkley, Stone Bridge Press, 2015)

Denison, Rayna (Hers.), *Princess Mononoke: Understanding Studio Ghibli's Monster Princess* (London, Bloomsbury Academic, 2018)

Dudok de Wit, Alex, *BFI Film Classics: Grave of the Fireflies* (London, Bloombury Publishing, 2021)

Hara, Kunio, *33 1/3 Japan: My Neighbor Totoro Soundtrack* (London, Bloomsbury Academic, 2020)

Martin, Daniel, *BFI Film Classics: Kiki's Delivery Service* (London, Bloomsbury Publishing, 2022)

McCarthy, Helen, *Hayao Miyazaki: Master of Japanese Animation* (Berkley, Stone Bridge Press, 1999)

Miyazaki, Hayao, *Turning Point: 1979–1996* (San Francisco, Viz Media, 2009)

Miyazaki, Hayao, *Turning Point: 1979–2008* (San Francisco, Viz Media, 2014)

Napier, Susan, *Miyazakiworld: A Life in Art* (London, Yale University Press, 2018)

Odell, Colin & Le Blanc, Michelle, *Studio Ghibli: The Films of Hayao Miyazaki and Isao Takahata* (Harpenden, Hertfordshire, Kamera Books, 2009)

Osmond, Andrew, *BFI Film Classics: Spirited Away* (London, Bloomsbury Publishing, 2008)

Ruzic, Andrijana, *Michaël Dudok de Wit: A Life in Animation* (Boca Raton, Florida, CRC Press, 2020)

Suzuki Toshio, *Mixing Work and Pleasure: My Life at Studio Ghibli* (Tokyo, Japan Publishing Industry Foundation for Culture, 2018)

Wynne Jones, Diana, *Howl's Moving Castle* (London, HarperCollins Children's Books, 2009)

DOKUMENTATIONEN

10 Years with Hayao Miyazaki (Regie: Kaku Arakawam 2019)

Isao Takahata and His Tale of Princess Kaguya (Regie: Akira Miki, Hidekazu Sato, 2014)

The Kingdom of Dreams and Madness (Regie: Mami Sunada, 2013)

Never-Ending Man: Hayao Miyazaki (Regie: Kaku Arakawa, 2016)

ARTIKEL, INTERVIEWS UND BLOGS

„Hayao Miyazaki Interview: Reasons why I don't make Slapstick Action Films now", *Comic Box*, Oktober 1989. Übersetzt von Atsushi Fukumoto, Sheng-Te Tsao und Steven Feldman
http://www.nausicaa.net/miyazaki/interviews/slapstick.html#fn2

„In This Corner of the World: An Exclusive Interview with Director Sunao Katabuchi", *WaveMotionCannon.com*, 15. August 2017
https://wavemotioncannon.com/2017/08/15/in-this-corner-of-the-world-an-exclusive-interview-with-director-sunao-katabuchi/

„Interview: Miyazaki on *Sen to Chihiro no Kamikakushi*", *Animage*, Mai 2001. Übersetzt von Ryoko Toyama
http://www.nausicaa.net/miyazaki/interviews/sen.html

„Remembering Takahata Isao, 1935–2018", *Sight & Sound*, 14. Mai 2018
https//www2.bfi.org.uk/news-opinion/sight-soundmagazine/comment/obituaries/remembering-takahata-isao-1935-2018

„Special Interview: Suzuki Toshio, Producer and Chairman, Studio Ghibli – Miyazaki Hayao und Takahata Isao Serving as the driver fort wo geniuses", Japan Policy Forum, 11. Oktober 2013
https://www.japanpolicyforum.jp/culture/pt20131011203452.html

Abrams, Simon, „Earwig and the Witch", *RogerEbert.com*, 3. Februar 2021
https://www.rogerebert.com/reviews/earwig-and-the-witch-film-review-2021

Brooks, Xan, „A god among animators", *The Guardian*, 14. September 2005
https://www.theguardian.com/film/2005/sep/14/japan.awardsandprizes

Capone, „Comic-Con '09: Capone Chats with the Mighty Hayao Miyazaki about his Latest, PONYO!!", *Ain't It Cool News*, 3. August 2009
http://legacy.aintitcool.com/node/41918

Ebert, Roger, „Grave of the Fireflies", *RogerEbert.com*, 19. März 2000
https://www.rogerebert.com/reviews/great-movie-grave-of-the-fire-flies-1988

Ebert, Roger, „My Neighbor Totoro", *RogerEbert.com*, 23. Dezember 2001
https://www.rogerebert.com/reviews/great-movie-my-neighbor-totoro-1993

Hikawa, Ryusuke, „The Classic Storytelling of Anime Director Hosoda Mamoru", *Nippon.com*, 17. November 2016
https://www.nippon.com/en/views/b06801/the-classic-storytelling-of-anime-director-hosoda-mamoru.html#

Le Guin, Ursula K., „A First Response to „Gedo Senki," the Earthsea Film Made by Goro Miyazaki for Studio Ghibli", *UrsulaKLeGuin.com*
https://www.ursulakleguin.com/gedo-senki-1

McCarthy, Helen, „The House that Hayao Built", *Manga Max*, 1999

Puchko, Kristy, „Now on HBO Max: ‚Earwig and the Witch' Is the Latest from Studio Ghibli", *Pajiba*, 5. Februar 2021
https://www.pajiba.com/film_reviews/now-on-hbo-max-earwig-and-the-witch-is-the-latest-from-studio-ghibli.php

Stimson, Eric, „Ghibli's Suzuki Reveals Circumstances Behind Laputa's Production", *Anime News Network*, 25. September 2014
https://www.animenewsnetwork.com/interest/2014-09-24/ghibli-suzuki-reveals-circumstances-behind-laputa-production/79131

„New Tweets per second record, and how!", *blog.twitter.com*, 16. August 2013
https://blog.twitter.com/engineering/en_us/a/2013/new-tweets-per-second-record-and-how.html

BILDNACHWEISE

Der Verlag möchte den folgenden Quellen für die freundliche Erlaubnis danken, die Bilder in diesem Buch abzudrucken:

5 Jeremy Sutton-Hibbert / Alamy Stock Photo; 6 coward_lion / Alamy Stock Photo; 7 (links) 2001 Studio Ghibli – NDDTM; (Mitte) AUTHORS; (rechts) Everett Collection Inc / Alamy Stock Photo; 8 Gonzalo Azumendi / Alamy Stock Photo; 9 Jérémie Souteyrat; 10–11 Jérémie Souteyrat; 12 Spencer Weiner / Los Angeles Times via Getty; 13 Newscom / Alamy Live News; 14 1984 Studio Ghibli – H; 15 1984 Studio Ghibli – H; 16 (oben) Newscom / Alamy Stock Photo; (unten) 1984 Studio Ghibli – H; 17 HAKUHODO / NIBARIKI / TOKUMA; 18 (oben und unten) 1984 Studio Ghibli – H, 19 Everett Collection Inc / Alamy Stock Photo; 20 1984 Studio Ghibli – H; 21 1984 Studio Ghibli – H; 22 AF archive / Alamy Stock Photo; 23 1986 Studio Ghibli; 24 1986 Studio Ghibli; 25 STUDIO GHIBLI / Album; 26 1986 Studio Ghibli; 27 Photo 12 / Alamy Stock Photo; 28 1986 Studio Ghibli; 29 1986 Studio Ghibli; 30 Photo 12 / Alamy Stock Photo; 31 1988 Studio Ghibli; 32 (oben und unten) 1988 Studio Ghibli; 33 Laurent KOFFEL / Gamma-Rapho; 34–35 Photo 12 / Alamy Stock Photo / 36 AUTHORS; 37 AF archive / Alamy Stock Photo; 38 1988 Studio Ghibli; 39 1988 Studio Ghibli; 40 1988 Studio Ghibli; 41 Gkids / Courtesy Everett Collection; 42 1988 Studio Ghibli; 43 Studio Ghibi / Courtesy Everett Collection; 44 1988 Studio Ghibli; 45 1988 Studio Ghibli; 46 The Asahi Shimbun via Getty Images; 47 1988 Studio Ghibli; 48 AF archive / Alamy Stock Photo; 50 1988 Studio Ghibli – N; 51 1988 Studio Ghibli – N; 52 Jérémie Souteyrat; 53 Photo 12 / Alamy Stock Photo; 54–55 1988 Studio Ghibli – N; 57 STUDIO GHIBLI – NH; 59 1991 Hotaru Okamoto – Yuko Tone – Studio Ghibli – NH; 60 Photo 12 / Alamy Stock Photo; 61 1991 Hotaru Okamoto – Yuko Tone – Studio Ghibli – NH; 62 AUTHORS; 63 1991 Hotaru Okamoto – Yuko Tone – Studio Ghibli – NH; 64 1992 Studio Ghibli – NN; 65 1992 Studio Ghibli – NN; 66 Jérémie Souteyrat; 67 1992 Studio Ghibli – NN; 68 1992 Studio Ghibli – NN; 69 Photo 12 / Alamy Stock Photo; 70 1992 Studio Ghibli – NN; 71 1992 Studio Ghibli – NN; 72 1993 Saeko Himuro – Studio Ghibli – N; 73 1993 Saeko Himuro – Studio Ghibli – N; 74 1993 Saeko Himuro – Studio Ghibli – N; 75 Everett Collection Inc / Alamy Stock Photo; 76 1994 Hatake Jimusho – Studio Ghibli – NH; 77 1994 Hatake Jimusho – Studio Ghibli – NH; 78 Buena Vista Home Video / Courtesy Everett Collection; 79 1994 Hatake Jimusho – Studio Ghibli – NH; 80 1994 Hatake Jimusho – Studio Ghibli – NH; 81 1994 Hatake Jimusho – Studio Ghibli – NH; 82 1995 Aoi Hiiragi / Shueisha – Studio Ghibli – NH; 83 1995 Aoi Hiiragi / Shueisha – Studio Ghibli – NH; 84 1995 Aoi Hiiragi / Shueisha – Studio Ghibli – NH; 85 Gkids / Courtesy Everett Collection; 86–87 1995 Aoi Hiiragi / Shueisha – Studio Ghibli – NH; 88 Photo 12 / Alamy Stock Photo; 89 1995 Aoi Hiiragi / Shueisha – Studio Ghibli – NH; 90 1995 Aoi Hiiragi / Shueisha – Studio Ghibli – NH; 91 (oben) AUTHORS; (unten) 1995 Aoi Hiiragi / Shueisha – Studio Ghibli – NH; 92 1997 Studio Ghibli – ND; 93 1997 Studio Ghibli – ND; 94 1997 Studio Ghibli – ND; 95 Album / Alamy Stock Photo; 96 The Asahi Shimbun via Getty Images; 97 1997 Studio Ghibli – ND; 98 1997 Studio Ghibli – ND; 99 Globe Photos / ZUMAPRESS.com; 100 1997 Studio Ghibli – ND; 101 Studio Ghibli – ND; 102 1999 Hisaichi Ishii – Hatake Jimusho – Studio Ghibli – NHD; 103 1999 Hisaichi Ishii – Hatake Jimusho – Studio Ghibli – NHD; 104 Photo 12 / Alamy Stock Photo; 105 1999 Hisaichi Ishii – Hatake Jimusho – Studio Ghibli – NHD; 106 1999 Hisaichi Ishii – Hatake Jimusho – Studio Ghibli – NHD; 107 (oben und unten) 1999 Hisaichi Ishii – Hatake Jimusho – Studio Ghibli – NHD; 108 2001 Studio Ghibli – NDDTM; 109 Studio Ghibli – NDDTM; 110 (oben) Jennifer Abe / Alamy Stock Photo; (unten) AF archive / Alamy Stock Photo; 111 Everett Collection Inc / Alamy Stock Photo; 112–113 2001 Studio Ghibli – NDDTM; 114 The Asahi Shimbun via Getty Images; 115 Entertainment Pictures / Alamy Stock Photos; 116 Studio Ghibli – NDDTM; 117 Jérémie Souteyrat; 118 2002 Nekonote-Do – Studio Ghibli – NDHMT; 119 Nekonote-Do – Studio Ghibli – NDHMT; 120 Nekonote-Do – Studio Ghibli – NDHMT; 121 Photo 12 / Alamy Stock Photo; 122 2004 – Studio Ghibli – NDDMT; 123 2004 – Studio Ghibli – NDDMT, 124 Photo 12 / Alamy Stock Photo; 125 2004 – Studio Ghibli – NDDMT; 126 (oben) REUTERS / Alamy Stock Photo; (unten) Francis Specker / Alamy Stock Photo; 127 2004 – Studio Ghibli – NDDMT; 128 (oben und unten) 2004 – Studio Ghibli – NDDMT; 130 2006 Studio Ghibli – NDHDMT; 131 2006 Studio Ghibli – NDHDMT; 132 TORU YAMANAKA / AFP; 133 Photo 12 / Alamy Stock Photo; 134 2006 Studio Ghibli – NDHDMT; 135 2006 Studio Ghibli – NDHDMT; 136 2008 Studio Ghibli – NDHDMT; 137 2008 Studio Ghibli – NDHDMT; 138–139 2008 Studio Ghibli – NDHDMT; 140 2008 Studio Ghibli – NDHDMT; 141 (oben) UPI / Alamy Stock Photo; (unten) Horizon Images / Motion / Alamy Stock Photo; 143 Everett Collection Inc / Alamy Stock Photo; 144 2010 Studio Ghibli – NDGDMTW; 145 2010 Studio Ghibli – NDGDMTW; 146 STUDIO GHIBLI / Album; 147 2010 Studio Ghibli – NDGDMTW; 148 2010 Studio Ghibli – NDGDMTW; 149 2010 Studio Ghibli – NDGDMTW; 150 Photo 12 / Alamy Stock Photo; 151 2011 Chizuru Takahashi – Tetsuro Sayama – Studio Ghibli – NDHDMT; 152 2011 Chizuru Takahashi – Tetsuro Sayama – Studio Ghibli – NDHDMT; 153 Photo 12 / Alamy Stock Photo; 154 Photo 12 / Alamy Stock Photo; 155 REUTERS / Alamy Stock Photo; 156 Allstar Picture Library Ltd. / Alamy Stock Photo; 157 Collection Christophel Studio Ghibli / DR; 158 2013 Studio Ghibli – NDHDMTK; 159 Everett Collection Inc / Alamy Stock Photo; 160–161 2013 Studio Ghibli – NDHDMTK; 162 Everett Collection Inc / Alamy Stock Photo; 163 2013 Studio Ghibli – NDHDMTK; 164 2013 Studio Ghibli – NDHDMTK; 165 2013 Studio Ghibli – NDHDMTK; 166 2013 Studio Ghibli – NDHDMTK; 167 2013 Hatake Jimusho – Studio Ghibli – NDHDMTK; 168 (oben und unten) 2013 Hatake Jimusho – Studio Ghibli – NDHDMTK; 169 Newscom / Alamy Stock Photo; 170–171 2013 Hatake Jimusho – Studio Ghibli – NDHDMTK; 172 REUTERS / Jonathan Alcorn: 173 STUDIO GHIBLI / Album; 174 2013 Hatake Jimusho – Studio Ghibli – NDHDMTK; 175 2013 Hatake Jimusho – Studio Ghibli – NDHDMTK; 176 2014 Studio Ghibli – NDHDMTK; 177 2014 Studio Ghibli – NDHDMTK; 176 2014 Studio Ghibli – NDHDMTK; 177 2014 Studio Ghibli – NDHDMTK; 178 Jérémie Souteyrat; 179 2014 Studio Ghibli – NDHDMTK; 180 Photo 12 / Alamy Stock Photo; 181 Jérémie Souteyrat; 182 2016 Studio Ghibli: 183 2016 Studio Ghibli; 184 2016 Studio Ghibli; 185 Everett Collection Inc / Alamy Stock Photo; 186 „2020 NHK, NEP, Studio Ghibli"; 188 „2020 NHK, NEP, Studio Ghibli"; 189 „2020 NHK, NEP, Studio Ghibli"; 190 Album / Alamy Stock Photo; 191 Richard A. Brooks / AFP / Getty Images; 192 GKids / 2023 Studio Ghibli; 193 (Top) Matt Winkelmeyer / Getty Images; (Bottom) Album / Alamy Stock Photo; 194 (Top) Album / Alamy Stock Photo; (Bottom) Album / Alamy Stock Photo; 195 Album / Alamy Stock Photo; 196-197 Album / Alamy Stock Photo; 198 GKids / 2023 Studio Ghibli; 199 Album / Alamy Stock Photo; 200-201 GKids / 2023 Studio Ghibli; 202 Associated Press / Alamy Stock Photo; 203 AUTHORS; 204 Associated Press / Alamy Stock Photo; 205 (Top) Associated Press / Alamy Stock Photo; 205 (Bottom) Sipa US / Alamy Stock Photo

Wir haben uns bemüht, alle Nachweise korrekt anzugeben und alle Quellen und/oder Copyrighthalter jedes Bildes zu kontaktieren. Welbeck Publishing entschuldigt sich für alle unbeabsichtigten Fehler und Auslassungen, die in späteren Auflagen dieses Buches korrigiert werden.

INDEX

A
Aardman Animations 129
Abrams, Simon 187
Alpert, Steve 61, 94, 97, 98, 99, 114, 158
Anderson, Gillian 99
Andersen, Hans Christian 137
Ando, Masashi 73, 177, 178, 195
Animage-Magazin 15, 19, 20, 23, 73
Anno, Hideaki 19, 21, 158
Arai, Yumi 165
Arrietty – Die wundersame Welt der Borger 56, 73, 144–149, 178
Aya und die Hexe 73, 74, 186–189

B
Back, Frédéric 103
Bale, Christian 126, 195
Bautista, Dave 195, 199
Blanchett, Kate 141
Brooks, Xan 126
Burnett, Frances Hodgson 199

C
Chan, Gemma 195
Chihiros Reise ins Zauberland 28, 36, 56, 73, 80, 103, 108–117, 120, 125, 131, 135, 154
Chomet, Sylvain 172
Chroniken von Erdsee, Die 73, 120, 130–135, 154, 187
Corman, Roger 19
Curry, Tim 119
Cyrus, Noah 141

D
Damon, Matt 141
Daydream Data Notes (Miyazaki) 65
del Toro, Guillermo 193, 195
Demon Slayer 193
Disney 61, 73, 94, 97, 98, 114, 115, 137, 140, 141, 147
Dudok de Wit, Alex 41–42, 172, 183

E
Ebert, Roger 36, 46, 115, 187
Elwes, Cary 89, 119
Erdsee (Le Guin) 131
Erinnerungen an Marnie 56, 73, 176–81

F
Fey, Tina 141
Film4 204
Flüstern des Meeres 72–75, 145
Friday Road Show 191
Future Boy Conan 15, 19, 23, 83

G
Gaiman, Neil 98
Geheime Garten, Der (Burnett) 199
Genzaburo, Yoshino 191, 199
Geschichte vom Bambussammler und dem Mädchen Kaguya, Die 167
Ghiblis großes Warenhaus 203
Ghibli-Museum 6, 9, 13, 28, 123, 129, 131, 167, 183, 203, 205
Ghibli Park 191, 195, 202, 203, 205
Ghibliotheque podcast 204
Ghost in the Shell 2 – Innocence 183
Gigant aus dem All, Der 29
Letzten Glühwürmchen, Die (Dudock de Wit) 41–2

H
Hamill, Mark 195
Hartman, Phil 55
Hathaway, Anne 119
Hayao Miyazaki: Master of Japanese Animation (McCarthy) 132
HBO 203
Heike Monogatari 167
Himuro, Saeko 73
Hiiragi, Aoi 83, 119
Hisashi, Joe 21, 24, 142, 195, 200
Honda, Takeshi 195
Hori Tatsuo 164–165
Horikoshi, Jiro 157–158, 164
Horus: Prince of the Sun 41, 45
Hosoda, Mamoru 123, 125, 132
House-Hunting 105
How Do You Live? 178, 187

I
Imaginary Flying Machines 28
Inoue, Naohisa 84
Isshiki, Nobuyuki 51

J
Jonas, Frankie 141
Junge und der Reiher, Der 8, 178, 187, 190–201, 205

K
Kadono, Eiko 51
Karloff, Boris 198
Katabuchi, Sunao 51
Kennedy, Kathleen 140–141
Kikis kleiner Lieferservice 20, 28, 50 – 57, 83, 119, 120, 165, 188, 193, 204
Kinema Junpo-Magazin 33
Kingdom of Dreams and Madness, The 158
Kleine Meerjungfrau, Die (Andersen) 137
Königreich der Katzen, Das 88, 89, 118–121, 204
Kondo, Katsuya 73, 195
Kondo, Yoshifumi 45, 59, 62, 73,74, 83, 89, 90
Kunimura, Jun 199
Kurosawa, Akira 36

L
Lasseter, John 115,141
Le Guin, Ursula K. 131, 132, 135
Legende der Prinzessin Kaguya, Die 106, 119, 163, 164, 166–175, 178
Letzten Glühwürmchen, Die 40–49, 62, 80, 81, 83, 163, 174, 198, 204
Letzten Glühwürmchen, Die (Nosaka) 45
Lewis, C.S. 199
Little Norse Prince 41, 45
Lord, Peter 172
Lucasfilm 191
Lupin III – Das Schloss des Cagliostro 15, 19, 28, 123, 135

M
Maraval, Vincent 183
Marshall, Frank 140–141
Mary und die Blume der Hexen 178
Mathison, Melissa 141
McCarthy, Helen 132
Meine Nachbarn die Yamadas 102–107, 120, 169, 174
Mein Nachbar Totoro 21, 30–39, 46, 49, 97, 116, 131, 135, 137, 158, 163, 191, 199, 204, 205
Miramax 97, 98–99, 114
Mixing Work with Pleasure (Suzuki) 59, 177
Miyazaki, Goro 131, 132, 135, 151, 152, 154, 155, 187
Miyazaki, Hayao 9, 13, 15, 16, 19, 20, 23–24, 28, 29, 31, 33, 36, 41, 45, 46, 51–52, 56, 59, 65, 66, 68, 70, 71, 74, 77, 83–84, 89, 90, 93, 94, 99, 105, 109, 110, 114, 119, 123, 125, 126, 129, 131, 132, 137, 140, 145, 147, 151– 152, 154, 157, 163, 164, 165, 172, 178, 187, 190–201, 202–205
Mochizuki, Tomomi 73, 74
Mohnblumenberg, Der 56, 73, 150–155, 181, 187
Momose, Yoshiyuki 45
Monmon the Water Spider 105
Moore, Tomm 172
Morita, Hiroyuki 119

N
Nausicaä aus dem Tal der Winde 14–21, 24, 46, 56, 93
Neeson, Liam 141
Netflix 191, 193, 203
Never-Ending Man: Hayao Miyazaki 187
Nippon TV 191, 205
Nishimura, Yoshiaki 169, 172, 175, 177, 178
Nishioka, Junichi 193
Niwa, Keiko 73, 145, 151, 177
Nosaka, Akiyuki 45

O
Ocelot, Michel 172
Oga, Kazuo 172, 195
„On Your Mark" 84
Oshii, Mamoru 183

P
Patel, Dev 61
Pattinson, Robert 195
Pixar 129, 137, 141, 147, 187
Pom Poko 76–81, 83, 116, 175
Ponyo 136–143, 193
Porco Rosso 20, 28, 56, 64–71, 83, 93, 94, 101, 199
Prinzessin Mononoke 21, 68, 73, 89, 92–101, 103, 105, 199, 203, 204
Puchko, Kristy 187
Pugh, Florence 195

R
Ronja Räubertochter 187
Ranma ½ (Takahashi) 73
Ridley, Daisy 61
Rote Schildkröte, Die 172, 182–185
Robinson, Joan G. 177

S
Sakamoto, Kyu 154
Schloss im Himmel, Das 22–29, 42, 46, 65, 200, 203, 204
Scorsese, Martin 99
Sharing a House with the Never-Ending Man: 15 Years at Studio Ghibli (Alpert) 94, 97, 114
Shinkai, Makoto 193
Stevens, Dan 195
Stewart, Mary 178
Stimme des Herzens 62, 74, 82–91, 119, 120, 151, 181, 204
Story of Yanagawa's Canals, The 42
Studio Ghibli 23, 27, 42, 45, 83, 94, 97, 98–99, 141, 191, 193–195, 199, 200–201, 202–205
Studio Ponoc 172, 178
„Sukiyaki" (Sakamoto) 154
Sunada, Mami 158
Suzuki, Toshio 8, 15, 16, 19, 23, 27, 33, 42, 45, 52, 56, 59, 71, 77, 94, 97, 105, 114, 119, 125, 131, 132, 137, 141, 145, 147, 152, 157, 163, 167, 169, 172, 177, 183, 187, 191, 195, 204, 205

T
Takahata, Isao 8, 13, 16, 19, 23, 33, 41, 42, 45, 46, 59, 61, 62, 74, 77, 80, 81, 89, 90, 103, 105, 106, 163, 164, 167, 169, 172, 174, 183, 191, 204
Takahashi, Rumiko 73
Tanabe, Osamu 167, 172
This Corner of the World 51
Toho Cinemas 191
Tokuma Shoten 15, 16, 23, 33, 52, 61, 94, 105, 114, 119
Tokuma, Yasuyoshi 15
Tomlin, Lily 141
Tränen der Erinnerung 58–63, 74, 77, 80, 83, 174, 175, 204

U
Ujiie, Seiichiro 167, 172
Unkrich, Lee 172

V
„Vapor Trails" (Arai) 165
Verhexte Besen, Der (Stewart) 178

W
Wandelnde Schloss, Das 20, 56, 122–129, 201
Wandelnde Schloss, Das (Wynne Jones) 123
Warriors of the Wind 19
When Marnie Was There (Robinson) 177
Wie der Wind sich hebt 29, 56, 147, 156–165, 193, 204
Wise, Kirk 115
Wynne Jones, Diana 123, 126, 187

Y
Yano, Akiko 105
Yasuda, Michiyo 45
Yonebayashi, Hiromasa 145,147, 148, 177, 178, 181, 195
Yonezu, Kenshi 195

Z
Zen – Grogu und die Rußmännchen 191